Wajma Mangal

Untersuchungs- und Rügeobliegenheiten im UN-Kaufrecht

PL ACADEMIC RESEARCH

Bibliografische Information der Deutschen Nationalbibliothek
Die Deutsche Nationalbibliothek verzeichnet diese Publikation in der Deutschen Nationalbibliografie; detaillierte bibliografische Daten sind im Internet über http://dnb.d-nb.de abrufbar.

Zugl.: Hamburg, Univ., Diss., 2015

D 18
ISSN 1613-995X
ISBN 978-3-631-66519-0 (Print)
E-ISBN 978-3-653-05791-1 (E-Book)
DOI 10.3726/978-3-653-05791-1

PL Academic Research ist ein Imprint der Peter Lang GmbH.

Peter Lang – Frankfurt am Main · Bern · Bruxelles · New York · Oxford · Warszawa · Wien

Diese Publikation wurde begutachtet.

www.peterlang.com

Diese Arbeit widme ich meinem Sohn Gabriel.

Vorwort

Die vorliegende Arbeit wurde im Wintersemester 2014/2015 von der Fakultät für Rechtswissenschaft der Universität Hamburg als Dissertation angenommen. Rechtsprechung und Literatur sind bis November 2014 berücksichtigt.

Mein herzlicher Dank gebührt an erster Stelle meinem Doktorvater Prof. Dr. Peter Mankowski. Seine Unterstützung, sein fachliches Engagement und seine Anregungen haben zum Gelingen dieser Arbeit beigetragen. Ich möchte Prof. Dr. Peter Mankowski, Prof. Dr. Ulrich Magnus und Prof. Dr. Ingo Saenger auch für die Aufnahme der Arbeit in dieser Schriftenreihe „Beiträge zum UN-Kaufrecht" danken.

Zu besonderem Dank bin ich auch Prof. Dr. Jürgen Basedow für die zügige Erstellung des Zweitvotums verpflichtet.

Großer Dank für wertvolle Hinweise gebühren an dieser Stelle auch Prof. Dr. Jörg Philipp Terhechte und Prof. Dr. Thomas Wein.

Ich danke herzlich meinen wundervollen Eltern. Ihr habt eure Wünsche stets hinter meinen zurückgestellt. Ich danke meinem liebevollen Ehemann für seine bedingungslose Liebe. Du hast ein Herz aus Gold. Meinen fabelhaften Brüdern möchte ich danken für die stetige Inspiration. Die anregenden Gespräche mit euch bedeuten mir sehr viel. Meiner zauberhaften Schwägerin danke ich für Ihre tatkräftige Unterstützung in jeder Lebensphase.

Nicht unerwähnt bleiben dürfen mein Sohn Gabriel und mein Neffe Yusuf. Danke, dass ich die Welt mit euch neu entdecken darf. Euch wünsche ich immer nur das Beste.

Hamburg, im Mai 2015 *Wajma Mangal*

Inhaltsverzeichnis

Einleitung

Der Untersuchungsgegenstand der vorliegenden Arbeit sind die Untersuchungs- und Rügeobliegenheiten im Anwendungsbereich des UN-Kaufrechts.[1] Gefeiert[2] als erfolgreichster multilateraler Staatsvertrag[3] in der Historie des Einheitsrechts[4] und *zentrales Gesetz für den Welthandel*[5], entwickelt um die Transaktionskosten internationaler Käufer und Verkäufer zu reduzieren,[6] geht jedoch auch an diesem Abkommen das Problem der einheitlichen Auslegung unbestimmter Rechtsbegriffe nicht spurlos vorbei. Es kann der Verdacht entstehen, als ob die Untersuchungs- und Rügeobliegenheiten die Achillesferse des UN-Kaufrechts[7] wären. Bereits ein kurzer Blick auf die relativ hohe Anzahl der zu Art. 38 und Art. 39 CISG ergangenen Entscheidungen[8] der letzten Jahre belegen die wachsende Relevanz dieser Normen. Insgesamt sind 114 Entscheidungen zu Art. 38 CISG, davon 49 Entscheidungen aus Deutschland, und 246 Entscheidungen zu Art. 39 CISG, davon 95 Entscheidungen aus Deutschland, von der UNCITRAL

1 Das Übereinkommen der Vereinten Nationen über Verträge über den internationalen Warenkauf (United Nation Convention on Contracts for the International Sale of Goods) – nachfolgend UN-Kaufrecht oder auch CISG. Das CISG ist am 1.1.1988 in Kraft getreten. In der Bundesrepublik Deutschland ist es seit dem 1.1.1991 Teil der Rechtsordnung (vgl. BGBl. 1990 II 1497); der Text ist mit dem deutschen Zustimmungsgesetz (sog. Vertragsgesetz) in BGBl. 1989 II 586 ff. veröffentlicht.

2 *Bach,* IPRax 2009, 299; so auch *Zimmermann*, RabelsZ 71 (2007), 9, welcher das UN-Kaufrecht als die *Erfolgsstory* bezeichnet; siehe auch *Reimann*, RabelsZ 71 (2007), 115; *Schlechtriem*, IPRax 1990, 277; zuletzt CISG-Advisory Council Declaration No. 1, IHR 2013, 12.

3 Oder auch Konvention.

4 Zur Historie des UN-Kaufrechts, vgl. den sehr guten kurzen Überblick bei *Saalfrank*, 4–6 und 127–132.

5 *Herber,* TranspR-IHR 1999, 1, 4.

6 So auch *Cuniberti,* 39 Vand. J. Transnat'l L. (2006), 1511; vgl. auch für das UCC, CISG und CESL: *Flechtner*, in: *Magnus* (ed.), 5.

7 Im Folgenden CISG oder UN-Kaufrecht, zu den vielen anderen Abkürzungen für das Wiener Übereinkommen vgl. *Flessner/ Kader,* ZEuP 1995, 347–350.

8 Einen Überblick über die zu den einzelnen Artikeln ergangenen Entscheidungen bietet die nachfolgende Sammlung der Rechtsprechung zum CISG: http://www.cisg.law.pace.edu/cisg/text/digest-cases-38.html (zuletzt abgerufen am: 13.11.2014).

veröffentlicht worden.[9] Diese Relation[10] der Gerichtsentscheidungen bei nunmehr 81 Vertragsstaaten[11] zum heutigen Zeitpunkt zeigt deutlich, welche Rolle deutschen Gerichten[12] im internationalen Vergleich beizumessen ist;[13] insbesondere im Hinblick auf die hieraus resultierende Einflussnahme hinsichtlich der einheitlichen Auslegung nach Art. 7 CISG. Aber auch die deutsche Literatur hat ein besonderes Pflichtbewusstsein in Bezug auf das UN-Kaufrecht entwickelt. Denn schließlich war es einst *Rabel,*[14] welcher das Fundament für die Vereinheitlichung der Materie Kaufrecht gelegt hat[15] und es waren seine Nachfolger, die dieses mit großem Ehrgeiz zum fast lückenlos kommentierten Werk vervollständigt haben.[16]

Art. 38 und Art. 39 CISG zeigen aber auch wirtschaftliche Brisanz und verlangen von einem internationalen Rechtsanwender ein „gutes Gespür" für die richtige Schwerpunktsetzung. Denn für diesen steht gerade im Hinblick auf die Besonderheiten des internationalen Rechtsverkehrs viel auf dem Spiel. Denn

---

9 Die genannten Zahlen zeigen eine beachtliche Verwendung des CISG insgesamt; bedenke man nur, dass bei Weitem längst nicht alle CISG-Entscheidungen, vor allem nicht die Schiedssprüche zum CISG, veröffentlicht werden. (Deutsche Institution für Schiedsgerichtsbarkeit e.V. (DIS), im Internet abrufbar unter: http://www.dis-arb.de/de/).

10 Zu der Anzahl veröffentlichter Entscheidungen bzgl. „dieser Förmlichkeiten" im Vergleich zu den Vertragsstörungen vgl. bereits *Magnus*, in: *Hoyer/ Posch*, 18.

11 Vgl. zum aktuellen Status des CISG: http://www.uncitral.org/uncitral/en/uncitral_texts/sale_goods/1980CISG_status.html (zuletzt abgerufen am: 23.08.2014); vgl. zu dem (recht späten, dennoch erfolgten) Beitritt Japans als einem der wichtigsten (Platz 17) Handelspartner Deutschlands und als Beispiel für die Etablierung des CISG nunmehr auch in Asien: *Bälz,* RabelsZ 73 (2009), 683–702; vgl. zur Rangfolge der Handelspartner im Außenhandel der BRD (mit Umsatz und Saldo) auf der Website des statistischen Bundesamtes: https://www.destatis.de/DE/ZahlenFakten/GesamtwirtschaftUmwelt/Aussenhandel/Handelspartner/Tabellen/RangfolgeHandelspartner.pdf?__blob=publicationFile.

12 Vgl. hierzu auch *Walter*, in: *Ferrari/ Flechtner/ Brand* (eds.), 408–423.

13 Als Indikator können diese Zahlen einen Hinweis auf die steigende Verwendung des Übereinkommens hindeuten, so auch *Saalfrank,* 150.

14 Vgl. hierzu insbesondere *Rabel*, Das Recht des Warenkaufs, Band 2, 200–206: zur Untersuchung und 206–218: zur Rüge.

15 Zur Geschichte des Einheitskaufrechts vgl. *Schlechtriem*, Einheitliches Kaufrecht und nationales Obligationenrecht, 27–36.

16 Beispielhaft kann man auch den CISG Advisory Council heranziehen, der die Problematik im Rahmen des Art. 39 CISG für so beachtlich hielt, dass er seine zweite Option hierzu verfasste: vgl. CISG-Advisory Council, in: CISG-AC Opinion no. 2, Art. 39, IHR 2004, 163–164.

wer im internationalen Wettbewerb bestehen möchte, ist auf gute verlässliche Prüfergebnisse für seine Produkte innerhalb angemessener Fristen angewiesen.

Auch nimmt durch diese überstaatliche Kooperation die wechselseitige Abhängigkeit zwischen Verkäufer und Käufer eine andere Dimension mit immer wieder neuen Perspektiven und Fragestellungen an, die einer erneuten[17] fortwährenden Beschäftigung mit der Thematik bedürfen.[18]

Hierbei könnte eine nicht zu verachtende Hilfestellung zu neuen bedeutenden wissenschaftlichen Erkenntnissen bei der Auslegung des Einheitsrechts in Zeiten rasanter Ausdehnung des internationalen Handels der marktwirtschaftliche Kontext einer Rechtsnorm bieten. Dieser bildet das Fundament der deskriptiven und rechtspolitischen Leistungen der ökonomischen Analyse des Rechts.[19] Was erscheint also naheliegender, als den marktwirtschaftlichen Kontext der zwei wirtschaftlich relevantesten Normen des UN-Kaufrechts, welche auf grenzüberschreitende Wirtschaftsverträge und ihre Besonderheiten zugeschnitten sind,[20] unter eben diesem Aspekt zu untersuchen.

Dabei konzentriert sich die Untersuchung auf das UN-Kaufrecht. Es liegt dieser Arbeit kein rechtsvergleichender Ansatz im herkömmlichen Sinne zugrunde.[21]

A. Problemstellung

„The truth is rarely pure and never simple."
Oscar Wilde[22]

Im Rahmen der Untersuchungs- und Rügeobliegenheiten kommt schnell der Eindruck auf, dass die Gerichte im Umgang mit den unbestimmten Rechtsbegriffen der Art. 38 CISG (*Umstand*) und Art. 39 CISG (*angemessene Frist, genaue Bezeichnung der Vertragswidrigkeit*[23]) einen besonders praktischen Ausweg

17 Vgl. insbesondere die Anm. zu neuen Entwicklungen im CISG von *Piltz*, NJW 2011, 2261–2266.

18 So auch *Magnus*, ZEuP 2010, 881–903; ders., zuletzt in: ZEuP 2013, 111–131.

19 *Horn*, Ökonomische Rationalität, AcP 176 (1976), 307, 308.

20 *Schlechtriem*, RIW 1995, 592.

21 Hierzu ist insbesondere auf die hervorragende Arbeit von *Janssen*, Die Untersuchungs- und Rügepflichten im deutschen, niederländischen und internationalen Kaufrecht - Eine rechtsvergleichende Darstellung der Gemeinsamkeiten und Unterschiede; oder auch die Arbeit von *Gerny*, Untersuchungs- und Rügepflichten beim Kauf nach schweizerischem, französischem und US-amerikanischem Recht sowie nach CISG, hinzuweisen.

22 *Wilde*, The Importance of Being Earnest, First Act (Algernoon to Jack).

23 Oft wird in der deutschen Literatur von der Mangelhaftigkeit der Ware statt der vertragswidrigen Ware (lack of conformity, wie im CISG vorgesehen) gesprochen. Nach

gefunden haben, internationale Prozesse schnell und einfach zu beenden.[24] Im Rahmen der analysierten Rechtsprechung wird sehr schnell deutlich, dass zu der Vertragswidrigkeit der Ware weitere Ausführungen für unnötig erachtet werden, da sowieso verspätet gerügt oder die Vertragswidrigkeit ungenau beschrieben worden sei. Verfahren, in denen die Vertragswidrigkeit oft nur schwer und evtl. lediglich mithilfe von Sachverständigen festgestellt worden wären, haben so ein relativ kostengünstiges Ende gefunden. Dies mag nach genauer Prüfung evtl. unter ökonomischen Effektivitätsgrundsätzen sachgerecht erscheinen, jedoch unter juristischen Erwägungen darf diese Methode nicht zu unangemessener Verkürzung berechtigter Käuferansprüche führen.

Ferner scheint der in Art. 7 Abs. 1 CISG normierte Auftrag der einheitlichen Anwendung des Übereinkommens hohe Anforderungen und große Probleme an die nationalen Gerichten zu stellen. So sind sprachliche Barrieren für Richter nur schwer überwindbar und die praktische Frage nach der Zugänglichkeit ausländischer Entscheidungen ungeklärt.[25]

Daneben können die Vorstellungen internationaler Vertragspartner über diese unbestimmten Rechtsbegriffe nicht unterschiedlicher sein.[26] So wird empfohlen, die vertraglich zu regelnde Frist in der Vertragsklausel selbst aufzunehmen[27] und z. B. Art. 39 Abs. 2 CISG nur als zweitbeste Lösung („second-best")[28] in den Vertrag einzubeziehen.[29]

Ansicht der Verfasserin sollten Begriffe gerade im internationalen Einheitsrecht aus dem Übereinkommen selbst übernommen werden und nicht nationalen Terminologien unterworfen sein, wie in diesem Fall dem Begriff des Mangels.

24 So auch *Magnus*, in: *Staudinger*, Art. 39, Rn. 4.

25 Dies obwohl die Kommission der Vereinten Nationen für Internationales Handelsrecht (UNCITRAL) selbst für ein aufwendiges System des Austausches gerichtlicher Entscheidungen (CLOUT= „Case Law on UNCITRAL Texts") gesorgt hat. Die Vertragsstaaten sollen die in ihrem Land getroffenen Entscheidungen „sog. abstracts" aufs Wesentliche gekürzt der UNCITRAL übermitteln und dort in alle Arbeitssprachen übersetzt und den anderen Vertragsstaaten zur Verfügung gestellt werden; vgl. hierzu. *Herber*, TranspR-IHR 1999, 1, 4–5.

26 Vgl. hierzu *Ostendorf*, ZVglRWiss 110 (2011), 109, 111–116.

27 *Koch*, IHR 2013, 13 Anm. zu *BGH* 26.09.2012, Az. VIII ZR 100/11, CISG-Online 2348, RIW 2012, 877–881.

28 Nach der ökonomischen Anreiztheorie, welche die Vertragsparteien dazu anhält, jede Vertragsbeziehung zu Vereinbarungen über einen bestimmten Punkt anzuhalten, vgl. hierzu *Maultzsch*, AcP 207 (2007), 530, 549–551.

29 Vgl. *Ostendorf*, ZVglRWiss 110 (2011), 109, 146–147.

I. Grundsätzliche Bedenken

Die Realität internationaler Transaktionen ist komplex. Moderne Liefergeschäfte, an denen auf beiden Seiten (im Zweifel) fachkundige Vertragspartner beteiligt sind, führen trotz aller (oder gerade aufgrund dieser) Fachkundigkeit der Vertragspartner nicht immer zu einem zufriedenstellenden Ergebnis. Deutlich wird dies bereits durch einen kurzen Blick auf die Rechtsprechung der letzten zehn bis zwanzig Jahre[30], angefangen beim Umfang der Untersuchung der Ware bis hin zu der substantiierten Rüge der Vertragswidrigkeit. Leicht kommt der Eindruck auf, ob die Untersuchungs- und Rügeobliegenheiten[31] dieser Komplexität internationaler Transaktionen und somit der Realität moderner Liefergeschäfte gerecht werden (können).[32] Voraussetzung ist, dass das UN-Kaufrecht nicht im Vorfeld gemeinhin von den Rechtsanwendern ausgeschlossen wird,[33] weil die Parteien dahin tendieren, ein ihnen vertrautes Recht zu wählen.[34]

Im Hintergrund steht die Frage, ob nicht weitere ökonomisch effektivere Methoden oder Möglichkeiten ergründet werden können, welche die formellen Erfordernisse zur Geltendmachung berechtigter Ansprüche des Käufers so greifen und die Frage der Vertragswidrigkeit der Ware (wieder) in den Vordergrund treten lassen können.[35]

Die Obliegenheit des Käufers zur Untersuchung und zur Anzeige etwaiger Vertragswidrigkeit besitzt eine enorme praktische Bedeutung auf die Risikoverteilung zwischen Verkäufer und Käufer. Diese Diversifikation entscheidet maßgeblich darüber, ob und in welchem Umfang Rechte überhaupt geltend gemacht werden können. Art. 38 und Art. 39 CISG eröffnen durch ihre unbestimmten Rechtsbegriffe einigen Spielraum für Interpretationen. Dieser Freiraum ist förderlich und

---

30 Zur empirischen Untersuchung dieser Rechtsprechung aus dem Blickwinkel der Gerichte selbst bis zu dem Jahre 2001 siehe *de Lukowicz*, 37, 90–109.

31 Die Untersuchungs- und Rügeobliegenheiten gehören zu den *Grundregeln des Handelsverkehrs*, so der *BGH*, in einer der ersten Entscheidungen zu dem Art. 39 CISG, vgl. *BGH* 25.11.1998, Az. VIII ZR 259/97, CISG-Online 353, NJW 1999, 1259–1261, IPRax 1999, 377–379, RIW 1999, 385–386.

32 Sehr kritisch hierzu: *Cuniberti*, 39 Vand. J. Transnat'l L. (2006), 1511, 1513.

33 So *Brödermann*, The practice of excluding the CISG: time for change?, nur online abrufbar; Für dasselbe Phänomen in den Vereinigten Staaten, vgl. *Flechtner*, in: *Magnus* (ed.), 5, 23; vgl. auch *Saalfrank*, 146.

34 Siehe zur Rechtswahl und Gerichtsstandvereinbarung *Mankowski*, FS *Hans-Bernd Schäfer* (2008), 369, 370.

35 Siehe zur rechtspolitischen Diskussion bzgl. der Mängelrüge in Österreich *Krejci*, FS *Heinrich Honsell* (2002), 287, 288.

hinderlich zugleich.[36] Auf der einen Seite schafft gerade diese Flexibilität die einzige Methode, mit dem Einheitsrecht scheinbar sachgerecht umzugehen und auf der anderen Seite lässt sie trotz autonomer Auslegungsklausel zu viel Raum für Diskussionen im praktischen Umgang.[37] Einigkeit besteht, dass es nicht gewollt war, dass diese Flexibilität Unstimmigkeiten im Umgang mit dem Einheitsrecht verursacht oder dieser Umgang unter ihr leidet,[38] bzw. sogar gänzlich zum Ausschluss des UN-Kaufrechts führt.

II. Bedenken in der Rechtsprechung

In der Rechtsprechung[39] wird inzwischen konsequent ein gerechter Ausgleich versucht. Unterschieden wird regelmäßig zwischen dem Interesse des Verkäufers, nicht längere Zeit nach der Lieferung mit Mängelansprüchen überzogen zu werden, und dem Interesse des Käufers, seine berechtigten Ansprüche nicht an übertriebenen Förmlichkeiten der Rüge gescheitert zu wissen.[40] Die Rechtsprechung schafft es jedoch nicht, stets einen angemessenen Ausgleich zwischen den berechtigten Interessen beider Seiten herbeizuführen. Die Rügeobliegenheit soll für eine rasche Klärung der Frage, ob die Ware mangelfrei geliefert wurde, sorgen.[41] Der Verkäufer soll rechtzeitig übersehen können, inwieweit welche Art von Forderungen auf ihn zukommen kann und er soll vor Missbräuchen, wie bspw. dem Nachschieben von Mängeln durch den Käufer, geschützt werden.[42] Vorrangig wird also dabei das Interesse des Verkäufers[43] in den Vordergrund gestellt. Auf der anderen Seite sollte jedoch stets darauf geachtet werden, dass die schutzwürdigen Interessen des Käufers nicht hierdurch in den Hintergrund geraten. Denn durch eine Lieferung vertragswidriger Ware verstößt der Verkäufer und nicht der Käufer gegen seine Vertragspflichten, sodass die Anforderungen

36 Siehe zur Gefahr unterschiedlicher Interpretation in den verschiedenen Staaten auch *Neumayer*, RIW 1994, 99–100.

37 Vgl. auch *Andersen*, in: *Felemegas* (ed.), 133, 134–135.

38 Vgl. hierzu auch *Andersen*, Abschnitt: 2.3.2.

39 Für Streitigkeiten im Anwendungsbereich des UN-Kaufrechts wurden gerade keine Fachgerichte geschaffen. Die Parteien müssen sich an die ordentlichen Gerichte oder an von ihnen im Vorfeld benannte Schiedsgerichtsbarkeiten wenden.

40 Vgl. auch *OLG Saarbrücken* 17.01.2007, Az. 5 U 426/06, CISG-Online 1642, IHR 2008, 55–60.

41 *Magnus*, in: *Honsell*, Art. 39, Rn. 1.

42 So bereits zum EKG der *BGH* 02.06.1982, Az. VIII ZR 43/81, IPRax 1983, 228–231.

43 *Magnus*, in: *Honsell*, Art. 39, Rn. 1.

an die Substantiierung der Rüge nicht überspannt werden dürfen.[44] Ansonsten würde das Risiko der mangelhaften Vertragserfüllung, für das grundsätzlich der Verkäufer einzustehen hat, weitgehend dem Käufer zugewiesen, ohne dass eine solche Entlastung des Verkäufers gerechtfertigt wäre.[45]

Die Rechtsprechung stellt für die Konkretisierung signifikant auf die Besonderheiten des Einzelfalls ab. Ein *gemischt objektiv-subjektiver Maßstab* – also *objektive Faktoren*, wie Art der gelieferten Waren, Art und Umfang der Vertragswidrigkeit und *subjektive Faktoren*, wie die Stellung von Käufer und Verkäufer im Wirtschaftsverkehr – bestimmen die Prüfung der Art. 38 und Art. 39 CISG.[46]

Die Problematik die sich hinter der Interpretation unbestimmter Rechtsbegriffe der Art. 38 und Art. 39 CISG verbirgt, ist, dass nationale Gerichte über die Obliegenheiten des Käufers anders entscheiden und ihre Vorstellungen[47] noch heute divergieren. So variieren z. B. die Fristen für die Rüge zwischen der unverzüglichen, über die sofortige bis zu einer starren Frist von 8 oder 60 Tagen.[48] Um aber den Grundsätzen und der tatsächlichen Umsetzung des Art. 7 Abs. 1 CISG gerecht zu werden, benötigt man eine *realistische, flexible und internationale* Auslegungsmethode.[49] So kann z. B. der *BGH*[50] bei der Anwendung des internationalen Einheitsrechts nicht wie zum deutschen Recht das letzte Wort beanspruchen und mit Formulierungen wie „regelmäßige“ Frist *eine Festlegung mit präjudizieller* Wirkung nahelegen. Im Interesse der *Bewahrung der Rechtseinheit* sollte der *BGH* nach Art. 7 Abs. 1 CISG berücksichtigen, wie die *angemessene Frist* in der ausländischen Rechtsprechung und Literatur interpretiert wird.[51]

Im Zeitalter moderner Währungsordnung hat sich ebenfalls die Organisation von Güteraustauschverträgen verändert und das Äquivalenzrisiko zulasten des Käufers verschoben. Aus ökonomischer Sicht zieht jeder Güteraustauschvertrag

---

44 *Schwenzer*, in: *Schlechtriem/ Schwenzer*, Art. 39, Rn. 6; *Magnus*, in: *Honsell*, Art. 39, Rn. 2; *Piltz,* § 5, Rn. 57.

45 Zum EKG der *BGH* 02.06.1982, Az. VIII ZR 43/81, IPRax 1983, 228, 229.

46 *Günther,* Liber Amicorum *Richard M. Buxbaum,* (2000), 235, 240.

47 Vgl. hierzu insbesondere *Schwenzer*, Eu. J. L. Ref. 2006, 353, 354, welche einige relevante Rechtssysteme auf die Obliegenheit zur Untersuchung und Rüge analysiert.

48 *Schwenzer*, Eu. J. L. Ref. 2006, 353, 354.

49 Siehe zum Begriff „international offene Auslegungsmethode“ auch *Magnus,* ZEuP 2013, 111, 216.

50 *BGH* 03.11.1999, Az. VIII ZR 287/98, CISG-Online 475, RIW 2000, 381–382, NJW-RR 2000, 1361–1362 mit Verweis auf *BGH* 08.03.1995, Az. VIII ZR 159/94, BGHZ 129, 75, 85–86, CISG-Online 144, RIW 1995, 595–597, IPRax 1996, 29–31; vgl. *Flechtner,* 28 B.U.I.L.J. (2008), 1, 7–11; *Schlechtriem,* Decisions of the *BGH,* 16.

51 So auch die Kritik von *Schlechtriem*, EWiR Art. 39 CISG 1/2000, 125, 126.

einen unerwünschten Zustand der Schwebe und der Unsicherheit nach sich.[52] Lediglich eine eindeutige rechtliche Zuordnung kann wieder Rechtssicherheit nach einer gestörten Durchführung, gekennzeichnet durch ein ungleiches Äquivalenzverhältnis von Leistung und Gegenleistung einer solchen ökonomischen Transaktion, bringen. Hierfür kann die eindeutige Zuteilung von Rechten und Pflichten der Vertragsparteien, hier von Untersuchungs- und Rügeobliegenheiten, einen den Schwebezustand vorzeitig beendenden Effekt mit sich bringen. Denn je schneller ein Austauschvertrag durchgeführt wird, desto schneller kommt eine neue Güterverteilung und somit ein gesamtwirtschaftlich wertvolleres Ergebnis zustande.[53] Dieses Ergebnis sollte aber auch in einem akkuraten Verhältnis stehen, zwar für die Allgemeinheit ökonomisch von Nutzen zu sein, jedoch den Käufer insgesamt nicht unbillig belasten. So ist beispielhaft die sehr strenge Entscheidung des *Landgerichts Aachen* vom 03.04.1990 zu nennen, in welcher das Gericht entschied, dass der Käufer die Fristen eingehalten habe, da nach der Beweisaufnahme feststünde, dass er die Ware *am Tag der Lieferung untersucht* und hinsichtlich der Vertragswidrigkeit *am Tag danach gerügt habe.*[54]

III. Zum Entwurf des Gemeinsamen Europäischen Kaufrechts vom 11.10.2011

Das CISG zählt zum festen Bestandteil des internationalen Handels und hat im Rahmen des Vertragsrechts ebenso große Ausstrahlungswirkungen auf bereits bestehende oder geplante Regelwerke zur Rechtsvereinheitlichung.[55]

Im Rahmen dieser Arbeit ist kurz auf den Entwurf des Gemeinsamen Europäischen Kaufrechts vom 11.10.2011[56] einzugehen, durch den zunächst der Erlass einer Verordnung zur Einführung eines Gemeinsamen Europäischen Kaufrechts – auch Common European Sales Law (CESL) genannt – vorgeschlagen wird[57] und *als optionales Instrument* für internationale Handelskäufe gelten soll, soweit sie zwischen großen, kleinen und mittleren Unternehmen geschlossen werden. Der Vorschlag selbst besteht aus drei Hauptteilen: der Verordnung, einem Anhang I

52 Vgl. *Lehmann*, WM 1980, 1162.

53 Vgl. *Lehmann*, WM 1980, 1162.

54 *LG Aachen* 03.04.1990, Az. 41 O 198/89, CISG-Online 12, RIW 1990, 491–492.

55 Vgl. auch *Lurger*, IHR 2005, 177.

56 Vorschlag für eine Verordnung des Europäischen Parlaments und des Rates über ein Gemeinsames Europäisches Kaufrecht, vom 11.10.2011, KOM (2011) 635 endg., abgedruckt in IHR 2012, 4 ff.; vgl. hierzu auch *Mankowski*, IHR 2012, 1–3.

57 Im Internet abrufbar unter: http://eur-lex.europa.eu/LexUriServ/LexUriServ.do?uri=COM:2011:0635:FIN:DE:PDF.

mit den Vertragsrechtsbestimmungen (dem Gemeinsamen Europäischen Kaufrecht) und einem Anhang II mit dem Standard Informationsblatt. Für dic Anwendung des Gemeinsamen Europäischen Kaufrechts bedarf es einer entsprechenden Vereinbarung der Vertragsparteien (opt-in solution).[58]

Grundsätzlich kann es zwar nicht zu einer *echten Kollision* zwischen den beiden Konventionen kommen. Es ist jedoch möglich, dass durch Parteiautonomie, die das UN-Kaufrecht durchaus anerkennt, eine CISG-Bestimmung abgeändert wird.[59] So könnten sich die Vertragsparteien auf die in Art. 121 Abs. 1 CESL-E einigen, die eine *ausnahmslose Höchstfrist von 14 Tagen* für die Untersuchung vorsieht.[60] Im Rahmen der vorliegenden Arbeit wird jedoch auf den Entwurf nicht weiter eingegangen, da er weder für diese relevant ist noch zu diesem Zeitpunkt Bedeutung erlangen kann.

B. Gang der Untersuchung

Im ersten Teil (*Kapitel 1*) der Untersuchung wird ein allgemeines Verständnis geschaffen. In diesem Kapitel wird zunächst definiert, in welchem Verhältnis die Rechtsnatur von Obliegenheiten zueinander stehen und im Gesamtkontext des internationalen Einheitsrechts zu systematisieren sind. Hier wird ebenfalls auf die Bedeutung der konventionsautonomen Auslegung eingegangen.

Im zweiten Teil (*Kapitel 2*) wird der Rügetatbestand der Art. 38 und 39 CISG auf seine Reichweite hin untersucht.

Der dritte (*Kapitel 3*) und der vierte Teil (*Kapitel 4*) spiegeln sich in Bezug auf die Untersuchung der Untersuchungs- und Rügeobliegenheiten. Hier wird jeweils untersucht, welche Anforderungen an die Auslegung der unbestimmten Rechtsbegriffe von Art. 38 und Art. 39 CISG zu stellen sind. Zum Beispiel soll die Konkretisierung der unbestimmten Rechtsbegriffe *Umstand* und *angemessen*[61] – also der zeitlichen und inhaltlichen Anforderungen[62] an die Rügeobliegenheit dem

58 Hierzu sollte das automatisch anwendbare CISG ggf. abgewählt werden (opt-out solution).

59 Für weitere Informationen und Neuregelungen des GEKR siehe die zusammenfassenden Darstellungen im Schrifttum z. B. bei *Mankowski,* IHR 2012, 1–3; *ders.*, IHR 2012, 45–53; zur Analyse von Langzeitverträgen vgl. auch den sehr guten Beitrag von *Unberath*, in: *Wagner* (Hrsg.), 87–162.

60 *Schlechtriem/ Schroeter*, Int. UN-Kaufrecht, 185.

61 Vgl. auch *OLG Saarbrücken* 17.01.2007, Az. 5 U 426/06, CISG-Online 1642, IHR 2008, 55–60.

62 Oder um es mit den Worten von *Mankowski* auszudrücken: *offene Fristen zu konkretisieren habe immer eine dezisionistisches Element*, EWiR Art. 39 CISG 1/01, 623–624.

Spannungsverhältnis zwischen den Interessen des Käufers und des Verkäufers Rechnung tragen. Insbesondere wird in diesem Zusammenhang auch konkret nach dem Inhalt der bestehenden rechtlichen Normen gefragt werden. Hierbei ist neben einer Analyse des Ist-Zustandes in der Literatur und Rechtsprechung[63] ebenso nach dem Stand der Rechtsvereinheitlichung zu fragen. Aus der Fülle der in- und ausländischen Entscheidungen werden im Rahmen dieser Arbeit nur die besonders markanten Fragebereiche herausgegriffen.

In einem weiteren Schritt ist zu eruieren, wie sich die oben festgestellten Anforderungen ändern, wenn man eine am ökonomischen Effizienzkriterium orientierte Auslegung der unbestimmten Rechtsbegriffe vornimmt. Hier wird in einer analytischen Fragestellung insbesondere die Effektivität einer am ökonomischen Effizienzkriterium orientierten Auslegung zu prüfen sein, die zu neuen wissenschaftlichen Erkenntnissen führen wird. So wird die Frage im Vordergrund stehen, ob z.B. eine am ökonomischen Effizienzkriterium orientierte Auslegung der Art. 38 und Art. 39 des UN-Kaufrechts überhaupt einen Beitrag zur autonomen Auslegung des internationalen Einheitsrechts leisten könne? Haben ökonomische Effizienzkriterien bereits Eingang in die internationale Rechtsprechung gefunden? Welche Möglichkeiten bestehen zur Überwindung von Informationsasymmetrien? Werden die vorhandenen Regelungen in Literatur und Rechtsprechung zutreffend gedeutet? Kommt man im Ergebnis so zu einer einheitlichen Auslegungsmethode?

Der fünfte Teil (*Kapitel 5*) analysiert Art. 40 und Art. 44 CISG im Hinblick auf ihre Bedeutung im Rahmen der Untersuchungs- und Rügeobliegenheiten.

Im sechsten Teil *(Kapitel 6)* erfolgt ein kleiner Ausblick über die Untersuchungs- und Rügeobliegenheiten.

Die Untersuchung schließt mit einer Zusammenfassung im siebten Teil (*Kapitel 7*) ab.

---

63 Aus Gründen der Übersichtlichkeit werden im Rahmen der Rechtsprechungsanalyse nur die Kernpunkte bzw. Kernelemente der jeweiligen Entscheidung dargestellt. Auf eine detaillierte Sachverhaltsschilderung wird weitestgehend, wenn für die Entscheidungsgründe nicht erheblich, verzichtet.

1. Kapitel: Systematik im Gesamtkontext des CISG

Bevor vertieft auf die einzelnen Normen zur Untersuchung und zur Rüge im CISG eingegangen werden kann, empfiehlt es sich, einen kurzen Blick auf die Systematik dieser Obliegenheiten im Gesamtkontext des UN-Kaufrechts zu werfen.[64] Hier gilt es, zunächst den Begriff der Obliegenheiten zu definieren (A.) und spezifische im CISG vorherrschende Auslegungsmethoden (u. a. die sog. *konventionsautonome Auslegung*) zu ermitteln (B.) und diese Ergebnisse (C.) für den weiteren Verlauf der Arbeit festzuhalten.

A. Obliegenheit - Rechtsnatur

Der Terminus Obliegenheit als technisches Instrument ist durch das deutsche Recht vorgeprägt[65] und findet im CISG keine ausdrückliche[66] Erwähnung. Dennoch ist die Unterscheidung zwischen Pflichten und Obliegenheiten auch im Übereinkommen von Relevanz. Die Erfüllung von Obliegenheiten ist nach dem UN-Kaufrecht nur die Voraussetzung für die Ausübung eigener Rechte der Betroffenen und liegt somit im eigenen Interesse der damit belasteten Partei.[67]

Es stellen sich daher schnell die dogmatisch berechtigten Fragen, ob Art. 38 und Art. 39 CISG erstens überhaupt *Obliegenheiten* als solche und zweitens des Käufers oder des Verkäufers darstellen. Diese Fragen relativieren sich in zweifacher Hinsicht, sobald in diesem Rahmen die Pflichten des Verkäufers und des Käufers konkret zueinander abgegrenzt werden.

I. Abgrenzung zu Pflichten des Verkäufers

Das UN-Kaufrecht behandelt die Pflichten des Verkäufers im *zweiten* Kapitel des dritten Teils (*Warenkauf*). Als Einleitungsform ist diesem Art. 30 CISG

---

64 Nicht behandelt wird in diesem Zusammenhang der Anwendungsbereich des UN-Kaufrechtes, verwiesen wird aber auf sehr gute Arbeiten hierzu z. B.: *Lohmann*, 12–29; vgl. auch hierzu den sehr guten Überblick bei *Klene*, 30–38.

65 *Schlechtriem/ Schroeter*, Int. UN-Kaufrecht, 182.

66 Gemeint sind die offiziellen Fassungen in den sechs UN-Sprachen; vgl. hierzu *Bell*, FS *Ingeborg Schwenzer* (2011), 143–144.

67 Vgl. etwa *Müller-Chen*, in: *Schlechtriem/ Schwenzer*, Art. 45, Rn. 4; *Magnus*, in: *Staudinger*, Art. 38, Rn. 12.

vorangestellt und verdeutlicht in Bezug auf die Pflichten des Verkäufers erneut, dass *individuell zwischen den Parteien getroffene Vereinbarungen* dem Abkommen stets vorgehen.[68]

Die Frage der *Vertragsmäßigkeit der Ware* regeln Art. 35 bis Art. 44 CISG. Die Systematik des Abkommens – die Untersuchungs- und Rügeobliegenheiten werden in den Art. 38 und Art. 39 CISG mitten im Rahmen dieser Pflichten des Verkäufers behandelt – könnte für einen kurzen Augenblick den Eindruck erwecken, sie wären Pflichten des Verkäufers und dieser würde sich für die Überprüfung der Vertragswidrigkeit und somit für die Überprüfung vertragsgemäßer Erfüllung sich dem Käufer als Erfüllungsgehilfen bedienen. Es bleibt jedoch lediglich dieser erste Eindruck, denn es lassen sich keine weiteren Anzeichen für diese These im Übereinkommen finden. Sie sind *de facto*[69] keine Pflichten des Verkäufers.

Als einzige Verkäuferpflicht wird somit die Lieferung vertragsgemäßer Ware – genauer: die *Leistung gattungsgemäßer und mangelfreier*[70] *Ware* (gem. Art. 35 CISG) – am rechten Ort (gem. Art. 31 CISG) und zur rechten Zeit (gem. Art. 33 CISG) – erhoben.[71]

II. Abgrenzung zu Pflichten des Käufers – Obliegenheiten

Der Wortlaut der Art. 38 CISG (*Der Käufer hat die Ware [...] zu untersuchen [...].*) und Art. 39 CISG (*Der Käufer verliert das Recht [...].*) adressieren den Käufer direkt und lassen so den Eindruck aufkommen, als sei dieser zur Vornahme der Untersuchung und zur Rüge verpflichtet. Gegen die Annahme solcher Pflichten sprechen jedoch zunächst systematische Gründe, da die Pflichten des Käufers im ersten und zweiten Abschnitt des *dritten* Kapitels (Art. 53-Art. 60 CISG) geregelt sind.

Viel gewichtiger sind jedoch die teleologischen Argumente, welche gegen eine Annahme als Rechtspflichten des Käufers sprechen. Sie unterscheiden sich von den Pflichten des Käufers insoweit, als dass sie erstens nicht als eine von diesem zu erbringende Leistung geschuldet werden, zweitens der Verkäufer die Bewirkung dieser Leistung nicht verlangen kann und drittens ihre Verletzung als solche keine

---

68 Vgl. auch *Niggemann*, in: *Hoyer/ Posch*, 77.

69 *Fišer-Šobot,* Belgrade L. Rev. 2011, no. 3, 196.

70 Oft wird in der deutschen Literatur von der Mangelhaftigkeit der Ware statt der vertragswidrigen Ware gesprochen. Meiner Ansicht nach sollten Begriffe gerade im internationalen Einheitsrecht aus dem Übereinkommen selbst übernommen werden und nicht nationalen Terminologien unterworfen sein, wie in diesem Fall dem Begriff des Mangels.

71 *Aicher*, in: *Hoyer/ Posch*, 112.

Sanktionen zur Folge hat,[72] d. h., der Verkäufer insbesondere nicht hierauf klagen kann.[73] Ohne die Ergebnisse der vorliegenden Arbeit vorwegzunehmen, kann bereits an dieser Stelle festgestellt werden, dass wenn der Käufer die Untersuchung unterlässt oder mit der Rüge in Verzug gerät, der Verkäufer keine Schadensersatzansprüche gegen den Käufer hat.[74] Die Obliegenheiten des Käufers zur Untersuchung und zur Rüge sind also nicht Rechtspflichten im *technischen Sinne.* Sie dienen dem Käufer nur zur Wahrung – bzw. (führen) zur Minderung[75] – *seiner eigenen Rechte.* Als Ausnahme zu dieser Regel ist zu berücksichtigen, dass oftmals sogar zugelassen wird, dass es zur Erhaltung seiner Rechte genügen kann, dass er die Vertragswidrigkeit rechtzeitig und hinreichend substantiiert rügt, auch wenn er die Ware nicht – sachgerecht – untersucht hat, *wenn* bei einer ordnungsgemäßen Untersuchung die Vertragswidrigkeit durch den Käufer nicht hätte erkannt werden können.[76]

Aus der Rechtsprechung wird auf die Entscheidung des *OLG Köln* vom 02.07.2007 verwiesen, in welcher das Gericht entschied, dass auch eine unberechtigte *Mängelrüge* des Käufers keine Schadensersatzansprüche des Verkäufers nach sich ziehe.[77] Hier wies das Gericht die Berufung der Klägerin mit der Begründung ab, dass soweit (nämlich) die Verkäuferin der Käuferin eine Verletzung der Untersuchungspflicht nach Art. 38 CISG vorwerfe, diese auch bei *potenziellen Mängeln* nur eine Obliegenheit des Käufers darstelle und den Verkäufer nicht zur Geltendmachung *von Rechtsbehelfen und zum Schadensersatz*

---

72 *Herber/ Czerwenka*, Art. 38, Rn. 2.

73 M. w. N. *Magnus*, in: *Honsell*, Art. 38, Rn. 2.

74 Vgl. auch der CISG-Advisory Council, in: CISG-AC Opinion no. 2, Art. 39, Bem. 2, IHR 2004, 163.

75 Vgl. für die deutsche Rechtsprechung: *OLG Oldenburg* 05.12.2000, Az. 12 U 40/00, CISG-Online 618, IHR 2001, 112–114, mit Anm. hierzu *Mankowski*, EWiR, Art. 39 CISG 1/01, 623–624; *OLG Düsseldorf.* 08.01.1993, Az. 17 U 82/92, IPRax 1993, 413, CISG-Online 76; *LG Hannover* 16.04.2003, Az. 22 O 169/02, BeckRS 2003, 17330; in der Literatur: *Magnus* in: *Honsell*,, Art. 39 Rn. 5; *Magnus*, in: *Staudinger*, Art. 38, Rn. 12; vgl. auch *Bianca*, in: *Bianca/ Bonell*, Art. 38, Bem. 2.1: „a burden rather then a duty"; *Herber/ Czerwenka*, Art. 38 Rn. 2; *Schwenzer*, in: *Schlechtriem/ Schwenzer*, Art. 38 Rn. 5, die allerdings hier ausdrücklich nur von der *Untersuchungsobliegenheit* spricht, nicht jedoch von der *Rügeobliegenheit*; *Gruber*, in: Mü-KoBGB, Bd. 3, Art. 38, Rn. 3; und zum EKG bereits der *BGH* 02.06.1982, Az. VIII ZR 43/81, IPRax 1983, 228–229.

76 So auch *Herber/ Czerwenka*, Art. 38, Rn. 2; *Magnus*, in *Staudinger*, Art. 38, Rn. 12–14, wobei *Magnus* vom Ablauf der *Gesamtrügefrist* ausgeht; *Schwenzer*, in: *Schlechtriem/ Schwenzer*, Art. 38; Rn. 5; *Salger*, in: *Witz/ Salger/ Lorenz*, Art. 38, Rn. 1.

77 *OLG Köln* 02.07.2007, Az. 16 U 5/07, CISG-Online 1811, OLGR Köln 2008, 302–304.

berechtige und somit keine einklagbaren Pflichten begründe.[78] Auch das *OLG Celle* entschied in seinem Urteil vom 02.09.1986, dass gegen die Unterlassung der *Aufforderung zur Untersuchung keine Sanktionen* vorgesehen seien.[79]

B. Methodische Anmerkungen

Mit der Idee, ein Einheitskaufrecht zu schaffen und die Vertragsstaaten dieses Recht ratifizieren zu lassen, ist es kaum getan.[80] Denn im Rahmen des internationalen Einheitsrechts buhlen eine Vielzahl divergierender nationaler Auslegungsmethoden um seine Gunst. Damit die Auslegung internationalen Einheitsrechts nicht hinter dogmatischen Grundsätzen bzw. unterschiedlichen Rechtstraditionen der Vertragsstaaten zurückbleibt, sind vorweg einige methodische Ausführungen vonnöten.[81] Denn diese spezielle Rechtsmaterie *gemeinsames internationales Einheitsrecht*[82] bedarf einer spezifischen, auf dieses Sonderrecht blickenden Dogmatik hinsichtlich der Vertragsauslegung, der Lückenfüllung[83] und der Rechtsfortbildung.[84]

Als Ergebnis *internationaler Rechtsvereinheitlichungsbestrebungen*[85] wird einhellig die Meinung[86] vertreten, dass das CISG über eine eigene *autonome* Auslegungsmethode verfüge.[87] Die *autonome Auslegung,* also die Notwendigkeit, die *Begriffe des Übereinkommens aus sich selbst heraus zu interpretieren,* stehe im Mittelpunkt jeglicher Interpretation.[88] *Die alleinige Heranziehung* der Auslegungsmethoden *eines* bestimmten Rechtskreises oder etwaige Rückgriffe auf das nationale Recht des Anwenders oder auf bestimmte nationale Begriffe verbieten

---

78 *OLG Köln* 02.07.2007, Az. 16 U 5/07, CISG-Online 1811, OLGR Köln 2008, 302–304; wobei das Gericht auch auf die Verletzung sonstiger Nebenpflichten der Parteien aus Handelsbräuchen (Art. 9 CISG), aus dem Vertrag, sowie dem Grundsatz von Treu und Glauben (Art. 7 CISG) näher eingeht und richtigerweise ablehnt.

79 *OLG Celle* 02.09.1986, Az. 11 U 146/83, IPRax 1987, 313–314.

80 Vgl. auch *Martiny,* RabelsZ (1981), 427.

81 Vgl. *Flechtner,* in: Liber Memorialis *Petar Šarčević,* (2006), 457–458; m. w. N. siehe *Ferrari,* IHR 2013, 137–155.

82 Zur Entwicklung des Internationalen Einheitsrechts, siehe *Saalfrank,* 1–6.

83 Vgl. hinsichtlich Regelungslücken *Diedrich,* RIW 1995, 353, 355.

84 *Kropholler,* Internationales Einheitsrecht, 2, 235–243.

85 Vgl. auch *Melis,* in: *Honsell,* Art. 7, Rn. 5–6.

86 Vgl. zum Streit die Darstellung bei *Diedrich,* RIW 1995, 353, 358.

87 Vgl. auch *Magnus,* FS *Ingeborg Schwenzer* (2011), 1153, 1169.

88 *Ferrari,* IHR 2001, 56, 57; m. w. N. siehe auch *Ferrari,* Loy. L. A. Rev. (1996), 1021, 1024–1025.

sich somit gänzlich.[89] Denn mit diesen traditionellen Methoden der einzelnen Vertragsstaaten zur Auslegung von Gesetzen sei keine einheitliche Auslegung von internationalem Einheitsrecht – dies deutet bereits die Eigenart, die Zwecksetzung und der Ursprung der Rechtsmaterie an – zu erreichen.[90]

Will man diese Aufgabe der einheitlichen Vertragsauslegung, Lückenfüllung und Interpretation der unbestimmten Rechtsbegriffe nicht einem internationalen oder supranationalen Gericht oder einer entsprechenden anderweitigen Organisation übertragen,[91] dann sollte diese in sich einheitliche Leitidee des Abkommens von den nationalen Gerichten stets beachtet werden. Hierdurch wird insbesondere der doch existenten Gefahr entgegengewirkt, sich von irreführenden *Schutzvorstellungen* und *dogmatisch-begrifflichen Strukturen* des „eigenen" nationalen Rechts bei der Anwendung des Einheitsrechts leiten zu lassen.[92] Denn es existieren sehr wohl Vorbehalte einzelner nationaler Gerichte, welche noch nicht bereit sind, ein gemeinsames Recht für internationale Sachverhalte zu akzeptieren und Rechtsbegriffe autonom auszulegen.[93] So kann der Nachklang dieser einzelnen Gerichtsentscheidungen sogar soweit führen, dass die Unternehmen – unabhängig von differenten wirtschaftlichen und sozialen Verhältnissen in ihren Ländern – im Vorfeld das UN-Kaufrecht gänzlich ausschließen.[94]

I. Beispiel: deutsche Auslegungsmethoden

Der deutsche Rechtsanwender differenziert nach *Savigny* zwischen vier klassischen Auslegungsmethoden,[95] bestehend aus dem *grammatikalischen Element*,

---

89 Auch wenn trotz gewisser Unterschiede der Rechtskreise eine Annährung der Methodik festgestellt werden kann; vgl. auch *Saalfrank*, 141.

90 Vgl. auch *Bonell*, in: *Bianca/ Bonell*, Art. 7, Bem. 2.3; *Bonell*, 38 Am. J. Com. L. (1990), 865, 866.

91 Vgl. auch *Andersen*, Abschnitt: 2.1.2.

92 *Westermann*, in: Mü-KoBGB, Bd. 3, Vor Art. 1, Rn. 11.

93 So etwa *Kropholler*, Internationales Einheitsrecht, 168; *Westermann*, in: Mü-KoBGB, Bd. 3, Vor Art. 1, Rn. 12; *Diedrich*, 73; ergänzend *Drobnig*, RabelsZ 50 (1986), 611, 614–616.

94 Vgl. hierzu *Brödermann*, The practice of excluding the CISG: time for change?, nur online abrufbar; Für dasselbe Phänomen in den Vereinigten Staaten, vgl. *Flechtner*, in: *Magnus* (ed.), 23; *Köhler*, Survey regarding the relevance of the United Nations Convention for the International Sale of Goods (CISG) in legal practice and the exclusion of its application, nur online abrufbar.

95 Vgl. exemplarisch zur juristischen Methodik *Bydlinski*, Juristische Methodenlehre und Rechtsbegriff.

teleologischen Element, historischen Element und *systematischen Element.*[96] Speziell auf die im internationalen Einheitsrecht existierenden Besonderheiten eingehend – insbesondere zur Förderung der Rechtssicherheit –, wird als *Ergänzung des klassischen Auslegungskanons und eigenständige Auslegungsmethode* die rechtsvergleichende Auslegung angewendet.[97] Im Wege der Rechtsvergleichung ist mit Abstand von national vorgeprägten Rechtsbegriffen[98] die Rechtsprechung und Rechtslehre in den einzelnen Vertragsstaaten zum UN-Kaufrecht zu erörtern. Doch oftmals erweist sich insbesondere die praktische Umsetzung als schwierig. Denn die ausländischen Entscheidungen sind nicht nur schwer zugänglich, sondern ebenfalls in der jeweils fremden Gerichtssprache abgefasst.[99] So schreibt das *U.S. District Court, N.D. of Illinois* in seinem Urteil vom 21.05.2004[100] in einer Fußnote, dass die vorgenannten Entscheidungen, auf die sich das Gericht deutlich bezieht, nicht in die Entscheidungsgründe inkludiert werden können, da sie nicht in der gewünschten englischen Übersetzung auffindbar sind.[101] Eine große Hilfestellung bieten die diversen Plattformen bzw. Datenbanken zur Rechtsprechung zum UN-Kaufrecht im Internet[102] und dem dadurch erleichterten Zugang zur ausländischen Literatur.[103] An dieser Stelle wird besonders auf die offiziellen

---

96 Auslegungskanon begründet von *Savigny*, System des heutigen römischen Rechts, Band I, 206, 213–215.

97 *Diedrich*, 73; so auch *Drobnig*, RabelsZ 50 (1986), 611, der für das deutsche Recht eine Erweiterung des Auslegungskanons um die Rechtsvergleichung vorschlägt.

98 *Diedrich*, 73; ergänzend *Drobnig*, RabelsZ 50 (1986), 611, 614–616.

99 Vgl. *Ferrari*, IHR 2001, 56, 59.

100 *U.S. District Court, N.D. of Illinois* 21.05.2004, Az. No. 0I C 4447, CISG-Online 851, IHR 2004, 156–162.

101 *U.S. District Court, N.D. of Illinois* 21.05.2004, Az. No. 0I C 4447, CISG-Online 851, IHR 2004, 156, 161: „Footenote: That decision and the other foreign decisions cited in this opinion have not been translated into English and, as a result, cannot be cited directly by this Court. Instead, this Court relies upon the detailed abstracts of those decisions provided by UNILEX, an "intelligent database" of international case law on the CISG. All of the abstracts cited therein are available at unilex.info. ".

102 Vgl. zur Rolle des Internets für die internationale Rechtsprechung zum Einheitsrecht, *Andersen*, J.I.L.T. 2004 (3).

103 Beispiel für eine sog. elektronische Bibliothek zum UN-Kaufrecht: http://cisg-library.org/content_deutsch/index.php (zuletzt abgerufen am 07.05.2012).

Webseiten der UNCITRAL[104], der *Pace University*[105] und *CISG-Online*[106] hingewiesen. Dennoch tun sich die Gerichte sehr schwer damit, internationale Rechtsprechung ebenfalls in ihre Urteile einzubeziehen.[107]

II. Konventionsautonome Auslegung

Im Übereinkommen selbst wird das Gebot der einheitlichen Auslegung in Art. 7 Abs. 1 CISG[108] kodifiziert. Gem. dieser *konventionsautonomen Auslegung*[109] normiert das CISG hinsichtlich der Auslegung unbestimmter Rechtsbegriffe drei Auslegungsgrundsätze.[110] Zu beachten sind hiernach der *internationale Charakter*, der *Vereinheitlichungszweck* der Norm sowie die Förderung des *guten Glaubens* an den internationalen Handelsverkehr. Art. 7 Abs. 2 CISG behandelt dagegen den Umgang mit offenen Fragen, deren Lösung sich nicht aus den Vorschriften des UN-Kaufrechts entnehmen lässt. Art. 7 CISG enthält, präzise formuliert, Regelungen zur Auslegung und Lückenfüllung, ohne Methoden zur Auslegung festzusetzen.[111] Dabei ist die Rangfolge, welche die Norm aufstellt, zu berücksichtigen: vordergründig gelten die allgemeinen Grundsätze des UN-Kaufrechts.[112] Führen diese zu keinem Ergebnis, so ist das vom IPR berufene Landesrecht als ultima ratio anzuwenden.[113]

Teilweise wurde in der deutschen Literatur und in der ersten deutschen Rechtsprechung zu Art. 38 und Art. 39 CISG die Ansicht vertreten, dass aufgrund der

---

104 Abrufbar im Internet unter: http://www.uncitral.org/uncitral/en/case_law.html zuletzt abgerufen am: 07.05.2012); „CLOUT" steht für „Case Law on UNCITRAL Texts", ein Projekt der UNCITRAL, um Entscheidungen zu sammeln, die unter anderem das CISG betreffen, um die Entscheidungen in allen offiziellen Sprachen des CISG zur Verfügung zu stellen.

105 Abrufbar im Internet unter: http://www.cisg.law.pace.edu/ (zuletzt abgerufen am: 07.05.2012). Hinzuweisen ist auch auf kleinere Datenbanken wie die der österreichischen Website zum UN-Kaufrecht. Im Internet abzurufen unter: http://www.cisg.at/CISGframe.htm (zuletzt abgerufen am: 07.05.2012).

106 Abrufbar im Internet unter: http://www.globalsaleslaw.org/index.cfm?pageID=28 (zuletzt abgerufen am: 07.05.2012).

107 Vgl. auch *Ferrari,* IHR 2001, 56, 59.

108 Vgl. hierzu auch *Lookofsky,* D.J.C.I.L. (Vol. 13:258), 263, 265–266.

109 *Gruber*, in: Mü-KoBGB, Bd. 3, Art. 38, Rn. 6.

110 *Ferrari*, in: *Schlechtriem/ Schwenzer*, Art. 7, Rn. 5; in der Rechtsprechung: *BGH,* 2.3.2005, Az. VIII ZR 67/04, CISG-Online 999, IHR 2005, 158–159.

111 *Saalfrank*, S. 138.

112 Vgl. *Benedick*, 52.

113 *Magnus*, in: *Staudinger*, Art. 7, Rn. 2.

Ähnlichkeit der Art. 38 und 39 CISG zum § 377 HGB[114] die hierzu ergangenen Grundsätze auf das UN-Kaufrecht zu übertragen seien.[115] Im Laufe der letzten Jahre wurde jedoch ebenfalls von dieser Möglichkeit Abstand genommen.

Ferner ist im Rahmen der autonomen Auslegung auf die englischsprachige Fassung hinzuweisen, welche als Originalfassung[116] der deutschen Fassung vorgeht.[117]

III. Methodologie der Privatrechtsvereinheitlichung unter besonderer Berücksichtigung der ökonomischen Analyse des Rechts

Die interdisziplinäre Kombination aus wirtschafts- und rechtswissenschaftlichen Überlegungen kann Interessenskonflikte zwischen Wirtschaftssubjekten möglichst im Sinne einer funktionsfähigen Wirtschaftsordnung beseitigen. So können sozialwissenschaftliche Erkenntnisse als Auslegungshilfe im Rahmen der Normkonkretisierung durchaus nützlich sein.[118] Denn wo der klassische Auslegungskanon im Rahmen generalklauselartiger Konzepte nicht weiterhelfen vermag, können sozialwissenschaftliche Aspekte, hier in Form der ökonomischen Analyse des Rechts,[119] eine Hilfestellung geben.[120] Diese kritisiert nicht nur auf der Ebene der Gesetzgebung, sondern auch der Rechtsanwendung.[121] So ist allgemein anerkannt, dass nach der gesetzgeberischen Wertung einzelner Normen ökonomisch gestützte Überlegungen zur Anwendung kommen können und sollen.[122]

---

114 Zum Vergleich zwischen den Untersuchungs- und Rügeobliegenheiten der Art. 38, 39 CISG und § 377 HGB, siehe *Verweyen,* 116–118.

115 Vgl. *Gruber*, in: Mü-KoBGB, Bd. 3, Art. 38, Rn. 6, der insbesondere in Bezug auf die Länge der Frist die Problematik anspricht.

116 Nur die Originalfassung in den sechs UN-Sprachen ist maßgeblich, vgl. hierzu *Bell*, FS *Ingeborg Schwenzer* (2011), 143–144; vgl. hierzu auch *Schweizerisches Bundesgericht* 13.11.2003, Az. 4C.198/2003, CISG-Online 840, IHR 2004, 215–219.

117 Vgl. auch *Saalfrank*, 139.

118 Auch wenn die anfänglichen Entwicklungen in Deutschland mit Schwierigkeiten behaftet waren, vgl. hierzu u. a. *Kirchner,* Internat. Rev. of L. & Econ. (1991), 277, 285–286.

119 Kurz definiert bedeutet das, dass die ökonomische Analyse des Rechts als Subdisziplin der Ökonomik, losgelöst von klassischen Gegenstandsbereichen der Ökonomie, auf rechtliche Fragestellungen als solche angewendet wird.

120 Vgl. auch *Towfigh/ Petersen*, 12–13.

121 Zur Diskussion der Frage, ob die ökonomische Analyse des Rechts in Deutschland eine Gesetzgebungstheorie oder aber eine Theorie der richterlichen Rechtsanwendung sei, vgl. kritisch jedoch unbedingt *Eidenmüller,* 1995, 411 ff.; vgl. auch *Kirchner,* FS *Hans-Bernd Schäfer* (2008), 37, 38–40.

122 Vgl. *Grundmann,* RabelsZ 61 (1997), 423, 452–453.

Auf die Frage, welche Rolle die ökonomische Theorie des Rechts im Rahmen der Methodenlehre des internationalen Einheitsrechts spielt, wird jedoch im Rahmen dieser Arbeit nicht näher eingegangen werden.[123] Die wesentlichen Prinzipien des UN-Kaufrechts beachtend,[124] soll an ebendieser Stelle jene facettenreiche wissenschaftliche Disziplin, die in den letzten fünfzig Jahren einen „heftig diskutierten"[125] Eingang in die deutsche Rechtswissenschaft[126] gefunden hat, einen neuen Fokus[127] auf die Auslegung des internationalen Einheitsrechts[128] setzen.[129]

Die Analyse der Untersuchungs- und Rügeobliegenheiten soll somit im Perspektivwechsel sowohl aus rechtswissenschaftlicher wie auch ökonomischer Sichtweise geschehen. Nachdem also die juristische Qualität der Regelungen in einem ersten Teil beurteilt worden ist, kann in einem zweiten Teil eine ökonomische Analyse dieser Regelungen erfolgen – dieses allerdings lediglich insoweit, wie die Prämisse Beachtung findet, dass sich durchaus eine authentische Tendenz hinsichtlich der Beziehung zwischen der rechtswissenschaftlichen und ökonomischen Analyse mit einer Hinwendung letzterer zur *Gesetzgebungswissenschaft* abzeichnet.[130]

Dabei kann die Interpretation einer Rechtsnorm im internationalen Einheitsrecht durch ein Vorverständnis an die konkrete im Einzelfall getroffene Kategorisierung erweitert werden, indem neben der grammatikalischen, systematischen, historischen und teleologischen Auslegung ein objektiver Wertungsmaßstab

---

123 Vgl. hierzu jedoch teilweise *v. Aaken*, 127, 148–149.

124 Um dem internationalen Charakter des Übereinkommens gerecht zu werden, sind stets folgenden Leitgedanken des CISG, Art. 6 CISG – Vorrang der Parteiautonomie und Art. 7 CISG – Förderung des Guten Glaubens in den internationalen Handel, ein hoher Stellenwert beizumessen.

125 *Assmann/ Kirchner/ Schanze*, 1 (Einleitung).

126 In ihrem Ursprungsland, den Vereinigten Staaten von Amerika, hat sie diese deutlich abzeichnende Entwicklung bereits durchlaufen; vgl. zur Geschichte der ökonomischen Analyse des Rechts und zu der Unterscheidung zwischen alten und neuen Theorien u. a. *Lieth*, 26–34.

127 Hierbei wird durch Zuhilfenahme der am ökonomischen Effizienzkriterium orientierten Auslegung gearbeitet werden.

128 Und die autonome Auslegung.

129 Zur Kritik an der ökonomischen Theorie des Rechts vgl. *Fezer*, JZ 1986, 817 ff., hierzu die Erwiderung von *Ott/ Schäfer*, JZ 1988, 213–223 und *Fezer*, JZ 1988, 223, 224–225.

130 Vgl. hierzu insbesondere *Lieth*, 17, mit Verweis auf die Arbeit von *Eidenmüller*, 1995.

gefunden[131] und herangezogen wird.[132] Dieser Wertungsmaßstab könnte eben die Effizienz einer Auslegungsalternative nach der ökonomischen Rechtsanalyse sein. (Der Ausgangspunkt sämtlicher *Überlegungen zur wirtschaftlichen Effizienz* sollte aber dann die Folge *alternativer* rechtlicher Regelungen aufzeigen.[133] Diese Effizienz will somit Aussagen in Bezug auf die Vorzugswürdigkeit rechtlicher Alternativen treffen.)

Ohne das Ergebnis dieser Arbeit vorwegnehmen zu wollen, sollte stets klar sein, dass diese Subdisziplin der Vertragsökonomik eine (durchaus andersartige) für die Rechtswissenschaft ungewöhnliche Perspektive bilden kann und unter dem Vorbehalt steht, dass die Grenzen der ökonomischen Methoden in der Rechtswissenschaft stets beachtet werden. Bei jedem ökonomischen Modell und jeder empirischen Studie sollte also *die Übertragbarkeit auf juristische Kontexte* genauestens kontrolliert werden.[134] Art. 38 und Art. 39 CISG sind jedoch durch ihre unbestimmten und auslegungsbedürftigen Rechtsbegriffe für die ökonomische Analyse des Rechts geradezu vorbestimmt. So könnten sich hinter dem Begriff der „Zumutbarkeit" des Art. 38 CISG ökonomische Erwägungen verbergen, welche die Zuweisung von Pflichten an denjenigen Vertragspartner weiterleiten, der es im Rahmen seines Geschäftsbetriebes ökonomisch am kostengünstigsten lösen kann.

C. Ergebnis

Art. 38 und Art. 39 CISG stellen Obliegenheiten des Käufers dar. In der vorliegenden Arbeit wird der Begriff Obliegenheit in dem Anwendungsbereich des CISG verwendet. Er ist gem. Art. 7 Abs. 1 CISG autonom zu bestimmen. Die zuvor aufgeführten Auslegungsgrundsätze des CISG werden nicht helfen, wenn die Begrifflichkeiten zwischen den Vertragsstaaten unterschiedlich ausgelegt werden. Dann sollte zur Fortbildung des Einheitsrechts und Sicherung einer einheitlichen Rechtsprechung die an internationalen Maßstäben orientierte Auslegungsmethode vorgezogen werden. Auf der anderen Seite müssen ebenfalls relevante internationale

---

131 Zur ökonomischen Theorie in der Rechtsvergleichung vgl. *v. Aaken*, 127, 148–149.

132 Zur Diskussion, ob Effizienz als eigenständiges Auslegungskriterium herangezogen werden kann, vgl. exemplarisch ablehnend *Lieth*, 96, 103–104; exemplarisch bejahend *Kübler*, FS *Steindorff* (1990), 687–705.

133 *Schwalbe*, in: *Fleischer/ Zimmer (Hrsg.)*, 43.

134 *Towfigh/ Petersen*, 17; um es mit den Worten von *Kirchgässner*, JZ 1991, 104, 111 zu sagen, sollte man dieses Angebot an die Rechtswissenschaft nicht von vornherein ausschlagen.

Werke, wie das UNIDROIT Principles of International Commercial Contracts[135], die Principles of European Contract Law[136] oder der Draft Common Frame of Reference[137], als Auslegungshilfen[138] herangezogen werden.[139]

Es wird in den letzten Jahren eine zunehmende „Ökonomisierung" von Rechtsgebieten[140] festgestellt, welche eben über recht komplexe Rechtsanwendungsprobleme verfügen. Eine gute Grundlagendiskussion sollte den Blick auf diesen Vorgang nicht versperren.[141] In methodischer Hinsicht ist also von der Integration moderner mikroökonomischer Theorien in juristische Begründungszusammenhänge[142] Gebrauch zu machen. Dieses Vorgehen dürfte mehr Vor- als Nachteile bieten.

---

135 Online abrufbar unter: http://www.unidroit.org/english/principles/contracts/principles2010/integralversionprinciples2010-e.pdf (zuletzt abgerufen am 30.11.2013).

136 Online abrufbar unter: http://www.transnational.deusto.es/emttl/documentos/Principles%20of%20European%20Contract%20Law.pdf (zuletzt abgerufen am 30.11.2013).

137 Online abrufbar unter: http://ec.europa.eu/justice/contract/files/european-private-law_en.pdf (zuletzt abgerufen am 30.11.2013).

138 So auch *Magnus*, FS *Ingeborg Schwenzer* (2011), 1153, 1175–1176.

139 Vgl. zur Konkurrenz zwischen den beiden erstgenannten Werken: *Bonell*, 26 Uniform Law Review (1996), 241–242.

140 Exemplarisch ist an dieser Stelle für das Arbeitsrecht die Arbeit von *Janson*, Ökonomische Theorie im Recht, Anwendbarkeit und Erkenntniswert im Allgemeinen und am Beispiel des Arbeitsrechts, zu nennen.

141 Vgl. auch *Kübler*, FS *Ernst Steindorff* (1990), 687, 688.

142 *Kübler*, FS *Ernst Steindorff* (1990), 687, 688.

2. Kapitel: Rügetatbestand

Der Rügetatbestand erfasst sämtliche in den Anwendungsbereich des Art. 35 CISG fallenden Vertragswidrigkeiten.[143] Statt zwischen *verschiedenartigen Leistungsstörungen zu differenzieren*, verwendet das UN-Kaufrecht lediglich einen *einheitlichen Begriff der Vertragsverletzung*.[144] Bei der Nichterfüllung handelt es sich nicht um eine Vertragswidrigkeit im Sinne der o. g. Norm, sodass sie nicht unter die Rügeobliegenheit des Art. 39 CISG fällt und eine nicht erfolgte Anzeige der Vertragswidrigkeit, insofern ein aus Art. 49 Abs. 1 lit. b CISG resultierendes Vertragsaufhebungsrecht nicht ausschließt.[145] Im Folgenden ist darauf einzugehen, wann den Käufer überhaupt die Untersuchungs- und Rügeobliegenheit aus Art. 38 und Art. 39 CISG trifft.

A. Vertragswidrigkeiten des Art. 35 CISG

Art. 35 CISG normiert die Pflichten des Verkäufers bzgl. der *Vertragsmäßigkeit der Ware (Conformity of the Goods)*. Die Gewährleistungsrechte des Käufers werden also an das Fehlen dieser vertraglich vereinbarten Zusicherung geknüpft. Losgelöst von *national vorgeprägten Vorstellungen*[146] ist somit Ausgangslage, ob die vom Verkäufer gelieferte Ware zum maßgeblichen Beurteilungszeitpunkt in sachlich-gegenständlicher Hinsicht der vereinbarten Leistungsbeschreibung und somit *den Anforderungen des Vertrages* (Art. 35 Abs. 1 CISG) oder *hilfsweise des Gesetzes* (Art. 35 Abs. 2 CISG) entspricht.[147] Der maßgebliche Beurteilungszeitraum richtet sich zwar grundsätzlich gem. Art. 36 Abs. 1 CISG nach dem Zeitpunkt des Gefahrübergangs, jedoch kann der Verkäufer nach Art. 36 Abs. 2

---

143 Vgl. *OLG München* 08.02.1995, Az. 7 U 3758/94, CISG-Online 142: „Rügepflichtig nach Art. 39 CISG ist *jede Vertragswidrigkeit*, die der Verkäufer bei ordnungsgemäßer Untersuchung (Art. 38 CISG) festgestellt hat bzw. hätte feststellen können, sowie jede später erkannte Vertragswidrigkeit *ohne Rücksicht auf den Entstehungsgrund*.“; *Schwenzer*, in: *Schlechtriem/ Schwenzer*, Art. 38, Rn. 7 u. Art. 39, Rn. 5; *Magnus*, in: *Staudinger*, Art. 38, Rn. 9 und Art. 39, Rn. 10 ff.; *Ferrari*, in: *Ferrari/ Kieninger/ Mankowski/ Otte/ Saenger*, Art. 38, Rn. 4.

144 Vgl. *Kranz*, 62–63.

145 *Klene*, 235–236.

146 So auch *Piltz*, § 5, Rn. 28.

147 So auch *Piltz*, § 5, Rn. 18.

CISG[148] ebenso für eine nach dem Gefahrübergang eintretende Vertragswidrigkeit haftbar sein, wenn sie auf einer Pflichtverletzung seinerseits zurückzuführen ist oder der Verkäufer eine Garantiezusage abgegeben hat.[149] Der Verkäufer haftet jedoch nicht für Vertragswidrigkeiten nach Art. 35 Abs. 2 CISG, die der *Käufer bei Vertragsschluss kannte bzw. darüber nicht in Unkenntnis sein konnte.*[150]

I. Vereinbarte Leistungsbeschreibung – Art. 35 Abs. 1 CISG

Der Verkäufer ist nach Art. 35 Abs. 1 CISG verpflichtet, *Ware zu liefern, die in Menge (quantity), Qualität (quality) und Art (description) sowie hinsichtlich Verpackung oder Behältnis den Anforderungen des Vertrages entspricht (contained or packaged in the manner required by the contract).*[151] Ausgangspunkt ist insofern die Vereinbarung zwischen den Parteien über Quantität, Qualität und die durch Daten sowie Beschreibung festgelegten Eigenschaften der Ware[152] und Verpackung. Die Aufzählung des Art. 35 Abs. 1 CISG ist nicht abschließend.[153]

1. Quantitätsabweichungen

Die gelieferte Ware entspricht der vertraglich vereinbarten Menge (Art. 35 Abs. 1, 1. Fall CISG). Gemeint ist jede Quantitätsabweichung, sowohl die Zuwenig- als auch Zuviel-Lieferung.[154] D. h., die Ware sollte grundsätzlich im Hinblick auf Mengenabweichungen nach Art. 38 CISG untersucht und Abweichungen müssen nach Art. 39 CISG vom Käufer gerügt werden.[155]

In der Rechtsprechung hatte das *OLG Rostock* einen Fall in Bezug auf Zuviellieferungen, welche in der Rechnung offen ausgewiesen waren, zu entscheiden. Weiterhin entschied das Gericht bei Mengenabweichungen, die durch *Dokumente, insbesondere die Rechnung, offen zutage* treten, dass dann auch der Art. 40 CISG nicht mehr greife, da gerade der Verkäufer die Abweichungen mit der Ausweisung

---

148 Sehr kritisch zu dieser Vorschrift *Schlechtriem,* in: *Bucher* (Hrsg.), Die Pflichten des Verkäufers und die Folgen ihrer Verletzung, insbesondere bzgl. der Beschaffenheit der Ware, 103, 119.

149 *Aue*, 115, 117 und 118; vgl. zur Garantie: vgl. *Herber/ Czerwenka*, Art. 36, Rn. 4; *Reinhart*, Art. 36, Rn. 3.

150 Wortlaut des Art. 35 Abs. 3 CISG; m. w. N. bei *Schwenzer*, in: *Schlechtriem/ Schwenzer*, Art. 35, Rn. 34.

151 Art. 35 Abs. 1 CISG.

152 *Schwenzer*, in: *Schlechtriem/ Schwenzer*, Art. 35, Rn. 6.

153 *Magnus*, in: *Staudinger*, Art. 35, Rn. 15.

154 *Schwenzer,* in: *Schlechtriem/ Schwenzer*, Art. 35, Rn. 8.

155 Vgl. auch *Magnus*, in: *Staudinger,* Art. 35, Rn. 15.

in den Dokumenten offenbart habe. Damit erhöhe sich dann auch der Kaufpreis gemäß Art. 52 Abs. 2 S. 2 CISG proportional zur angenommenen Ware.[156]

2. *Qualitätsabweichungen*

Qualitätsabweichungen, gleichgültig ob es sich hierbei im Vergleich zur vertraglichen Vereinbarung um mindere oder um bessere Qualität handelt, sind vertragswidrig. Mit der Qualität der Ware (Art. 35 Abs. 1, 2. Fall CISG) sei nicht nur die physische Beschaffenheit gemeint, sondern auch alle tatsächlichen und rechtlichen Verhältnisse, welche die Beziehung der Sache zur Umwelt betreffen.[157] Insbesondere sei hiermit die der Ware anhaftende Eigenschaft benannt, die nach der Verkehrsanschauung für ihre Brauchbarkeit oder ihren Wert bedeutsam sei.[158]

Alle im Rahmen der Untersuchung festgestellten Qualitätsabweichungen müssen somit gerügt werden.[159] Wobei der Käufer höchstwahrscheinlich die Lieferung besserer Qualität in den meisten Fällen nicht rügen wird, da er zumindest davon ausgehen kann, dass der Verkäufer hierüber nicht in Unkenntnis sein konnte und somit hier doch der Art. 40 CISG eingreifen wird.

3. *Artabweichungen*

Ebenso wie die Quantitäts- und die Qualitätsabweichungen stellt auch jede Artabweichung (Art. 35 Abs. 1, 3. Fall CISG) eine Vertragswidrigkeit dar. Die Vertragsparteien stimmen durch die Festlegung der Art der gelieferten Ware den Vertragsinhalt ab. Hierbei sei es vollkommen unerheblich, welche der Vertragsparteien die Beschreibung der Ware in ihrem jeweiligen Angebot festsetze.[160]

a) Aliud-Lieferung

Die praktische Relevanz der Frage, ob die Lieferung einer anderen als der vereinbarten Art, sog. *aliud-Lieferung*[161], eine Vertragswidrigkeit oder eine Nichtlieferung darstellt, liegt in der Bewertung dieser im Sinne der Art. 38 und Art. 39 CISG. Ebendiese Frage, ob vom Käufer die Untersuchung und die Anzeige eines aliuds

---

156 *OLG Rostock* 25.09.2002, Az. 6 U 126/00, CISG-Online 672, IHR 2003, 19–20.
157 *Schwenzer*, in: *Schlechtriem/ Schwenzer*, Art. 35, Rn. 9.
158 *Janssen*, 75; *Magnus*, in: *Staudinger*, Art. 35, Rn. 8; a. A. *Schwenzer*, in: *Schlechtriem/ Schwenzer*, Art. 35, Rn. 9.
159 *Schwenzer*, in: *Schlechtriem/ Schwenzer*, Art. 35, Rn. 9 und Art. 39, Rn. 30.
160 Vgl. auch *Bianca, in: Bianca/ Bonell*, Art. 35, Bem. 2.3.
161 Vgl. hierzu auch *Kramer*, FS *Heinrich Honsell* (2002), 247–260.

gefordert werden kann, ist höchst umstritten.[162] Einerseits wird vertreten, dass die aliud-Lieferung als Vertragswidrigkeit anzusehen sei[163] und nicht als Nicht-Lieferung. Diese Ansicht[164] verlangt daher eine Untersuchung für die Lieferung eines aliuds nach Art. 38 CISG selbst dann, wenn es sich von der vertraglich vereinbarten Lieferung in krasser Weise (z. B. Kleider statt Rasenmäher) unterscheidet.[165] Natürlich sollte dann das Ergebnis der Untersuchung beim Verkäufer gem. Art. 39 CISG auch angezeigt werden.

Andererseits wird zumindest im Hinblick einer Lieferung eines „krassen" aliuds vertreten[166], dass die Rüge überflüssig sei.[167] Denn bei dieser Lieferung handele es sich um eine Nichtlieferung und sie sei deshalb nicht zu rügen.[168] Der Verkäufer sei mit der Leistung in Verzug, sodass noch nicht die vereinbarte Ware ausgehändigt worden sei, welche auf ihre Vertragsmäßigkeit hin untersucht und dann gerügt werden könnte.[169]

b) Aliud-Lieferung in der Rechtsprechung

Im Ergebnis[170] trifft die Untersuchungsobliegenheit den Käufer auch bei Lieferung von Waren anderer als der vereinbarten Art.[171] So stellt das *OLG Celle,* in seinem Urteil vom 10.03.2004, fest, dass eine Aliud-Lieferung ebenfalls *regelmäßig* eine mangelhafte Lieferung darstelle.[172]

Ausdrücklich wird im CISG weder zwischen der Schlechtlieferung und der Falschlieferung, noch innerhalb der Falschlieferung zwischen der einfachen und krassen Falschlieferung unterschieden.[173] Einzig bedeutsam kann also dieser Streitstand nur für die Frage werden, wie zwischen der Untersuchung nach Art. 38 CISG und der Anzeige der Ware nach Art. 39 CISG zu differenzieren ist. Aus den Leitideen des CISG selbst sprechen sowohl Art. 6 CISG (Vorrang der

---

162 Zum Streitsand: *Resch*, ÖJZ 1992, 470, 471–472.
163 Vgl. *Herber*, UNCITRAL Kaufrechtsübereinkommen, 28.
164 Vgl. *Schwenzer*, in: *Schlechtriem/ Schwenzer*, Art. 35, Rn. 10.
165 M. w. N. *Schwenzer* in: *Schlechtriem/ Schwenzer*, Art. 38, Rn. 7.
166 *Loewe*, 51, der den Vergleich mit der Zusendung unbestellter Ware anbringt.
167 M. w. N. *Neumayer*, RIW 1994, 99, 105, Fn. 44 und 45: *„Die verkaufte Ware ist nicht geliefert, die gelieferte Ware nicht bestellt."*.
168 *Bianca*, in *Bianca/ Bonell*, Art. 35, Bem. 2.4.
169 *Aicher*, in: *Hoyer/ Posch*, 117.
170 Ausführlicher zum Meinungsstand vgl. *Resch*, ÖJZ 1992, 470, 471–472.
171 *Welser*, in: *Doralt* (Hrsg.), 105, 111–132.
172 So auch das *OLG Celle* 10.03.2004, Az. 7 U 147/03, CISG-Online 824, IHR 2004, 106–107.
173 Vgl. auch *Huber*, RabelsZ 43 (1979), 413, 483.

Parteiautonomie) wie auch Art. 7 CISG (Förderung des Guten Glaubens in den internationalen Handel) für die Annahme von Untersuchungs- und Rügeobliegenheiten bei einer aliud-Lieferung. Denn an verschiedenen Bestimmungen innerhalb des CISG ist erkennbar, dass das Recht des Käufers auf Vertragsaufhebung möglichst eingeschränkt sein soll, wenn die Ware einst geliefert worden ist.[174] Der Grund hierfür ist nach *Aicher*[175] wohl darin zu sehen, dass die Rückabwicklung stets einen *Rücktransport* der vertragswidrigen Ware zur Folge hat, welcher gerade im internationalen Handel schwerwiegende (logistische) Folgen für den Verkäufer nach sich ziehen kann. Im o. g. Beispiel eines krassen aliuds sollte zwar die Ware nicht auf ihre Vertragsgemäßheit hin untersucht werden, jedoch kann die Rüge nicht gänzlich entfallen. Dem Käufer ist eine *angemessen zügige Reaktion* ebenso zuzumuten.[176]

So entschied das *OGH*, in seinem Urteil vom 29.06.1999, dass auch eine Aliud-Lieferung eine Rüge erforderlich mache.[177] In seiner Entscheidung macht das Gericht deutlich, dass die Falschlieferung allein nach den Art. 35 ff. CISG zu beurteilen sei und keinen Fall der Nichtlieferung darstelle. Weiterhin komme es auf eine Unterscheidung zwischen „Qualitäts-aliud" und „Identitäts-aliud" anders als nach § 378 HGB nicht an. Die Genehmigungsfähigkeit der Falschlieferung oder ein sonstiger Abweichungsgrad seien ebenfalls irrelevant.

Der Käufer kann nicht stillschweigend die Ware „behalten". Nimmt man es sehr genau, so sollte auch eine Aliud-Lieferung stets untersucht werden. Denn selbst wenn ein aliud vorliegen sollte, so bleibt er bis zur Untersuchung der Ware unbemerkt. An diese Untersuchung sind jedoch nicht so strenge Anforderungen zu stellen, denn bei einem krassen aliud ist relativ problemlos erkennbar, dass *das Ausgehändigte nicht das Gekaufte ist und das Gekaufte nicht ausgehändigt wurde.*[178] Hierbei soll allerdings eine Ausnahme lediglich gelten, wenn z. B. der Käufer die Falschlieferung keinem bestimmten Vertragsverhältnis zuordnen könne.[179]

Für den Verkäufer gilt, dass er sich bei einer krassen *aliud-Lieferung* oft aufgrund des Art. 40 CISG nicht auf ein Unterlassen der Rüge berufen könne. Ist er ausnahmsweise gutgläubig, so erscheint auch er als schutzwürdig, da gerade

---

174 *Aicher*, in: *Hoyer/ Posch*, 117.

175 *Aicher*, in: *Hoyer/ Posch*, 120.

176 Eingehend *Aicher*, in: *Hoyer/ Posch*, 114, 120 ff. mit zahlreichen Nachweisen; eine Ausnahme soll lediglich gelten, wenn der Käufer die Falschlieferung keinem bestimmten Vertragsverhältnis zuordnen kann.

177 *OGH* 29.06.1999, Az. 1Ob74/99k, CISG-Online 483, TranspR-IHR 1999, 48–50.

178 *Aicher*, in: *Hoyer/ Posch*, 117.

179 Eingehend *Aicher*, in: *Hoyer/ Posch*, 114 ff. und 120 ff. mit zahlreichen Nachweisen.

offensichtliche Falschlieferungen vom Käufer ohne Weiteres erkannt und deshalb gerügt werden können.[180]

Für die Geltung der Zweijahresfrist des Art. 39 Abs. 2 CISG hinsichtlich der Lieferung eines aliuds ist mit Verweis auf *Gruber*[181] das Urteil des *OLG Saarbrücken* vom 12.05.2010 zu berücksichtigen.[182]

4. Verpackung oder Behältnis

Die Parteien können vertraglich vereinbaren, welche Verpackungen oder Behältnisse die Ware aufweisen soll (*contained or packaged in the manner required by the contract*).[183] Damit stellt eine Verpackung, die nicht den Anforderungen des Vertrages oder den Gepflogenheiten bzw. den Handelsbräuchen[184] der Parteien entspricht – diese können auch stillschweigend dem Vertrag zugrunde gelegt werden[185] – eine Vertragswidrigkeit dar, und ist ebenfalls im Rahmen der Untersuchungs- und Rügeobliegenheiten zu berücksichtigen.[186] Obwohl Art. 35 Abs. 1, Var. 4 CISG in seinem Wortlaut eindeutig die beschädigte Verpackung als Anknüpfungspunkt für einen Rechtsbehelf gegenüber dem Verkäufer zulässt, sollte allerdings durch eine *teleologische Reduktion*[187] eine Einschränkung vorgenommen werden, wenn die Ware unbeschädigt ist und die Beschädigung der Verpackung für den Weiterverkauf ohne Bedeutung ist. Dann ist ebenfalls der Anwendungsbereich für die Untersuchungs- und Rügeobliegenheiten in Bezug auf Verpackungsfehler insbesondere in dieser Konstellation zu kürzen.

5. Öffentlich-rechtliche Vorgaben

Auch öffentlich-rechtliche Vorgaben können die Parteien als *Sollbeschaffenheit der Ware* in die Vertragsvereinbarungen entweder ausdrücklich oder konkludent grundsätzlich mit einfließen lassen. Dann kann der Käufer den Verkäufer auf eine bestimmte DIN-Norm in (s-)einem Verwendungsland ausdrücklich hinweisen. Allerdings kann auch konkludent im Sinne der Art. 8 und Art. 9 CISG eine den

180 Vgl. auch *Freiburg*, IHR 2005, 56, 57.
181 *Gruber*, in Mü-KoBGB, Art. 39, Rn. 4.
182 *OLG Saarbrücken* 12.05.2010, Az. 8 U 75/09, CISG-Online 2155, IHR 2010, 202–207.
183 Art. 35 Abs. 1 CISG.
184 Zu den Begriffen siehe insbesondere *Benedick*, 45.
185 Vgl. *Heilmann*, S 175.
186 Eine gute und sehr detaillierte Darstellung hierzu findet sich bei *Janssen*, 78–80.
187 Vgl. *Janssen*, 79–80.

öffentlich-rechtlichen Vorgaben entsprechende Vereinbarkeit zwischen den Parteien auf die Beschaffenheit der Ware Einfluss nehmen.[188]

In der Rechtsprechung hat der *BGH* in seiner Entscheidung vom 08.03.1995 richtigerweise darauf hingewiesen, dass grundsätzlich „öffentlich-rechtliche Vorgaben",[189] welche für die Verwendung der Ware im internationalen Handel relevant sind, als Mängel im Sinne des Art. 35 Abs. 1 CISG zu sehen sind und nicht als Rechtsmängel im Sinne des Art. 43 CISG.[190] Der *BGH* hat ebenso die herrschende Meinung im Schrifttum[191] bestärkt und entschieden, dass die *Einhaltung besonderer öffentlich-rechtlicher Vorschriften im Käufer- oder Verwendungsstaat vom Verkäufer* grundsätzlich nicht erwartet werden könne.[192]

Den Parteien, insbesondere dem Käufer ist es somit zu *empfehlen, produktrechtliche Vorgaben aus dem Käuferland* ausländischen Verkäufern vorzugeben und somit Produktstandards explizit zum Vertragsgegenstand zu machen.[193]

II. Objektives Kriterium: die Leistungsbeschreibung des Art. 35 Abs. 2 CISG

Ergeben sich aus den vertraglichen Absprachen keine Anhaltspunkte an die Beschaffenheit der Ware, so nennt hilfsweise Art. 35 Abs. 2 CISG *verobjektivierte Anforderungen*[194] und legt damit *positiv* fest, unter welchen Voraussetzungen *die Ware dem Vertrag entspreche.*[195]

Die Ware sollte also auf die in Art. 35 Abs. 2 CISG genannten Vertragswidrigkeiten hin untersucht werden.[196] Problematisch ist dies im Falle des Art. 35 Abs. 2 (lit. c) CISG, der vorschreibt, dass die Ware dann vertragsmäßig ist, wenn

---

188 Zu den Schwierigkeiten dieser Vorgaben im Rahmen des Art. 35 Abs. 2, vgl. *Schlechtriem,* IPRax 1996, 12, 13–16.

189 Vgl. zur Entscheidung *Piltz,* TranspR-IHR 1999, 13, 16.

190 *BGH* 08.03.1995, Az. VIII ZR 159/94, CISG-Online 144, BGHZ 129, 75, 85–86, NJW 1995, 2099–2101, RIW 1995, 595–597, IPRax 1996, 29–31; vgl. hierzu unbedingt *Schlechtriem,* IPRax 1996, 13 und *Piltz,* EuZW 1995, 450–451.

191 M. w. N. *BGH* 08.03.1995, Az. VIII ZR 159/94, CISG-Online 144, BGHZ 129, 75, 85–86, NJW 1995, 2099–2101, RIW 1995, 595–597, IPRax 1996, 29–31.

192 *BGH* 08.03.1995, Az. VIII ZR 159/94, CISG-Online 144, BGHZ 129, 75, 85–86, NJW 1995, 2099–2101, RIW 1995, 595–597, IPRax 1996, 29–31; vgl. hierzu unbedingt *Schlechtriem,* IPRax 1996, 13 und *Piltz,* EuZW 1995, 450–451.

193 *Piltz,* EuZW 1995, 450, 451.

194 Vgl. *Schwenzer* in: *Schlechtriem/ Schwenzer,* Art. 35, Rn. 12.

195 Vgl. *Piltz,* § 5, Rn. 35; *Heilmann,* 177.

196 Eine gute und sehr detaillierte Darstellung hierzu findet sich bei *Janssen,* 80–88.

sie die Eigenschaft von vorgelegten *Proben oder Mustern* vorweist.[197] So stelle die Vertragswidrigkeit der Probelieferung keine Eigenschaft im Sinne des Art. 35 Abs. 2 lit. c CISG dar, wenn der Verkäufer in Kenntnis des *internationalen Handelsbrauches*, dass Fische aus der aktuellen Fangquote zu sein haben, als Probe aber (alte) Fische liefert und dies verschweige. Dann könne er sich nicht darauf berufen, dass *verschwiegene Eigenschaften der ersten Lieferung zum Vertragsinhalt der Folgebestellung* geworden seien.[198]

In Bezug auf die Untersuchungsobliegenheit stellt sich insofern die Frage, ob vom Käufer verlangt werden kann, die *Hauptware* zu untersuchen, auch wenn die Probe oder das Muster im Vorfeld in Ordnung waren. Festzuhalten ist, dass zwischen den Parteien Einigkeit darüber herrschen sollte, dass die Eigenschaften der tatsächlich gelieferten Ware mit der Eigenschaft der Probe bzw. dem Muster übereinstimmen wird.[199] Wollen die Parteien dieses nicht, so müssen sie deutlich machen, dass es sich *nur* um ein unverbindliches Muster handelt.[200]

B. Sonstige Rügen

I. Rüge von Rechtsmängeln

Die Unterscheidung von Rechts- und Sachmängeln – traditionell in europäischen Rechtssystemen verankert – wird gleichfalls im CISG beibehalten.[201] Rechtsmängel sind vorliegend durch die eigenständige Rügevorschrift des Art. 43 CISG abgedeckt. Eine Untersuchungsobliegenheit wie die des Art. 38 CISG trifft den Käufer in diesem Falle nicht, da Rechtsmängel gewöhnlich äußerlich nicht erkennbar sind.[202] Der Käufer sollte jedoch innerhalb einer angemessenen Frist nach dem Zeitpunkt, in welchem er Kenntnis erlangt hat oder hätte erlangen müssen, Rechtsmängel rügen, *um seine Rechte zu erhalten*. Es existiert allerdings keine absolute Ausschlussfrist wie die des Art. 39 Abs. 2 CISG.[203]

---

197 So entschied das *OGH Wien* 27.02.2003, Az. 2 Ob 48/02a, CISG-Online 794, IHR 2004, 25–28.

198 *OGH Wien* 27.02.2003, Az. 2 Ob 48/02a, CISG-Online 794, IHR 2004, 25–28.

199 *Bianca* in: *Bianca/ Bonell*, Art. 35, Anm. 2.6.1.

200 Vgl. *Janssen*, 85–86.

201 *Schlechtriem*, in: *Bucher* (Hrsg.), Die Pflichten des Verkäufers und die Folgen ihrer Verletzung, insbesondere bzgl. der Beschaffenheit der Ware, 103, 115.

202 Vgl. auch *Magnus*, in: *Staudinger*, Art. 38, Rn. 10 und Art. 43, Rn. 8.

203 Vgl. auch *Kiene*, 242.

In der Literatur wird partiell die Meinung vertreten, dass die Ergebnisse zu Art. 39 Abs. 1 CISG aufgrund der Ähnlichkeit zu Art. 43 Abs. 1 CISG auf diesen übertragen werden können.[204]

Auch der *BGH* wendet in seinem Urteil vom 11.01.2006[205] – ohne Erklärung, jedoch die Art des Rechtsmangels berücksichtigend – diese Grundsätze des Art. 39 Abs. 1 CISG an und entscheidet, dass die Klägerin dem Beklagten den Rechtsmangel nicht rechtzeitig angezeigt habe. Die angemessene Frist des Art. 43 Abs. 1 CISG werde in Lauf gesetzt mit dem Zeitpunkt, in welchem der Käufer von dem Rechtsmangel Kenntnis erlange oder habe erlangen müssen. Dies sei der Zeitpunkt gewesen, an dem die Käuferin durch die Beschlagnahme des Fahrzeugs von dem Diebstahl erfuhr. Für die Bemessung der Frist sei ausschlaggebend, dass die Umstände des Einzelfalles beachtet werden. Hierfür sei insbesondere auf *eine schematische Festlegung der Dauer der Rügefrist* zu verzichten. Allerdings sollte dem Käufer eine *angemessene Überlegungsfrist*, in welcher er sich ein ungefähres Bild von der Rechtslage machen kann, zugebilligt werden.[206]

Unter Zugrundelegung dieser Überlegungen hat der *BGH* in der Revision bestätigt, dass die Mitteilung der Käuferin im Schreiben ihres Rechtsanwalts rund zwei Monate nach der Beschlagnahme, dann aber nicht mehr innerhalb angemessener Frist erfolgt sei.[207]

II. Rüge von vertragswidrigen Dokumenten

Nach seinem Wortlaut erfasst der Rügetatbestand der Untersuchungs- und Rügeobliegenheiten nicht *vertragswidrige Dokumente*. Bzgl. dieser fehlt es im CISG einer ausdrücklichen Regelung. Dieses kann jedoch in zweifacher Hinsicht für Dokumente relevant werden: Zum einen können die Dokumente *selbst* vertragswidrig sein oder diese gänzlich *fehlen* und zum anderen können sie im Rahmen von Qualitätsstandardprüfungen oder Qualitätsanalysen belegen, dass *die Ware vertragswidrig ist.*

Eine autonome Definition von Dokumenten im Sinne des Art. 34 Abs. 1 CISG gibt das Übereinkommen nicht vor und wird in der Literatur auch als entbehrlich erachtet.[208] Unzweifelhaft anerkannt sind aber als solche z. B.: der Lagerschein,

---

204 *Flechtner*, 28 B.U.I.L.J. (2008), 1, 16.

205 *BGH* 11.01.2006, Az. VIII ZR 268/04, CISG-Online 1200, IHR 2006, 82–84.

206 *Schwenzer*, in: *Schlechtriem/ Schwenzer*, Art. 43, Rn. 3; *Magnus*, in: *Staudinger*, Art. 43, Rn. 20.

207 *BGH* 11.01.2006, Az. VIII ZR 268/04, CISG-Online 1200, IHR 2006, 82–84.

208 *Lüchinger*, in: *Schlechtriem/ Schwenzer*, Art. 34, Rn. 1.

das Konnossement, der Frachtbriefdoppel, der Lieferschein sowie das Ursprungszeugnis, die Versicherungspolice und die Rechnung. Eine wichtige Rolle können in diesem Zusammenhang die INCOTERMS® 2010[209] spielen, welche insbesondere für die Übermittlung der Dokumente auf elektronischem Wege herangezogen werden können.[210]

1. Untersuchungs- und Rügeobliegenheit für Dokumente

Die Frage, ob z. B. eine Rechnung, die an sich zu den übergebenden Dokumenten nach Art. 34 CISG gehört,[211] tatsächlich nach Art. 38 CISG untersucht und nach Art. 39 CISG analog gerügt werden sollte,[212] ist umstritten. In der Literatur wird teilweise argumentiert, dass die Untersuchungs- und Rügeobliegenheiten, welche sich eigentlich auf die vertraglich vereinbarte *Sachbeschaffenheit* der Ware beziehen, auch analog[213] für die die Ware begleitenden bzw. zu übergebenden Dokumente,[214] wie z. B. die mitgelieferte Rechnung,[215] gelten sollen.[216] Andere wiederum sind der Ansicht, dass es überhaupt keine Regelungslücke, somit keinen Raum für eine Analogie gebe und die Rechtsfolge unangemessen hart sei.[217]

Grundsätzlich sollte mit Analogien im Rahmen des CISG umsichtig umgegangen werden. In Bezug auf vertragswidrige Dokumente ist es durchaus zweifelhaft, ob eine Regelungslücke überhaupt existent ist. Denn auch systematisch ist der zweite Abschnitt „*Vertragsgemäßheit der Ware sowie Rechte oder Ansprüche Dritter*" des zweiten Kapitels „*Pflichten des Verkäufers*", in welchem die Untersuchungs- und Rügeobliegenheiten verankert sind, nur auf „Sachmängel" zugeschnitten. Man ist also anders als bei den Rechtsmängeln, die im selben Abschnitt wie die Untersuchungs- und Rügeobliegenheiten geregelt sind, von sog. Dokumentenmängeln[218]

---

209 Im Internet abrufbar auf der Website der ICC (Paris): http://www.iccwbo.org/products-and-services/trade-facilitation/incoterms-2010/the-incoterms-rules/.

210 *Lüchinger*, in: *Schlechtriem/ Schwenzer*, Art. 34, Rn. 1a.

211 So auch Piltz, IHR 2012, 192, 193.

212 So auch *Piltz*, IHR 2012, 192, 193.

213 So auch bzgl. der Rüge *Herber/ Czerwenka,* Art. 34, Rn. 7; bzgl. der Rüge- und Untersuchungsobliegenheit *Magnus*, in: *Staudinger*, Art. 34, Rn. 18 und Art. 38, Rn. 9; *Ferrari*, ZSR 2006, 533, 538.

214 M. w. N. *Magnus*, in *Staudinger*, Art. 38, Rn. 9.

215 Vgl. AG *Geldern* 17.8.2011, Az. 4C 27/09, CISG-Online 2302, BeckRS 2011, 21875, IHR 2012, 190–191.

216 Vgl. *Fišer-Šobot,* Belgrade L. Rev. 2011, no. 3, 196, 198, begründet es mit Art. 7 CISG.

217 *Gruber*, in Mü-KoBGB, Bd. 3, Art. 34, Rn. 7 und Art. 38, Rn. 13.

218 Der Art. 34 CISG wird in einem eigenen vorangestelltem Abschnitt (Abschnitt I. „*Lieferung der Ware und Übergabe der Dokumente*" geregelt.

nicht ausgegangen. Dogmatisch ist das Problem allerdings nicht in der Regelungslücke, sondern in der Planwidrigkeit dieser verankert. Denn die analoge Anwendung der Untersuchungs- und Rügeobliegenheiten auf sämtliche Dokumente im Sinne des Art. 34 CISG zuzulassen, erscheint erst auf den zweiten Blick problematisch. Auf der Ebene der Rechtsfolge kann es für den Käufer durchaus sehr schwerwiegende Folgen haben, wenn er sich nicht mehr auf die Vertragswidrigkeit der Ware berufen darf und jegliche Rechte diesbezüglich verliert. Es erscheint daher sachgerechter, im Einzelfall zu unterscheiden und nur in Ausnahmefällen eine analoge Anwendung zuzulassen.[219]

2. *Vertragswidrige Dokumente in der Rechtsprechung*

In der Entscheidung des *AG Geldern* argumentiert das Gericht, dass der Beklagte aus der Fehlerhaftigkeit der Rechnung keine Schadensersatzansprüche geltend machen könne, weil er den Mangel der Rechnung nicht rechtzeitig gerügt habe.[220] Das Gericht geht in seiner Entscheidung nicht darauf ein, ob eine solche Obliegenheit für Dokumente überhaupt vorgesehen ist. Es sollte zunächst festgehalten werden, dass vertragswidrige Dokumente[221] die Ware nicht vertragswidrig machen, solange sie nicht über Prüfsiegel etc. verfügen. Nur sog. Begleitpapiere, also Dokumente, welche die Qualität bzw. einen bestimmten Qualitätsstandard durch vorhergegangene Prüfungs- und oder Kontrollverfahren der Ware belegen sollen, *können die Ware selbst vertragswidrig machen*[222] und somit den Käufer zur Untersuchung und Rüge verpflichten – dieses auch nur dann, wenn diese begleitenden Dokumente gänzlich fehlen.[223]

So ist die Entscheidung des *OLG* München vorzuziehen,[224] welches entschied, dass die Vertragswidrigkeit der Ware sofort bei Lieferung erkennbar war, da offensichtlich ein bestimmtes Begleitpapier fehlte und somit die Rügefrist *mit der Lieferung* begann, ohne eine zusätzliche Frist für etwaige Untersuchungen. Die streitgegenständlichen Lieferungen erfolgten in der Zeit vom 28.09. bis 30.11.2000.

---

219 Für Ausnahmen plädierend ebenfalls *Achilles*, Art. 38, Rn. 2 und Art. 34, Rn. 7.

220 Vgl. AG *Geldern* 17.8.2011, Az. 4C 27/09, CISG-Online 2302, BeckRS 2011, 21875, IHR 2012, 190–191; vgl. auch Anm. von *Piltz*, IHR 2012, 192–193.

221 Vgl. zum Begriff Dokumente unter Art. 34 CISG insbesondere *Saenger, in: Ferrari/ Kieninger/ Mankowski/ Otte/ Saenger*, Art. 34, Rn. 3.

222 So entschieden vom *OLG München* 13.11.2002, Az. 27 U 346/02, CISG-Online 786, NJW-RR 2003, 849–850.

223 Vgl. auch *Schwenzer*, in: *Schlechtriem/ Schwenzer*, Art. 38, Rn. 7.

224 *OLG München* 13.11.2002, Az. 27 U 346/02, CISG-Online 786, NJW-RR 2003, 849–850, m. Anm. *Hohloch*, JuS 2003, 1134–1135.

Die Rüge der Käuferin erfolgte deutlich verspätet mit Schreiben vom 15.02.2001. Das Gericht argumentiert hier richtigerweise über die Vertragswidrigkeit der Ware im Sinne des Art. 35 Abs. 1 CISG und erkennt den Begleitpapieren in diesem Fall keine eigenständige Bedeutung zu.[225] Zwischen den Parteien war die Lieferung von Biogerste, also Ware, die der EG-Verordnung Nr. 2092/91 über den ökologischen Landbau entspreche, vereinbart. Sinn und Zweck des Begleitpapiers gem. Nr. 8.2 des Anhangs III zur VO sei es gerade, die Herkunft der Ware zu belegen. Fehlen diese Begleitpapiere, so ist die Ware vertragswidrig. Das Gericht sah es ebenfalls nicht als ausreichend an, dass das Begleitpapier erst mit der letzten (Teil-)Lieferung mitgeliefert wurde. Dieses Dokument habe keine Aussagekraft für die vorher gelieferten Waren.[226]

III. Sukzessiv- und Teillieferungen

Ein Sukzessivlieferungsvertrag *(contract for delivery of goods by instalments)* gem. Art. 73 CISG liegt vor, wenn sich die Parteien in einem Gesamtvertrag darauf einigen, dass der Verkäufer den Lieferumfang *in mindestens zwei, in unterschiedlichen Zeitpunkten fälligen Teilen* erbringt.[227] Die einzelnen Lieferungen müssen voneinander insoweit trennbar sein, dass von einer Teilleistung gesprochen werden kann. Die allgemeinen Regeln des Übereinkommens werden dann auf die jeweils gestörte Teillieferung so angewendet, als ob ein eigenständiger Vertrag lediglich über diese Teillieferung bestünde. Es wird nicht eine komplette Qualitätsprüfung verlangt, jedoch ist jede einzelne Lieferung gesondert evtl. stichprobenartig zu untersuchen[228] und die jeweilige Vertragswidrigkeit gesondert substantiiert zu rügen, also frist- und formgerecht anzuzeigen.[229]

In der Rechtsprechung ließ das *LG Hannover*[230] die Behauptung des Käufers nicht zu, dass eine komplette Überprüfung der Ware *kostenintensiv und organisatorisch nicht möglich* gewesen sei. Das *LG* hielt richtigerweise Stichproben für notwendig und zumutbar. Insbesondere, da der Käufer in diesem Falle erstens die Ware für teilweise mehrere Wochen vor der Weiterleitung an seine Kunden

---

225 Es wäre auch möglich gewesen, sich auf Art. 34 CISG zu stützen.

226 *OLG München* 13.11.2002, Az. 27 U 346/02, CISG-Online 786, NJW-RR 2003, 849–850.

227 *Piltz,* § 5, Rn. 260; *Hornung/ Fountoulakis,* in: *Schlechtriem/ Schwenzer,* Art. 73, Rn. 8.

228 Vgl. *Gruber,* in: Mü-KoBGB, Bd. 3, Art. 38, Rn. 14.

229 Vgl. *Magnus,* in: *Staudinger,* Art. 39, Rn. 22; *Schwenzer,* in: *Schlechtriem/ Schwenzer,* Art. 39, Rn. 10.

230 *LG Hannover* 16.04.2003, Az. 22 O 169/02, BeckRS 2003, 17330.

in Osteuropa zwischengelagert hatte und er zweitens durch frühere Reklamationen seiner Kunden für zukünftige Teilleistungen gleichfalls vorgewarnt war.[231]

Es genügt auch nicht, alle Lieferungen abzuwarten und erst hiernach zu untersuchen.[232] Versäumt der Käufer für eine Teillieferung die rechtzeitige Untersuchung, so verliert er aber auch nur für sie seine Mängelrechte.[233] Er kann ebenso wenig erst bei der letzten Lieferung die Mängel auch früherer Sendungen gesammelt rügen.[234] Ferner kann für die Rügeobliegenheit nichts anderes gelten. Der Käufer sollte dem Verkäufer nach jeder Teillieferung die festgestellten Vertragswidrigkeiten anzeigen. Unterlässt er jedoch in Bezug auf eine Teillieferung die Rüge, so verliert er dadurch nicht mögliche Rechtsbehelfe in Bezug auf kommende Teillieferungen.[235] Er hat also nicht nur eine Obliegenheit in Bezug auf die Gesamtlieferung, sondern mehrere Obliegenheiten in Bezug auf jede einzelne Teillieferung. Hat der Käufer bereits die erste Teillieferung rügen müssen, war er sozusagen vorgewarnt, so ist er angehalten, auch weitere Teillieferungen der gleichen Ware sofort zu untersuchen und zu rügen.[236]

Ausnahmen können lediglich unter zwei Bedingungen gemacht werden: Erstens sollte es sich bei den Einzellieferungen um Teile einer Gesamtheit handeln, die nur dann ordnungsgemäß untersucht werden könne, wenn sie komplett ist und / oder zweitens sich beim Zusammenbau der einzelnen Teile die Vertragswidrigkeit ergibt.[237] Bestenfalls sind diese Ausnahmen zwischen den Parteien im Vorfeld vereinbart. Weitere Ausnahmefälle sind ebenfalls denkbar, wenn die Einhaltung von Formerfordernissen im Einzelfall nach genauester Prüfung rechtsmissbräuchlich wäre. Zu denken ist an Vereinbarungen zwischen Käufer und Verkäufer, in denen der Käufer auf frühere Rügen zwar verzichtet hat, sich jedoch jetzt darauf beruft.[238]

Der Käufer verliert jedoch nicht das Recht, die Vertragsaufhebung nach Art. 73 Abs. 2 CISG hinsichtlich der noch nicht gelieferten zukünftigen Teilmengen zu begehren.[239]

---

231 *LG Hannover* 16.04.2003, Az. 22 O 169/02, BeckRS 2003, 17330.

232 Vgl. *Magnus,* in: *Staudinger*, Art. 38, Rn. 23.

233 *Magnus*, in: *Staudinger*, Art. 38, Rn. 23.

234 Vgl. *Magnus,* in: *Staudinger*, Art. 39, Rn. 22.

235 Vgl. *Schwenzer*, in: *Schlechtriem/ Schwenzer*, Art. 38, Rn. 9.

236 So richtigerweise bereits zum EKG entschieden vom *OLG Hamm* 16.02.1981, Az. 2 U 200/80, in: *Schlechtriem/ Magnus*, Art. 39, Nr. 19.

237 *Magnus*, in: *Staudinger*, Art. 39, Rn. 57.

238 *Magnus* für die Rügeobliegenheit, in: *Staudinger*, Art. 39, Rn. 57; vgl. zu einem derartigen Fall unter dem EKG das *OLG Karlsruhe* 25.7.1986, Az. 14 U 159/84, RIW 1986, 818–820.

239 Vgl. *Schwenzer*, in: *Schlechtriem/ Schwenzer*, Art. 38, Rn. 9.

IV. Rüge der Nachlieferung

Art. 38 und 39 CISG betreffen nicht nur die vertraglich vereinbarte ursprüngliche Lieferung, sondern auch die Ersatz- oder Nachlieferung sowie die Nachbesserung.[240] Sie ist allerdings gegenüber der rechtsmangelhaften Leistung sowie gegenüber sonstigen Pflichtverletzungen, welche ebenfalls nicht auf Vertragswidrigkeiten der Ware gestützt werden, abzugrenzen.[241]

In der Rechtsprechung stellte das *LG Oldenburg*[242] fest, dass eine misslungene Nachbesserung eine erneute Nichtlieferung[243] des Verkäufers darstelle und der Käufer diese somit (erneut) innerhalb der dann neuen Frist des Art. 39 CISG anzeigen müsse, er sonst das Recht verliere sich auf die Vertragswidrigkeit der Ware zu berufen.[244]

Auch das *OLG Koblenz*[245] bestätigte in seinem Hinweisbeschluss vom 03.06.2013 die Ansicht des *LG Bad Kreuznach*[246], dass es an einer gesonderten Rüge hinsichtlich der Nachlieferung seitens des Käufers gefehlt habe. Insbesondere wird eine solche Rüge nicht konkludent angenommen, wenn der Käufer keine weitere Ware nachbestellt. Die Käuferin konnte ebenso nicht plausibel darlegen, warum eine derartige Rüge hinsichtlich der Nachlieferung hätte entbehrlich sein sollen. Die Beendigung der Geschäftsbeziehung könne jedenfalls nicht dazu führen.[247]

V. Rüge von Nichtkaufleuten

Der Geltungsbereich der Untersuchungs- und Rügeobliegenheiten gilt auch für nicht kaufmännische Käufer, vorausgesetzt die Kaufgeschäfte sind nicht gem. Art. 2 a CISG aus dem Anwendungsbereich des Übereinkommens herausgenommen.[248] Allerdings sollte hier in Bezug auf die Bemessung der Untersuchungs- und

---

240 Vgl. *Schwenzer*, in: *Schlechtriem/ Schwenzer*, Art. 38, Rn. 9.

241 Vgl. *Piltz*, § 5, Rn. 19 und Rn. 244.

242 *LG Oldenburg* 09.11.1994, Az. 12 O 674/93, CISG-Online 114.

243 Das Gericht meint hier wohl eine Schlechtlieferung; zur Unterscheidung Schlechtlieferung und Nichtlieferung siehe oben.

244 *LG Oldenburg* 09.11.1994, Az. 12 O 674/93, CISG-Online 114.

245 *OLG Koblenz*, Hinweisbeschluss vom 03.06.2013, Az. 2 U 50/12, CISG-Online 2469.

246 *LG Bad Kreuznach* 12.12.2011, Az. 4 O 84/11, (unveröffentlicht).

247 *OLG Koblenz*, Hinweisbeschluss vom 03.06.2013, Az. 2 U 50/12, CISG-Online 2469.

248 *Magnus*, in: *Staudinger*, Art. 38, Rn. 11; *Schwenzer*; in: *Schlechtriem/ Schwenzer*, Art. 38, Rn. 8; *Herber/ Czerwenka* Art. 38, Rn. 6.

Rügefristen und im Hinblick auf Anforderungen an die Substantiierungspflicht des Käufers ein anderer Maßstab zugrunde gelegt werden.[249]

C. Ergebnis

Der Rügetatbestand besteht neben dem ausdrücklich erwähnten Maßstab und der Differenzierung des Art. 35 CISG auch für die zuvor genannten sonstigen Rügen. Für die Untersuchungs- und Rügeobliegenheiten wurde bereits in diesem Kapitel deutlich, dass eine Differenzierung zwischen der Untersuchung der Ware und Rüge der Ware von wichtiger Bedeutung sein könnte. Diese These wird im Laufe der weiteren (genaueren) Darstellung zu untersuchen sein und womöglich bestätigt werden. So erscheint eine Kategorisierung, wie sie im Verlauf der weiteren vorliegenden Arbeit vorgenommen wird, bereits nach der Behandlung des Rügetatbestandes als sinnvoll. Ob nun die von Art. 35 CISG genannte Quantität, Qualität, Art und Behältnis oder Verpackung der Ware vordergründig von *jedem* Käufer geprüft und gerügt werden muss, wird ebenfalls geprüft werden. Fest steht, dass zumindest von jedem Käufer erwartet werden kann, speziellen Parteivereinbarungen größte Beachtung zu schenken und diese gesondert zu behandeln.

249 Vgl. *Magnus*, in: *Staudinger*, Art. 38, Rn. 11 und 45; *Schwenzer*, in: *Schlechtriem/Schwenzer*, Art. 38, Rn. 8, Rn. 18; Art. 39, Rn. 7.

3. Kapitel: Art. 38 CISG

Art. 38 CISG bestimmt erstens, dass der Käufer *überhaupt* und zweitens innerhalb eines bestimmten Zeitraums *untersuchen* bzw. *untersuchen lassen* sollte. Weder die *Art und Weise* der Untersuchung noch deren *Umfang* wird genannt. Insbesondere beantwortet das Übereinkommen nicht die in der Wirtschaft brisante Frage, wer *die Kosten der Untersuchung* tragen sollte.

Die Kürze der Frist wird durch eine *allgemeine* Grundregel des Art. 38 Abs. 1 CISG bestimmt. Art. 38 Abs. 2 CISG regelt die *Besonderheiten* für die Beförderung der Ware an den Bestimmungs*ort* und Art. 38 Abs. 3 CISG die *Um- und Weiterleitung* der Ware.

Nicht zu verwechseln[250] und insbesondere nicht gleichzusetzen[251] ist diese *Untersuchungsobliegenheit* aus Art. 38 Abs. 1 CISG mit der Untersuchung der Ware vor Zahlung (*Untersuchungsrecht*) aus Art. 58 Abs. 3 CISG, welcher lediglich aussagt, dass der Käufer nicht verpflichtet ist, den Kaufpreis zu zahlen, bevor er nicht Gelegenheit gehabt hat, die Ware zu untersuchen.[252] Art. 58 Abs. 3 CISG verschiebt also lediglich den von den Vertragsparteien vereinbarten Fälligkeitszeitpunkt der Kaufpreiszahlung um den Zeitraum der Untersuchung.[253]

A. Untersuchung der Ware

Im Rahmen des Art. 38 CISG können zwei Aspekte[254] besonders relevant werden: Die Frist, im Rahmen derer der Käufer die Ware untersuchen sollte, und die adäquate Untersuchung, welche insbesondere im Rahmen von Massenlieferungen (noch) erwartet werden kann. Bevor auf diese einzelnen Problemkreise eingegangen werden kann, sollte zum besseren Verständnis zunächst allgemein der Art. 38 CISG näher beleuchtet werden.

---

250 Vgl. auch *Schwenzer*, in: *Schlechtriem/ Schwenzer*, Art. 38, Rn. 3.

251 Umstr., jedoch so die h. M.; zur Abgrenzung *Vogel*, 126 ff.

252 Art. 58 Abs. 3 CISG.

253 *Huber*, in: Mü-KoBGB, Bd. 3, Art. 58, Rn. 3; *Schwenzer*, in: *Schlechtriem/ Schwenzer*, Art. 38, Rn. 3.

254 Vgl. *DiMatteo/ Dhooge/ Greene/ Pagnattaro*, 78, welche auf drei Problemkreise hinweisen und neben den o. g. die *„[...] the enforcebility of contractual provisions modifying the buyer's inspection rights."* erwähnt.

I. Entstehungsgeschichte

Auf die Entstehungsgeschichte des Art. 38 CISG kann im Rahmen der vorliegenden Arbeit lediglich in der gebotenen Kürze[255] eingegangen werden.[256] Die Grundlage für die Beratungen des materiellen Kaufrechts bestand im Entwurf eines Übereinkommens aus dem Jahr 1970, für welches das UN-Sekretariat einen eigenen Kommentar (im Folgenden *the Secretariat Commentary*) vorbereitet hat.[257]

Bereits aus der Entstehungsgeschichte des Art. 38 CISG und dem harten Weg zum Kompromiss auf der Konferenz wird deutlich,[258] dass sie stets bemüht war, den ewigen Konflikt zwischen den Interessen des Käufers und des Verkäufers zu lösen. Es gelang ihr, und dieses wird ebenso schnell deutlich, nur bedingt. Doch zunächst zurück zur Entstehungsgeschichte der Norm. Ein kurzer Vergleich mit dem Vorgänger des Art. 38 CISG macht deutlich, dass ein wirklich relevanter Unterschied zum Art. 38 EKG sachlich nicht feststellbar ist.[259] Das EKG ging von einer „kurzen" *Frist*, die in Art. 11 EKG legal definiert war, als *unter Berücksichtigung der Umstände so kurz wie möglich*, aus.[260] Nach dieser Vorschrift begann die Frist also mit dem Zeitpunkt, in welchem die Handlung vernünftigerweise hätte vorgenommen werden *können*. Für die Fristberechnung im CISG und die Frist des Art. 38 CISG heißt das, dass sie im Gegensatz zum EKG nun nicht mehr so *kurz wie möglich*, sondern so kurz ist, wie es die Umstände erlauben. So richtig

---

255 Im Rahmen der vorliegenden Arbeit werden lediglich die Entwicklung auf der Konferenz und die Schritte vom EKG zum CISG aufgegriffen.

256 Verwiesen wird auf die zahlreichen Dokumentationen zu der Entstehungsgeschichte des CISG vom Ersten Entwurf von 1939 bis zur Haager Konferenz 1964; vgl. hierzu u. a. die sehr gute Darstellung bei *Janssen*, 36–39; *Schwenzer*, Eu. J. L. Ref. 2006, 353, 355–357.

257 *Schlechtriem*, Uniform Sales Law, 1, 19.

258 Erstaunlicherweise war es auf der Konferenz zu keinem Zeitpunkt umstritten, dass der Käufer rügen sollte, sondern im Rahmen welcher Frist, vgl. hierzu *Niggemann*, in: *Hoyer/ Posch*, 89.

259 *Magnus*, in: *Staudinger*, Art. 38, Rn. 6; *Herber/ Czerwenka*, Art. 38, Rn. 7; a. A. *Bianca* in: *Bianca/ Bonell*, Art. 38, Bem. 1. 1: „Thus, the Convention has adopted a *more flexible* criterion than the ULIS, because it allows an appropriate reference to different situations."; auch *Schwenzer* in: *Schlechtriem/ Schwenzer*, Art. 38, Rn. 1, sieht „wesentliche Unterschiede".

260 Vgl. *Magnus*, in: *Staudinger*, Art. 38, Rn. 6; *Schwenzer*, in: *Schlechtriem/ Schwenzer*, Art. 38, Rn. 1.

deutlich wird diese Änderung jedoch nur in der englischen Originalfassung[261] von *as short as possible* zu *as short as practicable in the circumstances.*[262]

Ein darüber hinausgehender Antrag Kanadas, in Abs. 1 stattdessen eine „angemessene Frist“ vorzusehen, fand zwar die Unterstützung differenter Delegationen, konnte sich aber schließlich nicht durchsetzen. Es wurden insbesondere Probleme vor allem beim Kauf von verderblichen Waren befürchtet.[263]

Die ursprüngliche Formulierung des Art. 38 CISG aus dem UNCITRAL-Entwurf wurde weitestgehend übernommen. Eine Änderung ergab sich lediglich für Art. 38 Abs. 3 CISG, der um die Formulierung „redirected in transit“ also „Umleitung“ erweitert wurde, um auch die Fälle zu inkludieren, in denen die Ware umgeladen und nicht nur weiterversendet wird.

Insbesondere hatte man hier an die Container-Beförderung gedacht, bei welcher es unangemessen wäre, diese vor Ankunft am letzten Bestimmungsort zu öffnen, somit also der Aufschub der Untersuchung gerechtfertigt war.[264]

Verzichtet wurde ebenso auf die Regelung des Art. 38 Abs. 4 EKG, wonach sich die Untersuchung mangels Parteivereinbarung nach dem Recht des Ortes gerichtet hat, an dem die Untersuchung vorgenommen wurde.[265] Begründet wurde dieses damit, dass der Ort, an dem die Untersuchung stattfinde, zufällig gewählt werden könnte und somit von den Parteien im Zeitpunkt des Vertragsschlusses weder vorhersehbar sei noch in einem Bezug zu diesem stehen könnte.[266] Entsprechende Gebräuche und Gepflogenheiten können jedoch entweder als von den Parteien zugrunde gelegt werden gem. Art. 9 Abs. 1 CISG[267] oder als „Umstände“ i. S. d. Art. 38 Abs. 1 CISG zu bewerten sein.[268]

261 In dem französischen und spanischen Text ist es bei „possible“ bzw „posible“ geblieben.

262 Vgl. *Magnus*, in: *Staudinger*, Art. 38, Rn. 6.

263 *Schwenzer*, in: *Schlechtriem/ Schwenzer*, Art. 38, Rn. 1.

264 *Magnus*, in: *Staudinger*, Art. 38, Rn. 7; *Schwenzer*, in: *Schlechtriem/ Schwenzer*, Art. 38, Rn. 1.

265 *Schwenzer*, in: *Schlechtriem/ Schwenzer*, Art. 38, Rn. 1; kritisch zur Abkehr vom Art. 38 IV EKG: *Huber*, RabelsZ 43 (1979), 413, 482.

266 *Schwenzer*, in: *Schlechtriem/ Schwenzer*, Art. 38, Rn. 1.

267 Wortlaut des Art. 9 Abs. 1 CISG: „Die Parteien sind an die Gebräuche, mit denen sie sich einverstanden erklärt haben, und an die Gepflogenheiten gebunden, die zwischen ihnen entstanden sind.“

268 Siehe hierzu *Pamboukis*, 107, 108, 112–118.

II. Vorbereitungsnorm oder Gesamtbetrachtung – das Verhältnis zu Art. 39 CISG

Der Käufer hat die Ware nach Art. 38 CISG in *kurzer Frist* daraufhin zu untersuchen, ob sie den Anforderungen des Vertrages im Sinne des Art. 35 Abs. 1 CISG bzw. hilfsweise des Art. 35 Abs. 2 CISG entspricht.[269] Eine im Rahmen der Untersuchung festgestellte Vertragswidrigkeit hat der Käufer dem Verkäufer wiederum innerhalb einer *angemessenen Frist* des Art. 39 CISG anzuzeigen. Dieser enge Zusammenhang[270] zwischen der Untersuchungsobliegenheit des Art. 38 CISG und der Mängelrüge nach Art. 39 CISG lässt den Eindruck aufkommen, dass Art. 38 CISG eine Art *Vorbereitungsnorm* für Art. 39 CISG (teilweise auch für Art. 49 Abs. 2 lit. b)/ lit. i) sei.[271] Während die Anzeige nach Art. 39 CISG erforderlich sei, um Rechtsbehelfe wegen der Vertragswidrigkeiten geltend zu machen, diene die in Art. 38 CISG dem Käufer auferlegte Untersuchung lediglich ihrer Vorsorge.[272] Dass Art. 38 und Art. 39 CISG in einem Näheverhältnis stehen sollen, hat mehrere Gründe:

1. Vorbild § 377 HGB

Eine Erklärung hierfür, wie dieser Gedanke Eingang in die Auslegung des Einheitsrechts gefunden haben könnte, müsste[273] § 377 HGB liefern. Denn hier ist allein die rechtzeitige Mängelanzeige entscheidend[274] und man geht von einer nicht konstitutiven Voraussetzung der Untersuchung für die Mängelanzeige aus. Die Untersuchung an sich diene nur der Vorbereitung bzw. bilde die Grundlage[275]

---

269 Vgl. hierzu Kapitel 2.

270 Zu dieser engen Verbindung vgl. auch *Gabriel*, 114.

271 So z. B. *Enderlein/ Maskow/ Strohbach*, Art. 38, Anm. 1: „[...] the examination only serves to prepare such a notice.“; *Schwenzer*, in: *Schlechtriem/ Schwenzer*, Art. 38, Rn. 3, (die von einer „einleitenden Bestimmung“ spricht und die Untersuchungspflicht als „Grundlage für die Rügepflicht“ sieht; so auch *Hepting*, in: *Baumgärtel/ Laumen*, Art. 38, Rn. 1 (der eine den Art. 39 „ergänzende Norm“ in Art. 38 sieht); *Gruber*, in Mü-KoBGB, Bd. 3, Art. 38, Rn. 3, (der in der Untersuchungsobliegenheit eine „dienende Funktion“ für die Obliegenheit zur Anzeige sieht).

272 *Karollus*, 125; teilweise wird sogar vertreten, dass Art. 38 CISG nur in Verbindung mit anderen Normen der CISG *funktioniere* bzw. diese *ergänze*, so z. B. *Hepting*, in: *Baumgärtel/ Laumen*, Art. 38, Rn. 1; vgl. hierzu auch *Gabriel*, 114.

273 Zumindest aus deutscher Sicht.

274 So auch *Verweyen*, 103, welcher der Untersuchungsfrist ihre eigenständige Bedeutung abspricht.

275 So *Rudolph*, Art. 38, Rn. 1.

einer qualifizierten Mängelrüge.[276] Dass dieses im Rahmen des Einheitsrechts nicht haltbar sein kann, liegt auf der Hand.

2. *Abhängigkeit der Fristen*

Um für Entwirrung zu sorgen, sollte zwischen *zwei* Fristen[277] innerhalb des Gesamtkontextes Untersuchungs- und Rügeobliegenheiten unterschieden werden:[278] die Frist, innerhalb derer untersucht werden sollte und die Frist, innerhalb derer gerügt werden sollte.[279] Teilweise wird in der Literatur[280] und Rechtsprechung[281] auch im Rahmen dieser Frist von einer Gesamtfrist[282] oder *Gesamtregelung*,[283] also der Summe der Fristen aus Untersuchung der Ware und ihrer Rüge ausgegangen.[284] Dieses Ergebnis ist meiner Ansicht nach nicht haltbar.[285] Die durchaus enge Verzahnung[286] zwischen diesen beiden Fristen der Art. 38 und Art. 39 CISG[287] ist nicht abzustreiten. Jedoch können die Eigenständigkeit und enorme Wichtigkeit[288] des Art. 38 CISG und seiner Frist trotz seiner einleitenden[289] Form

---

276 *Lehmann*, WM 1980, 1162, 1163.

277 Vgl. hierzu unbedingt: *Fogt*, ZEuP 2002, 580, 588–593; in der Rechtsprechung so z. B. *Obergericht des Kantons Luzern* 13.05.2003, Az. 11 01 73, CISG-Online 846, ZBJV 2004, 704–708.

278 So auch der CISG-Advisory Council, in: CISG-AC Opinion no. 2, Art. 39, Bem. 2, IHR 2004, 164.

279 *Girsberger*, J. L. & Com. 25 (2005/06), 241.

280 So z. B. *Magnus*, IPRax 1993, 390, 392.

281 So das *OLG Köln* 21.08.1997, Az. 18 U 121/96, CISG-Online 290, VersR 1998, 1513–1515.

282 Kritisch hierzu: *Schwenzer*, Eu. J. L. Ref. 2006, 353–366.

283 So *Gruber*, in: Mü-KoBGB, Bd. 3, Art. 38, Rn. 1.

284 So z. B. auch in der Rechtsprechung das *OLG Düsseldorf* 08.01.1993, Az. 17 U 82/92, IPRax 1993, 412, CISG Online Nr. 76, dazu Anm. *Magnus*, IPRax 1993, 390, 391, hier war eine Gesamtfrist von 7 Tagen bei Einlegegurken zu lang.

285 Relevant kann diese Frage für die jeweilige Fehlerquelle des Vertragspartners werden. In diesem Fall kann sie dann eine solche des Käufers bilden.

286 Vgl. auch *Bianca*, in: *Bianca/ Bonell*, Art. 38, Bem. 2.2.: „The strict connection between Article 38 and Article 39 [...]."

287 Siehe insbesondere den Wortlaut des Art. 39 CISG: *nach dem Zeitpunkt, in dem er sie festgestellt hat oder hätte feststellen müssen.*

288 So auch *Kuoppala*, Examination, Abschnitt 2.4.1: „[...] In practical terms, an obligation to examine the goods after delivery has more importance than the buyer's duty to notify the seller of the lack of conformity."

289 *Schwenzer*, in: *Schlechtriem/ Schwenzer*, Art. 38, Rn. 3.

nicht gänzlich abgesprochen werden.[290] So kann die Untersuchung der Mängelanzeige zwar im besten Fall vorausgehen, sie ist jedoch nicht Voraussetzung einer ordnungsgemäßen Mängelanzeige[291] nach Art. 39 CISG.[292]

3. *Keine Rechtsfolge des Art. 38 CISG*

Der Umstand, dass der Käufer die Ware nicht untersucht, löst weder in negativer noch in positiver Hinsicht Rechtswirkungen aus.[293] Der Käufer kann die Rüge durch eine Untersuchung *vorbereiten*, muss dieses aber nicht. Teilweise wird vertreten und dem Käufer somit ermöglicht, auch *ohne sachgerechte Untersuchung* Vertragswidrigkeiten substantiiert nach Art. 39 CISG anzuzeigen.[294] Ihm wird sogar eine Zeitversäumung bei der Untersuchung durch schnelleres Reagieren bei der Anzeige zum Ausgleich angeboten.[295] Jedoch ist hierbei größte Vorsicht geboten und von Pauschalisierungen Abstand zu nehmen. Die Untersuchung ist nicht *pauschal* hinfällig, weil sie die aufgetretene Vertragswidrigkeit ohnehin nicht hätte aufdecken können. Hat sich diese nicht während der Untersuchung gezeigt und stellt sich im Nachhinein heraus, dass die Untersuchung die Vertragswidrigkeit aufgedeckt hätte, so kann eine nicht vorgenommene Untersuchung in jedem Fall schaden.[296]

4. *Ergebnis*

Die zentrale jedoch theoretische Frage nach dem *Zweck des Art. 38 CISG* wirkt sich unmittelbar nur auf die Bedeutung der praktisch relevanten Frage zur *Frist des Art. 38 CISG* und somit für den *Fristbeginn* nach Art. 39 CISG aus. Hierfür ist es von Relevanz, dass Art. 38 CISG nicht seine von Art. 39 CISG losgelöste

---

290 Vgl. zur Eigenständigkeit: auch *Heilmann*, 290.

291 Zu den einzelnen Voraussetzungen der Mängelanzeige vgl. auch *Magnus*, in *Staudinger*. Art. 38, Rn. 13.

292 *Magnus*, in: *Staudinger*, Art. 38, Rn. 13.

293 Für das deutsche Recht so auch *Meeske*, Die Mängelrüge, 78, siehe hierzu auch oben Kapitel 1, Abschnitt A.

294 So *Magnus*, in *Staudinger*, Art. 38, Rn. 13; *Schwenzer*, in: *Schlechtriem/ Schwenzer*, Art. 38, Rn. 5; *Herber/ Czerwenka*, Art. 38, Rn. 2.

295 *Magnus*, in: *Staudinger*, Art. 38, Rn. 14.

296 Vgl. hierzu auch UNCITRAL Digest of Case Law (2012), Art. 38, Bem. 2: „[…] can have very serious consequences: if a buyer fails to detect a lack of conformity because it did not conduct a proper and timely examination, and as a result fails to give the notice required by article 39, the buyer will lose remedies – quite possibly all remedies – for the lack of conformity."

Eigenständigkeit verliert und dass die genannten Fristen also aus Art. 38 und Art. 39 CISG im Einzelfall getrennt betrachtet werden und auch als solche Einzel-Fristen berechnet werden. Diese grundsätzliche Frage spielt insbesondere prozessual eine signifikante Rolle, da sich aus einer Gesamtbetrachtung ergeben würde, dass nicht die *tatsächliche Durchführung der Untersuchung*, sondern eben nur die Einhaltung der *Gesamtfrist* Voraussetzung der Gewährleistungsansprüche wäre. Dann brauche der Käufer, welcher die Gesamtfrist eingehalten hat, die Untersuchung nicht nachzuweisen.[297] Dass dieses durch Art. 38 CISG nicht gewollt war, zeigt die klare Trennung der Artikel untereinander und eben nicht die Übernahme des Vorbildes des § 377 HGB. Für eine gerechte und effiziente Verteilung der Beweislast kann dann auch an dieser Stelle eine Kategorisierung der Warenarten relevant werden.

III. Vorrang von Parteivereinbarungen

Nach Art. 6 CISG können die Vertragsparteien die allgemeine Anwendung des CISG oder speziell die Regelungen der Art. 38 und Art. 39 CISG ausschließen[298] bzw. durch die Einbeziehung von Vertragsbedingungen oder etwaigen *Qualitätssicherungsvereinbarungen* vollständig abbedingen. Sie können auch komplett andere individualvertragsrechtliche Vereinbarungen hinsichtlich der Untersuchung und Rüge treffen.[299] Die Regelungsmacht in Bezug auf den Art. 38 CISG ist fast unbegrenzt. Die Vertragsparteien müssen lediglich die allgemeinen Grundsätze des Art. 12 CISG (Formvorbehalt), des Art. 4 lit. a CISG (Gültigkeitsfragen) und des Art. 7 CISG (Treu und Glauben) beachten. Die Untersuchung des Käufers kann durch den Verkäufer eingeschränkt oder erweitert werden. Individuell ausgehandelte Regelungen können ebenso detaillierte Angabe zur Art und Weise der Untersuchung enthalten, wie sie eine starre Untersuchungsfrist vorgeben. Die Parteien können – meist um Unklarheiten im Vorfeld zu beseitigen –, z. B. in Bezug auf Massenlieferungen eine genaue Anzahl an Stichproben, die Länge der Testphase von technischen Geräten festlegen oder die Art der Untersuchung nach Warengruppen spezifisch näher bestimmen.

297 Vgl. hierzu auch *Magnus,* Art. 38, Rn. 65.

298 Vgl. hierzu *Köhler,* Survey regarding the relevance of the United Nations Convention for the International Sale of Goods (CISG) in legal practice and the exclusion of its application, nur online abrufbar.

299 *Gruber,* in: Mü-KoBGB, Bd. 3, Art. 38, Rn. 4, der auf *OLG Köln* 21.08.1997, Az. 18 U 121/96, CISG-Online 290, VersR 1998, 1513–1515 verweist.

In der Rechtsprechung entschied das *OGH Wien*,[300] dass nach den maßgeblichen allgemeinen Geschäftsbedingungen des Verkäufers der Käufer seine Beanstandungen innerhalb einer Woche nach Empfang der Ware und *versteckter Mängel innerhalb einer Woche nach Entdeckung schriftlich* anzeigen müsse. Auch wird in diesen Geschäftsbedingungen der Käufer verpflichtet, die Ware *entsprechend ihrer Art, ihrer Menge, ihrer Verpackung und unter Berücksichtigung aller weiteren Umstände in angemessener Weise* zu untersuchen. Dieser Überprüfung, bei der die Mängel festgestellt worden wären, sei der Käufer nicht nachgekommen. Auch als der Käufer vom Endkunden über die Mängel informiert worden sei, habe er diese nicht dem Verkäufer mitgeteilt.[301]

1. Insbesondere Qualitätsmanagementvereinbarungen

Eine wichtige Rolle können in diesem Zusammenhang längerfristige Lieferbeziehungen zwischen zwei selbstständigen Unternehmen spielen. Diese können sich im Rahmen von individualvertragsrechtlichen Vereinbarungen auf eine *gemeinsame Qualitätsstrategie* einigen, hierbei können die Parteien die Untersuchungstätigkeit der Käufer bzw. Abnehmer der Ware durch *Qualitätsmanagementvereinbarungen* einschränken.[302] Im Rahmen dieser Vereinbarungen verpflichtet[303] sich der Produzent bzw. der Lieferant der Ware, ein *Qualitätsmanagementsystem* zu etablieren.[304] So können die Parteien z. B. vereinbaren, dass bereits der Lieferant der Ware *qualitätssichernde Maßnahmen* vornimmt und die Abnehmer der Ware dementsprechend auf eine Untersuchung ihrerseits verzichten oder ihren Umfang einschränken,[305] sowie die Kosten für die Untersuchung der Ware auf den Verkäufer verlagern. Im Rahmen derartiger *Qualitätsmanagementvereinbarungen* können auch Vorgaben hinsichtlich der technischen Eigenschaften der Ware oder der Eingangskontrolle beim Käufer bzw. Abnehmer enthalten sein. Einigkeit bzgl. solcher Vereinbarungen besteht insoweit, dass sie solange wirksam sind und die Untersuchung gänzlich abbedingen können, solange sie die Gewährleistungsrechte des Käufers nicht einschränken.

---

300 *OGH Wien* 02.04.2009, Az. 8 Ob 125/08b, CISG-Online 1889, IHR 2009, 246–250, 248, 250.

301 *OGH Wien* 02.04.2009, Az. 8 Ob 125/08b, CISG-Online 1889, IHR 2009, 246–250, 248, 250.

302 Siehe die sehr gute Darstellung bei *Stürtz*, 25 und 114–120.

303 Es ist anerkannt, dass diese zusätzliche Pflicht neben die eigentliche Lieferpflicht tritt; vgl. hierzu *Rudolf*, ZfRV 2012, 218, 220.

304 *Stürtz*, 25–26.

305 Vgl. *Stürtz*, 115.

2. *Produktzertifikate und -zeichen*

Auch die Einigung der Parteien durch eine Durchführung einer erfolgreichen Produktprüfung am Warenausgang des Verkäufers, belegt durch ein Produktzertifikat oder –Zeichen, kann auf die Untersuchung des Käufers Einfluss nehmen. Diese Zertifikate bzw. Zeichen existieren sowohl auf nationaler als auch internationaler Ebene und können insbesondere im Rahmen des internationalen Warenkaufs als vorrangige Parteivereinbarung eine wichtige Bedeutung für die Untersuchungs- und Rügeobliegenheiten des Käufers erlangen.[306]

IV. International geltende Handelsbräuche gem. Art. 9 CISG

In Bezug auf globale Geschäfte können auch international geltende Handelsbräuche gem. Art. 9 CISG dem Art. 38 CISG vorgehen.[307] Den Maßstab hierfür bildet die *Kenntnis* bzw. das *Kennen müssen* der Vertragsparteien über diese *„international usages"*.[308] Das Bestehen eines Handelsbrauches müsse als Tatfrage qualifiziert werden[309] und muss im Verfahren behauptet werden.[310]

Auch parteispezifische[311] Gepflogenheiten, wie z. B. die Erteilung von Gutschriften ohne fristgerechte Rüge, können einen Verzicht auf eine ordnungsgemäße, insbesondere rechtzeitige Untersuchung darstellen und im Einzelfall

306 Ein Überblick über die unterschiedlichen Produktzertifikate/ -und Zeichen findet sich bei *Stürtz*, 28–34.

307 Dies obwohl Art. 38 CISG anders als vormals Art. 38. Abs. 4 EKG *nicht ausdrücklich* vorsieht, dass das *Recht und insbesondere die Gebräuche am vertragsgemäßen* Untersuchungsort maßgeblich sind; *Magnus*, in: *Staudinger*, Art. 38, Rn. 19.

308 *Sec. Comm.*, Art. 36, Bem. 3.

309 *OGH Wien* 27.02.2003, Az. 2 Ob 48/02a, CISG-Online 794, IHR 2004, 25–28: vorliegend waren die Fragen zur konkreten Feststellung über das Bestehen eines behaupteten Handelsbrauches und über das Wissen des Geschäftsführers des Verkäufers um das Produktionsdatum der zu liefernden Fische an die Berufungsinstanz zur Entscheidung zurück verwiesen worden. Es sei von der Vertragswidrigkeit der Ware auszugehen, wenn tatsächlich ein internationaler Handelsbrauch bestünde, *wonach im Fischhandel stets von einem aus der aktuellen Fangquote stammenden Fisch ausgegangen werde,* der Verkäufer aber Fische aus der letzten Fangquote geliefert haben. Sollte also der Geschäftsführer des Verkäufers gewusst haben, dass die gegenständliche Lieferung nicht aus der aktuellen Fangquote stamme, könnte sich der Verkäufer nicht nach Art. 40 UN-K verspätete Rüge der Käuferin berufen.

310 Zur Beweislast siehe unten.

311 Näheres hierzu vgl. *Kuoppala,* Examination, Abschnitt 3.2.3.

relevant werden.[312] Auch im Nachhinein kann die Wirkung einer Verletzung der Untersuchungs- und Rügeobliegenheiten abbedungen werden.[313]

V. Befreiung von der Untersuchungsobliegenheit

Der Grundsatz *der Wahrung des guten Glaubens im internationalen Handel* nach Art. 7 Abs. 1 CISG kann in besonderen Fällen den Käufer von seiner Obliegenheit, die Ware zu untersuchen, befreien.[314] Dies kann insbesondere in den Fällen angenommen werden, in denen ein besonderes Vertrauensverhältnis zwischen Verkäufer und Käufer bestehe. Oder wenn der Verkäufer z. B. besonderen Anlass gegeben habe, auf bestimmte Eigenschaften der Ware zu vertrauen.[315] Die konkrete Annahme einer solchen Zusicherung kann in der Praxis jedoch Schwierigkeiten bereiten. Anhaltspunkte zur Abgrenzung können etwaige Untersuchungsdokumente des Verkäufers (wie etwa „Prüfzeugnisse", „Werkbescheinigungen", „Reinheitszertifikate", u. ä.)[316] zum Zeitpunkt der Ausgangskontrolle bieten. Sie entbinden jedoch nicht von einer Untersuchung des Käufers. Ist eine solche Ausgangskontrolle, die die Untersuchung beim Käufer ersetzen soll, nicht explizit zwischen den Parteien vereinbart, so sollte der Käufer die Ware untersuchen.

1. Insbesondere Qualitätssicherungsvereinbarungen

Auch in diesem Rahmen ist an Systemzertifikate und Qualitätssicherungsvereinbarungen zu denken, welche im Rahmen von Qualitätsmanagementsystemen zwischen Käufer und Verkäufer vereinbart werden. Prinzipiell können jedoch solche Untersuchungsaufzeichnungen nur den Zustand der Ware zum Zeitpunkt der Untersuchung protokollieren. Sie befreien den Käufer nicht per se von dem ihm obliegenden Anzeigeerfordernis.

312 *Magnus*, in: *Staudinger*, Art. 38, Rn. 20, der auf eine Entscheidung des *LG Wuppertal*, IPRax 1984, 205 mit Anm. *Weitnauer*, IPRax 1984, S. 185, verweist.

313 *BGH* 25.11.1998, Az. VIII ZR 259/97, CISG-Online 353, NJW 1999, 1259–1261, IPRax 1999, 377–379, RIW 1999, 385–386, vgl. dazu *Escher*, RIW 1999, 495–502.; *BGH* 25.06.1997, Az. VIII ZR 300/96, CISG-Online 277, NJW 1997, 3311–3313, RIW 1997, 1037–1039, vgl. hierzu auch die Anm. von *Schlechtriem/ Schmidt-Kessel*, EWiR Art. 39 CISG 3/97, 1079–1080; *Otte*, IPRax 1999, 353.

314 So auch *Magnus*, in: *Staudinger*, Art. 38, Rn. 26.

315 So auch *Achilles*, Art. 38, Rn. 4.

316 *Rudolf*, ZfRV 2012, 218, 220.

2. *In der Rechtsprechung*

So hat das *OLG Thüringen*[317] entschieden, dass eine Gesundheitsbescheinigung bei lebenden Fischen den Käufer von einer Untersuchung im Sinne des Art. 38 CISG nicht entbinde. Denn insbesondere bei lebenden Tieren kann sich ihr Zustand z. B. durch den Transport verändern. Anders kann der Verkäufer auch freiwillig unbedingte Einstandspflichten übernehmen oder Waren mit bestimmten Eigenschaften für den Käufer herstellen. Vertraut dann der Käufer auf die Sachkunde des Verkäufers, so ist er nicht verpflichtet, sonst übliche evtl. aufwendige Untersuchungen vorzunehmen, um festzustellen, ob gerade diese Eigenschaft bestehe.[318]

Auch der *OGH Wien* hat sich in seiner Entscheidung vom 28. Juni 2012[319] mit der Frage beschäftigt, ob die Untersuchungsanforderungen ganz oder teilweise reduziert sein können, wenn der Verkäufer *das Vertrauen in eine bestimmte Warenbeschaffenheit geweckt* und dadurch der Käufer keine Veranlassung gehabt habe, die Vertragswidrigkeit der Ware anzunehmen, und so *den Fortbestand der bislang als selbstverständlich angesehenen Beschaffenheitsmerkmale laufend zu überprüfen.*[320]

Das Gleiche müsste insbesondere für die Fälle gelten, in denen der Käufer aufgrund bestehender Qualitätssicherungsvereinbarungen davon ausgehen darf, dass die Ware bereits eine zuverlässige Überprüfung durchlaufen habe. Das Gericht entschied, dass der Käufer seinem bereits *bewährten Lieferanten* habe vertrauen dürfen, insbesondere weil dem Vertrag eine lange Geschäftsbeziehung zugrunde lag und der Verkäufer als im selben Geschäftsfeld tätiger Lieferant auch über das erforderliche fachspezifische Know-how verfügte. Es stand hierbei sogar fest, dass erstens der Verkäufer die *stichprobenartigen Kontrollen nach dem Skip-Lot-Verfahren* im vorgesehenen Ausmaß *regelkonform* durchgeführt hatte. Und zweitens dem Käufer laufende Überprüfungen nicht zumutbar waren und er sich somit auf die o. g. Verfahren *beschränken konnte.*[321] Im Ergebnis ist der Ansicht des Senats zuzustimmen. Technische Standards können als Handelsbräuche im Sinne des Art. 9 Abs. 2 CISG für die Untersuchung des Käufers Beachtung erlangen und diese einschränken.

---

317 *OLG Thüringen* 26.05.1998, Az. 8 U 1667/97, CISG-Online 513, TranspR-IHR 2000, 25–29, Anm. hierzu *Herber*, TranspR-IHR 2000, 29–30.

318 *Magnus*, in: *Staudinger*, Art. 38, Rn. 26.

319 *OGH Wien* 28.06.2012, Az. 8 Ob 43/12z, IHR 2013, 25–26; vgl. hierzu auch die Anm. von *Rudolf*, ZfRV 2012, 218, 220–222.

320 *OGH Wien* 28.06.2012, Az. 8 Ob 43/12z, IHR 2013, 25–26.

321 *OGH Wien* 28.06.2012, Az. 8 Ob 43/12z, IHR 2013, 25–26; vgl. hierzu auch die Anm. von *Rudolf*, ZfRV 2012, 218, 220–222.

VI. Untersuchung nach objektiven Maßstäben: Art. 38 Abs. 1 CISG – „Umstand“

Haben die Parteien keine individuelle, die Untersuchung betreffende Vereinbarung getroffen oder liegen keine internationalen Handelsbräuche vor, so sollte die Untersuchung nach objektiven Maßstäben im Sinne des Art. 38 Abs. 1 CISG erfolgen. Zweck der Untersuchung soll sein, dem Käufer einen zuverlässigen Eindruck *vom Zustand der Ware zu verschaffen und feststellbare Vertragswidrigkeiten rasch aufzudecken.*[322] Ausgerichtet an diesem Ziel orientieren sich dann Art und Umfang der Untersuchung.[323] Sie erstreckt sich auf den o. g. Rügetatbestand.[324]

Werden Waren geliefert, regelt Art. 38 Abs. 1 CISG lediglich, dass der Käufer, will er seine Rechte nicht verlieren, *die Ware innerhalb einer so kurzen Frist untersuchen* (sollte) *oder untersuchen zu lassen* (hat), *wie es die Umstände erlauben.* Art. 38 Abs. 1 CISG sagt also nur aus, dass es eine *Untersuchungsfrist* gibt und sie von den *Umständen der Untersuchung* abhängt.[325] In Bezug auf die Untersuchung wird offen gelassen, durch welche besonderen *Umstände* die Untersuchungsfrist eingegrenzt wird. Zentrales Merkmal bildet somit vorliegend der unbestimmte Rechtsbegriff *Umstand.* D. h., um die Untersuchungsfrist zu bestimmen, sollten zunächst Aussagen zur *Art der Untersuchung* und hiervon abhängig zum *Umfang der Untersuchung* getroffen werden. Diese Kriterien lassen daraufhin einen Rückschluss auf die Länge der Untersuchungsfrist zu. Es existiert also viel Spielraum für die Auslegung insbesondere bei *speziellen Umständen* je nach Einzelfall.

Fraglich ist, ob im Folgenden nicht bestimmte Kriterien erstens zur *Art (und Weise) der Untersuchung*, zweitens bzgl. des *Umfangs* der Untersuchung, drittens hinsichtlich der *Person des Käufers* und viertens der *Gegebenheiten am Ort der Untersuchung* analysiert, bewertet und kategorisiert werden können, die ihrerseits einen Anhaltspunkt hinsichtlich der praktisch relevanten Frage zur Berechnung der Frist geben könnten.

---

322 *Magnus*, in: *Staudinger*, Art. 38, Rn. 28; *Kröll/ Mistelis/ Viscasillas*, Art. 38, Rn. 4.

323 Vgl. *Magnus*, in: *Staudinger*, Art. 38, Rn. 28.

324 Zum Rügetatbestand vgl. oben Kapitel 2.

325 Der CISG-Advisory Council geht weiter und sagt: „*Whether and when it is practicable, and not just possible, to examine the goods depends on all the circumstances of the case.*“, vgl. CISG-Advisory Council, in: CISG-AC Opinion no. 2, Art. 38, Bem. 2, IHR 2004, 163.

1. *Kriterien zur Art (und Weise) der Untersuchung*

Art. 38 Abs. 1 CISG geht weder auf die *Art* und Weise noch auf den *Umfang* der Untersuchung ein. Aus der Natur des Regelungsgegenstandes *Internationaler Warenkauf* ergibt sich jedoch, dass bestimmte objektive Kriterien[326], wie die *charakteristische Eigenart der Ware*[327] und der *Umfang* der Ware, folglich konkrete Vorgaben in Bezug auf die Untersuchung machen können. Damit kann also die Intensität bzw. der Maßstab der Untersuchung je nach Warengruppe von *Augenscheinnahme bis hin zu technisch spezialisiertem Prüfverfahren*[328] variieren.[329] Neben der Kategorisierung der Warengruppe kann auch im Rasterverfahren nach der Art der Vertragswidrigkeit unterschieden werden.

Dabei kann vorangehend konstatiert werden, dass bei bestimmten Warengruppen bereits bei einer oberflächlichen Untersuchung am äußeren Zustand die Vertragswidrigkeit erkennbar ins Auge fallen und somit ausreichen kann, diese substantiiert zu nennen, ohne eine technisch genaue Aussage zur Bezeichnung des Mangels oder ihrer Ursache zu treffen.[330] Etwas anderes gilt für technisch komplexe Waren, die eine Untersuchung der einzelnen Teile notwendig machen können.

a) *Charakteristische Eigenart der Ware – vorhandene Klassifikationen*

Um eine Tendenz in Bezug auf die charakteristische Eigenart der Waren im internationalen Warenverkehr analysieren zu können, ist es sinnvoll, eine Klassifikation vorzunehmen. In diesem Zusammenhang könnte man bereits vorhandene Klassifikationen, wie z. B. das Internationale Warenverzeichnis für den Außenhandel *Standard International Trade Classification, (SITC) Rev. 4)*[331] zuhilfe nehmen. Dieses

---

326 *Bianca*, in: *Bianca/ Bonell*, Art. 38, Bem. 2.5: „The Convention solution, instead, is clearly related to what is proper for the different circumstances. By «circumstances» the provision refers to objective situations and factors influencing the examination's length."; *Gruber*, in: Mü-KoBGB, Bd. 3, Art. 38, Rn. 57.

327 So auch der *Secr. Comm.*, Art. 36, Bem. 3, der neben „type of Goods" auch „nature of the parties" nennt.

328 Vgl. CISG-Advisory Council, in: CISG-AC Opinion no. 2, Art. 39, Bem. 2, IHR 2004, 163.

329 So auch *Bianca*, in: *Bianca/ Bonell*, Art. 38, Bem. 2.5 „In general it may be said that goods of more sophisticated technology and those of complex."

330 *Magnus*, in: *Staudinger*, Art. 38, Rn. 29.

331 Im Internet abrufbar unter: https://www.destatis.de/DE/Methoden/Klassifikationen/Aussenhandel/DeutscheFassungSITC.pdf?__blob=publicationFile (zuletzt aufgerufen am 19.03.2012).

Verzeichnis dient der Klassifikation von Waren in der Außenhandelsstatistik. In diesem wird nach folgenden Kategorien unterteilt: Nahrungsmittel und lebende Tiere (Kategorie 0), Getränke und Tabak (Kategorie 1), Rohstoffe (ausgenommen Nahrungsmittel und mineralische Brennstoffe) (Kategorie 2), Mineralische Brennstoffe, Schmiermittel und verwandte Erzeugnisse (Kategorie 3) etc., um nur einige Kategorien beispielhaft zu nennen. Doch bereits bei der Aufstellung dieser Kategorien wird deutlich, dass diese Unterscheidung für die vorliegende Arbeit sehr problematisch sein kann, da sie sich deutlich an eine an statistischen Erfordernissen orientierte Struktur richtet. Insbesondere kann diese Kategorisierung nicht ausdrücken, ob nun etwas sehr zeitkritisch untersucht werden *sollte* (Kriterium: verderblich) oder schnell untersucht werden *könnte* (Kriterium: unkompliziert). Damit erscheint sie für die hier gedachte Differenzierung nach Warengruppen unzweckmäßig. Auch andere, insbesondere europäische oder internationale Klassifikationen[332] sind nicht zielführend, auch wenn sie die vorzunehmende Analyse an dieser Stelle erleichtert hätten. Es bleibt somit bei der Systematisierung der differenten realen Erscheinungsformen der Sachgüter in der Rechtsprechung.

b) Warengruppen in der Rechtsprechung

Obwohl die zu Art. 38 CISG bisher ergangene Rechtsprechung sich hinsichtlich der charakteristischen Eigenart der Ware nicht typisieren lässt, kann die Auswertung der Rechtsprechung zumindest eine Vorstellung davon vermitteln, welche Kriterien die Praxis für eine *geeignete* Untersuchung vorsieht.[333] Letztlich bleiben es jedoch nur die Umstände des Einzelfalls, die für die Eigenart der Ware und damit ihre Untersuchung von Bedeutung sein können, sodass auch die Auswertung dieser Kategorien in der Rechtsprechung[334] nicht mehr sein kann als eine bloße Orientierungshilfe.

---

332 Internationale Klassifikationen findet man z. B. in der Datenbank des Statistischen Amtes der Europäischen Gemeinschaften (Eurostat), im Internet unter http://ec.europa.eu/eurostat/ramon zu erreichen (zuletzt aufgerufen am 19.03.2012).

333 Zur Darstellung der Anforderungen deutscher Gerichte zur angemessenen Untersuchung im Sinne des Art. 38 CISG der Jahre 1988–1994 vgl. *Karollus*, in: Cornell Review, 51, 68–69.

334 Aus Gründen der Übersichtlichkeit werden im Rahmen der Rechtsprechungsanalyse nur die Kernpunkte bzw. -elemente der jeweiligen Entscheidung dargestellt. Auf eine detaillierte Sachverhaltsschilderung wird weitestgehend, wenn für die Entscheidungsgründe nicht erheblich, verzichtet.

(1) Kategorie: leicht verderbliche Ware am Beispiel Lebensmittel

Im Rahmen des internationalen Handels werden täglich frische Lebensmittel, wie exotische Früchte und Gemüse sowie frischer Fisch, aus der ganzen Welt auf modernen Großmärkten[335] gehandelt. Hierbei besteht Einigkeit darüber, dass diese leicht verderblichen Lebensmittel teilweise bereits einen langen Transportweg hinter sich haben und somit auf eine zeitaufwendige Untersuchung nicht warten können.[336] Die Prüfungsmethoden und der Umfang der Untersuchung bleiben auf einfache Untersuchungen beschränkt.[337] Abgeleitet auf die Frist zur Untersuchung bedeutet dies, dass sie logischerweise einem relativ engen Zeitfaktor unterlegen ist.[338]

In der neueren Rechtsprechung zur Untersuchungsobliegenheit des Käufers bei Lebensmitteln hatte der *OGH Wien* über die Einfuhr von bestrahltem Paprikapulver[339] zu entscheiden. Der *OGH hatte über* den Rekurs der beklagten Partei gegen den Beschluss des *OLG Linz*[340] zu entscheiden, vor dem die klagende Partei gegen die Entscheidung des *LG Salzburg* erfolgreich Berufung eingelegt hatte.[341] In der Sache ging es um Schadensersatz und Haftung der beklagten Partei für eine Lieferung von bestrahltem Paprikapulver vom 6.10.2003. Ausdrücklich war zwischen den Parteien jedoch die Lieferung von nicht überstrahltem Paprikapulver vereinbart gewesen. Zwar sei die *Bestrahlung mit ionisierenden Strahlen in Österreich und Deutschland zulässig*, es bestehe aber bei der *Einfuhr bestrahlter Lebensmittel nach Europa* gem. der einschlägigen Richtlinie des Europäischen Parlaments und des Rates eine *Kennzeichnungs- bzw. Deklarationspflicht*.[342] Das Erstgericht wies die Klage mit der Begründung ab, dass die klagende Partei gem. Art. 38 CISG verpflichtet gewesen sei, die Ware nach Erhalt *zumindest stichprobenartig zu kontrollieren*. Die vertragliche Vereinbarung, dass keine bestrahlte Ware

---

335 Wie z. B. dem Frischezentrum Frankfurt am Main, welches nur wenige Kilometer vom Rhein-Main-Flughafen in einer der bedeutendsten Wirtschaftsregionen Deutschlands liegt.

336 Vgl. CISG-Advisory Council, in: CISG-AC Opinion no. 2, Art. 38, Bem. 2, IHR 2004, 163.

337 So auch *Janssen*, 111.

338 Detaillierter zur Frist siehe unten.

339 *OGH Wien* 14.02.2012, Az. 10 Ob 4/12d, CISG-Online 2308, IHR 2012, 193–197.

340 *OLG Linz* 08.02.2012, Az. 1 R 206/11m, CISG-Online 2444.

341 An der Prozessgeschichte dieser Entscheidung kann bereits abgelesen werden, welche Dimensionen und insbesondere Kosten die Parteien aufgrund nicht geklärter Fragen zur Untersuchung der Ware aufzuwenden bereit sind.

342 *OGH Wien* 14.02.2012, Az. 10 Ob 4/12d, CISG-Online 2308, IHR 2012, 193–197.

geliefert werde, entbinde die klagende Partei nicht von ihrer Untersuchungsobliegenheit. Da sie nach Ankunft der Ware dennoch eine Untersuchung unterlassen habe und erst im Zuge einer Kontrolle durch das Amt für Verbraucherschutz die Bestrahlung entdeckt wurde, hätte diese am 16.3.2004 erfolgte Rüge gem. Art. 39 CISG verspätet stattgefunden, sodass die klagende Partei das Recht verloren habe, sich auf die Vertragswidrigkeit zu berufen.[343]

Das *LG München I* beschäftigte sich in seinem Urteil vom 20.03.1995 mit der Frage, ob gelieferter *Speck* einen *versteckten Mangel* darstelle, da seine Vertragswidrigkeit gerade im gefrorenen Zustand nicht feststellbar gewesen sei.[344] Im Ergebnis hat das Gericht hierzu jedoch keine weiteren Ausführungen vorgenommen. Selbst wenn man von der Darstellung der Käuferin ausgegangen wäre, habe die Käuferin diese Vertragswidrigkeit nicht ordnungsgemäß gerügt.[345]

(2) Kategorie: leicht verderbliche Ware am Beispiel Blumen

In der Rechtsprechung sind auch für die weitere Kategorie verderblicher Ware eigenständige Grundsätze entwickelt worden. So hat das *OLG Saarbrücken* in seinem sehr strengen Urteil vom 03.06.1998 entschieden, dass die Untersuchung und die Mängelanzeige sogar *am Tag der Lieferung* erfolgen müsse.[346] In dem Fall ging es um Schnittblumen, bei denen es nicht auszuschließen sei, dass die Schadensursache schon nach kurzer Zeit nur noch schwer aufzuklären sei. Es bestehe die Wahrscheinlichkeit, dass die Vertragswidrigkeit (z. B. Vertrocknung) auf unsachgemäße Behandlung als Ursache aus der Risikosphäre des Käufers stammen könnte. Bereits zum EKG hatte das *OLG Hamburg* hierzu entschieden, dass die Frage, ob und in welchem Umfang die Blumen tatsächlich Mängel aufgewiesen haben, offenbleiben könne, da der Käufer die Mängel nicht rechtzeitig angezeigt habe. Das Gericht bemängelte, dass die Vertragswidrigkeit – *nämlich der Befall mit einer Krankheit, durch welche die Deckblätter und das Innere der Rosen faulig werden* – bereits bei einer ersten Prüfung der Ware hätten erkannt werden können. Hierfür hätte der Käufer nur gründlich genug untersuchen müssen. Hierbei habe es zwar nicht geschadet, dass dieser vorerst nur stichprobenartig untersucht habe. Vorzuwerfen sei dem Käufer, dass er sich *die Knospen nur von oben*

---

343 *OGH Wien* 14.02.2012, Az. 10 Ob 4/12d, CISG-Online 2308, IHR 2012, 193–197.

344 *LG München I* 20.03.1995, Az. 10 HKO 23750/94, CISG-Online 164, RIW 1996, 688–690.

345 Vgl. zu dieser Entscheidung nachfolgend Kapitel 4.

346 *OLG Saarbrücken* 03.06.1998, Az. 1 U 703/97, CISG-Online 354, NJW-RR 1999, 780, wobei das Gericht unrichtigerweise auf eine Entscheidung zum EKG: *OLG Hamburg* 03.03.1982, Az. 5 U 169/81, RiW 1982, 435–447, verweist.

angeschaut habe und nicht im Sinne des Gerichts, nämlich dass er die *Pappumhüllung der einzelnen Bündel entfernt oder diese selbst geöffnet hätte.* Die Blumen hätten notwendigerweise auch von der Seite her geprüft werden müssen, da dem Mitarbeiter des Käufers *der nicht typische Zustand der Rosen* im Vorfeld bereits aufgefallen war. Der Mitarbeiter des Käufers habe nämlich selbst erklärt, dass die Untersuchung aus Zeitnot in diesem Falle kürzer ausgefallen sei als sonst.[347]

Aus diesen vorgenannten Formulierungen wird schnell deutlich, dass das Gericht sehr hohe Maßstäbe für die ordnungsgemäße Untersuchung hat. Dass der Umstand *Zeitdruck* für eine ordnungsgemäße Untersuchung keine Rolle spielen kann, ist offensichtlich. Der Käufer sollte im Rahmen eines ordentlichen Geschäftsbetriebes Zeit für die Untersuchung mit einplanen. Dies kann aber bedeuten, dass vom Käufer das genaue Ausmaß der *Schadensbestimmung* nicht erwartet werden könne. So kann es sich schnell ergeben, dass die rasche Untersuchung im Widerspruch zur genauen Untersuchung steht. Bei verderblicher Ware sollte eine genaue Quantifizierung des Schadens hinter die besondere Eilbedürftigkeit aus Praktikabilitätsgründen zurücktreten. Denn bis der Verkäufer die vermeintliche Mangelhaftigkeit von leicht verderblichen Waren prüfen kann, ist im Zweifel auch der nicht mängelbehaftete Teil verdorben.[348]

(3) Kategorie: leicht erkennbare Vertragswidrigkeit und Saisonware

Ist die Vertragswidrigkeit ohne Weiteres leicht erkennbar, so führt dieses zum Ausschluss aufwendiger Untersuchungsmethoden. In aller Regel reichen hier einfache Untersuchungen aus. Aus der Natur der Sache wird auch saisonale Ware leicht zu überprüfen sein,[349] bedenke man das Interesse des Verkäufers an der Verwertung der Sache in der laufenden Saison.[350]

(4) Kategorie: komplexe technische Güter oder Industriemaschinen

Technologisch anspruchsvolle Ware ist durch entsprechend geeignete technische Verfahren auf ihre Vertragswidrigkeit gründlicher zu überprüfen.[351] Besonders im Zeitalter modernster Technik kann sich die Überprüfung der Ware jedoch als schwierig erweisen. Für Fachunkundige ist die Eigenart heutiger technischer

---

347 *OLG Hamburg* 03.03.1982, Az. 5 U 169/81, RiW 1982, 435–447.

348 *Schwenzer*, in: *Schlechtriem/ Schwenzer*, Art. 39, Rn. 9.

349 *Magnus*, in *Staudinger*, Art. 38, Rn. 42.

350 Vgl. insb. *OGH Wien* 27.08.1999, Az. 1Ob223/99x, CISG-Online 485, IHR 2001, 81–84.

351 *Magnus*, in: *Staudinger*, Art. 38, Rn. 29; wobei begrifflich im Rahmen des UN-Kaufrechts die Vertragswidrigkeit und nicht der Mangel in Vordergrund steht.

Güter ohne technisches Know-how mit bloßem Augenschein kaum zu durchblicken. Ferner kann man zwar hier die Ware im Vorfeld zwischen komplexen und einfachen technischen Gütern differenzieren, die Rechtsprechung verlangt dieses – wie auch eine detailgerechte Überprüfung der Ware – indes nicht. Für komplexe bzw. komplizierte Ware kann durch eine sog. Funktionstüchtigkeitsprüfung[352] sichergestellt werden, dass die Ware einwandfrei funktioniert. In der Regel findet eine solche Prüfung durch tatsächliche Inbetriebnahme statt.[353]

In der Rechtsprechung findet man hierzu den Grundsatz: Maschinen oder andere technische Güter, welche nur im *tatsächlichen Einsatz* überprüft werden können, sollten durch einen Probe- bzw. Testlauf in absehbarer Zeit untersucht werden.[354] In diesem Fall vor dem *OLG Oldenburg* hatte sich der Käufer darauf berufen, dass die Funktionsfähigkeit des gekauften Tiefenlockerers zur Bearbeitung von Sportplätzen lediglich auf einer geeigneten Rasenfläche möglich und die Anmietung einer solchen Rasenfläche mit einem Kostenaufwand von 50.000 Euro verbunden gewesen wäre. Jedoch konnte der Käufer hierfür keine konkreten Anhaltspunkte liefern und das Gericht hielt eine Rüge *sieben Wochen* nach Erhalt der Ware für verspätet. Durch eine Rückrechnung unterscheidet das Gericht richtigerweise zwischen der Untersuchungs- und der Anzeigefrist und spricht dem Käufer für den Testlauf, welcher die Vertragswidrigkeit der Ware aufgedeckt hätte, richtigerweise *zwei Wochen* zur Untersuchung zu und erachtet die sich dann anschließende Frist von rechnerisch mehr als einem Monat für die Anzeige als zu lang.[355] Dieser Entscheidung ist im Ergebnis wohl zuzustimmen. Allerdings nur aus dem Grunde, dass der Käufer in diesem Fall den ihm obliegenden Beweis für einen Testlauf, der den Preis der Maschine selbst überstiegen hätte, nicht erbringen konnte. Jedoch kann man in dieser Kategorie durchaus von erfahrenen Käufern[356] sprechen, denen zuzumuten ist, Vertragswidrigkeiten, d. h. bekannte Schwachpunkten bestimmter Geräte im Vorfeld bereits zu kennen.[357]

---

352 *Schwenzer*, in: *Schlechtriem/ Schwenzer*, Art. 38, Rn. 14.

353 *Janssen*, 138 und 111.

354 *OLG Oldenburg* 05.12.2000, Az. 12 U 40/00, CISG-Online 618, IHR 2001, 112–114, mit Anm. hierzu *Mankowski*, EWiR, Art. 39 CISG 1/01, 623–624.

355 *OLG Oldenburg* 05.12.2000, Az. 12 U 40/00, CISG-Online 618, IHR 2001, 112–114, mit Anm. hierzu *Mankowski*, EWiR, Art. 39 CISG 1/01, 623–624.

356 Siehe hierzu auch nachfolgend Kapitel 3, Abschnitt B: das ökonomische Argument zu *Erfahrungsgütern*.

357 So auch *Mankowski*, Anm. zu *OLG Oldenburg* 05.12.2000, Az. 12 U 40/00, CISG-Online 618, IHR 2001, 112–114, in EWiR Art. 39 CISG 1/01, 623–624.

Das *OLG Düsseldorf* entschied in einer Sache, in der es um Vertragswidrigkeiten an einer gebrauchten Wälzfräsmaschine ging, dass zwar nach Lieferung der Maschine eine Untersuchungspflicht des Käufers bestanden habe, diese jedoch *naturgemäß* erst nach Aufbau der Anlage hätte durchgeführt werden können.[358]

In einem Urteil des *OLG Köln* vom 12.01.2007 sollte die Käuferin von Archivierungsprodukten im Rahmen eines Jahresrahmenlieferungsvertrages zwar nicht jede einzelne Warenlieferung der Verkäuferin *im Hinblick auf die Einhaltung vereinbarter Normvorgaben in einem aufwändigen Untersuchungsverfahren überprüfen lassen*. Allerdings müsse die Käuferin in einem *angemessenen Zeitraum* nach der Lieferung zumindest *stichprobenartige Überprüfungen* veranlassen. Hier reichte es dem Gericht nicht aus, dass die Käuferin erst die Untersuchungen in Auftrag gegeben hat, nachdem es zu Beanstandungen ihrer Abnehmer gekommen war. Jedenfalls hielt es eine Untersuchung knapp 26 Monate nach Erhalt der Ware für verspätet. Auch Materialuntersuchungen, welche innerhalb von vier Monaten erfolgt sein sollten, waren hiernach verspätet.[359] Der Käufer kann also hier nicht abwarten und sollte insbesondere durch vorhergegangene Rügen die Ware stichprobenartig untersuchen (lassen). Tut er dieses nicht, so ist die unterlassene Untersuchung seiner Risikosphäre zuzuschreiben.

(5) Kategorie: Chemikalien

Für die Untersuchung von Chemikalien ist anerkannt, wenn es den Vertragspartnern auf ihre Reinheit oder Zusammensetzung ankomme, entsprechende *technische Prüfverfahren* oder Sachverständigenprüfungen (z. B. TÜV) durchführen zu lassen.[360] Hinsichtlich der Kosten müssten sich die Parteien jedoch im Vorfeld einigen.

(6) Kategorie: lebende Tiere

Mit der Frage zur Untersuchung von lebenden Tieren hat sich in der Rechtsprechung das *LG Flensburg* befasst. Es gab der Klage des Verkäufers auf Zahlung des Kaufpreises statt und stellte zunächst fest, dass auch lebende Tiere, in diesem Fall Schlachtschafe, durch den Warenbegriff des CISG abgedeckt seien.[361] Hinsichtlich der Untersuchung der Tiere legte das LG keine Besonderheiten fest. Es stellte jedoch bzgl. der *Untersuchungsfrist* fest, dass Schafe, die *nicht zur Mast, sondern zur*

358 *OLG Düsseldorf* 15.02.2001, Az. I 6 U 86/00, CISG-Online 658.

359 *OLG Köln* 12.01.2007, Az. 19 U 11/07, CISG-Online 1581, IHR 2007, 200–206.

360 *Magnus*, in: *Staudinger*, Art. 38, Rn. 31.

361 *LG Flensburg*. 19.01.2001, Az. 4 O 369/99, CISG-Online 619, IHR 2001, 67–69.

Schlachtung binnen drei Tagen vorgesehen waren, innerhalb von Stunden oder zumindest innerhalb *weniger Tage* hätten untersucht *und* gerügt werden müssen.[362]

(7) Kategorie: Textilien und Stoffe

In der Kategorie Untersuchung von Textilien und Stoffen haben sich insbesondere zwei Problemkreise in den letzten Jahren herausgebildet – erstens die Frage der Entbindung einer Untersuchung der Hauptware, wenn eine vorherige Überprüfung von Mustern bereits erfolgt ist, und zweitens wann und in welchem Umfang Stoffe, die weiterverarbeitet werden, probeweise auch weiterzuverarbeiten seien, um einer ordnungsgemäßen Untersuchung nach zu kommen.

In der Rechtsprechung werden beide Problemkreise in einem Urteil des *Landgerichts Berlin* vom 25.05.1999 behandelt.[363] Das Gericht stellt richtigerweise zunächst fest, dass auch bei einem Kauf nach Muster, die Hauptlieferung auf Vertragswidrigkeiten untersucht werden müsse und den Käufer von seiner *Überprüfungsobliegenheit* nicht entbinde. Weiterhin stellt das Gericht zwar richtigerweise fest, dass Ware, die zur Weiterverarbeitung bestimmt sei, zunächst probeweise zu verarbeiten sei – hier hatte die Käuferin den kompletten Stoff *verkonfektioniert* und erst dann die Vertragswidrigkeit bei der Verkäuferin gerügt[364] – allerdings überzeugt hier die Begründung des Gerichts nicht. Das Gericht bemängelte die Tatsache, dass der Verkäuferin keine Möglichkeit mehr zustand, Abhilfe durch eine Ersatzlieferung zu schaffen. Meiner Ansicht nach kann es darauf nicht ankommen. Es betrifft nicht die Risikosphäre des Käufers, die Abhilfemöglichkeiten des Verkäufers in seiner Rüge miteinzukalkulieren. Insbesondere Stoffe zeigen erst im Rahmen der *Weiterverarbeitung ihre artspezifische Mangelhaftigkeit.*[365] In der Rechtsprechung zeigten sich spezielle Fälle, in denen das Einlaufverhalten von Stoffen, die Farbechtheit oder die Materialzusammensetzung durch Oberflächenbeschaffenheit bemängelt wurden.

In einer weiteren Entscheidung des *LG Berlin* vom 21.03.2003 verlangt das Gericht für Stoffe, bei denen die Vertragswidrigkeit *erst beim Färben des Stoffes sichtbar wird*, dass die Untersuchung in der Weise erfolgen hätte müssen, dass die Stoffe *ebenfalls stichprobenartig gefärbt werden*. Das Gericht wirft dem Käufer

---

362 Näheres zur Frist vgl. nachfolgend; *LG Flensburg*. 19.01.2001, Az. 4 O 369/99, CISG-Online 619, IHR 2001, 67–69; gegen dieses Urteil legte der Käufer Berufung ein, die allerdings zurückgewiesen wurde: vgl. *OLG Schleswig-Holstein* 22.08.2002, Az. 11 U 40/01, CISG-Online 710, IHR 2003, 20–22.

363 *LG Berlin* 25.05.1999, Az. 102 O 181/98, CISG-Online 1311.

364 *LG Berlin* 25.05.1999, Az. 102 O 181/98, CISG-Online 1311.

365 *LG Berlin* 25.05.1999, Az. 102 O 181/98, CISG-Online 1311.

vor, zu lange mit dem Färben gewartet zu haben. Insbesondere, weil er im Vorfeld eine schnelle Zusammenstellung der Ware verlangt habe.[366] Nach Ablauf von fast *7 Wochen nach der Lieferung* war die Rüge verspätet.[367]

Hinsichtlich Textilien werden insbesondere Überprüfungen hinsichtlich Schadstoffen, Verarbeitung und Passform relevant. So werden unabhängige Institute beauftragt, die im Auftrag der Käufer die Untersuchung der Ware vornehmen.[368]

(8) Kategorie: gemischte Warengruppen

In der Rechtsprechung hat das *OLG Köln*[369] hinsichtlich der Überprüfung gemischter Waren verlangt, dass wenn gleichartige Materialien miteinander vermischt werden und nicht feststellbar sei, aus welcher Lieferung das möglicherweise mangelhafte Material stamme, eine Untersuchung jeder Warenlieferung vor der Vermischung geboten sei.[370] In diesem Fall vor dem *OLG Köln* ging es um Aluminiumhydroxid, welches direkt nach Ankunft *sofort hätte* untersucht werden müssen, bevor es in den Silo gefüllt wurde. Dies sei auch der Käuferin zumutbar gewesen. Hierbei war kein besonders aufwendiges Prüfungsverfahren durchzuführen. Wenn die Vertragswidrigkeit der Ware durch bloße Inaugenscheinnahme oder durch einen einfachen *Farbvergleich* herbeizuführen ist,[371] kann keine Rede davon sein, dass lediglich ein besonders aufwendiges Prüfverfahren die Vertragswidrigkeit erkennen lasse. Dabei hatte das Gericht zurecht erkannt, dass auch für einen Stoff wie Aluminiumhydroxid ohne mikroskopische und chemische Analyse festgestellt werden konnte, dass dieser den vertraglichen Anforderungen nicht gerecht würde. *Ein einfacher Vergleich der gelieferten Menge mit sonstigem mangelfreiem Material* durch z. B. Durchsieben der Probe oder bloßes Zusammendrücken in der Hand hätte in diesem Fall gezeigt, dass die vertragswidrige Ware Klumpen bilde. Die differente Färbung war ebenso offensichtlich sichtbar wie die Klumpen anfühlbar.[372]

---

366 *LG Berlin* 21.03.2003, Az. 103 O 213/02, CISG-Online 785.

367 Näheres zur Frist nachfolgend.

368 Als Beispiel ist das Hohenstein Institut zu nennen.

369 *OLG Köln* 21.08.1997, Az. 18 U 121/96, CISG-Online 290, VersR 1998, 1513–1515.

370 *OLG Köln* 21.08.1997, Az. 18 U 121/96, CISG-Online 290, VersR 1998, 1513–1515.

371 *Die Vertragswidrigkeit* sei bei *bloßer Sichtkontrolle durch einen ohne Weiteres zu bewerkstelligenden Farbvergleich einer dem Silowagen zu entnehmenden Probe mit einer Probe mangelfreien Materials, durch Anfühlen oder Umrühren und Durchsieben der Probe aus dem Silowagen entdeckt worden.*

372 *OLG Köln* 21.08.1997, Az. 18 U 121/96, CISG-Online 290, VersR 1998, 1513–1515.

Das vorher Gesagte gelte sogar ungeachtet dessen, dass die gelieferten Materialien ihrerseits allesamt von demselben Verkäufer stammen sollen. In einzelnen Fällen können jedoch hier etwaige *Gesichtspunkte der Unzumutbarkeit einer solchen Einzelkontrolle* für den Käufer entgegenstehen. Allerdings war hier der Untersuchungsumfang marginal, sodass die Vertragswidrigkeit durch bloße Sichtkontrollen bereits entdeckt worden wäre.[373]

(9) Kategorie: Waren ohne Besonderheiten

In einem Urteil des *LG Hamburg* befand das Gericht, dass gebrauchte Container, welche zwar normale Abnutzungsspuren aufwiesen, hinsichtlich ihrer tragenden Teile auf Stabilität und Tragfähigkeit dessen ungeachtet leicht untersucht werden können und somit keiner *technischen Geräte* oder speziellem Sachverstand bedurften.[374] Die Frist hierfür weitet das Gericht sogar *bis zur Auslieferung an die Abnehmer* der Käuferin aus.[375]

(10) Kategorie: weiterzuverarbeitende Ware

Weiterzuverarbeitende Ware ist nach einer Entscheidung des *OLG Hamm* einer *Probeverarbeitung* zu unterziehen, es sei denn der Käufer hatte hierzu keinen Grund, da er aufgrund einer langjährigen Geschäftsbeziehung[376] *nie Grund zur Beanstandung* gehabt habe.[377] In einem Fall vor dem *LG Aschaffenburg*[378] ging es um die Frage, ob Matratzenstoffe, bei welchen die sog. Nahtschiebefestigkeit des Drells im Hinblick auf die beabsichtigte Nutzung als Matratzenstoff nicht gewährleistet war, vertragswidrig waren. Weiterhin ging er der Frage, ob der Käufer seiner Untersuchungsobliegenheit nachgekommen war. Das Gericht argumentierte in diesem Fall, dass bei einer erkennbaren *Gefahr eventuell hoher Mangelfolgeschäden* die Untersuchung *gründlicher als im Normalfall* ausfallen müsse.[379] In diesem Fall hatte der Käufer jegliche Untersuchung der Ware unterlassen und sich auf die Verkaufsleitereigenschaft des Verkäufers verlassen, der

---

373 Vgl. zu diesem Fall auch *Günther*, Liber Amicorum *Richard M. Buxbaum*, (2000), 235, 246.

374 *LG Hamburg* 06.09.2004, Az. 419 O 218/03, CISG-Online 1085.

375 Näheres zur Frist nachfolgend.

376 Vgl. zu den Kriterien langjähriger Geschäftsbedingungen nachfolgend.

377 So zum EKG das *OLG Hamm* 10.03.1988, Az. 23 U 75/87, NJW-RR 1988, 1460–1461.

378 *LG Aschaffenburg* 20.04.2006, Az. 1 HK O 89/03, CISG-Online 1446, IHR 2007, 109–113.

379 *LG Aschaffenburg* 20.04.2006, Az. 1 HK O 89/03, CISG-Online 1446, IHR 2007, 109–113.

vorher bei einem anderen Produzenten angestellt war und Ware ebensolcher *bekannter* Qualität versprach.[380] Dabei stellte das Gericht zu Recht fest, dass die Personenidentität die Produktionsqualität des neuen beauftragten Verkäufers nicht versprechen konnte und bei einem neuem Produktionsvorgang auch mit neuen Produktionsrisiken zu rechnen sei, dem Käufer dieses, eben auch aufgrund seiner Fachkunde, hätte bekannt sein müssen.[381]

(11) Kategorie: schwer überprüfbare Eigenschaft der Ware

Sind Eigenschaften einer Ware schwer überprüfbar oder die Vertragswidrigkeit lediglich durch Vermischung oder Verarbeitung erst ersichtlich, dann müssen diese notwendigen Schritte unternommen werden.

In der Rechtsprechung hat das *OLG Köln*[382] entschieden, dass wenn notwendig auch Sachverständige einzuschalten seien. In dieser Entscheidung setzte sich das Gericht mit der Untersuchung von Aluminiumhydroxid auseinander und stellte fest, dass wenn gleichartige Materialien miteinander vermischt werden, eine Untersuchung vor der Vermischung geboten sei.[383] Dies gelte ungeachtet dessen, dass die gelieferten Materialien ihrerseits allesamt von demselben Verkäufer stammen sollen. So wird auch für jede Lieferung eine gesonderte Untersuchung gefordert.

c) Die Untersuchungsweise

Macht die Untersuchung der Ware die Verarbeitung dieser notwendig, so verliert der Käufer nicht schon deshalb seinen Anspruch auf Vertragsaufhebung, weil er die Ware nicht mehr in ihren ursprünglichen Zustand zurückversetzen kann.[384] Die Vertragswidrigkeit der Ware hatte sich in dem Fall vor dem *BGH* nach Kläger- und Beklagtenvortrag erst im Zuge der Weiterverarbeitung in vollem Umfang gezeigt. Nachfolgend ist die Ware infolge der zur Untersuchung erforderlichen Verarbeitung nach Art. 38 CISG verändert worden. Wenn nach Art. 82 Abs. 2 lit. b) CISG dem Käufer sein Recht zur Vertragsaufhebung sogar erhalten bleibe, wenn die Ware durch die Untersuchung untergegangen oder verschlechtert wurde,

380 Vgl. hierzu auch UNCITRAL, Digest of Case Law (2012), Art. 38, Bem. 1.

381 *LG Aschaffenburg* 20.04.2006, Az. 1 HK O 89/03, CISG-Online 1446, IHR 2007, 109–113.

382 *OLG Köln* 21.08.1997, Az. 18 U 121/96, CISG-Online 290, VersR 1998, 1513–1515.

383 *OLG Köln* 21.08.1997, Az. 18 U 121/96, CISG-Online 290, VersR 1998, 1513–1515.

384 *BGH* 25.06.1997, Az. VIII ZR 300/96, CISG-Online 277, NJW 1997, 3311–3313, vgl. hierzu auch die Anm. von *Schlechtriem/ Schmidt-Kessel*, EWiR Art. 39 CISG 3/97, 1079–1080.

so sollte dies erst recht gelten, wenn die Kaufsache durch eine infolge der zur Untersuchung notwendigen Verarbeitung verbessert wurde.[385]

aa) Anforderungen in der Rechtsprechung

In der Entscheidung des *OLG Dresden* vom 08.11.2007 befand das Gericht, dass die Käuferin, entgegen der vom Landgericht vertretenen Ansicht, zwar nicht verpflichtet gewesen sei, die streitgegenständlichen Schachtabdeckungen vorab in *entsprechende Straßenbeläge einzubauen*, dass sie sich jedoch ebenfalls nicht auf einfache *visuelle Überprüfung* beschränken dürfte.[386]

Dabei stellt das Gericht richtigerweise einen Kosten-Nutzen-Vergleich an, indem es den *unverhältnismäßig hohen Aufwand und die damit verbundenen Kosten* dem aus der Vertragswidrigkeit *möglicher Weise drohenden Schaden* gegenüberstellt.

Gestützt auf die Aussagen des Sachverständigen hatte das Gericht in diesem Fall sehr konkrete Vorstellungen hinsichtlich der Untersuchung, indem es von der Käuferin verlangte, *die Deckel und die Rahmen mittels Schrauben zu arretieren und sie sodann einfachen Druckversuchen auszusetzen*. Es sei zwar dem Käufer nicht zuzumuten, in *aufwendigen Testverfahren* die Ware auf Ihre Vertragsmäßigkeit hin zu überprüfen, jedoch müsse sie diese naturgemäß *entsprechend ihrer vertragsgemäßen Verwendung* zusammensetzen. Diese Untersuchungsweise hätte nicht nur den Mangel selbst aufgedeckt, sondern wäre auch *ohne große Mühe und mit geringen Kosten* möglich gewesen.[387] Insbesondere verwirft das Gericht das Argument der Käuferin, dass es sich bei dem Mangel um einen verdeckten Mangel gehandelt habe, weil die Arretierung von Deckel und Rahmen nur aus Sicherheitsgründen vorzunehmen gewesen sei und deshalb anlässlich einer Überprüfung der Lieferung auf etwaige Mängel nicht unbedingt hätte vorgenommen werden müssen.[388]

Außerdem hat der *OGH Wien* für Trekkingschuhe entschieden, dass die Untersuchungsmodalität in Abhängigkeit der großen Menge der gekauften Schuhe für den Käufer das Einschalten eines Gutachters im weitesten Sinne (gemeint waren *mit Schuhen bewanderte Fachleute*) erforderlich gemacht habe.[389] Dies obwohl der Käufer die Vertragswidrigkeit der Schuhe durch einfaches Befeuchten dieser bereits entdeckt hätte.

---

385 *BGH* 25.06.1997, Az. VIII ZR 300/96, CISG-Online 277, NJW 1997, 3311–3313.

386 *OLG Dresden* 08.11.2007, Az. 9 U 68/07, CISG-Online 1624.

387 *OLG Dresden* 08.11.2007, Az. 9 U 68/07, CISG-Online 1624.

388 *OLG Dresden* 08.11.2007, Az. 9 U 68/07, CISG-Online 1624.

389 *OGH Wien* 27.08.1999, Az. 1Ob223/99x, CISG-Online 485, IHR 2001, 81–84.

bb) Eingangs- und Ausgangskontrollen

Das *OLG München* empfand es in seinem Urteil vom 08.02.1995 als sehr zweifelhaft, ob die erst *nach vollständiger Verarbeitung des gelieferten Granulats* erfolgte Mängelrüge den Anforderungen des Art. 38 CISG genügen könne. Das Gericht leitet hierbei insbesondere aus der Untersuchung der Verkäuferin, welche eine *Ausgangskontrolle ihres Produkts* sogar vornehmen sollte, her, dass es der Käuferin dann ebenfalls zuzumuten gewesen sei, *ihrerseits Eingangskontrollen im Sinne des 38 Abs. 1 CISG* durchzuführen und die hierbei entdeckten Vertragswidrigkeiten zu rügen.[390]

d) Zwischenergebnis

Aus den oben genannten Kategorien wird deutlich, dass die Warenart eine deutliche Tendenz der Gerichte erkennen lässt, wie mit der Untersuchungsobliegenheit des Art. 38 CISG umzugehen ist. Eine Untersuchung kann je nach Warenart relativ intensiv und ausdehnend ausfallen oder eben nur lapidar durch Inaugenscheinnahme erfolgen. Erstaunlich ist an der Rechtsprechungsanalyse, dass die Gerichte von ihren jeweiligen Kategorien her zur jeweiligen Warenart ziemlich gleich bewerten, jedoch ganz anders die weitere Ableitung zur Frist vornehmen.

2. Kriterien zum Umfang der Untersuchung

Die Kriterien zum Umfang der Untersuchung werden von Art. 38 Abs. 1 CISG durch *„innerhalb einer so kurzen Frist […], wie es die Umstände erlauben“*[391] vorgegeben. Dabei kann, kurz gefasst, die Grenze zwischen einer *handelsüblichen Untersuchung*, wobei hier sowohl Gründlichkeit als auch fachmännische Expertise verlangt werden kann,[392] und der *Unzumutbarkeit der Untersuchung für den Käufer*[393] schwanken. Hinsichtlich der Gründlichkeit der Untersuchung wird gefordert, dass diese *geeignet* sein sollte, *erkennbare Mängel zu offenbaren.*[394] Ferner

---

390 *OLG München* 08.02.1995, Az. 7 U 3758/94, CISG-Online 142.

391 In der offiziellen englischen Fassung heißt es: *„[…]within as short a period as is practicable in circumstances.“*

392 So auch *Janssen*, 107; *Schwenzer*, in: *Schlechtriem/ Schwenzer* Art. 38, Rn. 13.

393 *Secr. Comm.*, Art. 36, Bem. 3 „For example, a party would not be expected to discover a lack of conformity of the goods if he neither had nor had available the necessary technical facilities and expertise, even though other buyers in a different situation might be expected to discover such a lack of conformity. Because of the international nature of the transaction, the determination of the type and scope of examination required should be made in the light of international usages.“

394 Siehe auch *Herber/ Czerwenka*, Art. 38, Rn. 5.

ist er nicht zu einer *komplizierten Untersuchung*, bei welcher nicht feststeht, *ob* sie die Vertragswidrigkeit aufdecken würde,[395] verpflichtet. Doch was kann von einem *wirtschaftlichen* Käufer konkret verlangt werden oder anders gefragt: Wie weit sollte die Untersuchung reichen, um für den Käufer noch wirtschaftlich attraktiv zu bleiben? Unter welchen Umständen kann der Käufer womöglich auf diese gänzlich verzichten? Inwieweit kann der Umfang Einfluss auf die Zeit nehmen, die sich der Käufer für die Untersuchung nehmen darf?

Dem Sinn und Zweck des Art. 38 Abs. 1 CISG[396] folgend, ist zunächst auch im Rahmen des Umfangs der Untersuchung auf die zwischen den Parteien geltende Individualverabredung abzustellen. Haben die Parteien keine konkrete Vereinbarung getroffen, so sollte auf das Recht und (insbesondere) die Gebräuche des Untersuchungsortes abgestellt werden. Allerdings bleiben etwaige abweichende kollisionsrechtliche Regelungen außer Betracht.[397]

Nach objektiven Kriterien betrachtet, besteht in der Literatur Einigkeit darüber, dass technische Prüfverfahren, über welche der Käufer in seinem Land nicht verfüge, auch nicht verwendet werden müssen. Partiell wird sogar angenommen, dass dieses auch dann gelte, wenn der Verkäufer über solche Prüfverfahren in seinem Land verfüge.[398]

Ferner ist unbestritten, dass der Käufer nicht mit dem Ziel untersuchen müsse, um jede noch so geringe Vertragswidrigkeit zu finden. Für den Käufer *nicht erkennbare Vertragswidrigkeiten* im Rahmen des Art. 38 Abs. 1 CISG sind ebenso im Rahmen des Umfangs der Untersuchung zu verorten. Eine Untersuchung, die *das Fehlen der wesentlichen Eigenschaften aufdecken* kann, genüge.[399]

---

395 So bereits zum EKG der *BGH* 02.06.1982, Az. VIII ZR 43/81, IPRax 1983, 228, 230: „Wenn ein verdeckter Mangel trotz sachgemäßer Untersuchung nicht entdeckt werden kann, so kann sich der Käufer nach dem EKG noch auf die Vertragswidrigkeit der Lieferung berufen, wenn er den Mangel binnen kurzer Frist nach der Entdeckung anzeigt (Art. 39 Abs. 1 EKG)."

396 Siehe hierzu zuvor Kapitel 3, Abschnitt A.

397 *Herber/ Czerwenka*, Art. 38, Rn. 3.

398 *Magnus*, in: *Staudinger*, Art. 38, Rn. 32; Noch etwas weitergehend *Secr. Comm.*, Art. 36, Bem. 3: „For example, a party would not be expected to discover a lack of conformity of the goods if he neither had nor had available the necessary technical facilities and expertise, even though other buyers in a different situation might be expected to discover such a lack of conformity. Because of the international nature of the transaction, the determination of the type and scope of examination required should be made in the light of international usages." Also: „*[…]* keine Untersuchung nach Verfahren, über die der Käufer nicht verfügt *[…]*."

399 *Magnus*, in: *Staudinger*, Art. 38, Rn. 32.

a) Wirtschaftliche Zumutbarkeit

Ein wichtiges Kriterium für die Einschränkung des Umfangs könnte die wirtschaftliche Zumutbarkeit der Untersuchung für den Käufer spielen. Ist eine vorherige Untersuchung mit einem wirtschaftlich nicht zumutbaren Aufwand für den Käufer verbunden, so ist dieser auf einfache Prüfungsmethoden beschränkt. Dies ist für eine ordnungsgemäße Untersuchung ausreichend.

In der Rechtsprechung hat auch der *BGH* in seinem o. g. Urteil vom 30.06.2004 in diese Richtung argumentiert und die Annahme des Berufungsgerichtes bestätigt. Dieser hat festgestellt, dass wenn eine *routinemäßige Untersuchung* des Käufers mit wirtschaftlich nicht zumutbarem Aufwand verbunden sei,[400] die Frist zur Rüge nicht beginnen könne.[401] Diese Ansicht des *BGHs* ist äußerst erfreulich, da dem Käufer nicht eine unnötige Last zugeschoben wird, die Ware ab Erhalt zu untersuchen und wirtschaftliche Aspekte bzw. *wirtschaftliche Unzumutbarkeit* für den Käufer[402] verstärkt Beachtung finden.[403] Der *BGH* macht in seiner Entscheidung allerdings auch deutlich, dass der *danach verstrichene Zeitraum von mehr als zwei Monaten* aber nicht mehr als angemessene Frist im Sinne des Art. 39 Abs. 1 CISG angesehen werden kann.[404] An dieser Entscheidung sieht man erneut sehr schön, dass der *BGH* insbesondere auf die regelmäßige zwei Wochen Frist des *OLG* nicht weiter eingeht und nur bedingt *Stellung* zu derartigen *regelmäßigen* Fristen der Oberlandesgerichte bezieht.

---

400 So argumentiert auch der *BGH* 30.06.2004, Az. VIII ZR 321/03, CISG-Online 847, RIW 2004, 788–790.

401 *BGH* 30.06.2004, Az. VIII ZR 321/03, CISG-Online 847, RIW 2004, 788–790: „Zuzustimmen ist dem Berufungsgericht schließlich auch darin, dass die Rügefrist im vorliegenden Fall zwar nicht vor dem Eingang des Testberichts vom 22. Januar 2001 zu laufen begonnen hat, weil – wovon das Oberlandesgericht stillschweigend ausgegangen ist – eine vorherige routinemäßige Untersuchung des Paprikapulvers wegen des damit verbundenen Aufwandes für die Beklagte wirtschaftlich nicht zumutbar war, dass der danach verstrichene Zeitraum von mehr als zwei Monaten aber nicht mehr als angemessene Frist im Sinne des Art. 39 Abs. 1 CISG anzusehen ist."

402 In diesem Fall vor dem *BGH* stimmt er der vorangegangenen Entscheidung des Oberlandesgericht in dem Rahmen zu, dass die Rügefrist im vorliegenden Fall *zwar nicht vor dem Eingang des Testberichts vom 22. Januar 2001 zu laufen begonnen habe*, weil das *OLG* stillschweigend davon ausgegangen sei, dass eine vorherige *routinemäßige Untersuchung* des Paprikapulvers wegen des damit verbundenen Aufwandes für die Käuferin *wirtschaftlich nicht zumutbar sei.*

403 Vgl. auch *Flechtner*, in: Liber Memorialis *Petar Šarčević*, (2006), 457, 462.

404 Vgl. hierzu unten Kapitel 3.

b) Massenlieferung gleichartiger Artikel

Bei der Lieferung großer Stückzahlen oder Massenwaren sollte *erstens* ganz allgemein formuliert werden, in welchem Umfang der Käufer Massenlieferungen untersuchen sollte. Zweitens, ob dem Käufer womöglich aus der Natur der Sache mehr Zeit für die Untersuchung zur Verfügung steht. *Drittens* stellt sich weiter die Frage, ob er als Zwischenhändler womöglich die Originalverpackung zerstören kann oder *viertens* in diesem Rahmen die Unbrauchbarkeit der Ware hinzunehmen hat.

Hinsichtlich des Umfangs der Untersuchung besteht wohl Einigkeit darüber, dass vom Käufer nicht verlangt werden kann, jedes Einzelstück der kompletten Massenlieferung (einzeln) zu untersuchen. Es genüge, eine *angemessene Anzahl* stichprobenartig zu überprüfen.[405] Werden Vertragswidrigkeiten im Rahmen von Stichproben sichtbar, so lassen sie den Schluss zu, dass die gesamte Ware vertragswidrig sei.[406] Dem Käufer kann dann nicht zugemutet werden, unter womöglich unzumutbarem Aufwand die nicht vertragswidrige Ware heraus zu subtrahieren und auszusortieren. Das bedeutet, dass sich durch Stichproben ein gewisser *Mangelverdacht* hinsichtlich der nicht überprüften Ware erhärten kann und somit der Käufer Rechte aus einem Verdacht, obwohl in der Regel ein solch *bloßer Verdacht keine Rechtsbehelfe rechtfertigen* kann, herleiten darf.[407]

Weiterhin wird vertreten, dass insbesondere Stichproben auch dann notwendig seien, wenn die Ware durch die Untersuchung *unbrauchbar* werde[408] oder *originalverpackt*[409] *weiterverkauft werden* solle.[410] Dieses gilt nicht, wenn der Wert der einzelnen Probe im Verhältnis zur Gesamtlieferung zu hoch ist.[411] Ansonsten wird

---

405 Vgl. *Magnus,* FS *Claus-Wilhelm Canaris* (2007), Bd. 2, 257, 259; *Benicke*, in: Mü-KoHGB, Bd. 6, Art. 38, Rn. 4: *„[...] repräsentative Stichproben [...].“*

406 Vgl. *Magnus,* FS *Claus-Wilhelm Canaris* (2007), Bd. 2, 257, 259.

407 Vgl. *Magnus,* FS *Claus-Wilhelm Canaris* (2007), Bd. 2, 257, 258–260.

408 Beispiele nach *Magnus*, in: *Staudinger*, Art. 38, Rn. 30: Lebensmittel, Konserven und Chemikalien.

409 In der Rechtsprechung zum EKG wurde verlangt, dass der Käufer die Verpackung der Stichproben entfernen sollte, vgl. *OLG Hamburg* 03.03.1982, Az. 5 U 169/81, RiW 1982, 435–447.

410 *Magnus*, in: *Staudinger,* Art. 38, Rn. 30.

411 Als absolute Frist steht dem Käufer – wie sonst auch – die Ausschlussfrist des Art. 39 Abs. 2 CISG zur Verfügung. Entdeckt er dementsprechend durch die stichprobenartige Untersuchung zunächst keine Vertragswidrigkeiten, kann er dennoch später entdeckte Vertragswidrigkeiten innerhalb der Ausschlussfrist des Art. 39 Abs. 2 CISG rügen; ebenso *Bianca, in: Bianca/ Bonell,* Art. 38, Bem. 2. 4.

nicht nur in der Literatur[412] vertreten, dass bei einer geringen Stichprobenzahl und einfachen Untersuchungsmethoden die Untersuchung nach *wenigen Tagen* abgeschlossen sein sollte. Anderes kann gelten, wenn es um Quantitätsabweichungen geht: Hier sollte der Käufer die Ware auch bei einer größeren Stückzahl zählen. Die dafür nötige Zeit darf aber dann nicht zu knapp bemessen werden.[413]

In der Rechtsprechung hat das *OLG Köln* in seinem Urteil vom 13.11.2000[414] entschieden, dass wenn es *um eine Vielzahl von Artikeln* geringen Einkaufspreises ginge, die Ware stichprobenartig *ggfs. durch ein Prüfungsinstitut* daraufhin untersucht hin werden sollte, *ob sie die vereinbarten Qualitätsmerkmale aufweise.* Die Ware durfte demnach *nicht einfach bis zu einem etwaigen Weiterverkauf unbesehen eingelagert werden.*[415] Hierbei berücksichtigt das Gericht als Umstand, welcher auf den Untersuchungsumfang Einfluss nehmen könnte, den Einkaufspreis der Ware. Auch wenn einzelne Artikel nach der Untersuchung nicht mehr als neuwertig weiterverkauft werden konnten, so war es dem Käufer gegenüber aufgrund des geringen Einkaufspreises zumutbar, stichprobenartig zu untersuchen. Diese Rechtsprechung bestätigte das *OLG Köln* erneut in seinem Urteil vom 31.08.2006 und entschied, dass im Falle der *Lieferung von Massenwaren* der Käufer gehalten sei, die Ware *unverzüglich* nach Lieferung *stichprobenartig zu analysieren bzw. analysieren zu lassen* und das Ergebnis der Analyse dem Verkäufer anzuzeigen.[416]

c) Zuwenig-Lieferung

In einem Urteil des *LG Tübingen* vom 18.06.2003 sollte die angemessene Rügefrist unter Einschluss der Untersuchungsfrist für Zuwenig-Lieferungen nicht länger als *wenige Tage betragen.*[417]

d) Zuviel-Lieferung

Nach Art. 52 Abs. 2 CISG steht es dem Käufer frei, die zuviel gelieferte Ware entweder abzunehmen, in diesem Fall hat er dann den entsprechend erhöhten vertraglichen Kaufpreis zu entrichten, oder ihre Abnahme zu verweigern. Bezüglich

---

412 Vgl. fürs deutsche Recht: *Tannó,* 187–188.

413 Genaueres zu Quantitätsabweichungen nachfolgend.

414 *OLG Köln* 13.11.2000, Az. 16 U 45/00, CISG-Online 657, OLGR 2001, 155.

415 *OLG Köln* 13.11.2000, Az. 16 U 45/00, CISG-Online 657, OLGR 2001, 155.

416 *OLG Köln* 31.08.2006, Az. 16 U 20/06, CISG-Online 1406, IHR 2007, 71–72.

417 *LG Tübingen* 18.06.2003, Az. 21 O 11/03, CISG-Online 784, IHR 2003, 236–237.

der Untersuchung und der Rüge der Vertragswidrigkeit dieser *Zuviel-Lieferung* sind entsprechend die Art. 38 und Art. 39 CISG anwendbar.[418]

In der Rechtsprechung hat sich das *LG Köln* mit dieser Frage beschäftigt und in seinem Urteil vom 05.12.2006 festgestellt, dass im Rahmen einer *Übermengenlieferung von sog. Handycovern* (Kunststoffumhüllungen für Mobiltelefone) *nur die Wertangabe* der Zuviel-Lieferung den Substantiierungsanforderung des Art. 39 CISG nicht genüge und auch die Frist nicht *Monate* betragen könne.[419]

e) Vorwarnung

Fraglich ist, ob auch die Vorwarnung[420] des Käufers ein Kriterium zur Erweiterung des Umfangs der Untersuchung sein kann.[421] Nach einer Entscheidung des *LG Stuttgart,*[422] welche die *erste Entscheidung zum Art. 39 CISG bildete,*[423] war die Rüge nicht rechtzeitig erfolgt, weil der Käufer durch eine vorhergegangene vertragswidrige Lieferung des Verkäufers *vorgewarnt war* bzw. der Zustand der Ware so auffällig war,[424] dass der Käufer somit zur *genaueren* Untersuchung verpflichtet gewesen sei. Hinsichtlich dieser Rechtsprechung ist partiell zu kritisieren, dass dadurch *schlechte* Verkäufer privilegiert werden. Die Vertragswidrigkeit betrifft grundsätzlich die Verantwortlichkeit des Verkäufers.[425] Dieser könnte sich in allen Geschäften, in denen er bereits einmal schlecht geliefert hat, davon frei sprechen, um nicht zur Verantwortung gezogen zu werden.

3. Kriterien zur Person des Käufers

Der Käufer hat die Ware zu [...] untersuchen oder untersuchen zu lassen [...]. Art. 38 CISG benennt also nicht die Anforderungen an die Qualifikation bzw.

418 *Gruber*, in: Mü-KoBGB, Art. 38, Rn. 10 und Art. 39, Rn. 51.

419 *LG Köln* 05.12.2006, Az. 85 O 200/05, CISG-Online 1440, IHR 2007, 162–163.

420 Vgl. zur Verschärfung der Untersuchungspflicht durch „Vorwarnung“ des Käufers: *Janssen*, 114–115.

421 Der Käufer kann durch seinen aus früheren Geschäften bekannten Vertragspartner oder durch schlechte Verpackung vorgewarnt sein. Für weitere Beispiele siehe *Magnus,* in: *Staudinger*, Art. 38, Rn. 33.

422 *LG Stuttgart* 31.08.1989, Az. 3KfH O 97/89, CISG-Online 11, IPRax 1990, 317–318.

423 Vgl. hierzu auch *Schwenzer*, Eu. J. L. Ref. 2006, 358.

424 Näheres hierzu siehe *Magnus,* in: *Staudinger*, Art. 38, Rn. 33, der auf einen Fall zum EKG verweist: *OLG Hamburg* 03.03.1982, Az. 5 U 169/81, RiW 1982, 435–447: bei der ein auffälliger Zustand von Blumenknospen eine weitere Nachprüfung hätte veranlassen müssen.

425 Es dürfe nicht zur „Prämierung von Vertragswidrigkeiten kommen“ vgl. *Magnus,* in: *Staudinger*, Art. 38, Rn. 33.

Qualifizierung des Käufers (evtl. sogar im Vergleich zum Verkäufer). Fest steht lediglich, dass er die Untersuchung *selbst, bzw. durch Personen aus seinem Lager* durchführen lassen oder auch einem *Dritten* überlassen kann. *Dritte* können in diesem Zusammenhang Sachverständige, neutrale Prüforganisationen[426] oder Abnehmer der Ware[427] (z. B. eine *Weiterverarbeitungsfirma*[428]) sein.[429]

In der Rechtsprechung hat das *OLG Stuttgart*[430] im Rahmen eines sog. Streckengeschäfts entschieden, dass den Abnehmer der Ware die Untersuchungsobliegenheit des Käufers treffe und der Käufer sich ein etwaiges Fehlverhalten seiner Abnehmer zurechnen lassen müsse.[431] Partiell wird in der Rechtsprechung ebenfalls gefordert, darauf abzustellen, inwieweit Verkäufer und Käufer als fachkundig anzusehen seien. So wird in einem Fall vor dem *LG Aschaffenburg*[432] richtigerweise auf die Fachkunde beider Parteien abgestellt und zurecht gefragt, warum die Parteien das Merkmal, dem eine *wesentliche Bedeutung* zukomme, weder vom Käufer noch vom Verkäufer vertraglich festgehalten wurde.

Das Gericht bedient sich der Fachkunde der Parteien bzgl. *der erforderlichen Gebrauchstauglichkeit* und nimmt so den Vertragszweck im Sinne des Art. 35 Abs. 2 CISG nicht nur als zwischen den Parteien *bekannt, sondern auch vertrags- und beschaffenheitsbestimmend* an.[433]

a) Nichtkaufleute

Wie bereits zuvor dargestellt,[434] können auch Nichtkaufleute bzw. Verbraucher der Untersuchungsobliegenheit des Art. 38 CISG unterliegen.[435] Hier wird zwar nicht

---

426 *Enderlein/ Maskow/ Strohbach,* Art. 38, Anm. 1 a. E.: „The buyer does not have to undertake the examination himself; he may instruct a third party to do so. Impartial controlling organizations are frequently used."

427 So im Rahmen von Streckengeschäften entschieden vom *OLG Stuttgart* 12.03.2001, CISG-Online 841, OLGR Stuttgart 2002, 148–151.

428 Vgl. *OLG Koblenz* 18.11.1999, Az. 2 U 1556/98, CISG-Online 570, IHR 2001, 109–111.

429 So auch *Magnus*, in: *Staudinger,* Art. 38, Rn. 15; *Schlechtriem, in: Schlechtriem/ Schwenzer/* Art. 38, Rn. 10; *Gruber,* MüKo, Art. 38, Rn. 17.

430 Vgl. *OLG Stuttgart* 12.03.2001, CISG-Online 841, OLGR Stuttgart 2002, 148–151.

431 Vgl. auch *OLG Düsseldorf* 23.01.2004, Az. I 17 U 110/02, CISG-Online 918; *OLG München* 08.02.1995, Az. 7 U 3758/94, CISG-Online 142.

432 *LG Aschaffenburg* 20.04.2006, Az. 1 HK O 89/03, CISG-Online 1446, IHR 2007, 109–113.

433 *LG Aschaffenburg* 20.04.2006, Az. 1 HK O 89/03, CISG-Online 1446, IHR 2007, 109–113.

434 Kapitel 2, Abschnitt C.

435 *Herber/ Czerwenka*, Art. 38, Rn. 6.

explizit differenziert, ob der Käufer die Kaufmannseigenschaft besitzt oder nicht, jedoch sollte im Rahmen einer teleologischen Reduktion der Untersuchungsumfang für Nichtkaufleute reduziert[436] und die Untersuchungsfrist[437] großzügig berechnet werden.[438]

Interessant ist die Frage, wer die Kosten für einen Sachverständigen trägt, wenn der Käufer sich zunächst für fachkundig hält und die Ware untersucht, jedoch erst später nach Ablauf der Untersuchungsfrist eine Vertragswidrigkeit über einen Sachverständigen feststellen lässt.

b) Langjährige Lieferbeziehungen

Weitere Kriterien, welche sich auf die Untersuchung und hiervon abgeleitet auf die Untersuchungsfrist auswirken können, sind langjährige Lieferbeziehungen zwischen Käufer und Verkäufer. Zwischen ihnen könnte sich im Rahmen von individualvertragsrechtlichen Vereinbarungen eine *gemeinsame Qualitätsstrategie* etabliert haben. Wodurch z. B. die Untersuchungstätigkeit des Käufers bzw. seiner Abnehmer eingeschränkt sein kann.[439] Hat der Käufer im Rahmen dieser langjährigen Lieferbeziehung z. B. stets darauf verzichtet, die Ware gesondert zu untersuchen, dann könnte er sich womöglich auf dieses etablierte Umgangsrecht berufen. Er kennt die Produktpalette seines Produzenten bzw. seines Lieferanten und vertraut auf die Qualität dieser. Wie im Rahmen von Qualitätssicherungsvereinbarungen bereits erläutert, sind auch langjährige Lieferbeziehungen solange wirksam und können die Untersuchung gänzlich abbedingen, solange sie die Gewährleistungsrechte des Käufers nicht einschränken.[440] Auf einen etwaigen Vertrauenstatbestand kann der Käufer ebenfalls nicht hoffen.

---

436 *Secr. Comm.*, Art. 1, Bem. 14: „Paragraph (3) applies only to the scope of application provisions of this Convention. It does not mean that the civil or commercial character of the parties may not be taken into consideration for the purposes of determining such matters as the period of time which is to be regarded as a reasonable period of time for giving notice of lack of conformity of the goods under article 37 (1)."

437 Vgl. *Magnus*, in: *Staudinger*, Art. 38, Rn. 11, der richtigerweise von einem Verbraucher nicht die Sorgfalt eines ordentlichen Kaufmanns verlangt, sondern die Sorgfalt eines ordentlichen Verbrauchers.

438 Vgl. *Schwenzer*, in: *Schlechtriem/ Schwenzer*, Art. 38, Rn. 8.

439 Vgl. hierzu auch oben: *Qualitätsmanagementvereinbarungen;* vgl. zu dieser Thematik allgemein die sehr gute Darstellung bei *Stürtz*, 25 und 114–120.

440 Vgl. hierzu auch oben: *Qualitätsmanagementvereinbarungen.*

c) *Unternehmensgröße und Streiks*

Ferner kann die Unternehmensgröße als einschränkendes Kriterium für die Untersuchung und Untersuchungsfrist Geltung erlangen. So wird die Ansicht vertreten, dass von einem *Großunternehmen* eine *schnellere Untersuchung* zu erwarten sei als von einem Ein-Mann-Betrieb.[441] Ausschlaggebendes Argument sollte hier die Organisationsstruktur und der betriebliche Ablauf, der in einem Großunternehmen herrscht, sein. Je nach struktureller Entscheidung, ob Ablauf- oder Aufbauorganisation ist nämlich dann in zeitlicher und räumlicher Hinsicht ein fließender Prozess gewährleistet bzw. im Falle der Aufbauorganisation eine klare betriebliche Aufgabenverteilung und eine bestimmte Zuständigkeitsordnung gegeben.

4. *Kriterien zu Gegebenheiten am Ort der Untersuchung*

Neben *Förmlichkeiten* für den Anspruch des Käufers[442] trifft Art. 38 CISG ebenfalls ausdrücklich Aussagen über den *Ort* der Untersuchung. *Die Parteien können* auch den Untersuchungsort abweichend vom Gesetz bestimmen.[443] Diese parteiinternen Vorgaben, aber auch bereits etablierte Gepflogenheiten sind dann vorrangig zu beachten. Fehlen diese, so ist auf die Untersuchungsobliegenheit des CISG zurückzugreifen. Eine ausdrückliche Erwähnung im Wortlaut des Art. 38 Abs. 1 CISG findet der *Untersuchungsort* nicht. Allerdings lassen die in Art. 38 Abs. 2 und Abs. 3 CISG geregelten Ausnahmen darauf schließen, dass damit wohl der Lieferort gemeint sein sollte.[444] Hinsichtlich des Lieferortes bestimmt Art. 31 lit. c CISG, dass die Ware, sofern der Vertrag nicht ihre Beförderung erfordert oder Art. 31 lit. b CISG eingreift, dieser am *Niederlassungsort des Verkäufers* liegt; die Ware also auch dort zu untersuchen ist.[445] Ist jedoch die Weiterleitung der Ware zwischen den Parteien vereinbart, so könne von der Grundregel, dass der Käufer diese *rasch* untersuchen müsse, abgewichen werden, soweit der Käufer keine Gelegenheit zur Untersuchung am Lieferort gehabt hat.[446] Die Untersuchung sollte aber am Bestimmungsort zwingend nachgeholt werden. Untersucht der Käufer die Ware an einem anderen Ort als am Untersuchungsort, so kann dem Käufer hierfür keine Vertragspflichtverletzung angelastet werden. Dieses werde deutlich

---

441 So *Magnus*, in: *Hoyer/ Posch*, 26.

442 So *Magnus,* in: *Staudinger*: Art. 38, Rn. 1.

443 So in einem Fall vor dem *OLG Düsseldorf*. 08.01.1993, Az. 17 U 82/92, IPRax 1993, 412, CISG Online Nr. 76, dazu Anm. *Magnus,* IPRax 1993, 390, 391.

444 Deutlicher *Soergel/ Lüderitz/ Schüßler-Langeheine,* Art. 38, Rn. 8.

445 *Magnus,* in: *Staudinger,* Art. 38, Rn. 34.

446 *Magnus*, in: *Staudinger*, Art. 38, Rn. 3.

aufgrund des Rechtscharakters der Untersuchung als Obliegenheit.[447] Einzig bedeutend sei dieser Ort, weil dem Käufer ab diesem Zeitpunkt die Ware für die tatsächliche Untersuchung zur Verfügung stehe und damit die Frist zu laufen beginne[448] bzw. der Fristbeginn bestimmbar gemacht wird.

Relevant wird dieser Ort für die Frage, wie der Käufer im Falle der Lieferung an einen anderen Ort[449] als vereinbart vorgeht. Hierfür sollte insbesondere differenziert werden, ob der Käufer die Ware erstens überhaupt tatsächlich annimmt und zweitens diese vor Ort verwertet werde oder weitergeleitet bzw. versendet werde.

Im Fall von tatsächlicher Annahme und Verwertung am Lieferort beginne die Untersuchungsfrist ab diesem Zeitpunkt, da dem Käufer die Ware tatsächlich zur Untersuchung zur Verfügung stehe. Im Falle von Nichtannahme beginne die Frist grundsätzlich nicht zu abzulaufen.[450] Im Fall von Annahme und Weiterversendung ist der Anwendungsbereich des Art. 38 Abs. 3 CISG eröffnet.

VII. Umstand – Frist zur Untersuchung

Die Untersuchung ist an eine flexible Frist gebunden.[451] Aus der strikten Formulierung des EKG „kurze Frist" ist eine flexible Formulierung „*innerhalb einer so kurzen Frist [...] wie es die Umstände erlauben*" geworden, die – ohne vorgreifen zu wollen – nunmehr einen anderen Maßstab als im EKG vorgibt. Die Warenart kann als *Umstand* auch hinsichtlich der Bemessung die Kürze der Frist bestimmen.[452] Hierfür kann auf die zuvor genannten Kategorien zurückgegriffen werden.[453] Dann wird bei leicht verderblicher Ware die Untersuchung in einer relativ kurzen Frist ablaufen, während bei komplexen technischen Gütern, etwa Maschinen oder Industrieanlagen, durchaus eine längeren Zeitspanne anzusetzen ist.[454] Auch hinsichtlich Vertragswidrigkeiten, welche nur innerhalb einer Erprobungsphase,

447 Zum Begriff Obliegenheit im Rahmen des Einheitsrechts und zur Differenzierung s. o.

448 Vgl. auch *Soergel/ Lüderitz/ Schüßler-Langeheine,* Art. 38, Rn. 8.

449 Oder der Lieferort ist durch Art. 31 CISG nicht umfasst.

450 *Magnus,* in: *Staudinger,* Art. 38, Rn. 34 und Rn. 38.

451 So auch *Soergel/ Lüderitz/ Schüßler-Langeheine,* Art. 38, Rn. 3.

452 Zur Frage, warum sog. Cut-Off Rules die Rechte des Käufers durch eine limitierte Zeit begrenzen sollen, siehe unbedingt *Lando,* FS *Hans-Bernd Schäfer* (2008), 307, 311.

453 Siehe zuvor Warengruppen in der Rechtsprechung.

454 Vgl. hierfür z. B. *OLG Schleswig-Holstein* 22.08.2002, Az. 11 U 40/01, CISG-Online 710, IHR 2002, 20–22; *LG Flensburg.* 19.01.2001, Az. 4 O 369/99, CISG-Online 619, IHR 2001, 67–69; *OLG Saarbrücken* 03.06.1998, Az. 1 U 703/97, CISG-Online 354, NJW-RR 1999, 780.

vielleicht sogar erst durch oder nach einem gewissen Dauerbetrieb entdeckt werden können, sollte die Frist länger ausfallen.

Mittelbar auf die Untersuchungsfrist kann sich auch der Umfang der Lieferung auswirken. Hierbei wird – wie bereits zuvor erläutert –, durch die Verlängerung der Frist nur die Feststellung von Quantitätsmängeln gewährt nicht aber für die Feststellung von Qualitätsmängeln.[455]

U. U. kann auch erst die Einschaltung von Sachverständigen klären, ob eine Vertragswidrigkeit oder nur eine falsche Anwendung oder Fehlbedienung durch den Käufer vorliegt. Dann sollte die Zeit, welche ein Gutachter oder Sachverständiger für die entsprechenden Feststellungen benötigt, mit berücksichtigt werden.[456]

1. *Deutschsprachige Literatur und Rechtsprechung*

In der deutschsprachigen Literatur und Rechtsprechung lässt sich sowohl im Rahmen des Art. 38 CISG (als auch im Rahmen von Art. 39 CISG) eine Tendenz zu kürzeren Fristen feststellen.[457] Hierbei werden die Fristen sogar zu einer Gesamtrügefrist zusammen gezogen.[458] So neigt der *BGH* im Rahmen des Art. 39 CISG zu einer *regelmäßigen* einmonatigen Rügefrist oder einer sog. *Regelfrist* von vier Wochen.[459] Der *OGH Wien* hat sich sogar für eine Frist von 14 Tagen ausgesprochen.[460] Grundsätzlich sind solche präjudiziell festgelegten Fristen wenig sinnvoll. Man kann zwar aufgrund der Rechtssicherheit insbesondere im Rahmen des Einheitsrechts mit so vielen unterschiedlichen Rechtsordnungen für die Einhaltung derartiger fixen Fristen plädieren, sollte jedoch bedenken, dass man damit auch schnell über das Ziel hinausschießen kann. Denn in den jeweiligen internationalen Konstellationen kann jeder Einzelfall derartig speziell sein, dass sich jegliche

455 So auch *Magnus*, in: *Staudinger*, Art. 38, Rn. 40.

456 *Magnus*, in: *Staudinger*, Art. 38, Rn. 40.

457 Vgl. *Salger*, in: *Witz/ Salger/ Lorenz*, Art. 39, Rn. 6; großzügiger aber *Schwenzer*, in: *Schlechtriem/ Schwenzer*, Art. 39, Rn. 17: Mittelwert von ca. einem Monat.

458 So u. a. *Magnus*, in: *Staudinger*, Art. 38, Rn. 35.

459 *BGH* 03.11.1999, Az. VIII ZR 287/98, CISG-Online 475, BGHZ 129, 75, 85–86, RIW 2000, 381–382, NJW-RR 2000, 1361–1362; vgl. hierzu die Anm. von *Taschner*, TranspR-IHR 2000, 3–4; *BGH* 08.03.1995, Az. VIII ZR 159/94, CISG-Online 144, RIW 1995, 595–597, IPRax 1996, 29–31, vgl. hierzu auch die Anm. von *Piltz*, EuZW 1995, 450–451; *Flechtner*, 28 B.U.I.L.J. (2008), 1, 7–11.

460 *OGH Wien* 27.8.1999, Az. 1 Ob 223/99x, CISG-Online 485, IHR 2001, 81–84; so auch u. a. das *OLG Innsbruck*, 26.04.2002, Az. 4 R 58/02i, CISG-Online 1196; vgl. im Schrifttum hierzu *Ferrari*, IHR 2001, 179, 185.

Festlegung schnell als zu eng erweisen dürfte.[461] Ferner stellt der Wortlaut des Art. 38 CISG ganz klar die *Frist zur Untersuchung* in Abhängigkeit zu den *Umständen*. Damit wird deutlich zur Bestimmung der Kürze der Frist auf die Umstände des Einzelfalls abgestellt.[462]

Das *LG Kiel* stellt in seiner Entscheidung vom 29.05.1984 zum EKG fest, dass man sich in der Rechtsprechung zum EKG einig sei, dass sich die „kurze Frist“ *nicht allgemein* festlegen lassen könne, jedoch ebenso ein *strenger Maßstab* bei der Auslegung anzuwenden sei und insbesondere in diesem Rahmen keine *Überlegungsfrist* zugesprochen werden könne. So wurden die Maßstäbe teilweise überspannt und Fristen *bis zu einer Woche* gefordert.[463] Diese deutsche Rechtsprechung zu Art 38 EKG darf nur bedingt für die Untersuchungsfrist des Art. 38 CISG herangezogen werden.[464] Zumeist wurde unter dem EKG die Untersuchungsfrist zu einer *sehr kurzen Frist*, partiell wurde *ein sofortiges Handeln*[465] verlangt ohne Rücksicht auf die besonderen Umstände des Einzelfalles.[466] Es sind aber die besonderen Umstände des Einzelfalles, die eine (ungefähre) Vorstellung über den Zeitraum der Untersuchung geben können. Auch im „Draft Diggest“ wird berichtet, dass es bisher zumindest einen Beschluss des *OGH* vom 27.08.1999 gebe, der als oberstes deutschsprachiges Gericht „subjektive und objektive“ Kriterien bestimmt, welche die Kürze der Frist erahnen lassen.[467]

2. Vernünftigkeitsprinzip und Kürze der Frist

Zur Länge bzw. Kürze der Frist kann bereits an dieser Stelle gesagt werden, dass sie tendenziell nicht angemessen, sondern eher *relativ kurz*[468] ist. Sie trägt

461 Vgl. CISG-Advisory Council, in: CISG-AC Opinion no. 2, Art. 39, Bem. 3, IHR 2004, 164.

462 So auch *Magnus*, in: *Staudinger*, Art. 38, Rn. 35; *Enderlein/ Maskow/ Strohbach*, Art. 38, Anm. 2 *„[…] depends on the circumstances of each case.“*

463 Vgl. z. B. *LG Kiel* 29.05.1984, Az. 17 O 71/83, in: *Schlechtriem/ Magnus*, Art. 38, Nr. 11; kürzere Fristen forderten z. B. etwa *OLG Köln* 24.10.1984, Az. 2 U 27/84, RIW 1985, 404–405.

464 Vgl. zur Darstellung des Streits, ob die strengen Maßstäbe des EKG auf das UN-Kaufrecht übertragen werden dürfen auch *Janssen*, 130–134.

465 Vgl. etwa *OLG Hamburg* 03.03.1982, Az. 5 U 169/81, RiW 1982, 435–447.

466 Die relativ strenge Rechtsprechung zum EKG orientierte sich am Maßstab des § 377 HGB „unverzüglich“: siehe z. B. *BGH* 02.06.1982, Az. VIII ZR 43/81, IPRax 1983, 228–231.

467 UNCITRAL Digest of Case Law (2008), Art. 38, Rn. 8 zitiert den *OGH Wien* 27.08.1999, Az. 1Ob223/99x, CISG-Online 485, IHR 2001, 81–84.

468 So auch *Huber*, RabelsZ 43 (1979), 413, 482.

im Wesentlichen dem *Vernünftigkeitsprinzip*[469] Rechnung. Der Verkäufer soll die Ware nach Vernünftigkeitserwägungen, sobald es ihm möglich ist, untersuchen. Die Norm nennt jedoch keine ausdrücklichen Anhaltspunkte, worauf es hierfür tatsächlich ankommt. Jeder Käufer wird sich dann damit verteidigen, in diesem und jenem Fall in einer vernünftigen womöglich ihm zumutbaren Zeitspanne untersucht zu haben.[470]

Die These der vorliegenden Arbeit lautet: Es müsste sich theoretisch aus den zuvor genannten Kategorien der Waren ein objektiver Maßstab an Vernünftigkeit in vergleichbaren Situationen für die Frist ableiten lassen. Die o. g. Kategorien müssten festlegen, wie relativ lang oder kurz die Frist „vernünftigerweise" aus Effektivitätsgrundsätzen sein darf. Sie ist dann je nach Kategorie der Warengruppe in der Rechtsprechung relativ kurz oder eben relativ lang.[471]

Je nachdem, ob man nun den Art. 38 CISG als Vorbereitungsnorm für die eigentliche Rüge aus Art. 39 CISG benennt[472] oder nicht, sollte dann auch die Frist konsequenterweise entweder als einzelne für sich genommene Frist betrachtet oder mit der Rügefrist zu einer Gesamtrügefrist[473] zusammengerechnet werden.

Meiner Ansicht nach kann, wie bereits eingangs erläutert, die Eigenständigkeit und enorme Wichtigkeit[474] dieser Frist trotz der einleitenden[475] Form des Art. 38 CISG nicht gänzlich abgesprochen werden.[476] Die Frist des Art. 38 CISG wirkt sich zwar auf den *Fristbeginn* nach Art. 39 CISG aus, jedoch darf die Untersuchung im Rahmen der Frist des Art. 38 CISG nicht seine von Art. 39 CISG losgelöste

---

469 *Enderlein/ Maskow/ Strohbach,* Art. 38, Anm. 2. *„This short period of time is based on the priciple of reasonableness."*

470 Dass er dieses prozessrechtlich auch beweisen sollte: siehe nachfolgend.

471 Die zuvor zur Untersuchung der einzelnen Kriterien erlangten Ergebnisse können auf die Frist übertragen werden.

472 So z. B. *Enderlein/ Maskow/ Strohbach,* Art. 38, Anm. 1: „[...] the examination only serves to prepare such a notice."; *Schwenzer*, in: *Schlechtriem/ Schwenzer*, Art. 38, Rn. 3, (die von einer „einleitenden Bestimmung" spricht und die Untersuchungspflicht als „Grundlage für die Rügepflicht" sieht; so auch *Hepting,* in: *Baumgärtel/ Laumen*, Art. 38, Rn. 1(der eine den Art. 39 „ergänzende Norm" in Art. 38 sieht); *Gruber*, in Mü-KoBGB, Art. 38, Rn. 3, (der in der Untersuchungsobliegenheit eine „dienende Funktion" für die Obliegenheit zur Anzeige sieht).

473 So u. a. *Magnus*, in: *Staudinger,* Art. 38, Rn. 35.

474 So auch *Kuoppala*, Examination, Abschnitt 2.4.1: „[...] In practical terms, an obligation to examine the goods after delivery has more importance than the buyer's duty to notify the seller of the lack of conformity."

475 *Schwenzer*, in: *Schlechtriem/ Schwenzer*, Art. 38, Rn. 3.

476 Vgl. zur Eigenständigkeit: auch *Heilmann,* 290.

Eigenständigkeit verlieren. Die genannten Fristen sind im Einzelfall getrennt zu behandeln und nicht zur *Einheits-* oder *Gesamtfrist*[477] zusammenzuziehen.[478] Als eigenständige *Einzel-Fristen* sind sie als solche auch zu berechnen.

Es wird in der Literatur[479] und Rechtsprechung[480] teilweise vertreten, dass Feiertage bei der Bemessung der Untersuchungsfrist eine Rolle spielen und mit einberechnet werden müssen. Es wird darauf abgestellt, dass der Käufer hierfür an einem ordentlichen Feiertag keine Gelegenheit finde.[481] Im internationalen Handel könnte man davon ausgehen, dass vom Käufer wie Verkäufer erwartet werden kann, sich über seinen Vertragspartner genauestens informiert zu haben. Jedoch kann in diesem Rahmen nicht erwartet werden, dass man sich über die gesetzlichen Feiertage seiner ganzen Vertragspartner informieren sollte. Dies ist gerade im internationalen Handel und für einen heterogenen Verkäufer nicht leistbar.

3. Zeitrahmen – für erkennbare Vertragswidrigkeit

Praktisch gesehen kommt (der Länge) der Untersuchungsfrist die größte Bedeutung zu.[482] Der Ausdruck „*[...] within as short a period as is practicable [...]*" also „innerhalb einer so kurzen Frist zu untersuchen [...] wie es die Umstände erlauben" macht deutlich, dass hiermit ein Zeitrahmen[483] gewählt wurde, nicht ein bestimmter Zeitmoment, zu dem die Untersuchung erfolgen sollte.[484]

a) Fristbeginn bei

Nach der Grundregel des Art. 38 Abs. 1 CISG beginnt die Untersuchungsfrist unmittelbar *mit der Lieferung der Ware*[485] an den Käufer.[486]

---

477 So aber das *OLG Köln* 21.08.1997, Az. 18 U 121/96, CISG-Online 290, VersR 1998, 1513–1515.

478 So deutlich insbesondere auch *Schlechtriem,* Int. UN-Kaufrecht, 119.

479 *Achilles,* Art. 38, Rn. 11.

480 *BGH* 08.03.1995, Az. VIII ZR 159/94, CISG-Online 144, BGHZ 129, 75–86, RIW 1995, 595–597, IPRax 1996, 29–31; vgl. hierzu die Aufsätze von *Schlechtriem* IPRax 1996, 12–16 und *Hohloch,* JuS 1996, 175–176.

481 *Achilles,* Art. 38, Rn. 11.

482 So auch *Soergel/ Lüderitz/ Schüßler-Langeheine,* Art. 38, Rn. 3.

483 Dabei handelt es sich um einen Ausdruck der für andere Fristen der Konvention so kein zweites Mal vorkommt.

484 *Magnus,* in: *Staudinger,* Art. 38, Rn. 35.

485 *Herber/ Czerwenka,* Art. 38, Rn. 8.

486 Gemeint ist der Lieferbeginn sowohl beim Platz- als auch beim Fernkauf; vgl. hierzu *Schwenzer,* in: *Schlechtriem/ Schwenzer,* Art. 38, Rn. 19; *Janssen,* 119.

Oft kann zwischen den Parteien auch Streit über den Zeitpunkt der Lieferung der Ware bestehen. Um einen derartigen Streit zu vermeiden, sollte dem Vertragspartner zeitnah Gelegenheit dazu eingeräumt werden, sachgerechte Dispositionen zu treffen. Dies kann lediglich dann geschehen, wenn unmittelbar nach der Lieferung der Ware diese untersucht werde.[487] Das kann am vereinbarten oder aus Art. 31 CISG folgenden Lieferort zur vertraglich vereinbarten Lieferzeit nach Art. 33 lit. a) sein.[488] Fraglich ist, wie der Fristbeginn zu bestimmen ist, wenn die Lieferung am falschen Ort (aa), die Lieferung zur falschen Zeit erfolgt (bb) oder es sich bei der Lieferung um eine Teillieferung handelt (cc).

aa) Fristbeginn bei Lieferung am falschen Ort

Liefert der Verkäufer an den falschen Ort, so beginnt die Untersuchungsfrist, vorausgesetzt der Käufer nimmt die Ware an und will diese nicht weiterleiten, an diesem Ort. Will er sie weiterversenden, dann gilt Art. 38 Abs. 3 CISG. Nimmt der Käufer die Ware nicht an, so sollte sie ihm am richtigen Lieferort erneut *zur Verfügung gestellt werden.*[489]

bb) Fristbeginn bei vorzeitiger oder unpünktlicher Lieferung

Im Falle der Vereinbarung eines Lieferzeitraumes, innerhalb dessen der Verkäufer gem. Art. 33 lit. b) liefern darf, ist zu beachten, dass es auf die *tatsächliche* Lieferung – *nach dem Anfangs- und vor dem Endtermin*[490] – ankomme und nicht auf das Ende des Lieferzeitraums.[491]

Liefert der Verkäufer zur falschen Zeit, sollte zwischen der verfrühten und der verspäteten Lieferung unterschieden werden. Fest steht in beiden Fällen, dass wenn er die Ware angenommen hat, er diese auch unbedingt untersuchen muss. Auswirkungen auf die Frist hat es im Falle der verfrühten Lieferung in der Hinsicht, dass sie lediglich mit dem vertragsgemäßen Liefertermin beginnen kann.[492]

---

487 So auch der *OLG Köln* 31.08.2006, Az. 16 U 20/06, CISG-Online 1406, IHR 2007, 71–72.

488 Vgl. hierzu auch *Magnus,* in: *Staudinger,* Art. 38, Rn. 36; *Schwenzer, Schlechtriem/ Schwenzer,* Art. 38, Rn. 19.

489 Vgl. hierzu *Magnus*, in: *Staudinger*, Art. 38, Rn. 37.

490 *Schwenzer, Schlechtriem/ Schwenzer,* Art. 38, Rn. 19.

491 *Magnus,* in: *Staudinger,* Art. 38, Rn. 36; mit Verweis auf *Enderlein/ Maskow/ Strohbach,* die auf das Ende des Lieferzeitraums abstellen: Art. 38, Anm. 2.

492 So auch *Magnus,* in: *Staudinger,* Art. 38, Rn. 21 und Rn. 37; *Schwenzer,* in: *Schlechtriem/ Schwenzer*, Art. 38, Rn. 20; *Herber/ Czerwenka,* Art. 38, Rn. 8; a. A. *Achilles,* Art. 38, Rn. 8.

Denn der Käufer braucht mit einer vorzeitigen Lieferung nicht zu rechnen und sollte auf eine Untersuchung der Ware deshalb nicht vorbereitet sein. Hinsichtlich der verspäteten Lieferung kann sich der Käufer auch nicht auf den Einwand berufen, die Ware sei verspätet geliefert worden und somit *alsbald in den Verkauf gekommen.* Dadurch kann die Untersuchung der Ware nicht gänzlich entfallen. Der Käufer, vorausgesetzt er nimmt die Ware an, sollte auch in diesem Fall die Ware auf ihre Vertragsmäßigkeit hin überprüfen.[493] Für die Länge der Frist wird allerdings argumentiert, dass als Umstand einzuberechnen sei, ob sich der Käufer auf die Verspätung hätte *leicht einstellen* können[494] oder bereits andere Aufträge zu bearbeiten hatte, z. B. weitere Lieferungen anderer Verkäufer, die er ebenfalls untersuchen musste.

Auch für die vorzeitige Andienung von Dokumenten komme es auf die *tatsächliche* Lieferung der Ware an. Denn sollte der Käufer zunächst die Ware beim Zoll auslösen müssen, so kann er die Untersuchung erst nach Übergabe der Ware an ihn vornehmen. Nur dann beginne die Untersuchungsfrist abzulaufen. Das kann freilich nicht gelten, wenn der Käufer zu Unrecht die von ihm zu tragenden Zollgebühren nicht zahle und deshalb über die Ware selbstverschuldet nicht tatsächlich verfügen könne.[495]

cc) Teillieferungen

Im Rahmen von Teillieferungen gilt ferner für den Fristbeginn, wie bereits zuvor erläutert, dass jede gestörte Teillieferung gesondert betrachtet werden sollte und somit auch ihre Frist mit ihrer jeweiligen Anlieferung beginne.[496] Es genügt insbesondere nicht, alle Lieferungen abzuwarten und erst nachfolgend die Ware zu untersuchen.[497]

b) Fristdauer in Abhängigkeit der Eigenart der Ware bei

Art. 38 CISG nennt keine generell gültige Frist. Als Orientierung kann jedoch die in der Rechtsprechung vorherrschende bzw. anerkannte Fristdauer in den jeweiligen Kategorien herangezogen werden.[498] Das bedeutet, aus den zuvor genannten Kategorien hinsichtlich der Art der Waren in der bisherigen Rechtsprechung

---

493 So zum EKG: *OLG Hamm* 28.09.1981, Az. 2 U 118/81, in: *Schlechtriem/ Magnus,* Art. 39, Nr. 24.

494 *Magnus,* in: *Staudinger,* Art. 38, Rn. 37.

495 *Magnus,* in: *Staudinger,* Art. 38, Rn. 36.

496 *Magnus,* in: *Staudinger,* Art. 38, Rn. 39.

497 Vgl. auch *Magnus,* in: *Staudinger*, Art. 38, Rn. 23.

498 Siehe auch zuvor angeführte Kategorien.

müsste sich ein objektiver Maßstab aus Effektivitätsgrundsätzen vernünftigerweise in vergleichbaren Situationen für die Frist ableiten lassen.[499]

In der Rechtsprechung macht der Käufer vor dem *BGH*[500] in einem Fall zum EKG eine *vorsätzliche Fälschung* der Ware als Vertragswidrigkeit *geltend, die in gefälschten Verpackungen und mit gefälschten Etiketten* versehen geliefert wurde. Hier zieht der *BGH* als *Umstände,* die auf die Fristwahrung Einfluss nehmen können, namentlich in Betracht, dass der Käufer die Ware aufgrund der Schwere des Vorwurfs *besonders sorgfältig* prüfen und dafür eine hinreichende Frist zur Verfügung haben sollte.[501] Es sollte wohl an dieser Stelle hinzugefügt werden, dass die Rechtsprechung zur Dauer der Untersuchungsfrist nicht immer, wie gewünscht, gesondert Stellung nimmt, sondern *einheitlich über die Gesamtrügefrist* entscheidet.

(1) Kategorie: leicht verderbliche Ware am Beisp. Lebensmittel

Leicht verderbliche Ware[502] sollte *„rasch"* (1. Frist aus Art. 38 Abs. 1 CISG) untersucht[503] und im Falle der Feststellung der Vertragswidrigkeit *„schnell"* (2. Frist aus Art. 39 Abs. 1 CISG) gerügt werden.[504] Die 3. Frist aus Art. 39 Abs. 2 CISG dürfte in diesem Rahmen keine Rolle spielen.

In der Rechtsprechung empfand das *AG Riedlingen*[505] die Anzeige der Vertragswidrigkeit von Schinken 20 Tage nach Erhalt der Ware als zu lang, auch wenn der Käufer aufgrund der Weihnachtsfeiertage die vollständige Untersuchung nicht hätte durchführen können, so war es ihm nach Ansicht des Gerichts zumutbar, zumindest Stichproben zu nehmen. Hierfür gewährte ihm das Gericht richtigerweise eine Untersuchungsfrist von *drei Tagen* und eine Anzeigefrist von weiteren *drei Tagen.* Diese Entscheidung zeigt zwar hervorragend auf, inwieweit zwischen der Untersuchungsfrist und der Anzeigenfrist zu differenzieren ist, berücksichtigt

---

499 Die zuvor zur Untersuchung der einzelnen Kriterien erlangten Ergebnisse können partiell auf die Frist übertragen werden.

500 So zum EKG der *BGH* 02.06.1982, Az. VIII ZR 43/81, IPRax 1983, 228–231.

501 Vgl. *Magnus,* in: *Staudinger,* Art. 38, Rn. 41; zum EKG: der *BGH* 02.06.1982, Az. VIII ZR 43/81, IPRax 1983, 228–230.

502 Vgl. hierzu u. a. *Enderlein/ Maskow/ Strohbach,* Art. 39, Anm. 3: „In the event that a lack cannot be remedied, like in the case of perishable goods, there would be need for speed, so that impartial control would be possible. Reasonable, in many cases, will mean giving notice immediately."

503 Siehe auch *Ferrari,* 15 J.L.Com. (1995), 1, 106, 108.

504 Vgl. hierzu Kapitel 4, Abschnitt A.

505 *AG Riedlingen* 21.10.1994, Az. 2 C 395/93, CISG-Online 358.

allerdings diese Differenzierung in den eigenen Entscheidungsgründen nicht. Es fällt den Gerichten sehr schwer, diese nötige Trennung zwischen Untersuchung und Anzeige zu wahren.

(2) Kategorie: leicht verderbliche Ware: am Beispiel Blumen

Hinsichtlich der Frist bei Blumen wurde bzgl. einer Schnittblumenlieferung vom *OLG Saarbrücken* entschieden, dass die Untersuchung *und* die Mängelanzeige sogar *am Tag der Lieferung* erfolgen müssen.[506] Es sei nicht auszuschließen, dass die Schadensursache schon nach kurzer Zeit nur noch schwer aufzuklären wäre. Es müsse die Wahrscheinlichkeit bedacht werden, dass die Vertragswidrigkeiten auf unsachgemäße Behandlungen beim Käufer zurückgeführt werden und somit als Ursache aus seiner Risikosphäre stammen könnten.[507]

Auch das *LG Bamberg* entschied ähnlich – in dem Fall ging es um Jungpflanzen, welche aus einer Baumschule in Italien erworben wurden –, dass die Wurzelqualität spätestens bei der Einpflanzung der Pflanzen sichtbar wurde und somit die Untersuchungsfrist ab diesem Zeitpunkt abgelaufen war und die Rügefrist begann.[508]

(3) Kategorie: leicht erkennbare Vertragswidrigkeit und Saisonware

Ist die Vertragswidrigkeit ohne Weiteres leicht erkennbar, so beträgt die Frist für die Untersuchung nur eine Woche[509] bzw. zehn Tage für die Lieferung zerlegter Holzmöbel.[510]

Anhand ihrer Natur wird saisonale Ware leicht zu überprüfen sein. Hier wird hinsichtlich der Frist ein *schnelles Reagieren* des Käufers verlangt.[511]

(4) Kategorie: komplexe technische Güter oder Industriemaschinen

Die Frist in dieser Kategorie variiert zwar innerhalb der Rechtsprechung, jedoch wird eine über sechs Wochen nicht erfolgte Untersuchung definitiv als zu lang

---

506 *OLG Saarbrücken* 03.06.1998, Az. 1 U 703/97, CISG-Online 354, NJW-RR 1999, 780, wobei das Gericht unrichtigerweise auf eine Entscheidung zum EKG: *OLG Hamburg* 03.03.1982, Az. 5 U 169/81, RiW 1982, 435–447, verweist.

507 *OLG Saarbrücken* 03.06.1998, Az. 1 U 703/97, CISG-Online 354, NJW-RR 1999, 780.

508 *LG Bamberg* 23.10.2006, Az. 2 O 51/02, CISG-Online 1400, IHR 2007, 113–117.

509 Vgl. *OLG Koblenz* 18.11.1999, Az. 2 U 1556/98, CISG-Online 570, IHR 2001, 109–111, m. Anm. *Thiele,* IHR 2001, 111–112.

510 So entschieden vom *LG Darmstadt* 29.05.2001, Az. 4 O 101/00, CISG-Online 686, IHR 2001, 160–162, wobei das Gericht dem Käufer eine weitere (unnötige) Frist von einem Monat für die Rüge der Vertragswidrigkeit zuspricht, richtigerweise m. krit. Anm. *Piltz,* IHR 2001, 162–163.

511 *Magnus*, in *Staudinger*, Art. 38, Rn. 42.

angesehen. Das *LG Düsseldorf*[512] empfand eine *Prüfzeit* von *vier Monaten* für Elektromotoren, welche von der Käuferin ihrerseits in große mechanische Großgeräte eingebaut werden sollten, um sie anzutreiben, als zu lang. Das Gericht berücksichtigte richtigerweise, dass die Klägerin diese Elektromotoren für eine Untersuchung in die Pressen einbauen sollte und die Untersuchung an sich nicht innerhalb weniger Arbeitstage erfolgen konnte. Jedoch sei eine Zeitspanne im o. g. Ausmaß zu lang.

Das *OLG Oldenburg* hält eine Rüge *sieben Wochen* nach Erhalt der Ware für verspätet. Durch eine Rückrechnung unterscheidet das Gericht richtigerweise zwischen der Untersuchungsfrist sowie der Anzeigefrist und spricht dem Käufer für den Testlauf, welcher die Vertragswidrigkeit der Ware aufgedeckt hätte, berechtigterweise[513] *zwei Wochen* zur Untersuchung zu und erachtet die sich dann anschließende Frist von rechnerisch *mehr als einem Monat* für die Anzeige als zu lang.[514]

(5) Kategorie: Chemikalien

Hinsichtlich der Untersuchungsfrist von Chemikalien ist Käufer und Verkäufer zu empfehlen, auf individuell ausgehandelte Vertragsklauseln zurückzugreifen. Zu groß ist die Gefahr, dass spezielle Vorstellungen über die Art der Untersuchung Einfluss auf die Frist nehmen könnten und hierdurch entsprechende Einbußen befürchtet werden müssen.

(6) Kategorie: lebende Tiere

Hinsichtlich der Untersuchungsfrist für lebende Tiere[515] legte das *LG Flensburg* fest, dass Schafe, welche nicht zur Mast, sondern zur Schlachtung binnen drei Tagen vorgesehen waren, *innerhalb von Stunden* oder zumindest innerhalb *weniger Tage* hätten untersucht *und* gerügt werden müssen. In diesem Falle waren die Tiere vom LG als verderblich qualifiziert worden, weil sie transportbedingt sogar partiell leblos angekommen waren und weitere zu verenden drohten. Dann, so das *LG Flensburg*, könne nur eine Frist von *zwei, maximal drei Tagen* in Betracht kommen. Die Einhaltung dieser Frist durch den Käufer habe das *LG Flensburg*

---

512 *LG Düsseldorf* 23.06.1994, Az. 31 O 231/94, CISG-Online 179.

513 Zu diesem Fall s. o.

514 *OLG Oldenburg* 05.12.2000, Az. 12 U 40/00, CISG-Online 618, IHR 2001, 112–114, mit Anm. hierzu *Mankowski*, EWiR, Art. 39 CISG 1/01, 623–624.

515 Lebende Tiere, in diesem Fall Schlachtschafe, sind durch den Warenbegriff des CISG abgedeckt; vgl. *LG Flensburg*. 19.01.2001, Az. 4 O 369/99, CISG-Online 619, IHR 2001, 67–69.

jedoch nach dem Ergebnis der Beweisaufnahme nicht feststellen können, sodass der Klage des Verkäufers stattzugeben war.[516]

(7) Kategorie: Textilien und Stoffe

Das *LG Berlin* entschied in seinem Urteil vom 21.03.2003, dass der Verkäufer nach Ablauf von fast *7 Wochen nach der Lieferung* der Ware nicht noch mit einer Rüge hätte rechnen müssen, wenn der Käufer im Vorfeld auf die Dringlichkeit der Bestellung beharrt habe.[517] Das Gericht wirft dem Käufer insbesondere vor, zulange mit der Untersuchung – hier dem Einfärben der Stoffe – gewartet zu haben. Insbesondere, weil er im Vorfeld eine schnelle Zusammenstellung der Ware verlangt habe. Das *LG Berlin* unterscheidet hier zwar vorbildlich zwischen den Fristen der Untersuchung und der Rüge, vermischt jedoch diese wieder zu einer Gesamtfrist, indem es argumentiert, dass die Rügefrist auch dann versäumt wäre, wenn der Käufer die Untersuchungsfrist versäumt hätte.[518] Anhand dieser Entscheidung wird erneut deutlich, wie schwer es den Gerichten fällt, die Fristen präzise zu trennen und diesen Fristen jeweils gesondert gerecht zu werden.

(8) Kategorie: gemischte Warengruppen

In der Rechtsprechung hat das *OLG Köln*[519] hinsichtlich der Überprüfung gemischter Waren verlangt, dass wenn gleichartige Materialien miteinander vermischt werden und nicht feststellbar sei, aus welcher Lieferung das möglicherweise mangelhafte Material stamme, eine Untersuchung jeder Warenlieferung vor der Vermischung geboten sei.[520] Ist hierbei kein besonders aufwendiges Prüfungsverfahren durchzuführen und die Vertragswidrigkeit durch Augenscheinnahme oder Anfühlen sichtbar, dann muss die Untersuchung sogar sofort erfolgen. Anderes gilt nur, wenn in Einzelfällen auf die Besonderheiten von Stoffen eingegangen werden muss, dann kann – unter etwaigen *Gesichtspunkten der Unzumutbarkeit* – die Frist je nach Untersuchungsart länger ausfallen.

---

516 *LG Flensburg*. 19.01.2001, Az. 4 O 369/99, CISG-Online 619, IHR 2001, 67–69; gegen dieses Urteil legte der Käufer Berufung ein, die allerdings zurückgewiesen wurde: vgl. *OLG Schleswig-Holstein* 22.08.2002, Az. 11 U 40/01, CISG-Online 710, IHR 2003, 20–22.

517 *LG Berlin* 21.03.2003, Az. 103 O 213/02, CISG-Online 785.

518 *LG Berlin* 21.03.2003, Az. 103 O 213/02, CISG-Online 785.

519 *OLG Köln* 21.08.1997, Az. 18 U 121/96, CISG-Online 290, VersR 1998, 1513–1515.

520 *OLG Köln* 21.08.1997, Az. 18 U 121/96, CISG-Online 290, VersR 1998, 1513–1515.

(9) Kategorie: weiter zu verarbeitende Ware

In einem Urteil des *OLG Koblenz* vom 18.11.1999 ging das Gericht in Fortführung seiner bisherigen Rechtsprechung[521] davon aus, dass die Untersuchungsfrist von Glasfasergewebe *nicht mehr als eine Woche* betragen dürfe, da durch das Aufrollen der Ware die *schrägen oder nicht gleichmäßigen Fadenverläufe* ohne Weiteres optisch leicht feststellbar gewesen seien. Dieses gelte auch dann, wenn die Ware an eine Weiterverarbeitungsfirma geliefert werde. Der Käufer müsse demgemäß sicherstellen, dass seine Abnehmer seinerseits innerhalb der ihnen geltenden Untersuchungsfrist die Ware untersuchen werden.[522] Dann wird ihm auch deren Handeln zuzurechnen sein.[523]

(10) Kategorie: schwer überprüfbare Eigenschaft der Ware

Bei Waren, deren Eigenschaften schwer überprüfbar sind oder die Vertragswidrigkeit nur durch Vermischung oder Verarbeitung bzw. durch mehrfache Prüfverfahren erst sichtbar werden, müssen diese notwendigen Schritte in *der dafür notwendigen Zeitdauer* unternommen werden. Wie bereits zuvor dargestellt, verlangt das *OLG Köln,*[524] dass wenn notwendig auch Sachverständige einzuschalten seien. Abgeleitet auf die Frist heißt das, dass sie in dieser Kategorie, die das Pendant zu der ersten Kategorie bildet, wohl am flexibelsten sein sollte.

(11) Kategorie: Waren ohne Besonderheiten

Das *LG Lübeck*[525] hat entschieden, dass die angemessene Untersuchungsfrist bei Stühlen, die keine Besonderheiten aufweisen, *ein bis zwei Wochen* nach der Lieferung beträgt.[526] Diese Aussage stützt das Gericht auf einen kurzen Verweis auf *Magnus.*[527]

In einem Urteil des *LG Hamburg* befand das Gericht, dass die Frist für gebrauchte Container sogar *bis zur Auslieferung an die Abnehmer* der Käuferin ausgeweitet werden könne. Hierbei hätte spätestens im Zuge der Aufnahme der Container die

---

521 *OLG Koblenz* 11.09.1998, Az. 2 U 580/96, CISG-Online 505, OLGR Koblenz 1999, 49–51.

522 *OLG Koblenz* 18.11.1999, Az. 2 U 1556/98, CISG-Online 570, IHR 2001, 109–111, m. Anm. *Thiele*, IHR 2001, 111–112.

523 *OLG München* 08.02.1995, Az. 7 U 3758/94, CISG-Online 142.

524 *OLG Köln* 21.08.1997, Az. 18 U 121/96, CISG-Online 290, VersR 1998, 1513–1515.

525 *LG Lübeck* 30.12.2010, Az. 6 O 160/10, CISG-Online 2292, IHR 2012, 61–63.

526 *LG Lübeck* 30.12.2010, Az. 6 O 160/10, CISG-Online 2292, IHR 2012, 61–63.

527 *Magnus*, in *Honsell*, Art. 38, Rn. 20–24.

Vertragswidrigkeit auffallen müssen.[528] Das Gericht berücksichtigt hier richtigerweise den Einwand der Käuferin, dass die Böden der Container beim Absetzen nicht sichtbar gewesen seien und geht darauf ein, dass allerdings dann spätestens die Container beim Aufnehmen hätten untersucht werden müssen. Es geht allerdings fälschlicherweise von einem *starren Anfangszeitpunkt*, dem Zeitpunkt der Lieferung an den Käufer und einem *flexiblen Endzeitpunkt*, welcher von den individuellen Faktoren des Käufers abhänge, aus. Hierzu sagt der Art. 38 Abs. 1 CISG nichts aus. Die Frist des Art. 38 Abs. 1 CISG ist *insgesamt* flexibel. Starre Anfangs- und Endzeitpunkte gehen zulasten einer Auslegung im Sinne des Art. 7 Abs. 1 CISG. Es sollte aber auch in Betracht gezogen werden, dass der Käufer am Ort der endgültigen Bestimmung evtl. keine ausreichende Gelegenheit zur Untersuchung haben könnte oder er seine Abnehmer mit der Untersuchung beauftragen kann. Dann würde sich auch der Beginn der Untersuchung unabhängig von Art. 38 Abs. 2 und Abs. 3 CISG verschieben.[529] Divergent entschied hingegen das *LG Frankfurt am Main* in seinem Urteil vom 11.04.2005[530], dass der vertragsgemäße Bestimmungsort der Ware nach Art. 38 Abs. 1 CISG unabhängig von der Möglichkeit einer ausreichenden Untersuchung an diesem Ort bestimmt werde. Hiernach war der *vertragsgemäße Bestimmungsort* der Ware in diesem Fall Mombasa in Kenia, sodass die Warenlieferung gem. Art. 38 Abs. 2 CISG auch dort zu untersuchen war. Das Gericht spricht der Käuferin zwar zu, dass die Untersuchungsfrist erst begonnen hatte, als die Käuferin *nach Zahlung der letzten Kaufpreisrate das Original der Bill of Lading erhielt* und somit die Ware auch tatsächlich prüfen konnte. Aber auch unter Annahme dieses Fristbeginns erfolgte die Rüge zu spät. Denn die Käuferin habe gewusst, dass die Ware in Mombasa eingetroffen sei und hätte die *nötigen organisatorischen Maßnahmen für eine Untersuchung* treffen können. Insbesondere, weil es sich bei der Ware weder um komplizierte technische Geräte noch um Gegenstände, die für eine ordnungsgemäße Untersuchung eingebaut oder verarbeitet werden sollten handelte, die Vertragswidrigkeit somit *durch bloße Besichtigung* der 720 Säcke mit gebrauchten Schuhen hätte festgestellt werden können, sodass eine stichprobenartige Untersuchung genügt hätte. Letztlich im Ergebnis richtig, entschied das Gericht, dass die Käuferin mit der Untersuchung nicht bis zu deren Ankunft in Uganda hätte warten dürfen, weil die erfolgte Weiterversendung der Ware erst *mehr als drei Wochen nach Erhalt der Bill of Lading*

528 *LG Hamburg* 06.09.2004, Az. 419 O 218/03, CISG-Online 1085.

529 Ähnlich *Magnus*, in *Staudinger*, Art. 38, Rn. 60.

530 *LG Frankfurt am Main* 11.04.2005, Az. 2/26 O 264/04, CISG-Online 1014, IHR 2005, 163–165.

und insgesamt *mehr als sieben Wochen nach Ankunft der Ware in Mombasa* nicht gerechtfertigt sei.[531]

(12) Zwischenergebnis

Die zuvor ausgeführten Überlegungen zeigen auf, dass es in signifikantem Maß von den charakteristischen Eigenschaften der Ware abhängt, welche Frist von den Gerichten als Optimum angesehen wird. Je nach Kategorie müssten dann die Parteien auch für Ihre Ware eine kurze oder lange Frist priorisieren. Auch die Weiterversendung der Ware führe *zu keinem Aufschub des Beginns der Untersuchungsfrist*.[532] Ein solcher Aufschub durch Umleitung und Versendung der Ware könne nur dann für den Beginn der Untersuchungsfrist relevant werden, wenn der Käufer vorher keine ausreichende Gelegenheit hatte, die Ware zu untersuchen.

c) Fristdauer in Abhängigkeit von der Untersuchungsweise

Für die ordnungsgemäße Untersuchung, welche die Verarbeitung der Ware notwendig macht,[533] sollte notwendigerweise auch eine längere Frist eingeplant werden. Im Falle der Lieferung der Ware direkt an den Abnehmer des Käufers ist zu beachten, dass sich die *Frist für die Untersuchung verlängern* kann, soweit der Verkäufer Kenntnis von der Untersuchung durch die Abnehmer hat. Dann können die Parteien auch individuell vereinbaren, dass die Rüge direkt vom Abnehmer an den Verkäufer gerichtet werde.[534]

Das *OLG Koblenz*[535] stellte in seinem Urteil vom 11.09.1998 fest, dass der Käufer eines *zur Warenproduktion vorgesehenen Stoffes*, von dem er weiß, dass es *zu dessen Untersuchung einer Probeverarbeitung* auf einer *bestimmten Produktionsmaschine* bedarf, diese Maschine rechtzeitig bereitzuhalten hat. Dabei geht das Gericht davon aus, dass die Untersuchungsfrist *nicht mehr als eine Woche* und die Anzeigefrist ebenso eine Woche betragen und zu einer gesamten Rügefrist von regelmäßig zwei Wochen zusammengefasst werden sollte. Vorliegend hatte die Käuferin versucht, geltend zu machen, dass die Maschine, mit der sie die Ware habe überprüfen

531 *LG Frankfurt am Main* 11.04.2005, Az. 2/26 O 264/04, CISG-Online 1014, IHR 2005, 163–165.

532 *Obergericht des Kantons Luzern* 08.01.1997, Az. 1 95 123/357, CISG-Online 228, SJZ 1998, 515–518.

533 Näheres s. o.

534 S. u. Kapitel 3, Abschnitt A.

535 *OLG Koblenz* 11.09.1998, Az. 2 U 580/96, CISG-Online 505, OLGR Koblenz 1999, 49–51.

können, erst zwei Wochen nach Lieferung der Ware betriebsbereit gewesen sei und sie, nachdem sie die Untersuchung habe vornehmen können, die Vertragswidrigkeit (einen Tag später) angezeigt habe. Das Gericht rechnet jedoch sogar sehr streng die Untersuchungsfrist ab dem Zeitpunkt, an dem der Käuferin die Möglichkeit zustand, die Ware bereits beim Zoll entgegenzunehmen und nicht erst zwei Wochen später. Nach Ansicht des Gerichts oblag es der Käuferin die für den Zoll benötigten Frachtpapiere zu beschaffen und so die Ware zu einem noch früheren Zeitpunkt entgegenzunehmen und zu untersuchen. Auch hier formuliert das Gericht sehr strenge Anforderungen an die Fristen der Art. 38 und Art. 39 CISG, welche pauschal nicht auf eine gesamte Rügefrist von zwei Wochen hinaus laufen kann. Es sollte von solchen pauschalen Zeitangaben wie zwei Wochen bzw. ein Monat abgesehen werden. Denn es sind eben keine starre Fristen, die folglich nicht zu einer Gesamtfrist zusammen gerechnet werden sollten, sondern flexible Fristen, die den Gerichten den nötigen Freiraum geben, tatsächlich Einzelfallbetrachtung vorzunehmen, ohne sich an bereits ergangenen Fristen zu orientieren. Dabei gibt es im Ergebnis mehr Argumente im Rahmen der Untersuchungsfrist, diese flexibler zu gestalten, als im Rahmen der Anzeigefrist.[536]

d) Fristdauer in Abhängigkeit vom Umfang der Ware

In der Rechtsprechung wird oftmals gefordert, dass der Käufer zumindest Stichproben nehmen sollte und sich nicht drauf berufen kann, die Ware mehrere Tage liegen zu lassen, um sie dann gründlich untersuchen zu können.[537] Die Untersuchung von Stichproben ist aber in den meisten Fällen *nicht mit einem allzu großen Zeitaufwand* verbunden.

4. Zeitrahmen – für den Käufer nicht erkennbare Vertragswidrigkeit

Die Frist für die Untersuchung von Vertragswidrigkeiten, welche für den Käufer zum Zeitpunkt der Untersuchung nicht erkennbar waren, beginnt, wenn Zeichen der *Vertragswidrigkeit sichtbar* werden.[538] Kann eine angemessene Untersuchung die Vertragswidrigkeit der Ware nicht aufdecken, so kann von dem Käufer auch nicht verlangt werden, die Ware unnötigerweise zu untersuchen. Hiervon ist z. B.

---

536 Vgl. hierzu unten Kapitel 4, Abschnitt A.

537 So bereits zum EKG: *OLG Köln* 24.10.1984, Az. 2 U 27/84, RIW 1985, 404–405.

538 Frei übersetzt von der Verf. CISG-Advisory Council, in: CISG-AC Opinion no. 2, Art. 39, Bem. 2, IHR 2004, 163.

dann auszugehen, wenn sich die Vertragswidrigkeit der Ware erst durch längeren Gebrauch erkennen lasse.[539]

VIII. Untersuchungskosten

Haben sich die Parteien über die Kosten der Untersuchung nicht geeinigt oder weisen branchenspezifische Bräuche und Gepflogenheiten diese nicht einer Partei im Vorfeld zu, so wird z. T. vertreten, dass diese der Käufer zu tragen habe.[540] Denn bei vertragsgemäßer Lieferung habe der Käufer diese Kosten bereits in seiner Kalkulation mit einfließen lassen. Teilweise können durch Qualitätsmanagementvereinbarungen die Kosten auf den Verkäufer (in den meisten Fällen Hersteller der Ware) verlagert werden. Dann müssen die Parteien durch diese vorgelagerte Verkäuferprüfung auf die Geltung des Art. 38 CISG verzichten oder diesen explizit beschränken, um so eine uneffektive Doppelprüfung und damit doppelte Kosten zu vermeiden. Diese sog. *Abbedingungsklauseln* werden in die mit den *Lieferanten* abzuschließenden Qualitätsmanagementvereinbarungen aufgenommen.[541] Dann wird die Eingangskontrolle des Käufers durch eine Ausgangskontrolle des Verkäufers (zumeist Hersteller der Ware) ersetzt werden. Dieses wird dann rechtlich relevant, wenn es auf die Anzeige von Vertragswidrigkeiten zum Erhalt von Gewährleistungsrechten ankommt. Den Käufern kann dann eine nicht durchgeführte Prüfung nicht nachteilig angelastet werden.

Ist die Ware jedoch nicht vertragsmäßig, so kann er verlangen, dass die Kosten im Rahmen des Schadensersatzes nach Art. 45 Abs. 1 lit. b CISG i. V. m. Art. 74 CISG ersetzt werden.[542] Als Kosten für die Untersuchung können z. B. Gutachterkosten, Kosten für etwaige gesonderte Prüfverfahren oder eine etwaige Wertminderung, welche an der Ware durch die Untersuchung entstehen kann, in Betracht kommen. Allerdings können lediglich die Kosten geltend gemacht werden, welche dem Sinn der Untersuchung entsprechen. Unnötige Untersuchungskosten werden wohl auch bei Vertragswidrigkeit der Ware vom Verkäufer nicht ersetzt werden.[543] Im Rahmen der ökonomischen Analyse des Rechts im zweiten Abschnitt dieses Kapitels wird auf die Frage zu den Untersuchungskosten noch einmal gesondert eingegangen werden.[544]

---

539 So auch *Magnus*, in: *Staudinger*, Art. 38, Rn. 26.

540 M. w. N. *Magnus*, in: *Staudinger*, Art. 38, Rn. 27; *Gruber*, in: Mü-KoBGB, Bd. 3, Art. 38, Rn. 66.

541 *Stürtz*, 40.

542 *Janssen*, 148, *Schwenzer*, in: *Schlechtriem/ Schwenzer*, Art. 38 Rn. 27.

543 Vgl. zum § 377 HGB m. w. N.: *Thamm*, BB 1994, 2224, 2226.

544 Vgl. hierzu nachfolgend Kapitel 3, Abschnitt B.

IX. Untersuchungsfrist und -ort gem. Art. 38 Abs. 2 CISG

Die Parteien können auch beim Versendungskauf den *Beginn der Untersuchungsfrist* und den *Untersuchungsort*[545] (abweichend vom Gesetz) festlegen. Wird eine solche individuelle Vereinbarung von den Parteien nicht getroffen, schiebt Art. 38 Abs. 2 CISG den *Untersuchungsbeginn* bis zur Ankunft am *Bestimmungsort* auf.[546] Haben die Parteien auch den Bestimmungsort nicht festgelegt, so ist es der Ort, an den nach dem Beförderungsvertrag geliefert werden soll.[547] Da der Verkäufer gem. Art. 31 lit. a) CISG beim Versendungskauf, unerheblich, welche Partei für die Beförderung zu sorgen hat, seine Vertragspflicht mit der Übergabe der Ware an den ersten Beförderer erfülle, der Käufer jedoch die Ware *an diesem Ort und zu diesem Zeitpunkt zumeist* nicht ordnungsgemäß untersuchen könne, sei es Zweck der Vorschrift, dem Käufer zu ermöglichen, die Ware mit entsprechendem zusätzlichem Zeitaufwand untersuchen zu können.[548] Die Beförderung der Ware kann insbesondere dann notwendig sein, wenn die Parteien die Anwendung der INCOTERMS® der Gruppe E (EXW), F (z. B. FOB) und C (z. B. CIF) vereinbart haben.[549] Für die Klauseln der Gruppe D (z. B. DDP) gilt, dass der Bestimmungsort mit dem Lieferort oft zusammen fallen wird, sodass die Untersuchung an diesem Ort stattzufinden habe. Dann könne auch die Untersuchungsfrist erst mit Ankunft der Ware an diesem Ort beginnen.[550] Holt der Käufer die Ware allerdings beim Verkäufer ab, liegt kein Versendungskauf vor. Somit sei diese dann nicht am Bestimmungsort nach Art. 38 Abs. 2 CISG, sondern am Lieferort zu untersuchen.[551] Konsequenterweise beginnt dann aber auch erst ab diesem Zeitpunkt die Untersuchungsfrist. Über die Art und Weise der Untersuchung sagt auch Art. 38 Abs. 2 CISG nichts aus.

1. Lieferung am falschen Ort

Liefert der Verkäufer an einen anderen als den vereinbarten *Bestimmungsort,* so ist der Käufer nicht verpflichtet, diese am *falschen Ort* zu untersuchen. Für die

545 So in einem Fall vor dem *OLG Düsseldorf.* 08.01.1993, Az. 17 U 82/92, IPRax 1993, 412, CISG Online Nr. 76, dazu Anm. *Magnus,* IPRax 1993, 390, 391.

546 Vgl. auch *Salger,* in: *Witz/ Salger/ Lorenz,* Art. 38, Rn. 11.

547 *Schwenzer,* in: *Schlechtriem/ Schwenzer,* Art. 38, Rn. 22, *Soergel/ Lüderitz/ Schüßler-Langeheine,* Art. 38, Rn. 8.

548 *Magnus,* in: *Staudinger,* Art. 38, Rn. 51.

549 Siehe die Aufstellung bei *Herber/ Czerwenka,* Anh. 4, 497.

550 *Magnus,* in: *Staudinger,* Art. 38, Rn. 52.

551 Vgl. *Salger,* in: *Witz/ Salger/ Lorenz,* Art. 38, Rn. 11.

Frist heißt das, dass der Käufer die Lieferung auch dann noch untersuchen darf, obwohl sie evtl. verspätet am vertraglich festgelegten Lieferort eintrifft,[552] ohne Konsequenzen aus Art. 39 CISG fürchten zu müssen. Aus ökonomischer Sicht ist dies unter Effizienzgesichtspunkten nicht haltbar. Wenn der Käufer auf die Ware zugreifen kann und ihm die zur Untersuchung notwendigen Untersuchungsmittel zur Verfügung stehen, dann sollte er nicht abwarten dürfen. Die Parteien können diese Vorschrift auch im Nachhinein abbedingen, indem der Käufer z. B. die Ware an diesem falschen Ort annimmt und untersucht. Nimmt er die Ware nicht an, so sollte sie dem Käufer am richtigen Lieferort erneut *zur Verfügung gestellt werden.*[553]

2. *Lieferung an den falschen Abnehmer*

Der Käufer kann die Untersuchung im Sinne des Art. 38 Abs. 2 CISG ebenso seinen Abnehmern überlassen. Liefert der Verkäufer jedoch an den falschen Abnehmer und nimmt dieser die Ware für den Käufer an, so muss sich der Käufer dieses Handeln zurechnen lassen.

X. Untersuchungsfrist und -ort gem. Art. 38 Abs. 3 CISG

Nach Art. 38 Abs. 3 CISG kann die *Untersuchung der Ware bis nach dem Eintreffen der Ware an ihrem neuen Bestimmungsort aufgeschoben werden*, wenn die Ware *vom Käufer umgeleitet oder von ihm weiterversandt* wird und er nicht ausreichend Gelegenheit hatte, diese zu untersuchen, und der Verkäufer diese Möglichkeit der Umleitung *„redirected in transit"* oder Weiterversendung *„redispatch"* bei Vertragsschluss kannte oder kennen sollte. Im Unterschied zu Art. 38 Abs. 2 verlangt Art. 38 Abs. 3 CISG, der im Falle einer (nachträglichen) Umleitung oder Weiterversendung der Ware *durch den Käufer* einen Aufschub der Untersuchung bis zum Eintreffen am neuen Bestimmungsort gestattet, dass der Verkäufer die Möglichkeit der Weiterversendung bei Vertragsschluss *gekannt hat oder hätte kennen müssen.* Dadurch wird z. B. verhindert, dass die Verpackung der Ware nicht schon vor dem Eintreffen am neuen Bestimmungsort geöffnet werden sollte.

Hierdurch wird der *Beginn der Untersuchungsfrist* auf den Zeitpunkt der *Ankunft der Ware am neuen Bestimmungsort* verschoben.[554] Im Einzelhandel wird oft der bloße Weiterverkauf ohne zusätzlichen Transport bereits als Fall des Art. 38

552 So für Art. 38 Abs. 1 CISG: *Magnus,* in: *Staudinger*, Art. 38, Rn. 22.
553 Vgl. hierzu *Magnus*, in: *Staudinger*, Art. 38, Rn. 37.
554 *Schwenzer*, in: *Schlechtriem/ Schwenzer*, Art. 38, Rn. 26.

Abs. 3 CISG gewertet, was jedoch nicht dem Sinn des Art. 38 Abs. 3 CISG entspricht.[555]

Auch diese Norm bringt den Kern des Art. 38 CISG zum Ausdruck, indem ein Ausgleich zwischen berechtigten *wirtschaftlichen* Interessen des Käufers und des Verkäufers stattfinden soll. Vom Käufer solle eine ordnungsgemäße Untersuchung nicht verlangt werden können und diese ihm auch nicht zumutbar sein, solange die Ware unterwegs sei.[556] Andererseits kenne der Verkäufer die Möglichkeit der Umleitung oder Versendung oder hätte sie kennen müssen.[557] Die *Tatsache des Weiterverkaufs*, ohne dass der Käufer ausreichend Gelegenheit zur Untersuchung der Ware gehabt habe, ist sowohl im Hinblick auf die *Form der Untersuchung* als auch *im Hinblick auf die Dauer der Untersuchungsfrist* zu berücksichtigen.[558]

1. „Redirected in transit"

Bei einer *Umleitung*[559] der Ware im Sinne des Art. 38 Abs. 3 CISG wird die Ware – ihren ursprünglichen Bestimmungsort nicht erreicht habend – an einen *neuen* Bestimmungsort umgeleitet.[560] In den meisten Fällen leitet also der Käufer die Ware an seine Abnehmer weiter, noch bevor sie bei ihm ankommt. Für die Untersuchung bzw. den Beginn der Untersuchungsfrist der Ware bedeutet dies: Wenn der Verkäufer mit diesem Weiterverkauf rechnen sollte,[561] dann verschiebt sich die Untersuchung der Ware auf die Ankunft beim Abnehmer.[562] Obwohl der Wortlaut des Art. 38 Abs. 3 CISG lediglich davon spricht, dass *der Käufer* die Ware umleitet, wird in der Literatur vertreten, dass es unerheblich sei, wer die Weiterleitung der Ware anordnet.[563] Auch wird in diesem Zusammenhang die Umleitung aufgrund einer *gerichtlichen Anordnung* als Beispiel angeführt.[564]

---

555 Vgl. *Obergericht des Kantons Luzern* 08.01.1997, Az. 1 95 123/357, CISG-Online 228, SJZ 1998, 515–518.

556 Vgl. *Secr. Comm.*, Art. 36, Bem. 6.

557 Vgl. *Magnus*, in: *Staudinger*, Art. 38, Rn. 56.

558 So auch das *Obergericht des Kantons Luzern* 08.01.1997, Az. 1 95 123/357, CISG-Online 228, SJZ 1998, 515–518.

559 In der engl. Fassung: „[...] redirected in transit [...]".

560 *Schwenzer*, in: *Schlechtriem/ Schwenzer*, Art. 38, Rn. 23.

561 *Magnus*, in: *Staudinger*, Art. 38, Rn. 57.

562 *Schwenzer*, in: *Schlechtriem/ Schwenzer*, Art. 38, Rn. 23.

563 *Herber/ Czerwenka*, Art. 38, Rn. 12: wobei es unerheblich sei, wer die Weiterversendung veranlasst habe.

564 *Herber/ Czerwenka*, Art. 38, Rn. 11.

2. *„Redispatch“*

Bei der Weiterversendung[565] der Ware wird im Vergleich zur Umleitung die Ware vom ursprünglichen Bestimmungsort vom Käufer entweder für eigene Zwecke oder für seine Abnehmer an einen *neuen Bestimmungsort* weiterversendet.[566] Auch hier gilt für den Beginn der Untersuchungsfrist: Sie verschiebt sich bis zur Ankunft der Ware am neuen Bestimmungsort beim Abnehmer.[567] Dieses gelte auch dann, wenn der Käufer die Ware für seine Abnehmer zwischenlagern sollte.[568] Es sei allein entscheidend, ob vor der Weiterversendung eine *zumutbare Gelegenheit* zur Untersuchung bestanden habe.[569] Art. 38 Abs. 3 CISG erfasse nämlich nicht den Fall, dass der Käufer die Ware auf Lager nehme und dann von dort aus weiterverkaufe.[570] Problematisch stellt sich ferner der Fall, bei dem der Abnehmer des Käufers die Ware bei diesem unmittelbar übernimmt. Hier wird für die Anwendung des Art. 38 Abs. 3 CISG argumentiert, dass sonst den Beteiligten wirtschaftlich sinnlose Zeitverluste oder kostspielige Umpackvorgänge aufgezwungen werden.[571] Auch unter ökonomischen Effizienzkriterien ist dieses Ergebnis haltbar. Wenn sich die Weiterversendung der Ware derart verzögert, dass vorher eine ordnungsgemäße Untersuchung möglich wäre, so darf diese nicht *auf später verschoben* werden.[572]

3. *Weitere Voraussetzungen*

In beiden o. g. Fällen müssen jedoch die weiteren Voraussetzungen des Art. 38 Abs. 3 CISG erfüllt sein.

a) Ausreichend Gelegenheit zur Untersuchung

Keine *ausreichende Gelegenheit* zur Untersuchung wird der Käufer regelmäßig bei der *Umleitung* der Ware haben.[573] Bei der Weiterversendung sei es dann der Fall, *wenn die Ware etwa sofort – mit oder ohne Umladung – weitertransportiert werde*

565 In der engl. Fassung: „[…] redispatched […]“.

566 *Magnus*, in: *Staudinger*, Art. 38, Rn. 58.

567 *Schwenzer*, in: *Schlechtriem/ Schwenzer*, Art. 38, Rn. 23.

568 *Herber/ Czerwenka*, Art. 38, Rn. 12: „[…] allerdings wird dann häufig dort eine Untersuchung zumindest in Stichproben möglich sein.“

569 *Magnus*, in: *Staudinger*, Art. 38, Rn. 58.

570 *Magnus*, in: *Staudinger*, Art. 38, Rn. 58.

571 So *Herber/ Czerwenka*, Art. 38, Rn. 12; *Magnus*, in: *Staudinger*, Art. 38, Rn. 59.

572 *Herber/ Czerwenka*, Art. 38, Rn. 13.

573 So auch *Magnus*, in: *Staudinger*, Art. 38, Rn. 60.

und eine ordnungsgemäße Untersuchung nicht möglich sei.[574] Nach Möglichkeit wird aber in der Literatur verlangt, dass im konkreten Falle Stichproben zu nehmen seien und die Ware zumindest oberflächlich zu untersuchen sei[575] – getreu dem Motto, wenig Untersuchung sei immer noch besser als keine Untersuchung. Sollte die notwendige Verpackung für eine zwischenzeitliche Untersuchung zerstört werden, so stehe dem Käufer ebenfalls *keine ausreichende Möglichkeit zur Untersuchung* zu.[576] Dieses wird ebenso für den Containertransport sowie für die Lieferung von Einzelteilen angenommen.[577] Aus Effizienzgründen kann es dann geboten sein, auf ein *kostspieliges Umpacken* des Containerinhalts zu verzichten und erst am Bestimmungsort die Untersuchung vorzunehmen. Ist die Untersuchung erst möglich, wenn alle Einzelteile geliefert worden sind, so ist logischerweise die Untersuchung erst möglich, wenn sie an ihrem neuen Bestimmungsort zusammengesetzt werden können.[578]

b) Kenntnis des Verkäufers

Der Beginn der Untersuchungsfrist verschiebt sich im Sinne des Art. 38 Abs. 3 CISG lediglich, wenn der Verkäufer bereits *bei Vertragsschluss* die Möglichkeit der Umleitung oder Weiterversendung kannte oder damit rechnen sollte. Dieses trägt dem Umstand Rechnung, dass der Verkäufer nicht erst nachträglich und durch einseitiges Handeln die Frist deutlich verlängert.[579] Verlangt wird entweder *positive Kenntnis* oder *fahrlässige Unkenntnis* des Verkäufers. Aus Gründen der Rechtssicherheit ist den Vertragsparteien zu raten, einen *hinreichend deutlichen Hinweis* bei Vertragsschluss zu geben.[580] Es ist zweifelhaft, ob die Anweisung,

---

574 *Bianca*, in: *Bianca/ Bonell*, Art. 38, Bem. 2. 8: „Whether the buyer has a reasonable opportunity depends mainly on how long the goods stay before their redispatch. Generally a quick redispatch of the goods does not allow the buyer to examine them properly."

575 *Herber/ Czerwenka*, Art. 38, Rn. 13.

576 *Bianca*, in: *Bianca/ Bonell*, Art. 38, Bem. 2. 8: „Another relevant circumstance is the way the goods are contained or packaged. If the examination is not possible without removing or breaking the vessels, boxes, wrappers, etc., necessary to protect and transport the goods, it is normally assumed that the examination will be effected at the place of their new destination. The same is understood when the examination of the goods requires the removing of the trade mark attesting the authenticity of the product."

577 Vgl. auch *Magnus*, in: *Staudinger*, Art. 38, Rn. 62.

578 *Bianca*, in: *Bianca/ Bonell*, Art. 38, Bem. 2. 8.

579 *Magnus*, in: *Staudinger*, Art. 38, Rn. 61.

580 So auch *Bianca*, in: *Bianca/ Bonell*, Art. 38, Bem. 2. 9. 2: „The possibility of a further redirection or redispatch should be expressly mentioned."

der Verkäufer möge die Ware für einen anschließenden Weitertransport verpacken, ausreichen kann.[581] Ist der Käufer der Ware allerdings ein Handelsunternehmen, so sollte der Verkäufer *zumindest* mit der Weiterversendung der Ware und damit einer späteren Rüge rechnen.[582]

4. *Erkennbarkeit von Mängeln für den Käufer*

Dem Käufer wird im UN-Kaufrecht nur *grob fahrlässige Unkenntnis* angelastet. Dieser niedrige Sorgfaltsstandard mutet eine käuferfreundliche Auslegung zu. Auch lässt sich ebendieses aus dem Art. 35 Abs. 3 CISG,[583] welcher auf das *grob fahrlässige*[584] Verhalten des Käufers abstellt, erkennen. Die Gewährleistungsrechte des Käufers werden also nicht durch einfache Sorgfaltspflichtverletzung ausgeschlossen.

5. *Aus der Rechtsprechung zu Art. 38 Abs. 3 CISG*

Aus der deutschen Rechtsprechung zu Art. 38 Abs. 3 CISG sind zwei Entscheidungen erwähnenswert. Nach einem Urteil des *OLG Frankfurt a. M.* vom 23.06.1999[585] konnte der Käufer die Untersuchung im Sinne des Art. 38 CISG auch seinem Abnehmer überlassen, sollte sich jedoch dessen Handeln und im Falle der Untersuchung sein Unterlassen zurechnen lassen. Nach Ansicht des Gerichtes hätte der Käufer in diesem Falle dafür Sorge tragen müssen, dass sein Abnehmer ihn über das Ergebnis der Untersuchung benachrichtige. Dem Abnehmer des Käufers sei es zumutbar gewesen, die Ware innerhalb von 10 Tagen nach Erhalt dieser stichprobenartig zu untersuchen.

Nach einem Urteil des *OLG Dresden* kann sich der Käufer keinesfalls auf Art. 38 Abs. 3 CISG berufen, soweit zwischen dem Erhalt der streitgegenständlichen Lieferung und ihrem Weiterverkauf ein Zeitraum *von mehreren Wochen*

---

581 So aber *Magnus*, in: *Staudinger*, Art. 38, Rn. 62; *Herber/ Czerwenka*, Art. 38, Rn. 14.

582 Strenger *Bianca*, in: *Bianca/ Bonell* Art. 38, Bem. 2. 9. 1: „This condition (the seller know or ought to have known) is required in the seller's interest, to prevent him from being subject to a notice of lack of conformity after the elapsing of the time normally expected as necessary for examining the goods at their destination."

583 Der Wortlaut von Art. 35 Abs. 3 CISG: „[…] wenn der Käufer bei Vertragsabschluss diese Vertragswidrigkeit kannte oder darüber nicht in Unkenntnis sein konnte."

584 *Schwenzer*, in: *Schlechtriem/ Schwenzer*, Art. 35, Rn. 34, bezeichnet das „Nicht-in-Unkenntnis-Sein-Können" sogar als „mehr als grobe Fahrlässigkeit" und *Magnus, in: Staudinger*, Art. 35, Rn. 48, als „Festlegung groben Verschuldens."

585 *OLG Frankfurt a. M.* 23.06.1999, Az. 7 U 92/98, BeckRS 2000, 01480.

liegen. Der Käufer besaß dann ohne Weiteres ausreichend Gelegenheit, die Ware zu untersuchen.[586]

XI. Beweisfragen

1. Allgemeines zur Beweislast im CISG

Die Beweislast trifft Aussagen darüber, welche Partei eine Tatsache im Prozess zu beweisen hat.[587] Fraglich ist, wer in international gelagerten Fällen das Beweisrisiko trägt. Außer in Art. 79 CISG trifft das CISG keine Aussagen zur Beweislast.[588] Es wird jedoch nach h. L. vom CISG mitgeregelt.[589] Im Kern wurde der Grundsatz, dass jede Partei die für sie günstigeren Voraussetzungen beweisen sollte, auch hier übernommen.[590] Im Vorfeld ist anzumerken, dass die Beweislastregeln des CISG nie weiter reichen können als sein materieller Geltungsbereich, welcher sich aus Art. 4 Satz 1 CISG ergibt. Regelungsgegenstand des Übereinkommens ist ausschließlich der *Abschluss des Kaufvertrages* und die *aus ihm erwachsenden Rechte* und *Pflichten des Verkäufers und des Käufers*. Die Fragen, ob und ggfs. welche beweisrechtlichen Folgen Parteiverhalten nach sich ziehen kann, zählen nicht dazu. Ferner sind die Bedeutung von z. B. Willensmängeln, die Abtretung oder die Aufrechnung kein spezifisches kaufrechtliches Problem. Sie sind rechtliche Gesichtspunkte allgemeiner Art und stehen *in keinem inneren Zusammenhang mit den tatsächlichen und rechtlichen Aspekten des internationalen Warenhandels*.[591]

---

586 *OLG Dresden* 08.11.2007, Az. 9 U 68/07, CISG-Online 1624.

587 Vgl. *Koller/ Mauerhofer*, FS *Ingeborg Schwenzer* (2011), 963–980.

588 Zum Streit über die Beweislast vgl. *Benicke*, FS Gründungsjubiläum der Justus-Liebig-Universität Gießen, (2007), 373, 387.

589 Vgl. insbesondere hierzu: *Mankowski*, EWiR, Art. 39 CISG 1/95, 249–250; *Ferrari*, in: *Schlechtriem/ Schwenzer*, Art. 4, Rn. 48; *Schwimann*, Art. 39, Rn. 2.

590 Vgl. *BG Schweiz* 19.02.2004, Az. 4C.307/2003, CISG-Online 839: In der englischen Übersetzung der Entscheidung: „The Court examined the matter of the burden of proof on the alleged non-performance of the seller as regards the contract of sale. The Court held that the burden of proof is a matter governed but not expressly settled by CISG, which has to be settled in conformity with CISG and not with domestic law. The Court upheld a general principle which states that it is up to the plaintiff to prove the fact of the failure to perform as such. Therefore, it was up to the buyer to prove the seller's non-performance, which it did not prove."

591 Vgl. *BGH* 9. Januar 2002, Az. VIII ZR 304/00, CISG-Online 651, IHR 2002, 16–21.

2. *Beweisverteilung beim Streit um Vertragswidrigkeiten*

Für die *Frage der Beweislast*[592] kommt es entscheidend darauf an, ob der Käufer oder der Verkäufer die Vertragswidrigkeit zu beweisen haben.[593] Wie bereits zuvor beschrieben, werden mangels allgemeinen Grundsätzen *die Beweislastregeln in ergänzender Auslegung des Übereinkommens aus dem jeweiligen gesetzlichen Tatbestand selbst zu entwickeln sein.*[594] Dann bildet nach dem Wortlaut der Art. 45 ff. CISG die Vertragsverletzung eine Entstehungsvoraussetzung für die Ansprüche des Käufers. Dieses lässt also darauf schließen, dass der Käufer die Vertragsverletzung beweisen muss. Für die Vertragsmäßigkeit wird zusätzlich differenziert, ob der Käufer die Ware angenommen habe. Dann befinde sie sich zwar *in seinem räumlichen Herrschaftsbereich*, jedoch treffe die Beweislast den Käufer indessen nicht sofort. Die bloße Annahme suggeriere nicht die Billigung der Ware als solche. Der Anschein der Vertragsgemäßheit werde erst nach der Untersuchungsfrist geweckt. Wenn also die Vertragswidrigkeit innerhalb der Untersuchungsfrist gerügt wird, müsse der *Verkäufer* daher beweisen, dass diese Vertragswidrigkeit *im maßgeblichen Beurteilungszeitpunkt* nicht vorgelegen habe.[595]

Streitig ist ebenfalls die Frage, wer das Beweisrisiko trägt, wenn der Käufer die Ware zuerst einmal ohne Vorbehalte übernimmt und anschließend nach der Übergabe der Ware die Vertragswidrigkeit der Ware feststellt.[596] Nach einer Ansicht wird wie im deutschen Recht das Beweisrisiko dem Verkäufer zugeordnet. Hiernach müsse der Käufer lediglich beweisen, dass die Ware vertragswidrig ist, nicht jedoch, dass sie bereits vor Gefahrübergang vertragswidrig war. Nach einer anderen hauptsächlich in der Rechtsprechung vertretenen Ansicht ist die Beweislast mit der Übergabe der Ware ohne Vorbehalte seitens des Käufers auf diesen übergegangen.[597]

---

592 Vgl. hierzu auch *Koller/ Mauerhofer*, FS *Ingeborg Schwenzer* (2011), 963–980.

593 Vgl. zur Beweislast insbesondere: *Benicke*, FS Gründungsjubiläum der Justus-Liebig-Universität Gießen, (2007), 373, 387.

594 *Obergericht des Kantons Luzern* 13.05.2003, Az. 11 01 73, CISG-Online 846, ZBJV 2004, 704–708.

595 *Obergericht des Kantons Luzern* 13.05.2003, Az. 11 01 73, CISG-Online 846, ZBJV 2004, 704–708.

596 Vgl. auch *Benicke*, FS Gründungsjubiläum der Justus-Liebig-Universität Gießen, (2007), 373, 391.

597 Zum Meinungsstand *Benicke*, FS Gründungsjubiläum der Justus-Liebig-Universität Gießen, (2007), 373, 391.

3. *Beweislast im Rahmen der Untersuchungsobliegenheit*

Den Nachweis für die Lieferung, *als für den Beginn der Untersuchungsfrist erhebliche Tatsache,* sollte grundsätzlich der Verkäufer erbringen müssen.[598] Dieses gilt, soweit der Käufer die Vertragswidrigkeit der Ware bei Gefahrübergang, dem bzgl. Beweisfragen für den Käufer relevanten Zeitmoment, beanstandet.[599]

Erfordert die Untersuchung der Ware eine *besondere Dauer* oder wird eine im Rahmen der Untersuchung für den Käufer nicht erkennbare Vertragswidrigkeit gerügt, so kann sich die Frage nach der Beweispflicht als schwierig erweisen. So wird gefordert, dass der Käufer, will er sich im Rahmen der Untersuchung auf eine *längere Frist als üblich* berufen für deren *Erforderlichkeit* beweispflichtig sei.[600] Auch wenn im Ergebnis diese Ansicht zutreffend erscheint, so ist stets zu beachten, dass Art. 38 CISG gerade keine starre oder *übliche Frist* nennt, von der abgewichen wird, sondern im Zweifel jede Frist eine Frist des Einzelfalles sein kann, für die der Käufer dann beweispflichtig wäre. Für bei der Untersuchung nicht erkennbare Vertragswidrigkeit wird vertreten, dass der Käufer darlegen und beweisen müsse, zu welchem Zeitpunkt genau die Vertragswidrigkeit tatsächlich entdeckt wurde.[601] Der Käufer ist allerdings nicht mit der Beweisfrage zu belasten, ob die Vertragswidrigkeit bei gründlicher Untersuchung nicht hätte früher entdeckt werden können.[602] Bleibe es offen, ob eine ordnungsgemäße Untersuchung zur Entdeckung der Vertragswidrigkeit geführt hätte, dann müsse es zulasten des Verkäufers gehen.[603]

---

598 *Müller,* 101.

599 Anders das *BG Schweiz* 19.02.2004, Az. 4C.307/2003, CISG-Online 839: In der englischen Übersetzung der Entscheidung: „The Court examined the matter of the burden of proof on the alleged non-performance of the seller as regards the contract of sale. The Court held that the burden of proof is a matter governed but not expressly settled by CISG, which has to be settled in conformity with CISG and not with domestic law. The Court upheld a general principle which states that it is up to the plaintiff to prove the fact of the failure to perform as such. Therefore, it was up to the buyer to prove the seller's non-performance, which it did not prove."

600 Mit Verweis auf *Magnus*, in *Staudinger*, Art. 38, Rn. 65, so auch das *OLG Koblenz* 11.09.1998, Az. 2 U 580/96, CISG-Online 505, OLGR Koblenz 1999, 49–51.

601 *Magnus*, in: *Staudinger*, Art. 38. Rn. 65.

602 Anders zum EKG: das *OLG Koblenz* 03.05.1991, Az. 2 U 1645/87, RIW 1992, 59–62, „Bei verborgenen Mängeln obliegt dem Käufer nicht nur der Beweis, wann die Untersuchung vorgenommen worden ist, sondern auch der Beweis, dass der Mangel bei gehöriger Untersuchung nicht hätte früher entdeckt werden konnte."; mit Verweis auf *Mertens/ Rehbinder*, Art. 38, 39 EKG, Rn. 32.

603 Zum EKG deutlicher: *Mertens/ Rehbinder*, Art. 38, 39 EKG, Rn. 32.

In der Rechtsprechung konnte nach einer Entscheidung des *LG Paderborn* vom 25.06.1996[604] die Käuferin nicht den *nicht ausreichenden Titandioxydgehalt* des gelieferten Materials ohne eine *quantitative chemische Analyse* feststellen und damit die Untersuchung nicht ordnungsgemäß durchführen. Dieses wurde auch von der Käuferin im Verfahren durch einen Sachverständigen genügend dargelegt und bewiesen. Damit sei die Käuferin ihrer Untersuchungsobliegenheit nachgekommen.[605]

4. *Beweislast für Umstände nach Art. 38 Abs. 2 und Abs. 3 CISG*

Die *Umstände,* aus denen sich die Untersuchung nach Art. 38 Abs. 2 und Abs. 3 CISG aufschiebt, sollte derjenige beweisen, der sich hierauf beruft. In den meisten Fällen ist dies der *Käufer*, welcher dann beweisen muss, wann ihm die Ware tatsächlich übergeben worden ist.[606] Ferner muss der Käufer beweisen, dass der Verkäufer die Tatsache der Möglichkeit der Umleitung oder Weiterversendung im Sinne des Art. 38 Abs. 3 CISG kannte.[607]

XII. Rechtsfolgen der unterlassenen oder nicht ordnungsgemäßen Untersuchung

Art. 38 CISG nennt keine eigenständige Rechtfolge für die unterlassene Untersuchung oder die nicht ordnungsgemäß durchgeführte Untersuchung.[608] Es wird partiell in der Literatur vertreten, dass somit der Käufer auch keine Rechtsverluste befürchten müsse.[609] Dieses allerdings solange, wie die Anzeige der Vertragswidrigkeit fristgerecht an den Verkäufer erfolge.[610] Die Rechtsfolge ergebe sich somit aus Art. 39 CISG.

XIII. Zwischenergebnis

Resümierend ist festzustellen, dass die Bezugnahme auf die „Umstände" nicht nur den Zeitraum der Untersuchung, sondern auch deren Art und Umfang betrifft und sich nach den Besonderheiten des Einzelfalls richtet. Dabei müssen stets *die Kosten und der Aufwand der Untersuchung* in einem *vernünftigen Verhältnis zu*

---

604 *LG Paderborn* 25.06.1996, Az. 7 O 147/94, CISG-Online 262.

605 *LG Paderborn* 25.06.1996, Az. 7 O 147/94, CISG-Online 262.

606 *Müller,* 102.

607 *Magnus*, in: *Staudinger,* Art. 38, Rn. 65.

608 *Kröll/ Mistelis/ Viscasillas*, Art. 38, Rn. 3.

609 So. z. B. *Rudolph*, Art. 38, Rn. 2.

610 *Kröll/ Mistelis/ Viscasillas*, Art. 38, Rn. 7.

dem zu erwartenden Ertrag der Untersuchung stehen.[611] Der Untersuchungsstandard ist aus dem CISG selbst heraus zu definieren.[612] Hinsichtlich der Untersuchungsfrist kann zusammenfassend konstatiert werden, dass es zwei Wege gibt, wie die Gerichte zu einem vernünftigen Ergebnis kommen. Entweder kommen die Gerichte zu dem Ergebnis, die Umstände des Einzelfalles bestimmen die Frist des Art. 38 Abs. 1 CISG. Als Kriterien sind sowohl in der Rechtsprechung als auch in der Literatur[613] mehrfach die zuvor analysierten Kriterien genannt worden. Oder die Frist wird durch eine starre Frist des Art. 38, die jedoch durch besondere Umstände verlängert oder verkürzt werden kann, bestimmt.[614] Die zuvor durchgeführte Untersuchung konnte zeigen, dass durch eine kategorisierende Methode den Parteien des internationalen Kaufvertrages geholfen werden kann, zu verstehen, auf welche Aspekte es für die Untersuchung ankommt und inwieweit diese Einfluss auf die Frist nehmen können. Auf lange Sicht kann so den Parteien des Kaufvertrages durch mehr Rechtssicherheit geholfen und die internationale Auslegung des Art. 38 CISG gefördert werden.

B. Auswertung internationaler Rechtsprechung

> *„Indeed, the activity of the CISG court-collective has been aptly likened to an orchestra without a conductor, and the resulting discord seems amplified by the strains of an increasingly diverse academic choir.“*[615]

Für die Auswertung von ausgewählter internationaler Rechtsprechung wurden nahezu alle relevanten Entscheidungen der letzten zehn Jahre[616] aus einigen ausgewählten Vertragsstaaten des CISG analysiert.[617] Es wird in Bezug auf die

---

611 Vgl. *Gruber*, in: Mü-KoBGB, Bd. 3, Art. 38, Rn. 25; *OLG Köln* 12.01.2007, Az. 19 U 11/07, CISG-Online 1581, IHR 2007, 200–206.

612 So auch *Magnus*, TranspR-IHR 1999, 29, 30.

613 Vgl. insbesondere *Ferrari*, RabelsZ 68 (2004), 437, 482–483.

614 *Ferrari*, RabelsZ 68 (2004), 437, 483.

615 *Lookofsky*, 29 J. L. & C. (2011), 141, 142; Liest man die Entscheidungen der Gerichte, so erinnern sie zu Recht an ein Orchester ohne Dirigenten und der erzeugte Missklang scheint durch einen immer größer werdenden akademischen Chor verstärkt zu werden.

616 Für eine Übersicht zur Gesamtfrist bis zum Jahre 2001 wird auf die Arbeit von *Janssen*, 171–176 und gesonderte Schriften je Land verwiesen.

617 Dargestellt werden jedoch nur entscheidungserhebliche besonders relevante Entscheidungen. Der restliche Teil der Überprüfungen hatte für die zu behandelnde Thematik keine Relevanz und wurde im Rahmen der vorliegenden Arbeit nicht berücksichtigt.

Analyse der internationalen Rechtsprechung[618] dargelegt werden, wie einzelne Gerichte bestimmte Frist- und Formerfordernisse bzgl. der Untersuchung anwenden. Hierbei wird festzustellen sein, welche konkreten Maßstäbe jeweils angelegt werden und ob ein Unterschied zwischen dem angloamerikanischen und dem kontinentaleuropäischen Rechtsraum besteht.

I. Österreich

Im deutschsprachigen Rechtsraum war es der *OGH Wien,*[619] welcher zu Art. 38 CISG stets eine strenge Ansicht vertreten hat.[620] So hat der *OGH Wien* in einem neueren Urteil vom 31.08.2010 entschieden, dass die Untersuchungs- und Rügefrist von insgesamt vierzehn Tagen[621] angemessen sei.[622] Hinsichtlich der Rüge verlangt der *OGH,* dass es genüge, so bald dem Verkäufer die *wesentlichen Ergebnisse einer ordnungsgemäßen Untersuchung* mitzuteilen, sodass er sich *ein Bild vom geltenden gemachten Mangel machen* könne. Dies versetze den Verkäufer in die Lage, *angemessen auf die Rüge zu reagieren.*

II. Schweiz

Das *Obergericht des Kantons Luzern*[623] erkennt in seiner Entscheidung vom 08.01.1997, dass die *angemessene Rügefrist mit der Erkennbarkeit der Vertragswidrigkeit* bis spätestens, wenn die Vertragswidrigkeit vom Käufer tatsächlich festgestellt wurde, laufe. *Die Erkennbarkeit ergebe sich insbesondere aus den Modalitäten*

---

618 Im Vergleich zum deutschsprachigen Rechtsraum gibt es recht wenig Entscheidungen zu den Art. 38 und Art. 39 CISG, sodass zunächst nur einige wenige Entscheidungen der letzten zehn Jahre aus dem deutschsprachigen Raum dargestellt werden, bevor auf einige ausgewählte Entscheidungen in anderen Vertragsstaaten eingegangen werden wird.

619 Verwiesen sei an dieser Stelle auf die österreichische JUSTIZ-Datenbank (RIS): http://www.ris.bka.gv.at (zuletzt abgerufen am 06.11.2013).

620 Vgl. zu den Entscheidungen des österreichischen Obersten Gerichtshofs bis zum Jahre 2001: *Posch/ Terlitza,* IHR 2001, 47–56.

621 Vgl. zur nur 14-tägigen Frist: *OGH Wien* 02.04.2009, Az. 8 Ob 125/08b, CISG-Online 1889, IHR 2009, 246–250; *OGH Wien* 27.08.1999, Az. 1 Ob223/99x, CISG-Online 485, IHR 2001, 81–84; *OGH Wien* 15.10.1998, Az. 2 Ob191/98x, CISG-Online 380, JBl 1999, 318–321; *OLG Linz,* 01.06.2005, Az. 1 R 68/05h, 1 R 68/05h, CISG-Online 1088, IHR 2006, 252–253.

622 *OGH Wien* 31.08.2010, Az. 4 Ob 98/10f, CISG-Online 2236, IHR 2011, 85–88, 88.

623 *Obergericht des Kantons Luzern* 08.01.1997, Az. 1 95 123/357, CISG-Online 228, SJZ 1998, 515–518.

der Untersuchungspflicht.[624] Für die Frage in dem hier vorliegenden Fall, ob die Käuferin die Rügefrist gemäß Art. 39 Abs. 1 CISG eingehalten habe, sei somit maßgeblich, ab wann die von ihr behaupteten Mängel erkennbar waren. Hier hatte die Käuferin die Ware nicht direkt nach Ankunft bei ihr gerügt, sondern sich darauf berufen, dass der Verkäufer gewusst habe, dass die Ware weiterversendet werde. Weiter wendete die Käuferin in diesem Fall ein, dass eine Untersuchungsmöglichkeit nicht bestand, da die *medizinischen Verbrauchsmaterialien bis zum Gebrauch steril bleiben müssten*. Somit sei die Käuferin gezwungen gewesen, die *gekauften Produkte in den verklebten Originalkartons verpackt* an ihre Endkunden weiter zu versenden.[625] Damit hätten die Endkunden die Ware untersuchen müssen. Das Gericht entschied, dass die Voraussetzungen einer Weiterversendung im vorliegenden Fall nicht erfüllt wären, da die Käuferin einen großen Teil der Lieferungen des Verkäufers behalten hatte. Daran ändere auch nicht, dass die Klägerin die bestellten Blutleitungen nur an einen einzigen Endkunden verkauft habe. *Maßgeblich sei vielmehr, dass die Ware nicht als Gesamtheit weitergeleitet*, sondern vielmehr der bedeutend *größere Teil der gelieferten Ware an Lager genommen* wurde.[626] Das Gericht ging weiter auf die Frage ein, wie lange die Untersuchungsfrist im vorliegenden Fall unter den gegebenen Umständen zu bemessen sei. Hier analysiert das Gericht die differenten Ansichten im internationalen Rechtsraum und hält – unter der Berücksichtigung der *großen Menge der gekauften Ware*, der Tatsache, dass die Ware *in Kartons und sterile Plastikbeutel* verpackt war, ferner dass es sich um *dauerhafte Güter* handelt –, unter den gegebenen Umständen eine Untersuchungsfrist *von zehn Tagen für angemessen.*[627] Hierbei geht das Gericht für die Untersuchung konkret auf die Angaben der Käuferin ein, welche nach eigenen Angaben drei Tage für eine Überprüfung der Ware im eigenen Lager gebraucht habe, nachdem der Endkunde gerügt hatte.[628]

Nach dem Ablauf dieser 10 Tage nach Eintreffen der Ware im Lager der Käuferin gewährt das Gericht nach einer vorbildlichen Analyse der internationalen

624 *Obergericht des Kantons Luzern* 08.01.1997, Az. 1 95 123/357, CISG-Online 228, SJZ 1998, 515–518.

625 *Obergericht des Kantons Luzern* 08.01.1997, Az. 1 95 123/357, CISG-Online 228, SJZ 1998, 515–518.

626 *Obergericht des Kantons Luzern* 08.01.1997, Az. 1 95 123/357, CISG-Online 228, SJZ 1998, 515–518.

627 *Obergericht des Kantons Luzern* 08.01.1997, Az. 1 95 123/357, CISG-Online 228, SJZ 1998, 515–518.

628 *Obergericht des Kantons Luzern* 08.01.1997, Az. 1 95 123/357, CISG-Online 228, SJZ 1998, 515–518.

Rechtsprechung der Käuferin ein Rügefrist von einem groben Mittelwert von einem Monat. Insofern war die Rügefrist der Käuferin fast vier Monate nach dieser gewährten Untersuchungsfrist verspätet.[629]

In einem neueren Urteil setzt sich das Gericht zwar mit einer Anzeigefrist von *einer Woche im Normallfall* auseinander, folgt jedoch seiner Linie unter Berufung auf das letztgenannte Urteil und sieht keinen Anlass von der empfohlenen Orientierung der ein Monatsfrist abzuweichen.[630]

Für verborgene Mängel wird auf das schweizerische Recht vor dem UN-Kaufrecht verwiesen.[631]

III. Italien

Augenmerk der italienischen Rechtsprechung[632] der letzten Jahre zu Art. 38 CISG war die einheitliche Auslegung dieser. Eine sehr interessante Entscheidung des *Tribunale de Vigevano*[633] hierzu ist vorliegend hervorzuheben, in welchem das Gericht zu prüfen hatte, ob eine Rüge vier Monate[634] nach der Lieferung der Ware noch angemessen war.[635] Dabei wendet das Gericht richtigerweise nicht die im italienischen Recht geltende Frist von acht Tagen nach Art. 1495 Abs. 1 codice civile an, sondern unterscheidet zwischen der Erkennbarkeit der Vertragswidrigkeit in Anlehnung an die internationale Rechtsprechung[636] und im richtigen

---

629 *Obergericht des Kantons Luzern* 08.01.1997, Az. 1 95 123/357, CISG-Online 228, SJZ 1998, 515–518.

630 *Obergericht des Kantons Luzern* 13.05.2003, Az. 11 01 73, CISG-Online 846, ZBJV 2004, 704–708.

631 Vgl. *Magaud*, RIW 1996, 387–389.

632 *Ferrari*, IHR 2001, 179–186; vgl. hierzu auch *Müller/ Togo*, IHR 2005, 102–107.

633 *Tribunale di Vigevano* 12.07.2000 – Nr. 405, CISG-Online 493, deutsche Übersetzung IHR 2001, 72–78, m. Anm. *Rosati*, IHR 2001, 78–81; hierzu auch *Ferrari*, IHR 2001, 56–60.

634 So hat in einer anderen italienischen Entscheidung das *Tribunale di Bolzano* 27.01.2009, abgedruckt in IHR 2012, 42–44 entschieden, dass bei industriell genutzten Maschinen eine Frist von vier Monaten nach Lieferung noch angemessen sei, da die Frist im Rahmen des Art. 39 Abs. 1 CISG nicht unnötig restriktiv ausgelegt werden dürfe.

635 Vgl. zur Entscheidung des Tribunale di *Vigevano* 12.07.2000 – Nr. 405, CISG-Online 493, deutsche Übersetzung IHR 2001, 72–78 unbedingt *Ferrari*, Journal of Law and Commerce (Spring 2001), 225–239.

636 In seiner Entscheidung bezieht sich das Gericht auf Entscheidungen aus Deutschland, Österreich, Frankreich, den Niederlanden, der Schweiz und den Vereinigten Staaten von Amerika.

Zusammenspiel zwischen Art. 38 und Art. 39 CISG. Ferner fällt an dieser Entscheidung die Prüfungsreihenfolge für die *„period of time within wich the notice has to be given"* ins Auge, in der sauber zuerst der Parteiwille und zuletzt die internationalen Entscheidungen zur Frist berücksichtigt werden.[637]

IV. USA

Die Rechtsprechungsübersicht[638] der Vereinigten Staaten von Amerika zu Art. 38 CISG zeigt deutlich auf, dass hier ebenfalls das UN-Kaufrecht sogar mit großer Tendenz einheitlicher Auslegung angekommen ist.[639] In diesem Zusammenhang ist insbesondere die Entscheidung des *U.S. District Court, N.D. of Illinois* als sehr interessante und auch erfreuliche Entscheidung hervorzuheben, in der deutsche Gerichte hinsichtlich der Untersuchungsfrist sogar zitiert werden.[640]

V. Zwischenergebnis

Die analysierte internationale Rechtsprechung hat aufgezeigt, dass es eine deutliche Tendenz zur einheitlichen Auslegung gibt. Hinsichtlich Art. 38 CISG wird der Untersuchungsmaßstab nicht (mehr) pauschalisiert streng gehandhabt oder auf nationalen Vorstellungen beharrt, die über die Haltbarkeit der Ware Eingang in die Rechtsprechung gefunden hatte.[641] Die Erkennbarkeit der Vertragswidrigkeit wird in Anlehnung an die internationale Rechtsprechung beurteilt. Die Gerichte beziehen die Rechtsprechung aus anderen Vertragsstaaten in ihren Urteilsspruch kenntlich mit ein. Auch hinsichtlich der Frist scheinen sich Kompromisse aufzuzeigen, die im richtigen Zusammenwirken zwischen Art. 38 und Art. 39 CISG angewendet werden.

---

637 Vgl. hierzu *Ferrari*, Journal of Law and Commerce (Spring 2001), 225, 234: „Thus, in the case at hand, the parties had not agreed upon a specific period of time, nor were the goods perishable, the court rightly stated that it could measure the timeliness of the notice more liberally."

638 Zu den Entscheidungen von US-amerikanischen Gerichten bis zum Jahre 2002, vgl. *Thiele*, IHR 2002, 8–14.

639 Waren es noch im Jahre 2000 nur eine Entscheidung zu den Untersuchungs- und Rügeobliegenheiten, so sind inzwischen rein rechnerisch bereits sieben Entscheidungen bei CISG-Online veröffentlicht.

640 *U.S. District Court, N.D. of Illinois* 21.05.2004, Az. No. 0I C 4447, CISG-Online 851, IHR 2004, 156, 161.

641 So auch *DiMatteo/ Dhooge/ Greene/ Pagnattaro*, Northwestern Journal of International Law and Business (Winter 2004), 299, 359–360.

C. Ökonomische Analyse des Art. 38 CISG

> „It is somewhat unusual to begin with the treatment of a subject with a warning against attaching too much importance to it; but in the case of economics, such an injunction is quite as much needed as explanation and emphasis of the importance it really has."[642]

Der dritte Abschnitt dieses Kapitels basiert auf der Beurteilung (der Effizienz) der im ersten Abschnitt dargelegten Bestimmungen des Art. 38 CISG im Sinne ökonomischer Kriterien.[643] Zwei Dinge lassen sich vorweg konstatieren: Erstens sei die Lehre von der ökonomischen Analyse des Rechtes, auch wenn sie auf den ersten Blick den Anschein erwecken mag, keine Rechtstheorie von geschlossener Einheit.[644] Zweitens sei für jede Rechtsfrage gesondert zu fragen, ob gesetzliche Wertungen auf die Zulässigkeit einer ökonomischen Analyse schließen lassen.[645] Die *economic analysis of law*[646] beurteilt, kurz gesagt, den marktwirtschaftlichen Kontext von Normen.[647] Das Problem wird mit der *Verteilung von Kosten und Schäden* am *Markt* beschrieben.[648] Die dazugehörige Lösung wird dargestellt als die Suche nach der *optimalen Allokation*[649] von Ressourcen mit den entsprechenden Wohlfahrtsgewinnen. Diese wird als Hauptaufgabe dem Markt, unter Beachtung *marktkonformer Rechtsanwendung und Rechtspolitik*, zugewiesen.[650]

Im Rahmen der vorliegenden Arbeit wird also explizit nach der *effektiven* Verteilung von Kosten für die Untersuchung[651] gefragt. Bevor jedoch hierauf im Sinne ökonomischer Theorien detailliert eingegangen werden kann, sollte kurz die ökonomische Analyse näher betrachtet werden, wobei im Rahmen dieser Arbeit nur auf die ökonomische Analyse des Vertragsrechts eingegangen werden kann.

---

642 *Polinsky,* 87 Harv. L. Rev., 1655, 1658 (1974), der seinerseits wiederum *Knight,* The Economic Organization (1951), 3 zitiert.

643 Auf die Geschichte der ökonomischen Analyse in Deutschland wird im Rahmen dieser Arbeit nicht eingegangen werden. Verwiesen wird jedoch auf den guten Aufsatz von *Winkler*, der insbesondere auf die Bedeutung der ökonomischen Analyse für die Auslegung eingeht, *Winkler,* German Law Journal, Vol. 06 No. 06, 1033, 1038–1039, 1043–1044 und *Kirchner,* Internat. Rev. of L. & Econ. (1991), 277, 278–279.

644 *Fezer,* JZ 1986, 817, 819; vgl. auch unbedingt den kritischen Aufsatz hierzu von *Ott/ Schäfer,* JZ 1988, 213, 214.

645 *So auch Grundmann,* RabelsZ 61 (1997), 423, 432; *Eidenmüller*, 1995, 451–452.

646 Benannt nach dem Werk von *Posner,* Economic Analysis of Law, Boston 1973.

647 *Horn,* Ökonomische Rationalität, AcP 176 (1976), 307, 308.

648 Vgl. *Horn,* Ökonomische Rationalität, AcP 176 (1976), 307, 308.

649 Zum Begriff vgl. unter vielen: *Schwalbe*, in: *Fleischer/ Zimmer (Hrsg.)*, 43, 45.

650 Vgl. *Horn,* Ökonomische Rationalität, AcP 176 (1976), 307, 308.

651 Und in Kapitel 4, Abschnitt B für die Rüge gefragt.

I. Zur ökonomischen Analyse des Vertragsrechts

Im Vertragsrecht basiert die ökonomische Analyse auf der Intention der Vertragsparteien, durch den *Austausch von Leistungen* jeweils einen *wirtschaftlichen Vorteil* gegenüber einer Situation zu schaffen, in welcher es zu einer solchen Austauschbeziehung nicht kommt.[652] Dabei verfolgt sie, geführt durch die Grundannahme der Allokation knapper Ressourcen, zwei vordergründige Ziele: erstens eine *mögliche Senkung von Transaktionskosten* und zweitens die Zuweisung der Lösung von *bestimmten ökonomischen Problemen* an den dafür *am besten geeigneten Funktionsträger.*[653] Konkret stellt sich im Rahmen der Untersuchung des Art. 38 CISG[654] die Frage, ob sich durch die Auferlegung einer Untersuchungsobliegenheit[655] an den internationalen Käufer die Transaktionskosten von internationalen wirtschaftlichen Austauschverträgen senken lassen und wenn dies der Fall sei, ob dann der Käufer für die Erfüllung dieser Aufgabe der ökonomisch am besten geeignete Akteur am Markt sei.[656]

So wird im Rahmen des internationalen Handelskaufs eine *kurze Frist* für die Untersuchung der Ware angeführt.[657] Diese sei berechtigt, weil sie im Rahmen der Schnelllebigkeit des Handelsverkehrs gerechtfertigt sei, dem Verkäufer ein schnelles und zügiges Handeln gewährleisten zu können.[658] Es sollte an dieser Stelle dann doch überprüft werden, ob aus ökonomischer Sicht die Transaktionskosten steigen würden, je länger sich die verkaufte Ware des Verkäufers *im Schwebezustand* befindet – also nicht untersucht werden würde.[659] Zu klären sind die Fragestellungen, ob eine Obliegenheit des Käufers auf Untersuchung der Ware die günstigere bzw. ökonomisch wertvolle Entscheidung darstellen könnte oder sogar eine Pflicht des Verkäufers zur Untersuchung z. B. im Rahmen von Warenausgangskontrollen nicht effizienter sein möge.[660] Der Saldo aus den positiven und negativen Effekten einer Maßnahme sollte also insgesamt positiv sein.[661]

---

652 *Steinmetzler,* 82.
653 Vgl. *Lehmann,* 257; *ders.,* WM 1980, 1162, 1168.
654 Später lassen sich die hier gefundenen Grundsätze auf die Rügepflicht übertragen.
655 Zum Beispiel mit eine relativ kurzen Frist.
656 So auch *Lehmann,* 257, der diese Frage und die Prüfung für den § 377 HGB vorgenommen hat; *ders.,* WM 1980, 1162, 1168.
657 Näheres siehe oben Kapitel 3, Abschnitt A.
658 Näheres siehe oben Kapitel 3, Abschnitt A.
659 Vgl. auch *Lehmann,* 257; *ders.,* WM 1980, 1162, 1168.
660 Oder wie stünde es mit der Überlegung zur zweifachen Untersuchung, als Warenausgangs- und Wareneingangskontrolle.
661 *Nach Nickolas Kaldor und John Hicks.*

Würde man dies auf die Untersuchungsobliegenheit übertragen, hieße es, dass wenn die Untersuchung beim Verkäufer insgesamt ein positives Saldo darstelle, dann diese auch dort erfolgen müsse.

II. Untersuchungsgegenstand und -mittel

Um diese Fragen beantworten zu können, sollte zunächst der *Untersuchungsgegenstand* und dann das *Untersuchungsmittel* im Sinne ökonomischer Kriterien bestimmt werden. Hierfür sind die zentralen Grundsätze der ökonomischen Analyse des Rechts näher zu betrachten, bevor dann unter Zuhilfenahme dieser Annahmen Möglichkeiten zur Überwindung von Informationsasymmetrien aufgezeigt werden. In diesem Rahmen wird auch über den Wert der vergleichenden[662] ökonomischen Analyse des Rechts als Mittel des Verstehens und der kritischen Beurteilung rechtlicher Reformen diskutiert werden.

1. Zur Wahl des ökonomischen Ansatzes

Als Untersuchungsmittel für eine *ökonomische Herangehensweise an rechtliche Fragestellungen* stehen differente *ökonomische Ansätze*[663] zur Auswahl,[664] welche trotz ihrer Variationsvielfalt gemeinsame strukturelle Merkmale aufweisen. Grundannahme der *law and economics*, wohl am einfachsten als *Rechtsökonomik* übersetzt,[665] ist, dass stets das ökonomische Paradigma, d. h. die *Annahme der Ressourcenknappheit, eigennutzorientiertes Rationalverhalten* und *methodologischer Individualismus*, zur Anwendung gelangen muss. Hierbei wird die Ökonomik als Disziplin nicht von ihrem Gegenstandsbereich der Ökonomie her, sondern von ihrer Methodik zu definieren sein.[666] Es ist genau *diese Expansion der Ökonomik*, welche es ermöglicht, Sachverhalte, die bisher nur im Rahmen rechtswissenschaftlicher Argumentation untersucht worden sind, aus ökonomischer Perspektive anzugehen.[667] Dabei wird wie jede Wissenschaft auch die ökonomische Analyse des Rechts von Auseinandersetzungen um ihrer Existenz und

---

662 Vgl. hierzu insbesondere *v. Aaken*, 127–149.

663 Zur methodologischen Einordnung der Ansätze vgl. *v. Aaken*, 127, 129–134.

664 Im Folgenden werden nur einige relevanten Theorien dargestellt, ohne diese auf ihre Plausibilität im engeren Sinne zu untersuchen. Die vorliegende Arbeit ist nicht der Ort, um diese Aufgabe abstrakt zu lösen.

665 Vgl. *Kirchner*, in: *Riesenhuber* (Hrsg.), § 5, Rn. 45; *Weigel*, Rechtsökonomik; zur Terminologie: *Kirchner*, Ökonomische Theorie des Rechts, 5–6.

666 Vgl. *Kirchner*, in: Riesenhuber, (Hrsg.), § 5, Rn. 45.

667 Vgl. *Kirchner*, in: Riesenhuber, (Hrsg.), § 5, Rn. 45.

Anwendung nicht verschon, sodass die zeitgemäße ökonomische Theorie des Rechts auch Erweiterungen und Variationen, insbesondere von der Psychologie inspirierten Forschungsansätze der experimentellen Ökonomik erfahren muss, namentlich genannt: „*Behavioural Economics*"[668] und „*Economics of Happiness*".[669]

Welche Grundsätze und Überlegungen der (angestrebten) Allokationseffizienz zugrunde liegen und anhand welcher Kriterien diese im Vertragsrecht zu prüfen sind, sollen im Folgenden skizziert werden.

a) Ökonomisches Verhaltensmodell

Die grundlegenden Fundamente[670] der *economic analysis of law* oder ökonomischen Analyse des Rechtes[671] finden sich in den Werken von *Calabresi*[672] und der fundamentalen Arbeit von *Coase*.[673] Dieser geht davon aus, dass Wirtschaftssubjekte bestimmte Güter, insbesondere bei der Produktion in Anspruch nehmen, jedoch für diese keinen Gegenwert an die Allgemeinheit, der die Güter zustehen, leisten und dadurch soziale Kosten verursachen.[674] Hierdurch finde ein *volkswirtschaftlicher Wertverzehr ohne marktförmige Verteilung der Kosten statt.*[675] Dieser Ansatz wurde dann von anderen Autoren zu einer *allgemeinen ökonomischen Theorie des Rechtes erweitert.*[676]

Das *ökonomische Verhaltensmodell* kann wie folgt umschrieben werden: von der grundlegenden Annahme ausgehend, dass die *zur Befriedigung verfügbaren Mittel* begrenzt sind und diese jedoch unbegrenzten menschlichen Bedürfnissen gegenüberstehen, ist der Mensch gezwungen, sich zwischen *verschiedenen*

---

668 Dieser Forschungsansatz kritisiert in erster Linie das Modell des homo oeconomicus, da dieses nicht von einer zutreffenden und tragfähigen Beschreibung menschlichen Verhaltens ausgehen. Ihre Erkenntnisse stützen sich auf die Untersuchung des tatsächlichen Verhaltens von Menschen in empirischen Studien und Experimenten mit Versuchspersonen; vgl. hierzu *Schäfer/ Ott*, 103.

669 Vgl. *Franck*, in: *Riesenhuber* (Hrsg.), § 6, Rn. 3.

670 Oftmals als „Väter der economic analysis of law" bezeichnet: so auf von *Fezer*, JZ 1986, 817, 819.

671 Zu den unterschiedlichen Bezeichnungen vgl. *Kirchner*, Ökonomische Theorien des Rechts, 5–6.

672 Vgl. *Calabresi*, in: Yale L. J. 70 (1961), 499–553.

673 *Coase*, The Problem of Social Cost, in: J. of. Law and Economics 3 (1960), 1–44 (übersetzte Fassung, in: *Assmann/ Kirchner/ Schanze*, 129–183); *ders.* The Firm, The Market and The Law, 95 ff., 157 ff.

674 Vgl. auch *Horn*, Ökonomische Rationalität, AcP 176 (1976), 307, 308.

675 M. w. N. *Horn*, Ökonomische Rationalität, AcP 176 (1976), 307, 309, Fn. 7.

676 *Horn*, Ökonomische Rationalität, AcP 176 (1976), 307, 308.

Handlungsvarianten der ihm zur Verfügung stehenden Mittel zu entscheiden. Dabei wird auf der Grundlage des *methodischen Individualismus* davon ausgegangen, dass die Entscheidung von der Verfolgung eigener egoistischer Interessen des Einzelnen abhänge und auf ein rationales Verhalten zurückzuführen sei.[677] Mit anderen Worten: Menschen wählen zur Verwirklichung ihrer Ziele die aus ihrer Sicht beste Handlungsalternative. Diese Annahmen sind stets kritisch zu hinterfragen, da in der Realität Menschen weder nur eigennützig handeln noch sich stets rational verhalten.[678] Vielmehr steht hier das theoretische Modell[679] des *„homo oeconomicus"*[680] im Vordergrund. Trotz der Kritik sollte hinzugefügt werden, dass sich der Mensch für die Beobachtung von Tendenzen und Zusammenhängen von rechtlichen Regelungen *als ökonomisch handelnder Nutzenmaximierer* besser eignet.[681]

Erfolgreich[682] wurde die ökonomische Analyse des Rechts unter dem Einfluss von *Richard Posner.*[683] Als Teil des neoklassischen Theorienansatzes basiert die Arbeit von *Posner* auf einem *preistheoretischen Fundament.* Um nun diese Theorie für rechtliche Fragestellungen fruchtbar zu machen, sind zwei Aspekte zu beachten: erstens die verwendeten Annahmen, hier insbesondere die Annahme *eigennutzorientierten Rationalverhaltens* und zweitens die *normative wohlfahrtsökonomische Ausrichtung*, welche das Ziel der Allokationseffizienz hat.[684] Für das internationale Einheitsrecht, welches dem kontinental europäischem Modell nachempfunden wurde, gilt ein solcher Ansatz in der Literatur partiell als unbrauchbar.[685] Dieser Ansatz findet, unabhängig von der Frage, wie man ihn für die Bewertung rechtlicher Fragestellungen nutzbar machen kann, große Kritik

677 So auch *Klose*, 58.

678 Zur *„Behavioural Economics"*, vgl. u. a. *Schäfer/ Ott,* 103.

679 Zur Rolle des Menschenbildes in der Ökonomie und zum Konzept des „homo oeconomicus", siehe *Kirchgässer,* JZ 1991, 104, 105–107.

680 Zur Kritik am „homo oeconomicus" siehe *Fezer,* JZ 1986, 617–619.

681 Vgl. auch *Klose*, 59.

682 *Schanze*, in: *Assmann/ Kirchner/ Schanze*, 11.

683 *Posner,* Economic Analysis of Law, Boston 1973, (übersetzte Fassung des 4. Kapitels, in: *Assmann/ Kirchner/ Schanze*, 184–221 und die übersetzte Fassung des 1. und 2. Kapitels, in *Assmann/ Kirchner/ Schanze*, 79–99); vgl. ebenfalls die Besprechung hierzu von *Polinsky,* 87 Harv. L. Rev., 1655, 1658 (1974), (übersetzte Fassung in: *Assmann/ Kirchner/ Schanze*, 99–128).

684 Vgl. *Kirchner*, in: *Riesenhuber* (Hrsg.), § 5, Rn. 46.

685 So auch *Kirchner*, in: *Riesenhuber* (Hrsg.), § 5, Rn. 46, dort Fn. 45 m. w. N.

von Vertretern der Neuen Institutionsökonomik,[686] welche zwar selber alle aus neoklassischen Wurzeln entstanden sind, sich in der Folge aber konsequent von den Annahmen der Neoklassik gelöst haben.[687]

Insbesondere wird an der *positiven Theorie der Neoklassik* kritisiert, dass die Rationalitätsannahme nicht stimme, dadurch Transaktionskosten nicht genügend berücksichtigt werden und die Tatsache, dass Informationen systematisch unvollkommen seien, keine ausreichende Berücksichtigung finde.[688] An der *normativen Theorie der Neoklassik* wird kritisiert, dass *auf Probleme des intersubjektiven Nutzenvergleichs* nicht hingewiesen werde, welche eine *Bestimmung eines Wohlfahrtsoptimums* nach dem *Kaldor-Hicks-Kriterium* nicht zulasse und damit das *Ziel der Allokationseffizienz als nicht sinnvoll* erscheinen lasse.[689]

b) Effizienz

Die ökonomische Analyse des Rechts beschäftigt sich u. a. mit den Wirkungen von Rechtsnormen in der Lebenswirklichkeit und bewertet diese Folgen mithilfe des Kriteriums der *ökonomischen Effizienz.* Man unterscheidet in der Ökonomie zwischen v*erschiedenen Effizienzbegriffen.*[690] Im Rahmen der vorliegenden Arbeit ist mit ökonomischer Effizienz stets die Allokationseffizienz gemeint. Die vorhandenen Ressourcen sollen in Nutzen stiftende Güter umgewandelt werden. Konkret heißt das, dass *Produktionsfaktoren* so einzusetzen seien, *dass der mit ihnen erzielte Nutzen maximiert und ein optimales Wohlfahrtsergebnis erzielt werde.* Die Grenzkosten und die Grenznutzen der Ressourcenverwendung sind in einer solch allokativ effizienten Situation auf jedem Markt gleich (Marginalprinzip). Am Markt sollen *Güter in Qualität und Quantität* den Nachfragen *entsprechend ihrer Bedürfnisse* zur Verfügung stehen. Dabei wird modellhaft ein *Optimum an Allokationseffizienz* durch ein statisches Gleichgewicht beschrieben, bei welchem die *Grenzkosten der Produktion dem Grenznutzen der Nachfrager* entsprechen.[691]

---

686 Zu Ihnen gehören u. a. *Richter/ Furubotn*, Neue Institutionsökonomik, siehe u. a. für einen guten Überblick: 1–17; 39–46; 55–58.

687 Zur Unterscheidung zwischen der „Neuen Institutionsökonomik" vom „*alten* Institutionalismus" und von der „Neoklassik" vgl. *Kirchner,* in: *Schuppert/ Neidhardt*, 157, 164–165; *Richter/ Furubotn,* Neue Institutionsökonomik, 45–49.

688 Vgl. *Kirchner*, in: *Riesenhuber* (Hrsg.), § 5, Rn. 48.

689 Vgl. *Kirchner,* in: *Schuppert/ Neidhardt*, 157, 162–163 und 167–169.

690 Vgl. *Franck*, in: *Riesenhuber* (Hrsg.), § 6, Rn. 3, der u. a. auf einen sehr guten Überblick bei *Schwalbe*, in: *Fleischer/ Zimmer (Hrsg.)*, 43–68, verweist.

691 Vgl. *Franck*, in: *Riesenhuber* (Hrsg.), § 6, Rn. 3.

Die *volkswirtschaftliche Rente* maximiert sich in diesem Zustand als *Summe aus Konsumenten- und Produzentenrente.*[692]

Nach *Pareto* ist eine Situation dann *allokativ effizient*, wenn kein Akteur mehr besser gestellt werden kann, ohne dass ein anderer schlechter gestellt würde.[693] Dieser Zustand wird ebenfalls als pareto-optimal bezeichnet,[694] d. h., wenn jegliche Nutzensteigerung für irgendein Mitglied der Gesellschaft nur noch dadurch erreicht wird, dass der Nutzen eines anderen Mitglieds gesenkt wird. Auch dieses Kriterium stößt auf Kritik, nicht zuletzt deshalb, weil es zu Ungerechtigkeiten führen kann, da es auf Verteilungswirkungen nicht eingehe. Das auf *Kaldor* und *Hicks* zurückzuführende Kriterium ist eine *Kollektiventscheidungsregel* und erweitert das *Pareto-Kriterium*, indem der Zustand der Allokationseffizienz überdies erreicht werden kann, wenn ein Gesellschaftsmitglied durch eine Entscheidung benachteiligt wird.[695] Demnach ist es wohlfahrtsteigernd, wenn bei den Gewinnern mehr gewonnen wird, als nötig wäre, um die Verluste der Verlierer kompensieren zu können. Es kommt insbesondere nicht darauf an, ob eine tatsächliche Kompensation erfolgt, solange der Nutzengewinn größer als die nötige Kompensation ist. Ebenso ist dieses Kriterium aufgrund der sich anbahnenden Informationsproblemen[696] signifikanter Kritik ausgesetzt. Es müsse ermittelt werden, wer die Gewinner sowie die Verlierer seien und wie hoch der Gewinn ausfalle. Dennoch stellt es im Rahmen der ökonomischen Analyse des Rechts ein hilfreiches anerkanntes Kriterium zur Analyse gesetzlicher Regelungen bzw. Auslegungsalternativen dar.

c) Coase-Theorem

Bei der Zielsetzung, das Recht in Richtung eines ökonomischen Optimums zu verändern, spielt das *Coase-Theorem* eine wichtige Rolle.[697] Diese nach *Coase*[698] benannte vereinfachte Modellannahme[699] lässt sich wie folgt veranschaulichen: Die Zuweisung der Rechtsordnung bestimmter *Handlungs- bzw. Verfügungsrechte*

---

692 Vgl. *Franck*, in: *Riesenhuber* (Hrsg.), § 6, Rn. 3.

693 Vgl. *Towfigh/ Petersen*, 32, Fn. 11.

694 Vgl. hierzu auch *Fezer*, JZ 1986, 817, 819.

695 Eine gute Darstellung findet sich bei *Klose*, 61.

696 Vgl. zu diesen Informationsproblemen *Cooter/ Ulen*, 209.

697 *Fezer*, JZ 1986, 817, 820.

698 *Coase*, The Problem of Social Cost, in: J.L. & Econ. 3 (1960), 1–44 (übersetzte Fassung, in: *Assmann/ Kirchner/ Schanze*, 129–183); *ders.* The Firm, The Market and The Law, 95 ff., 157 ff.

699 Vgl. hierzu auch *Unberath*, in: *Wagner* (Hrsg.), 87, 94–95.

an die jeweiligen Akteure am Markt sei irrelevant, solange *Verhandlungslösungen* und *Austauschprozesse durch die Akteure auf Märkten – vorausgesetzt sind niedrige Transaktionskosten* – möglich seien.[700] Wird die Situation eines *effizienten Zustandes* durch hohe Transaktionskosten verhindert, so soll das Recht für diese Situation sorgen, indem es rekonstruiert, was sich bei einem funktionierenden Markt ohne oder mit niedrigen Transaktionskosten einstellen würde.[701]

d) Institutionenökonomischer Ansatz

Die *Kritik am neuklassischen Theorienansatz* seitens der Vertreter der Neuen Institutionenökonomik gab Anlass für neue ökonomische Herangehensweisen an rechtliche Problemstellungen.[702]

Nach *Kirchner*[703] kann es gelingen, einen interdisziplinär brauchbaren Ansatz dadurch zu bilden, wenn statt des größtenteils kritisierten neoklassischen Paradigmas der institutionenökonomische Ansatz bevorzugt und hierdurch die ökonomische Analyse des Rechts zur ökonomischen Theorie des Rechts weiterentwickelt werden würde.[704] Diese Theorie stellt nicht nur ein methodisch verbessertes, ökonomisches Paradigma dar, sondern sie ist auch besser mit rechtswissenschaftlichen Ansätzen kompatibel.[705]

Die Neue Institutionsökonomik meint mit dem grundlegenden Begriff der *Institution* ein System, welches miteinander verknüpft ist, aus formalen und informellen Normen zur *Verhaltenssicherung (einschließlich der Vorkehrungen zu ihrer Durchsetzung)*.[706]

2. Zwischenergebnis

Die Neue Institutionenökonomik verdeutlicht, dass Individuen Entscheidungen nicht sämtlich rational eigennützig treffen, sondern lediglich begrenzt rational und damit dem Bild des homo oeconomicus lediglich partiell entsprechen. Dadurch sei eben das Modell begrenzter Rationalität praktikabler und entschärfe ebenfalls Konflikte, die bei der Anwendung der ökonomischen Analyse des Rechts durch

---

700 Vgl. *Müller*, in: *Christensen/ Fischer-Lescano* (Hrsg.), Neue Theorien des Rechts, 361.
701 Vgl. *Müller*, in: *Christensen/ Fischer-Lescano* (Hrsg.), Neue Theorien des Rechts, 361.
702 *Kirchner*, in: *Riesenhuber* (Hrsg.), § 5, Rn. 49.
703 Vgl. *Kirchner*, in: *Riesenhuber* (Hrsg.), § 5, Rn. 49.
704 *Kirchner*, Ökonomische Theorie des Rechts, 7–10.
705 Vgl. *Kirchner*, in: *Riesenhuber* (Hrsg.), § 5, Rn. 49, der auf etwaige Anwendungsbeispiele verweist.
706 *Richter/ Furubotn*, 7.

das Aufeinandertreffen dieser unterschiedlichen Disziplinen Recht und Ökonomie entstehen.[707]

Man sollte stets bedenken, dass ein normatives Modell, mag es noch so *elegant und innerlich kohärent* sein, keinen Nutzen für die rechtswissenschaftliche Theorienbildung aufweist, soweit es keine Basis in der Wirklichkeit besitzt.[708]

III. Vertrag als Marktinstrument und seine Marktrationalität

Die vorliegende Arbeit wird sich hauptsächlich mit der ökonomischen Analyse des Vertragsrechts[709] beschäftigen. Der Vertrag ist im Sinne der *Pareto-Effizienz*[710] das Instrument für den marktwirtschaftlichen Güteraustausch bzw. den Austausch von Leistungen und damit für die zuvor beschriebene *Allokation von Ressourcen*. Hierdurch wird ein *wirtschaftlicher Vorteil* gegenüber der Situation, in welcher eine solche Austauschbeziehung unterbleibt, erzielt[711] und veranlasst die Parteien zu effizientem Verhalten in einer derartigen Tauschsituation. Verträge bergen jedoch auch Risiken.[712] Dann ist es Aufgabe der Vertragsrechtsordnung, so aus Sicht der *economic analysis*, Rationalisierungseffekte durch Erleichterung der Vertragsverhandlungen (Senkung der Transaktionskosten) und der Wirtschaftsplanungen (Vertrauen auf Vertragsbindung) der Parteien, zu erbringen.[713] D. h., bei einer ex-ante-Betrachtung soll der Vertrag im Sinne individuellen Gewinnstrebens zu beiderseitigem Nutzengewinn führen.[714] Im Rahmen der vorliegenden Arbeit bleibt die Frage daraufhin beschränkt, ob sich für die einheitliche Auslegung des internationalen Einheitsrechts, insbesondere durch die ökonomische Analyse der Regelung von Leistungs- bzw. hier wohl eher Vertragsstörungen im CISG verwertbare Kriterien aus der *economic analysis* gewinnen lassen.

Verträge sind dann marktrational, wenn sie die Transaktionskosten minimieren, hierbei die vertraglichen Pflichten und Lasten *marktrational* verteilen, also

---

707 Vgl. *Müller*, in: *Christensen/ Fischer-Lescano* (Hrsg.), Neue Theorien des Rechts, 365–366.

708 *Towfigh/ Petersen*, 14.

709 Vgl. hierzu insbesondere den guten Überblick bei *Hermalin/ Avery/ Craswell*, in: *Polinsky/ Shavell*, 7–138.

710 *Dieses stellt das erste grundlegende Theorem seit Adam Smith dar; zu Smith*, The Wealth of Nations, im Internet abrufbar unter: http://en.wikisource.org/wiki/The_Wealth_of_Nations (zuletzt abgerufen am 13.08.2013).

711 *Steinmetzler*, 82.

712 *Cooter/ Ulen*, 217.

713 *Horn*, Ökonomische Rationalität, AcP 176 (1976), 307, 319.

714 *Steinmetzler*, 82.

damit denjenigen belasten, der die Vertragskosten günstig(er) tragen kann.[715] Dabei sollte beachtet werden, dass die *marktrationale Richtigkeit* von Verträgen nicht immer einhergeht mit der vertraglich gerechten Verteilung von Pflichten und Lasten der jeweils damit belasteten Partei. Denn bei diesem Kriterium handelt es sich eine *hypothetische Annahme*, bei welcher davon ausgegangen wird, dass sich die Parteien in einer völlig gleichen Verhandlungssituation im vollständigen Wettbewerb gegenüberstehen. Jede Partei hat in diesem Kontext ihre eigenen Präferenzen und präzise Vorstellungen über das Recht, welches sie bspw. ihren Verträgen zugrunde legen will.[716] Diese Präferenzen will jede Partei für sich durchsetzen und ebendiese Rechtsgestaltung durch den Vertrag kann für die jeweils einzelne Partei im Einzelfall effizient sein, wenn sich am Ende der von ihr präferierte Vertrag durchsetzt. Allerdings sollte auch hier mit Transaktionskosten für Verhandlungen über das dem Vertrag zugrunde liegende Recht sowie jeden einzelnen ausgehandelten Vertragspunkt berücksichtigt werden. Ebenfalls der Zeitaufwand, den die Vertragsparteien aufwenden, sollte Berücksichtigung finden.

Es kann also zu einer effizienten Austauschsituation kommen. Bewerten kann man das nur für jeden einzelnen Vertrag im konkreten Vergleich von Kosten-Nutzen.

Auch die Bestimmung des *Kostenbegriffs* ist nicht so eindeutig, wie sie zunächst erscheinen mag. Insbesondere wenn man bedenkt, dass die zu erwartenden Schäden oder Kosten durch die Wahrscheinlichkeit ihres Eintritts und durch zusätzliche Risikopräferenzen zu berücksichtigen sind.[717] Dennoch kann sich dieser *ökonomische Leitgedanke* für die Gestaltung von Verträgen, auch wenn er *in der Einzelentscheidung* schwierig anzuwenden sein mag, langfristig als *wirksamer Faktor bei der Ausformung des Vertragsrechts* bei der Verteilung von *Untersuchungs- und Rügeobliegenheiten* auswirken.[718]

1. Annahme des vollständigen Vertrages

Das ökonomische Modell des *„fully specified contract“* stellt einen Vergleich zwischen *abstrakter Idealnorm und existierenden institutionellen Arrangements* an.[719]

715 Vgl. zu dem Unterscheid zwischen kurzen Verträgen und sog. Langzeitverträgen, *Unberath*, in: *Wagner* (Hrsg.), 87, 156–162.

716 Siehe zu den Strategien und der Präferenzabfolge der Parteien *Mankowski*, FS Hans-Bernd *Schäfer* (2008), 369, 372.

717 Vgl. auch *Horn*, Ökonomische Rationalität, AcP 176 (1976), 307, 321–322.

718 So auch *Horn*, Ökonomische Rationalität, AcP 176 (1976), 307, 322.

719 Vgl. auch *Schäfer/ Ott*, 431 ff.

Dieser vollständige Vertrag maximiert den Gesamtnutzen einer Austauschbeziehung und wird in der mikroökonomischen Theorie verwendet, um sämtliche mögliche Folgen antizipieren zu können[720] und bietet eine sichere Basis für ihre Überprüfung. Der vollständige Vertrag ist infolge entsprechender Risikozuordnung effizient. Er ist eine Zusammenführung eines Vertrages aus rechtlicher Sicht[721] und der *mikroökonomischen Theorie der rationalen* Entscheidung. Der vollständige Vertrag hat folgende Voraussetzungen:

a) Keine Transaktionskosten und perfekte Vertragsumwelt

Es wird angenommen, dass die Parteien sich in einem funktionierenden Wettbewerbsmarkt befinden, in welchem im Rahmen von Austauschbeziehungen *keine Transaktionskosten* entstehen – sie besitzen zu jedem Zeitpunkt ein *vollständiges und akkurates* Bild ihrer Vertragsumwelt.

aa) Begriffsbestimmung: Was sind Transaktionskosten?

Grundsätzlich werden Transaktionskosten je nach Untersuchungsgegenstand different gebraucht.[722] Der Begriff wird grundsätzlich modernen Entwicklungstendenzen angepasst. *Coase*[723] war der erste, welcher Transaktionskosten als entscheidungserheblich ansah. Gemeint sind hier nicht nur die *offensichtlichsten Kosten*, sondern auch Verhandlungs- und Vertragsabschluss- sowie Vertragsdurchführungskosten.

Transaktionskosten schließen insofern die Kosten ein, welche die Parteien aufwenden müssen, um einander zu identifizieren, miteinander in Kontakt zu

720 Vgl. *Schäfer/ Ott*, 432.

721 Wobei stets vor Augen geführt werden sollte, dass es sich hierbei um eine unrealistische Annahme handelt: In der Realität werden gerade keine vollständigen Verträge geschlossen. Die Voraussetzungen hierfür sind nie so gegeben. Sofern Informationen den Parteien nicht allgemein zugänglich sind, bestehen immer Informationsasymmetrien zwischen den Vertragsparteien. Auch haben sie nicht an jede Eventualität gedacht. Hohe Transaktionskosten verhindern ebenso, dass solche Verträge geschlossen werden. Verträge sind lückenhaft, eine Interpretation zumeist erforderlich.

722 Zu den Begriffen und der Unterscheidung zwischen Markttransaktionskosten, Unternehmenstransaktionskosten und politischen Transaktionskosten, siehe *Richter/ Furubotn*, 55–56, 58 ff.

723 *Coase*, The Nature of the Firm, in: Economica, New Series, Vol. 4, No. 16. (1937), 386, 390: dort als *„cost of using the price mechanism"* erwähnt, in einem weiteren Werk: The Problem of Social Cost, in: J. of. Law and Economics 3 (1960), 1–44 (übersetzte Fassung, in: *Assmann/ Kirchner/ Schanze*, 129–183) werden Verhaltensweisen aufgezeigt, die Transaktionskosten verursachen können.

treten, die Vereinbarung auszuhandeln und abzuschließen sowie um den konkret geschlossenen Vertrag durchzuführen. *Transaktionskosten seien das ökonomische Gegenstück zur physikalischen Größe der Reibung, die jeder Transaktion immanent seien.*[724] Dabei finde eine Transaktion ausschließlich dann statt, *wenn ein Gut über eine technisch separierbare Schnittstelle transferiert werde. Eine Tätigkeitsphase werde beendet und eine andere begonnen.*[725]

bb) Transaktionskostenminimierung durch Art. 38 CISG auf Seiten des Verkäufers und Käufers?

Die Frage, die sich vorliegend stellt, lautet: Können durch die Art. 38 (und ebenfalls Art. 39 CISG) Transaktionskosten an sich erheblich verringert werden? Die Transaktionskostenanalyse bedarf eines Vergleiches von Planungs-, Anpassungs- und Überwachungskosten.[726] Die Parteien eines internationalen Handelsvertrages können im Rahmen der heutigen Massenproduktion nicht alle Vertragsbedingungen einzeln ausarbeiten. So ist allgemein bekannt, dass auf verschiedenen Märkten jeweils auf Standard-AGBs zurückgegriffen wird.[727] Dabei entstehen den Parteien keine hohen Fixkosten am Anfang, da diese nicht einzeln ausformuliert werden müssen.[728] Ferner können die Parteien durch die Übernahme oder den Verweis auf die Art. 38 und Art. 39 CISG Transaktionskosten zu Beginn sparen. Allerdings können ex-post-Transaktionskosten für die Verwendung der Art. 38 und 39 CISG entstehen, wenn z. B. *unbestimmte Rechtsbegriffe* zur Erhöhung der Transaktionskosten führen. Nach der Spieltheorie[729] bleibt den Parteien noch die Wahl, ein für die jeweilige auf die Vertragsposition angepasstes Recht zu wählen. Auch hier sind insbesondere die Rationalisierungsvorteile nicht von der Hand zu weisen.[730]

---

724 *Williamson*, 12, 75.

725 *Williamson*, 12.

726 *Williamson*, 12.

727 *Mankowski,* FS *Hans-Bernd Schäfer* (2008), 369, 371.

728 Wobei selbst die anfänglich anfallenden Fixkosten sich ebenfalls durch den sog. *„economies of scale"*- Effekt durch den mehrfachen Gebrauch der ersten Ausformulierung amortisieren, vgl. hierzu auch *Mankowski,* FS *Hans-Bernd Schäfer* (2008), 369, 371.

729 Um ein Spiel im Rahmen der Spieltheorie zu charakterisieren, sollte man erstens den Spieler, zweitens die Strategien der jeweiligen Spieler und drittens das Ergebnis eines jeden Spielers zur Strategie analysieren, vgl. *Cooter/ Ulen*, 39; siehe zur Spieltheorie im Rahmen ökonomischer Methoden im Recht *Towfigh/ Petersen*, 71–87.

730 *Mankowski,* FS *Hans-Bernd Schäfer* (2008), 369, 371.

b) *Vollständige Information, rational und nutzenmaximierend handelnde Individuen*

Es wird weiterhin angenommen, dass die Vertragsparteien eines vollständigen Vertrages sämtliche Konsequenzen ihres geschlossenen Vertrages kennen. In Bezug auf die Informationsasymmetrie zwischen den Parteien wird betrachtet, wie rational handelnde Individuen das Risiko, hätten sie es im Vorfeld gekannt, auch *ex ante im konkreten Fall verteilt hätten*. Hierfür werden das Modell des *homo oeconomicus* und seine Entscheidung als Maßstab genommen. Dabei wird davon ausgegangen, dass der *homo oeconomicus* besser geeignet sei als die Vertragsparteien, weil er über *stabile Präferenzen* verfüge und stets rational handele. Hier bildet die Präferenzbildung eine Illustration des persönlichen Geschmacks des Käufers ab.

Wendet man nun diese Annahme auf internationale Verträge an, dann bedeutet das, dass ein Käufer genau sagen kann, welchen Kaufvertrag er mit welchem Inhalt, auch hinsichtlich welcher konkreten Bedingungen z. B. bzgl. der Untersuchungs- und Rügeobliegenheiten, er einem anderem Vertrag vorziehen würde.

c) *Annahme von Budgetbeschränkungen*

Grundsätzlich ist die Wahlhandlung eines Akteurs am Markt frei. Sie kann jedoch durch ein objektives Element begrenzt sein. Auf Verträge angewendet, bedeutet das, dass jemand nur einen Vertrag abschließen kann, den er sich im Zweifel auch *leisten* kann. In Bezug auf den Käufer z. B. bedeutet dies, dass der Preis der Ware und das vorhandene Budget die Entscheidung des einzelnen Käufers beeinflussen (agitieren) kann. Je nachdem, ob er sich seine Präferenz leisten kann, wird er sie erwerben können oder eben nicht. Für die Regelungen zur Untersuchungs- und Rügeobliegenheit bedeutet das, dass der Einzelne lediglich solche Verträge mit den Bedingungen eingehen wird, welche er sich auch leisten kann. Wobei es immer eine größere Investition bedeuten kann, wenn er auf individuelle ausgehandelte Vertragsbedingungen besteht.[731] Kostengünstiger wäre es, wenn man Art. 38 und 39 CISG in den Vertrag einbezieht, obwohl sie evtl. auf die Warenart oder die Vertragssituation nicht zutreffen. Denn die eigentliche Wahlhandlung folgt in einem zweiten Schritt durch die Zusammenführung der Präferenz abzüglich der Kosten. Jemand wird also den Vertrag auswählen, welcher ihm den größten Nutzen unter Berücksichtigung seiner Budgetbeschränkungen verschafft. Bei Verträgen unter Zugrundelegung der Anwendung des CISG kann der Einzelne wegen der angeführten Budgetbeschränkungen nur den für ihn semi-optimalen Vertrag

731 Näheres dazu nachfolgend unter dem Abschnitt „Informationsasymmetrien".

wählen. Er wird den Vertrag nur oberflächlich auf die für ihn leicht erkennbaren Faktoren, die seinen Präferenzen entsprechen, prüfen. Denn dadurch wird das Budget lediglich begrenzt geschmälert. Das Problem an den Art. 38 CISG und Art. 39 CISG besteht darin, dass sie durch die unbestimmten Tatbestandsmerkmale nicht einfach zu verstehen sind. Es ist keine absolute Zeit für die Untersuchung oder Rüge genannt. Deshalb kann es bei dergestalten Verträgen dann eben zu einer Abweichung von einem effizienten Idealvertrag kommen.

2. *Zwischenergebnis: vollständiger Vertrag als Auslegungskriterium für Art. 38 CISG*

Realisiert sich nun ein *ungeregelt gebliebenes Vertragsrisiko*, dann sind die subsidiär greifenden gesetzlichen Normen des internationalen Einheitsrechts, hier die Untersuchungs- und Rügeobliegenheiten aus Sicht der ökonomischen Analyse des Rechts im Rahmen der Annahme eines vollständigen Vertrages, so auszulegen und die Lösung zu favorisieren, welche die Parteien getroffen hätten, wenn sie von dem *planmäßigem Erfüllungsvorgang* Kenntnis gehabt – somit auf der Grundlage *vollständiger Information rational und nutzenmaximierend* – gehandelt hätten.[732] Die *Rekonstruktion* des vollständigen Vertrages soll gerade versuchen, zwischen den Parteien den *Ausgleich* zu finden, welcher bei *rationaler Nutzung der notwendigen Information gefunden worden wäre.*[733] Das Gedankenmodell des vollständigen Vertrages ist insofern ein nützliches, einfaches Analysekriterium, um eine Vielzahl von Vertragsstreitigkeiten zwischen den Parteien bzgl. der Vertragswidrigkeit der Ware unter Effizienzgesichtspunkten zu beurteilen.

Für die Untersuchung der Ware im Sinne des Art. 38 CISG ergibt sich folgende Überlegungen: die Parteien würden zunächst hinsichtlich Erkennbarkeit der Vertragswidrigkeit als solches verhandeln.[734] Hier ist auf die spezifische Warenart einzugehen und dabei die Untersuchungsmethode vorzuziehen, welche mit an Sicherheit grenzender Wahrscheinlichkeit die Vertragswidrigkeit zuverlässig genau aufdeckt. Dabei kann es durchaus darauf ankommen, bereits an dieser Stelle Fachpersonal oder Sachverständige bzw. unabhängige Dritte einzusetzen.

---

732 Vgl. *Grundmann/ Hörning*, in: *Eger/ Schäfer (Hrsg.)*, Leistungsstörungsmodelle im Lichte der ökonomischen Theorie – nationales, europäisches und internationales Recht, 420, 424.

733 Vgl. *Grundmann/ Hörning*, in: *Eger/ Schäfer (Hrsg.)*, Leistungsstörungsmodelle im Lichte der ökonomischen Theorie – nationales, europäisches und internationales Recht, 420, 425.

734 So auch in einem Beispiel für Stahlblöcke im Rahmen des § 377 HGB *Schäfer/ Ott*, 434–435.

Weiter würden die Parteien über die Untersuchung verhandeln, welche als eine Ausgangskontrolle bei dem Produzenten bzw. Hersteller oder über eine Eingangskontrolle beim ersten Abnehmer der Ware ausgestaltet sein kann.[735] Schnell dürfte für beide Parteien erkennbar sein, dass wenn der Hersteller die Ware in größeren Mengen produziert, er die Ware nicht nur besser kennt und damit die Vertragswidrigkeit besser beurteilen kann, sondern die zusätzlichen Kosten einer solchen Ausgangskontrolle über den Preis ebenso kompensieren kann. Es wird zudem argumentiert, dass es im Ergebnis theoretisch ebenfalls ohne Bedeutung sein kann, wer letztlich die Untersuchung der Ware übernimmt, da die Korrektur über den Preis für die Folgen der einen oder anderen Regelungsmöglichkeit automatisch erfolgt, insofern sich die Parteien für die Vertragsabrede entscheiden werden, die ihre gemeinsamen Vorteile maximiert. So wird z. B. der Hersteller die zusätzliche Ausgangskontrolle übernehmen, wenn der Abnehmer einen dementsprechend höheren Preis anbietet. Die Vertragsparteien können sich für alternative Vertragsvereinbarungen gegenseitig kompensieren, sodass niemand trotz einer für ihn nachteiligen Vereinbarung und Risikozuordnung einen Nachteil erleiden sollte. Zu dieser zu *bewerkstelligenden Rekonstruktion des vollständigen Vertrages, dessen Aushandlung wegen hoher Transaktionskosten* jedoch unterblieben ist,[736] kann ebenfalls ein Apell aus der Rechtsprechung beitragen und eine positivere Wirkung auf zukünftige Verträge haben. Denn die Parteien folgen insbesondere diesen Anreizen aus der Rechtsprechung. So kann es transaktionskostenminimierend sein, wenn die Gerichte in den Mitgliedstaaten einheitlich entscheiden. Geleitet von Effektivitätsgrundsätzen können sie so auch zur gerechten Risikoverteilung zwischen den Parteien kommen. Dann kann in Bezug auf bestimmte Vertragsstörungen eine gefestigte Rechtsprechung überdies Anreize zu sorgfältigem (oder sorglosem) Verhalten vermitteln.

3. *Die Risikozuordnung im vollständigen Vertrag*

Für die Zuordnung von Risiken der Leistungsstörungen haben sich in der ökonomischen Analyse drei Argumentationsfiguren entwickelt. Man differenziert

735 Vgl. auch in einem Beispiel für Stahlblöcke im Rahmen des § 377 HGB *Schäfer/ Ott*, 434–435.

736 Vgl. *Grundmann/ Hörning*, in: *Eger/ Schäfer (Hrsg.)*, Leistungsstörungsmodelle im Lichte der ökonomischen Theorie – nationales, europäisches und internationales Recht, 420, 424.

zwischen dem *cheapest cost avoider*[737], *cheapest insurer und der Argumentationsfigur des superior risk bearer.*

Es wird hierbei angenommen, dass wenn die Annahme eines vollständigen Vertrages *zum Zeitpunkt des Vertragsschlusses* erfüllt gewesen wäre, die Vertragsparteien das *Risiko eines Schadenseintritts effizient* verteilt hätten. Bevor dieses Instrument der ökonomischen Analyse des Rechts für eine Auslegung der im Vertrag geregelten Risikozuordnungen Anwendung finden kann, sollte zunächst geprüft werden, wie die Parteien im konkreten Fall tatsächlich das Risiko zugeordnet haben. Denn zumeist wissen die Beteiligten genauestens, wem sie ein bestimmtes Vertragsrisiko auferlegen wollen.

Hier rückt allerdings der Gedanke der Kompensation wieder in den Vordergrund. Denn dann hat derjenige, welcher ein bestimmtes Risiko übernommen hat, auch einen höheren Preis für seine Leistung verlangt. Der Preis sollte mindestens den Schadenserwartungswert des in Rede stehenden Risikos inkludieren. Anders stellt sich die Kalkulation allerdings dar, wenn man das Schadensrisiko auf seinen Vertragspartner abgewälzt habe.[738]

In Bezug auf die Untersuchung ist an eine Reglung zu denken, welche dem Verkäufer (anders als Art. 38 CISG) die Untersuchung der Ware zuschreibt. Dann wird der Verkäufer diese zusätzliche Untersuchung z. B. beim Warenausgang über den Preis der Ware wieder einkalkulieren. Dies wird nicht für jede Warenart interessant sein, da der Käufer für diese Untersuchung, wenn er sie genau so gut selber vornehmen könnte, nichts bezahlen würde. Hilfreich kann es sein, dann tatsächlich nach den Warengruppen zu unterscheiden und nach dem Kenntnisstand und den Überprüfungsmöglichkeiten des Käufers zu fragen.

a) Argumentationsfiguren

Ausgehend von den bisher vorgestellten ökonomischen Kriterien besteht der Zweck eines Vertrages in der *beiderseitigen Nutzenmaximierung*. Dann sollte Zweck eines gesetzlichen Vertragsrechts es sein, in erster Linie Anreize dafür zu schaffen, dass Verträge erfüllt werden und sich etwaige Vertragsrisiken nicht realisieren können.

---

737 Als zentrales Argument von *Calabresi* entwickelt, in: the Costs of Accidents, 135–137, 139–140.

738 Vgl. auch *Wienhaus,* 53.

aa) cheapest cost avoider

Dies bedeutet für die abstrakt-generelle Ausgestaltung des gesetzlichen Vertragsrechts nach dem Kriterium des cheapest cost avoiders, derjenigen Partei die Verantwortung für eine bestimmtes Vertragsrisiko aufzuerlegen, welche dieses Risiko durch die Vornahme präventiver Maßnahmen hätte am *kostengünstigsten vermeiden* können, vorausgesetzt allerdings, die Risikovermeidungskosten sind niedriger als der Erwartungswert des Schadens.[739] Eine Vertragsstörung, z. B. die Lieferung einer vertragswidrigen Ware, ist nach ökonomischen Kriterien vermeidbar, wenn für mindestens einen Vertragspartner der *kontinuierliche Kostenaufwand* zur Verhinderung des Schadenseintritts (V) geringer ist als der Schadenserwartungswert (S) multipliziert mit seiner Schadenswahrscheinlichkeit (q):

(V) < (S) x (q) (sog. *Learned-Hand*-Kriterium).[740]

bb) cheapest insurer

Sind Vertragsstörungen *unvermeidbar,*[741] dann ist das Risiko dem Vertragspartner zuzuordnen, welcher das Risiko am kostengünstigsten versichern kann.[742]

Für die Untersuchungsobliegenheit erscheint es schwierig, hinsichtlich dieser Argumentationsfigur den richtigen Vertragspartner ausfindig zu machen. Denn die Vertragsparteien werden sich wohl eher gegen die Leistungsstörung versichern und nicht gegen die unterbliebene Untersuchung. Anders auch hier, wenn sich die Parteien auf eine Warenausgangskontrolle beim Verkäufer einigen würden. Dann könnte und müsste der Verkäufer ebenfalls die Versicherung gegen das Risiko unentdeckter Mängel übernehmen.

739 *Zamir,* General Concept of Conformity, 52 Lou. L. Rev. 1, (1991), 4, 77.

740 Nach dem amerikanischen Bundesrichter *Learned Hand* in United States et al. v. Carroll Towing Co., Inc., et al. 159 et. seq. 2d 169 (United State Circuit Court of Appeals, 2d Cir. 1947), January 9, 1947; vgl. auch *Feldmann/ Kim*, The Hand Rule.

741 Wie bereits zuvor dargestellt, ist das Vertragsrisiko dann *unvermeidbar,* wenn der zur Abwendung erforderliche Kostenaufwand zur Verhinderung des Schadenseintritts (V) höher ist als der Schadenserwartungswert (S) multipliziert mit seiner Schadenswahrscheinlichkeit (q).

742 Vgl. auch *Grundmann/ Hörning*, in: *Eger/ Schäfer (Hrsg.)*, Leistungsstörungsmodelle im Lichte der ökonomischen Theorie – nationales, europäisches und internationales Recht, 420, 427.

cc) superior risk bearer

Eine Risikozuordnung für solche Vertragsstörungen, die weder vermeidbar noch versicherbar sind, sieht die Argumentationsfigur des *superior risk bearer* vor. Hiernach wird dem *größeren*[743] Vertragspartner, *dem überlegenen Risikoträger,* die Haftung für nicht versicherbare Risiken aufgetragen, da er das Risiko im Unternehmen besser umverteilen kann.

b) Bewertung

Im Rahmen der Untersuchungsobliegenheit des Käufers kann es durchaus sinnvoll sein, dem Verkäufer nach diesen o. g. Regeln das Risiko zuzuschreiben. So kann es in vielen Fällen kostengünstiger und somit effizienter sein, dem Verkäufer eine Ausgangskontrolle bzw. Vorprüfungspflicht anheimzustellen. So sind in diesem Rahmen auch die qualitätssichernden Maßnahmen zu nennen.

Anders hingegen verlangt der Wortlaut des Art. 38 CISG die Untersuchung explizit vom Käufer. Denn aus der Perspektive der Verteilungsgerechtigkeit zeigt diese Regelung den Nachteil, dass die gesamten Kosten der Schadensvermeidung von einer Partei getragen werden, soweit diese keine Vorkehrungen zur Schadensvermeidung trifft. Wäre es dann nicht effizienter gewesen zu sagen, Käufer und Verkäufer unterwerfen sich einer derartigen Prüfung? Allerdings ist hier zu befürchten, dass in den meisten Fällen eine sog. Doppelprüfung nur unnötige Kosten für eine Untersuchung in zweifacher Hinsicht bedeuten würde. Geholfen ist den Parteien hierdurch nicht in jedem Fall. Nur soweit es hierzu bereits eine gefestigte Rechtsprechung in dieser Hinsicht gibt, dann können die Vertragsparteien durch entsprechende vertragliche Regelungen eine Kompensation für den damit belasteten Vertragspartner zahlen. In Einzelfällen kann es jedoch durchaus darauf ankommen, in Erwägung zu ziehen, ob es für den Verkäufer nicht einfacher, schneller und effizienter, also für die Vertragsparteien insgesamt Kostengünstiger wäre.

4. Beispiel und Relevanz für Art. 38 CISG

Es ist wichtig zu erkennen, dass es sich bei diesen Argumentationsfiguren um Hilfestellungen handelt, die Aufschluss bei der Verteilung eines Schadensrisikos zwischen den Vertragspartnern im vollständigen Vertrag liefern können. Insbesondere, weil sie die Präventionswirkungen berücksichtigen, welche von

743 Wobei hier nicht die wirtschaftliche Stärke gemeint ist, sondern die große Anzahl von geschlossenen Verträgen.

Haftungsregeln unter ökonomischen Gesichtspunkten erwartet werden können. Im Rahmen der Untersuchungsobliegenheit könnte vorliegend die Figur des *cheapest cost avoider* herangezogen werden. Die Haftung für das Risiko ist in einem derartigen Fall der Partei als *cheapest cost avoider* zuzuteilen, für die der Risikoaufwand tatsächlich geringer wäre.

Voraussetzung hierfür ist, dass es sich hierbei um eine vorherzusehende Vertragsstörung handelt, die vermeidbar wäre.[744] Wobei in diesem Zusammenhang der Begriff der Vertragsstörung weit zu verstehen ist, da er nicht nur eine Verletzung der Leistungspflicht, sondern darüber hinaus auch die hieraus resultierenden Folgen, also den Schaden und dessen Höhe umfasst.

Vorliegend besteht die Vertragsstörung in der Lieferung vertragswidriger Ware. Es sollte zudem nicht nach den einzelnen Vertragsverletzungen differenziert werden. Denn das CISG subsumiert sämtliche zwischen Verkäufer und Käufer erdenklichen Verletzungshandlungen unter dem Begriff der „wesentlichen Vertragsverletzung" im Sinne des Art. 25 CISG.

Folgende Ausgangssituation sollte man sich also vor Augen führen: Die Vertragsparteien schließen einen Kaufvertrag. Wäre alles *„glatt gelaufen"*, hätten beide ihre jeweiligen Vertragspflichten erfüllt. Nun tritt aber folgende Situation ein: Der Verkäufer liefert vertragswidrige Ware und der Käufer untersucht nicht (bzw. zweiter Fall: Er entdeckt bei der Untersuchung die Vertragswidrigkeit nicht).

a) Vermeidbares Risiko?

Folgende Frage stellt sich nunmehr: Ist das Risiko der Vertragswidrigkeit der Ware, welche durch eine Untersuchung hätte aufgedeckt werden können, *vermeidbar*? Das Risiko, die Ware nicht zu untersuchen, ist erkundbar und auch beeinflussbar. Nimmt man rügelos die Ware an, so kann es sein, dass jede zweite Ware vertragswidrig ist. Dies entspricht einer Wahrscheinlichkeit von 0,5 und der Schaden für die vertragswidrige Ware ist der gezahlte Kaufpreis.

Es lassen sich jedoch mit einem geringeren Aufwand als dem Kaufpreis der Ware Informationen über den Zustand der Ware beschaffen und auch beurteilen. Ein derartiger einmaliger Aufwand zur kritischen Untersuchung und Informationsanalyse vermag also die durchschnittliche Schadenserwartung von 0,5 zumindest zu unterbieten. Der Erfolg der Untersuchung kann insofern eine Absenkung des Schadenserwartungswerts um xy bedeuten. Die Kosten betragen dann weniger als der Kaufpreis der Ware und damit ist das Risiko nach dem *Learned-Hand-Kriterium* vermeidbar. Es ziehen also aus der Vermeidung des o. g. Risikos beide

744 Vgl. auch *Steinmetzer*, 93.

Parteien des vollständigen Vertrages einen Vorteil. Deshalb werden sie auch übereinstimmen, dass nach dem o. g. Kriterium eine Untersuchung der Ware erforderlich ist.

b) Geringer Aufwand für bestimmte Partei im Einzelfall?

Die nächste wichtige Frage stellt sich unmittelbar danach: Wer sollte nun die Ware untersuchen? Die Partner des vollständigen Vertrages vereinbaren, dass jene Vertragsseite die Untersuchung vorzunehmen hat, die diese mit dem geringeren Aufwand und geringerer Kostennote leisten kann. D. h., im konkreten Fall sollte man prüfen, wer ebendies für die jeweilige Ware im Einzelfall ist.

Man könnte hier nach den jeweiligen Gründen fragen, die für den Käufer bzw. Verkäufer sprechen. Diese können sich explizit an den o. g. Kriterien nach Warenart und Untersuchungsweise orientieren.[745]

Eine andere Möglichkeit wäre es eben danach unterscheiden, wer z.B. die Information zur Beschaffenheit der Ware am schnellsten oder leichtesten besorgen kann. Dann kann es bei in Augenscheinnahme bereits feststellbaren Vertragswidrigkeiten der Käufer der hierfür am Besten geeignete Akteur am Markt sein. Das muss dann für den jeweiligen Einzelfall geprüft werden.

In jeder Hinsicht ist es nicht kostengünstiger, stets nur eine Partei damit zu belasten. Zum Beispiel ist also nicht nur immer kostengünstiger, wenn die Untersuchungsobliegenheit beim Verkäufer liegen würde, d. h., dass durch Ausgangskontrollen sichergestellt wäre, dass die Ware das Lager des Verkäufers in vertragsgemäßem Zustand verlässt. Selbst wenn der Verkäufer in einem derartigen Fall schneller reagieren könnte und nicht auf die Mitwirkung des Käufers angewiesen wäre. So ist insbesondere im Hinblick auf Qualitätsmanagementvereinbarungen zu bedenken, dass es nicht zu einer doppelten Verkäufer- und Käuferprüfung kommen darf, die nur unnötige Kosten in zweifacher Hinsicht verursachen würde. Hierzu kann es nämlich kommen, wenn der Verkäufer aufgrund der Qualitätssicherungsvereinbarung die Pflicht zur Prüfung übernommen hat und der Käufer zur Wahrung seiner Gewährleistungsrechte die Ware ebenfalls untersuchen muss. Um einen Rechtsnachteil durch die Reduzierung unnötiger Wareneingangskontrollen nicht fürchten zu müssen, sollte der Käufer eine Abbedingungsklausel in die Qualitätsmanagementvereinbarungen mit aufnehmen, die eine Reduzierung oder komplette Abbedingung der Untersuchungsobliegenheit vorsieht.

---

745 Siehe oben Kapitel 3, Abschnitt A.

IV. Ökonomisches Prüfschema zur Untersuchungsobliegenheit

Für die Untersuchung der Ware könnte man folgendes ökonomisches Prüfschema[746] anwenden:

1.) Zunächst wird gefragt, ob die Untersuchung bzw. die Kosten der Untersuchung explizit im Vertrag durch die Vertragspartner geregelt wurden? Wenn ja, dann gelten diese expliziten Regelungen aus dem Vertrag. Nachfolgend sollte danach gefragt werden, ob der Anspruchsteller einen spezifizierten Anspruch aus dem Vertrag bzgl. der Untersuchung hat und wer die Kosten hierfür übernimmt.
2.) Wenn die Parteien diese Frage nicht explizit im Vertrag geklärt haben, dann ist eine Auslegung nach den Grundsätzen der ökonomischen Analyse des Rechts vorzunehmen. Zu fragen ist, ob nun die Vertragsstörung, hier die nicht erfolgte Untersuchung der Ware oder die verspätete Untersuchung dieser, entsprechend dem *Learned-Hand-Kriterium* vermeidbar war? Wenn sie vermeidbar war, dann stellt sich somit die Frage nach dem *cheapest cost avoider.* War sie nicht vermeidbar, ist deren Versicherbarkeit zu überprüfen.
3.) Damit stellt sich zunächst die Frage nach dem *cheapest-cost-avoider.* Geht man davon aus, dass der Käufer selbst hätte Vorsorge gegen den Schadenseintritt treffen müssen, so trifft ihn die Untersuchungspflicht. Geht man allerdings davon aus, dass der Verkäufer den Schadenseintritt hätte verhindern können, dann trifft ihn die Untersuchung der Ware. Denn, wenn er derjenige ist, welcher die Ware kennt und durch einfache Ausgangskontrolle hätte verhindern können, dass eine mangelhafte Ware das Lager verlässt, dann ist er auch für die Vermeidung des Schadens und die Lieferung einer vertragswidrigen Ware zuständig.[747]
4.) War der Schaden versicherbar? Wenn die Ware versicherbar war, dann stellt sich die Frage nach dem *cheapest insurer.* Bei nicht versicherbaren Schadensrisiken sollte weiter gefragt werden nach dem *superior risk bearer.*
5.) Ist der Käufer der *cheapest insurer?* Hätte der Käufer sich selbst durch Wareneingangskontrollen gegen den Schaden versichern müssen? Oder kann der Verkäufer sich bspw. gegen den Schaden durch Warenausgangskontrollen

---

746 Angelehnt an das wahlfahrtökonomische Prüfschema bei: *Schäfer/ Ott*, 445.

747 Das gilt für die Fälle, in denen der Verkäufer der Hersteller der Ware ist. Denn er wird die vertragswidrige Ware erst gar nicht ausliefern, wenn er vor Gefahrübergang prüft und reguliert. D.h. kostengünstig in technische Arbeitsschritte in seinem Lager eingreift. So kommt es erst gar nicht dazu, dass vom Käufer Gewährleistungsrechte geltend gemacht werden.

versichern? Waren Käufer oder Verkäufer in der Pflicht, sich zu versichern, taten dies aber nicht und tragen somit den vollen Schaden?

6.) Ist der Schaden nicht versicherbar, so sollte weiter nach dem *superior risk bearer* gefragt werden. Verfügt der Käufer über die bessere Möglichkeit, den Schaden auf das Unternehmen zu streuen, dann trägt er die Untersuchung. Ist der Verkäufer eher dazu in der Lage, so trifft eher ihn die Haftung.

V. Das Problem: Informationsasymmetrie zwischen Verkäufer und Käufer

Käufer und Verkäufer verfügen über divergente Informationen zu Produkten, welche zwischen ihnen gehandelt werden.[748] Dieser Umstand einer *ungleichmäßigen Verteilung von Informationen* kann eine gewisse Unsicherheit beim Vertragsschluss bringen, wenn der Verkäufer z. B. seinen Wissensvorsprung gewinnbringend einsetzen will und die Komplexität einer Transaktion erheblich erhöhen und das Gemeinwohl gefährden.[749] Zumeist soll entweder durch eine individuell ausgehandelte oder gesetzlich festgelegte Risikoverteilung eine effiziente(re) Verteilung der Vertragsrisiken entstehen.[750] Dann ist die Kumulation von Informationen bei einer Partei diesem Zweck hinderlich. Fraglich ist also, ob die Beschaffenheit des UN-Kaufrechtes mit einem Gewährleistungsrecht mit Untersuchungs- und Rügeobliegenheit für eine effiziente Verteilung der Informationen und somit zu einem funktionierenden Markt führen kann. Doch bevor weiter auf die Frage eingegangen wird, wie derartige Informationsasymmetrien entstehen, müssen zunächst einige Begrifflichkeiten in diesem Zusammenhang erläutert werden.

1. Gütereigenschaften

Setzt man die Kosten der Informationsbeschaffung im Verhältnis zu den Gütereigenschaften, so werden drei unterschiedliche Güterarten, nach dem Überwiegen ihrer spezifischen Eigenschaft, differenziert: Inspektionsgüter (verschiedene

---

748 Oder sie müssen sich diese Informationen zu unterschiedlich hohen Kosten beschaffen, vgl. *Wehrt,* in: *Ott/ Schäfer (Hrsg.),* Ökonomische Probleme des Zivilrechts, 235.

749 Wenn der Verkäufer den Käufer aus seinem Vorteil nicht mehr entschädigen könnte (Kaldor-Hicks-Kriterium).

750 Im Rahmen dieser Arbeit wird auf die Verteilung von Garantien und Gewährleistungsrechte nicht näher eingegangen. Zu den Parametern, unter denen sich die Vertragsparteien für eine optimale Verteilung von Gewährleistungsrechten entscheiden können, vgl. aber *Parisi,* American Journal of Comparative Law, Vol. 52, No. 2, Spring 2004, 403, 410–418 und *Eger,* FS *Claus Ott* (2002), 182, 188–200.

Lebensmittel, Textilien), Erfahrungsgüter (Autos, Stereoanlagen, Häuser) und Vertrauensgüter (ärztliche Behandlung, Kfz-Reparaturen).[751]

Inspektionseigenschaften sind dadurch gekennzeichnet, dass der Konsument sich zu geringen Kosten *vor dem Kauf durch Inspektionen* über diese informieren kann. Man könnte hier ferner von Untersuchungseigenschaften sprechen.

Eigenschaften, welche man erst im Laufe der Zeit *durch den Umgang mit dem Konsumgut* kennenlernt, werden Erfahrungseigenschaften genannt. Abschließend sind noch die Vertrauenseigenschaften von Belang, welche Eigenschaften sind, über die man selbst durch Konsumerfahrung keine Klarheit gewinnt. Bereits diese Differenzierung zeigt, dass die Konsumenten über Inspektionsgüter gut, über Erfahrungsgüter um so besser informiert sein werden, jedoch nur, je mehr Wiederholungskäufe getätigt werden. Und über Vertrauensgüter werden sie am schlechtesten informiert sein.[752]

2. *Konsumenteneigenschaften*

Ferner werden die Konsumenten hinsichtlich ihres Informationsstandes in zwei Kategorien gegliedert: Die kommerziellen und die nichtkommerziellen Konsumenten. Augenscheinlich werden die kommerziellen Konsumenten in der Regel recht gut über die Produktqualität informiert sein, weil sie zumeist große Mengen und wiederholt kaufen. Man sollte ebenfalls bedenken, dass sie die Ware gewinnbringend weiterverkaufen und nur daran verdienen, wenn sie ihre Kalkulation professionell führen. Anders die nichtkommerziellen Konsumenten: Sie werden in der Regel schlecht informiert sein, da sie viele unterschiedliche Waren selten und in relativ kleinen Mengen kaufen.[753] In den Fällen, in denen einem Käufer eine effiziente Informationsstruktur in Bezug auf die Vertragswidrigkeit der Ware aufgrund der individuellen Vertragssituation der Parteien nicht vorliegen kann, sollte die Obliegenheit des Käufers auf die Untersuchung der Ware eingeschränkt werden und anders beurteilt werden als im Sinne des Art. 38 CISG.

3. *Wie können Informationsasymmetrien entstehen?*

Oft kommt es vor, dass eine Vertragspartei der anderen wichtige Informationen vorenthält. Zum Beispiel ist der durchschnittliche Verkäufer im Vergleich zum Käufer, zumindest in den Fällen, in denen er gleichzeitig der Hersteller der Ware

---

751 *Eger*, in: *Nagel*, Wirtschaftsrecht II, 137.
752 *Eger*, in: *Nagel*, Wirtschaftsrecht II, 137.
753 *Eger*, in: *Nagel*, Wirtschaftsrecht II, 137.

ist, recht gut über die Qualität der verkauften Ware informiert. In Bezug auf die Untersuchungsobliegenheit kann es also sein, dass der Verkäufer der Ware im Gegensatz zum Käufer über ein überlegenes Wissen zu Vertragswidrigkeiten und die *spezifische* Untersuchung dieser verfügt.[754] Auch der Käufer kann über derartige zusätzliche Informationen verfügen. So weiß er hinsichtlich der Art der Verwendung oder Weiterverarbeitung der Ware besser Bescheid als der Verkäufer. Nun kann er diese Informationen dem Verkäufer vorenthalten oder er kann sie dazu gebrauchen, sein individuelles Risiko auszurechnen. In jedem Falle sind sie nützliche Informationen, über die der Verkäufer nicht verfügt bzw. nur mittelbar über den Käufer verfügen kann. Man vermutet hinter solchen Informationsasymmetrien zwischen Käufer und Verkäufer zwei ökonomische Probleme, die sich einerseits kurzfristig und andererseits langfristig auswirken können. Kurzfristig werden somit Verträge abgeschlossen, welche nicht zu einer wechselseitigen Verbesserung der Parteien führen. Dann kann es sogar sein, dass einige Konsumenten nach Vertragserfüllung schlechter stehen, als wenn sie den Vertrag gar nicht geschlossen hätten (sog. Fehlkauf). Langfristig besteht das Problem darin, dass gute Qualität vom Markt gedrängt wird (adverse Selektion[755]). Dann kommen wechselseitig vorteilhafte Verträge aufgrund der unzureichenden Information der Konsumenten nicht mehr zustande.[756]

4. *Wie kann Informationsasymmetrien entgegengewirkt werden?*

Eine Möglichkeit, Informationsasymmetrien entgegenzuwirken, sind sog. *selbstregulierende Marktmechanismen.*[757] Es wird zwischen sog. Überwachungs- und Signalmechanismen differenziert. Bei den Überwachungsmechanismen ergreift der schlecht informierte Vertragspartner die Initiative, um die entsprechenden Informationen zu erhalten. Bei Signalmechanismen geht hingegen die Initiative vom gut informierten Vertragspartner aus. Auf den Vertrag zwischen Käufer und Verkäufer bezogen bedeutet dies, sich über den jeweiligen Vertragspartner so viele Informationen wie nötig und möglich einzuholen. Je nach Industrie kann es auch bedeuten, evtl. mit anderen Käufern bzw. Verkäufern in Kontakt zu treten

754 So auch *Parisi,* in: *Janssen/ Meyer,* 161.

755 Siehe hierzu die von *Akerlof* entwickelte Theorie „Market for Lemons", The Quarterly Journal of Economics Vol. 84, Issue 3 (1970), 488, 489–490.

756 *Eger,* in: *Nagel,* Wirtschaftsrecht II, 136–138.

757 Diese von *Akerlof,* The Quarterly Journal of Economics Vol. 84, Issue 3 (1970), 488, 489–490, entwickelte Theorie „Market for Lemons" sagt aus, dass je nach Zahlungsbereitschaft der Käufer sich eine schlechte Qualität selbst aus dem Markt verdrängen werde. Es werden auch Garantien genannt, welche die erwartete Qualität sichern.

und Erfahrungen auszutauschen. Allerdings müsse man hierbei bedenken, dass es durchaus schwierig sein kann, wenn bei kaufmännischen Käufern diese mit ihren Konkurrenten Kontakt aufnehmen müssen. Ebenfalls ist dieses kritisch zu betrachten, da ein Mehr an Informationen nicht immer gleichzusetzen ist mit qualitativ besserer Information. Auch ein Verständnis wirtschaftlicher und rechtlicher Zusammenhänge beim Verkäufer und Käufer wird vorausgesetzt.

5. *Zwischenergebnis*

Eine Informationsasymmetrie zwischen Käufer und Verkäufer kann prinzipiell existieren. So kann ihr z. B. der Käufer hinsichtlich der Produktqualität unterliegen. Dann kann es unter bestimmten Bedingungen nötig sein, erst nach Warengruppe zu differenzieren und im Nachhinein die Entscheidung zu treffen, entweder individuelle Vereinbarungen hinsichtlich der Untersuchung der Ware zu treffen oder den Art. 38 CISG in den Kaufvertrag mit einzubeziehen. Fraglich ist jedoch, wie ökonomisch und effektiv diese Vorgehensweise ist.

Außerdem kann es vorkommen, dass der Käufer prinzipiell nicht bereit ist, einen höheren Preis für besser ausgehandelte individuell angepasste Vertragsbedingungen in Bezug auf die Untersuchungs- und Rügeobliegenheiten zu bezahlen. Dann wird er auf Art. 38 und Art. 39 CISG ausweichen müssen, welche evtl. auf die einzelne Situation nicht angepasst sind und die ebenfalls in einigen Konstellationen kostenaufwendig sein können. Denn sind die Untersuchungs- und Rügeobliegenheiten den Vertragspartnern unbekannt, dann sollte der einzelne Käufer oder Verkäufer erneut Zeit und Geld investieren, um die Art. 38 und 39 CISG zu verstehen und für seine Vertragssituation ertragreich zu gestalten. Höchstwahrscheinlich müsste er ebenfalls juristischen Rat in Anspruch nehmen, um die Tragweite der einzelnen Normen zu verstehen. Sollten dann die Normen nicht seinen Vorstellungen entsprechen, müsste er Verhandlungen führen, um eine Abänderung in seinem Sinne zu erreichen.[758] Durch derartige Verhandlungen mit jedem einzelnen Geschäftspartner würde aber der Rationalisierungseffekt des UN-Kaufrechts abgestritten. Zu beachten ist ebenso, dass Käufer (und Verkäufer) im internationalen Handel nicht nur einen Vertrag pro Tag schließen. Durch diese zeitraubenden und mühevollen Schritte können die Kosten, welche mit einer einzigen Transaktion verbunden sind, schnell prohibitiv hoch werden.

---

758 Der Käufer könnte evtl. „bessere“ Regelungen zur Untersuchung und Rüge heranziehen, wenn er einen anderen Vertragspartner ausfindig machen würde, dessen Konditionen in Bezug auf die Rügeobliegenheit annehmbarer sind, vgl. hierzu auch *Mankowski*, FS *Hans-Bernd Schäfer* (2008), 369, 371.

Zumeist rechtfertigt der Wert einer einzelnen Transaktion in vielen Fällen das Aushandeln der einzelnen Vertragsbedingung zu Untersuchung und Rüge nicht.

Die Informationsasymmetrie kann im kaufmännischen Bereich allerdings dann abgemildert werden, wenn die kaufmännischen Kunden mehrfach miteinander kontrahieren oder eine langjährige Geschäftsbeziehung haben oder aufbauen wollen. Dann lohnt es sich für den kaufmännischen Kunden, sich mit den einzelnen Vertragsbedingungen der Vertragspartei auseinander zusetzen und diese an die jeweilige Situation anzupassen. Allerdings ist es aber auch möglich, dass dann häufig eine kulante Schadensregulierung zwischen den Vertragsparteien vor der Durchsetzung der einseitig aufgestellten Kondiktionen bevorzugt wird. Selbst einer auffällig überdurchschnittlichen Reputation eines Verkäufers kann hier eine besondere Bedeutung zukommen.[759]

VI. Ergebnis zur ökonomischen Analyse des Art. 38

Als Ergebnis der ökonomischen Analyse des Art. 38 CISG kann festgehalten werden, dass zwar durch die ökonomische Wirkungsweise des CISG den Parteien in erheblichem Maß Transaktionskosten in Form von tatsächlich anfallenden Verhandlungskosten erspart bleiben. Dies trifft jedoch nicht auf sämtliche Fälle spezifischer Verträge zu. Denn die Regelung des Art. 38 CISG bedarf einer (im Streitfall richterlichen) Konkretisierung. Fraglich bleibt, ob die Gerichte die Aufgabe der Konkretisierung so erfüllen, dass stets eine effiziente Risikoverteilung erzielt wird. Konkret heißt das: Es werden zwar Transaktionskosten gespart, da die Regelungen zwischen den Vertragsparteien nicht erneut ausformuliert werden müssen, d. h. also, dass der finanzielle Aufwand für die Parteien, sich in mehrere unterschiedliche Rechtsordnungen einzuarbeiten, erspart bleibt. Jedoch sind sie für bestimmte Einzelfälle nicht effizient genug, der alternative Einsatz der Ressourcen würde also zu einem anderen Ergebnis führen. Dessen ungeachtet haben die vorgestellten und angewendeten ökonomischen Modelle zwei Schwachpunkte, welche der Ökonomie oft vorgeworfen werden. Sie sind erstens sehr stark vereinfacht und zweitens sehr theoretischer Natur. Nun könnte postuliert werden, dass gerade dieses der Vorteil einer ökonomischen Analyse im Vergleich zur juristischen darstelle. Dennoch können nicht immer komplexe Themenfelder in vorhandene ökonomische Modelle erfolgreich implantiert werden. Denn nicht immer werden sie einander gerecht. Dennoch können für bestimmte Verträge, die unter Zugrundelegung des

---

759 Im Rahmen dieser Arbeit wird hierauf jedoch nicht näher eingegangen, vgl. jedoch den sehr lesenswerten Artikel von *Liebster*, FS *Ingeborg Schwenzer* (2011), 1031, 1036 1041.

CISG abgeschlossen werden, die Regelungen des Art. 38 CISG transaktionskostenminimierend wirken. So sind die Argumentationsfiguren *cheapest cost avoider* und *cheapest insurer* für die Risikozuordnung im vollständigen Vertrag eine hilfreiche Stütze, um infrage kommende *Untersuchungsrisiken* im Einzelfall effizienter unter den Vertragsparteien zu verteilen und es so bereits im Vorfeld nicht zu einer Verschwendung knapper Ressourcen kommen zu lassen. Es sprechen gute Gründe dafür, unter bestimmten Voraussetzungen dem Verkäufer das Risiko zuteil werden zu lassen (im Sinne einer effizienten Risikominimierung). Der Aufwand, der dem Verkäufer in diesen Fällen durch die Übernahme des Risikos entstehen und vom Käufer als Teil des Kaufpreises bezahlt werden würde, kann geringer ausfallen als der Aufwand des Käufers. Auch die Zielsetzung der Norm gibt eine Untersuchungsweise vor, die vom Käufer nur solche Maßnahmen verlangt, die für ihn weniger Aufwand begründen als für den Verkäufer.

Insbesondere lässt sich das im Hinblick auf die quantitativen Minderlieferung darstellen. Hier ist der Verkäufer auf jeden Fall der *cheapest cost avoider*, indem er z. B. durch effiziente Organisationsstrukturen seiner Lager viel kostengünstiger in der Lage ist, die richtige Menge zu liefern, als der Käufer hierfür Sorge tragen könnte.

D. Ergebnis zu Art. 38 CISG

Für die Untersuchung der Ware im Sinne des Art. 38 CISG ist festzustellen, dass die Bezugnahme auf die „Umstände" sich nicht nur den Zeitraum der Untersuchung, sondern auch deren Art und Umfang bezieht und sich nach den Besonderheiten des Einzelfalls und den zwischen den Parteien getroffenen Vereinbarungen[760] oder international geltenden Gepflogenheiten richtet.

Der Untersuchungsstandard ist aus den Übereinkommen selbst zu definieren und die Kosten und der Aufwand der Untersuchung müssen in einem vernünftigen Verhältnis zu dem zu erwartenden Ertrag der Untersuchung stehen. Hinsichtlich der Untersuchungsfrist kann zusammenfassend konstatiert werden, dass die zuvor durchgeführte Untersuchung zeigen konnte, dass durch eine

760 Zusammenfassend sind folgende Vorteile, die der Verkäufer aus einer individuellen Vereinbarung hat, zu nennen: enorme Kostenersparnis, wenn er bereits in seinem Lager die Vertragswidrigkeit erkennt und die vertragswidrige Ware aussortiert. Hierbei kann er diese Extrakosten der Untersuchung über den Kaufpreis zurückverlangen. Bei mehrfach kontrahierenden Vertragspartnern fallen die Vertragskosten nur einmal an. Auch der Wettbewerbsvorteil gegenüber Mitbewerbern darf hierbei nicht unterschätzt werden.

kategorisierende Methode den Parteien des internationalen Kaufvertrages geholfen werden kann, zu verstehen, auf welche Aspekte es für die Untersuchung ankommt und inwieweit diese Einfluss auf die Frist nehmen kann.

Im Rahmen der Rechtsprechungsanalyse zu Art. 38 CISG wird recht schnell deutlich, dass die Gerichte ebenso zwei Herangehensweisen zum Untersuchungserfordernis des Art. 38 CISG gefunden haben. Neben den Kriterien, welche die Untersuchung näher umschreiben können, neigten die Gerichte oft zur starren Frist. Begründet wurde dieses oft über das vermeintliche Argument der Rechtssicherheit. Und dennoch: Es zeigt sich eine deutliche Tendenz zur einheitlichen Auslegung.

Die ökonomischen Analyse des Art. 38 CISG konnte zeigen, dass es durchaus zur Senkung von Transaktionskosten kommen kann, wenn die Parteien die Untersuchung je nach Produktgruppe bzw. Warenkategorie untereinander aufteilen. Der Aufwand, der dem Verkäufer in diesen Fällen durch die Übernahme des Risikos entstehen und vom Käufer als Teil des Kaufpreises bezahlt werden würde, kann geringer ausfallen als der Aufwand des Käufers. Auf lange Sicht kann so nicht nur durch mehr Rechtssicherheit den Parteien des Kaufvertrages geholfen werden, ihre Transaktionskosten zu senken, sondern auch die internationale Auslegung des Art. 38 CISG kann gefördert werden. Auch die Zielsetzung der Norm gibt eine Untersuchungsweise vor, die vom Käufer nur solche Maßnahmen verlangt, die für ihn weniger Aufwand begründen als für den Verkäufer.

4. Kapitel: Art. 39 CISG

Art. 39 CISG bestimmt erstens, dass der Käufer *überhaupt* rügen und zweitens im Rahmen der Rüge die Art der Vertragswidrigkeit *genau* bezeichnen muss. Um das Recht, sich auf die Vertragswidrigkeit der Ware berufen zu können, nicht zu verlieren, sollte der Käufer die festgestellte Vertragswidrigkeit *innerhalb einer angemessenen Frist* dem Verkäufer anzeigen. Während Art. 39 Abs. 1 CISG mit einer *Angemessenheit* der Rügefrist rechnet, verlangt Art. 39 Abs. 2 CISG zwei Jahre, *nachdem die Ware dem Käufer tatsächlich übergeben worden ist,*[761] den absoluten Ausschluss der Rüge.[762]

A. Mängelrüge

Auch im Rahmen des Art. 39 CISG können zwei Aspekte besonders relevant werden: Die Frist, im Rahmen derer der Käufer die vertragswidrige Ware rügen sollte, und die angebrachten inhaltlichen Anforderungen an diese Rüge. Bevor auf diese einzelnen Problemkreise eingegangen werden kann, sollte zum besseren Verständnis zunächst allgemein der Art. 39 CISG näher beleuchtet werden. Denn auch diese Vorschrift erscheint zunächst ihrem Wortlaut nach eindeutig, bereitet jedoch je nach vorhandener nationaler Rechtsordnung mehr oder minder Schwierigkeiten.[763]

Im Folgenden wird auf die im Einzelfall in der Rechtsprechung geforderten zeitlichen und inhaltlichen Voraussetzungen sowie die Rechtsfolgen einer nicht ordnungsgemäß erfolgten Mängelrüge – im Wesentlichen also die Bedeutung der Rechtsfolge: Er kann das Recht verlieren, sich auf die Vertragswidrigkeit zu berufen – eingegangen. Auch die Verbindung zwischen Art. 39 Abs. 1 zu Art. 39 Abs. 2 CISG und Art. 39 zu Art. 40 CISG und Art. 44 CISG wird erläutert.[764]

---

761 Art. 39 Abs. 2 CISG.

762 Zu denken ist allerdings an die Garantiefrist, die Art. 39 Abs. 2 CISG als Ausnahme zur zwei Jahresfrist nennt; vgl. hierzu *Schwimann,* Art. 39, Rn. 4.

763 Der Anschein, dass nationale Vorstellungen in die Auslegung des Art. 39 CISG einbezogen werden, bleibt auch hier auf dem ersten Blick bestehen. Näheres dazu nachfolgend.

764 Vgl. hierzu auch *Gabriel,* 114.

I. Entstehungsgeschichte

Auch auf die Entstehungsgeschichte des Art. 39 CISG kann im Rahmen dieser Arbeit lediglich in der gebotenen Kürze[765] eingegangen werden.[766] Art. 39 CISG, welcher weitestgehend Art. 39 EKG[767] nachempfunden wurde, erfuhr noch auf der Konferenz einige Änderungen.[768] Im Ergebnis blieb es jedoch bei der bereits bekannten Notwendigkeit der Mängelrüge und der absoluten Ausschlussfrist von zwei Jahren. Hierbei wurde allerdings ein weiterer Kompromiss in Form des Art. 44 CISG[769] geschaffen, der den Käufer vor dem auf der Konferenz heftig diskutierten *vollständigen Rechtsverlust* schützen sollte.[770] Ferner hatte man bereits in den Entwürfen zum CISG im Vorfeld bekanntgegeben, die *kurze Frist* des Art 39 Abs. 1 EKG in eine *angemessene Frist* zu ändern.[771] Die Voraussetzungen des Art. 39 Abs. 2 EKG, welcher dem Käufer aufgab, den Verkäufer zur Untersuchung der Ware aufzufordern, wurde als *unpraktische Förmlichkeit*[772] für entbehrlich gehalten und gänzlich gestrichen. Art. 39 Abs. 3 EKG[773] ist im Art. 27 CISG als allgemeine Vorschrift beibehalten worden.[774] Die Änderungen gegenüber dem EKG wie ebenso der neu aufgenommene Art. 44 CISG lassen die eindeutige Tendenz erkennen, dass die Regelung nicht nur flexibler, sondern insgesamt obendrein käuferfreundlicher als im EKG zu bewerten ist. Damit wurde einem gerade von Seiten der Entwicklungsländer vorgebrachten Anliegen entsprochen.[775]

---

765 Im Rahmen der vorliegenden Arbeit werden lediglich die Entwicklung auf der Konferenz und die Schritte vom EKG zum CISG aufgegriffen.

766 Wie bereits zuvor wird auf die zahlreichen Dokumentationen zu der Entstehungsgeschichte des CISG vom Ersten Entwurf von 1939 bis zur Haager Konferenz 1964 verwiesen; eine sehr gute Darstellung findet sich bei *Janssen*, 36–39.

767 Die Fassung des Art. 39 EKG ist u. a. abgedruckt bei *Magnus*, in: *Staudinger*, Art. 39, Rn. 7.

768 *Janssen*, 36 ff.

769 Näheres zum Art. 44 CISG siehe nachfolgend.

770 *Magnus,* in: *Staudinger,* Art. 39, Rn. 8.

771 *Magnus,* in: *Staudinger,* Art. 39, Rn. 8.

772 Vgl. *Huber,* RabelsZ 43 (1979), 413, 482–483.

773 Abgedruckt bei Magnus, Staudinger, Art. 39, Rn. 7.

774 *Magnus*, in: *Staudinger,* Art. 39, Rn. 9.

775 Vgl. *Sono*, in: *Bianca/ Bonell*, Art. 39, Bem. 1.5. m. w. N.; *Loewe*, 58; *Schlechtriem*, in: *Bucher* (Hrsg.), Die Pflichten des Verkäufers und die Folgen ihrer Verletzung, insbesondere bzgl. der Beschaffenheit der Ware, 103, 125.

II. Normzweck und das Verhältnis zu Art. 38 CISG

Die Anzeige vermittele lediglich die Wahrnehmung des Käufers.[776] In Literatur[777] und Rechtsprechung wird konsequenterweise auch im Rahmen des Art. 39 CISG z. T. von einer *Gesamtregelung* gesprochen.[778] Dieses mag im Rahmen der Mängelrüge durchaus sinnvoll erscheinen, da sich der Verweis auf die Untersuchung im Sinne des Art. 38 CISG selbst tatsächlich im Wortlaut der Norm auch finden lässt.[779]

Die Konkretisierung der unbestimmten Rechtsbegriffe im Rahmen des Art. 39 CISG soll das Spannungsverhältnis zwischen den Interessen des Käufers und des Verkäufers Rechnung tragen und einen angemessenen Ausgleich zwischen diesen wohl berechtigten Interessen beider Seiten herbeiführen. Ob dieses immer gelingt, ist fraglich. Es wird allerdings ebenso vertreten, dass die Norm hauptsächlich dem Interesse des Verkäufers diene.[780] Soll der Verkäufer zu einer Reaktion hinsichtlich der Vertragswidrigkeit der Ware veranlasst werden, so bestehe für den Käufer diese *Informationspflicht.*[781] Der Verkäufer müsse dann nach abgeschlossener Lieferung nicht *noch längere Zeit später* mit Gewährleistungsansprüchen des Käufers rechnen.[782] Aus kalkulatorischen Aspekten sei dieses Interesse des Verkäufers auch berechtigt, da die spätere Beweissicherung[783] – selbst wenn ihn die Beweislast nicht unbedingt treffe[784] – schwieriger werden könnte. Es wird nämlich teilweise argumentiert, dass es Zweck der zügigen Anzeige sei, dem Verkäufer die Möglichkeit einer schnellen Beweissicherung zu gewährleisten. Diese kann aber nur dann tatsächlich gelten, wenn er die Beweislast (hier für die Vertragswidrigkeit der Ware) auch trüge. Trägt aber der Käufer die Beweislast, so kann von ihm keine schnelle

776 Vgl. *Bundesgericht* 28.05.2002, Az. 4C.395/2001, IHR 2003, 72–76.

777 Vgl. u. a. *Ferrari*, 15 J.L.Com. (1995), 1, 99–100.

778 So *Gruber*, in: MüKo, Art. 39, Rn. 1.

779 Art. 39 Abs. 1 CISG lautet: „Der Käufer verliert das Recht sich auf die vertragswidrigkeit der Ware zu berufen, wenn er sie dem Verkäufer nicht innerhalb einer angemessenen Frist nach dem Zeitpunkt, in dem er sie festgestellt hat oder hätte feststellen müssen, anzeigt und dabei die Art. der Vertragswidrigkeit genau bezeichnet."

780 Vgl. auch *Magnus,* TranspR-IHR 1999, 29, 30.

781 *Magnus,* TranspR-IHR 1999, 29, 30.

782 Vgl. auch *Magnus*, in: *Staudinger,* Art. 39, Rn. 3.

783 Zur Beweislast vergleiche unten.

784 *Magnus*, in: *Staudinger,* Art. 39, Rn. 71.

Reaktion hinsichtlich der Anzeige gefordert werden. Hierdurch werde die Stellung des Verkäufers nicht tangiert werden.[785]

Auch können im internationalen Handel durch ablaufende (evtl. sogar kürzere) Gewährleistungsfristen der eigenen Lieferanten des Verkäufers drohen.[786] Der Verkäufer soll durch eine *hinreichend substantiierte Rüge* genauestens über die *Art und das Ausmaß* der vom Käufer geltend gemachten Vertragswidrigkeit informiert werden und damit „*in die Lage versetzt werden, die angemessenen und erforderlichen Schritte, wie z. B. eine Nachlieferung oder eine Nachbesserung in die Wege zu leiten*".[787]

Der wichtigste Grund lautet allerdings, dass der Käufer nicht erst bei ihm (etwa aus unsachgemäßem Betrieb) entstandene Mängel nachschieben können solle.[788] Es darf also nicht im Belieben des Käufers stehen, auch noch nach Ablauf der Frist die Behauptung zu äußern, diese oder jene Mängel gehören noch zu den rechtzeitig angezeigten Mängel, ohne dass dem Verkäufer die Möglichkeit einer Nachprüfung zustehen würde. Er sollte deshalb *rasch*[789] und spezifiziert mitteilen, dass die Ware einen Mangel hat. Kurz gesagt ist es Zweck des Art. 39 Abs. 1 CISG, dem Käufer die rechtzeitige und ordnungsgemäße Anzeige vertragswidrig gelieferter Ware aufzuerlegen – dieses jedoch nicht als Pflicht im eigentlichen Sinne, sondern als Obliegenheit[790] verbunden mit Rechtsverlusten für den Käufer, abgesehen von den Ausnahmen in Art. 40 CISG und 44 CISG.

Schwierig wird es allerdings, wenn Förmlichkeiten, unter denen der Käufer die Vertragswidrigkeiten rügt, an Oberhand gewinnen und somit einen evtl. berechtigten Anspruch des Käufers torpedieren. Dass dieses nicht dem Telos des Art. 39 Abs. 1 CISG entsprechen dürfte, ist mehr als eindeutig.[791] Dieser Aspekt sollte stets bei der Auslegung des Art. 39 CISG Beachtung finden. Denn eigentlich sollte bei Lieferung vertragswidriger Ware die Vertragspflichtverletzung des Verkäufers[792] im Vordergrund stehen und die Beseitigung dieser Unstimmigkeit zwischen den Vertragsparteien, die gerade im internationalen Handel großen

785 Vgl. hierzu unbedingt *Benicke,* FS Gründungsjubiläum der Justus-Liebig-Universität Gießen, (2007), 373, 387.

786 So auch *Magnus,* in: *Staudinger,* Art. 39, Rn. 3.

787 *BGH* 04.12.1996, Az. VIII ZR 306/95, CISG-Online 260, NJW-RR 1997, S. 690–692.

788 Vgl. auch *Magnus,* in: *Staudinger,* Art. 39, Rn. 3.

789 *Magnus,* TranspR 1999, 29, 30.

790 Siehe zur Obliegenheit zuvor.

791 *Sono,* in: *Bianca/ Bonell,* Art. 39, Bem. 1. 3.

792 So auch *Magnus,* in: *Staudinger,* Art. 39, Rn. 4.

Wert auf die Zufriedenheit Ihrer Geschäftspartner legen, und ebenso das Interesse der Vertragsparteien an einer reibungslosen Geschäftsbeziehung.

III. Vorrang von

1. *Parteivereinbarungen im Vorfeld*

Geleitet vom Grundsatz der Vertragsfreiheit gelten im Vorfeld getroffene Parteivereinbarungen vorrangig. Art. 39 CISG ist somit dispositiver Natur[793] und die Anforderungen an diesen können von den Vertragsparteien autonom festgelegt werden. Sie können die Rügeobliegenheit komplett ausschließen oder genauestens konkretisieren. Hierbei können sie Einzelheiten der Rüge bzgl. ihrer Form und ihrem Inhalt und/oder der Frist individuell vereinbaren.[794]

In der Rechtsprechung stellt das *LG Gießen*[795] in einem Teilurteil fest, dass die Parteien unstreitig *eine Reklamationsfrist von acht Tagen* nach Erhalt der Ware vereinbart haben und diese Vereinbarung auch nach Art. 6 und Art. 12 CISG wirksam Vertragsbestandteil geworden sei. Damit sei die *angemessene* Rügefrist des Art. 39 CISG durch die vereinbarte *achttägige* Rügefrist der Parteien ersetzt worden. Eine Konkretisierung der *angemessenen Frist* des Art. 39 Abs. 1 CISG sei unbedenklich[796] und aus Gründen der Rechtssicherheit auch manchmal geboten.[797] So hat das *LG Baden-Baden*, in seinem Urteil vom 14.08.1991, die Anforderungen an eine Rüge intensiviert bzw. eine modifizierte Rügeanforderung zwischen den Parteien angenommen sowie entschieden, dass die Klägerin die *Anerkennung von Reklamationen* davon abhängig gemacht habe, dass sie noch vor Verlegung der Ware, jedenfalls aber innerhalb von 30 Tagen seit Rechnungsdatum angebracht werden. Diese auf den *Rechnungen der Klägerin vorgedruckte Erklärung* sei auch Vertragsinhalt geworden.[798] Erstaunlicherweise hat sich das Gericht nicht weiter mit der Wirksamkeit dieser Klausel beschäftigt,[799] die sich

793 Vgl. *Gruber*, in: Mü-KoBGB, Bd. 3, Art. 39, Rn. 3 CISG; *Günther*, Liber Amicorum *Richard M. Buxbaum*, (2000), 235, 246; *Herber/ Czerwenka*, Art. 39 Rn. 18; *Schwenzer*, in: *Schlechtriem/ Schwenzer*, Art. 39, Rn. 34.

794 In diesem Rahmen ist auch an den Musterkaufvertrag der ICC zu denken, der dem Käufer eine fixe Frist von 15 Tagen zubilligt.

795 *LG Gießen* 05.07.1994, Az. 6 O 85/93, CISG-Online 111, NJW-RR 1995, 438–439.

796 So das *LG Baden-Baden* 14.08.1991, Az. 4 O 113/90, CISG-Online 24, RIW 1992, 62–63; kritisch hierzu *Ferrari*, RabelsZ 68 (2004), 437, 486.

797 So u. a. das *LG Gießen* 05.07.1994, Az. 6 O 85/93, CISG-Online 111, NJW-RR 1995, 438–439.

798 *LG Baden-Baden* 14.08.1991, Az. 4 O 113/90, CISG-Online 24, RIW 1992, 62–63.

799 Kritisch hierzu *Karollus*, in: Cornell Review, 51, 69.

gem. Art. 4 (a) CISG nach nationalem Recht richtet.[800] In diesem Sinne kann sich die Parteivereinbarung sogar auf die Ausschlussfrist des Art. 39 Abs. 2 CISG erstrecken und die absolute Zweijahresfrist des Art. 39 Abs. 2 CISG, wie von den Parteien gewünscht, verkürzt oder verlängert werden.

2. *Abbedingung im Nachhinein*

Wie bereits zuvor erläutert, kann die Abbedingung ebenfalls im Nachhinein erfolgen. Insbesondere dann, wenn sich der Verkäufer z. B. sachlich auf die nicht ordnungsmäßige Rüge einlasse und z. B. nachbessere.[801] Dieser Wille zur Nachbesserung sollte für beide Parteien deutlich zum Ausdruck kommen und mit Treu und Glauben vereinbar sein. Auch hier ist Fingerspitzengefühl erforderlich, wenn beurteilt werden soll, ob sich nach Art. 7 CISG einer der Vertragspartner treuwidrig verhält. Der Verkäufer ist nicht treuwidrig und lasse sich insbesondere nicht auf die Rüge des Käufers ein, wenn er lediglich die Ware überprüfe oder Gespräche mit dem Käufer führe, um evtl. berechtigte Ansprüche zu prüfen.

In der Rechtsprechung hatte das *OLG Karlsruhe* in seinem Urteil vom 25.07.1986 zum EKG einen Fall des Rechtsmissbrauchs nach Art. 7 Abs. 1 CISG zu entscheiden. Es sei durchaus rechtsmissbräuchlich, wenn der Verkäufer sich auf Art. 39 EKG berufe, obwohl ihn eine *sofortige schriftliche Rüge* sowieso nicht erreicht hätte und er von dieser z. B. aufgrund der Betriebsferien keine Kenntnis hätte erlangen können.[802] Hier war die Risikosphäre des Verkäufers betroffen, selbst in seiner Abwesenheit Möglichkeiten zu schaffen, um über die Rüge rechtzeitig informiert zu werden.

3. *Internationale Gebräuche und Gepflogenheiten*

Bestehen zwischen den Parteien bestimmte internationale Gebräuche oder Gepflogenheiten, welche hinsichtlich formeller Anforderungen an die Rüge Anforderungen stellen, so gehen diese dem Art. 39 CISG grundsätzlich vor.[803] Ferner schließt die ausdrückliche Annahme der Ware als vertragsgemäß die Rüge im Sinne des Art. 39 CISG aus. Es wird damit argumentiert, dass der Verkäufer sich

800 Vgl. *Schwenzer, in: Schlechtriem/ Schwenzer*, Art. 39, Rn. 34.

801 *Magnus*, in *Staudinger*, Art. 39, Rn. 18.

802 *OLG Karlsruhe* 25.07.1986, Az. 14 U 159/84, RIW 1986, 818–820.

803 *Magnus*, in: *Staudinger*, Art. 39, Rn. 16, mit Verweis auf *LG München I* 18.05.2009, Az. 28 O 20906/06, CISG-Online 1998, IHR 2010, 150–151, in einer aktuellen Entscheidung für die Vertragswidrigkeit bei Blumenlieferungen.

bei *ausdrücklicher vorbehaltsloser Abnahme der Ware* ebenso hierauf verlassen können müsse.[804]

In der Rechtsprechung hatte das *OLG Düsseldorf* in seinem Urteil vom 08.01.1993 über eine derartige Abnahme durch die Käuferin entschieden, welche die Ware durch eigene Leute beim Verkäufer untersuchen ließ. Hier waren *„bei der Verladung nicht nur die Mengen, sondern auch die Größen und die Qualität der Gurken überprüft"* worden, bevor diese zur weiteren Verfrachtung freigegeben worden waren.[805] Dadurch werde deutlich, dass die Prüfung der Ware durch den Repräsentanten der Käuferin am Ort der Verladung nicht *lediglich eine interne Angelegenheit* der Käuferin war, sondern nach der Vereinbarung der Parteien für die Vertragsausführung grundlegende Bedeutung haben sollte. Das entspreche insgesamt auch *der Interessenlage der Parteien.*[806]

4. *Rügeverzicht*

Der Verkäufer kann ausdrücklich oder konkludent auf die Einhaltung ordnungsgemäßer Rüge nach Art. 39 Abs. 1 CISG verzichten.[807] Probleme bereitet der stillschweigende Verzicht, der u. a. insbesondere dann angenommen werden kann, wenn der *Verkäufer die Vertragswidrigkeit der Waren vorbehaltslos* anerkenne, die Ware *zurücknehme*, sich zur *Nachbesserung oder Ersatzlieferung* bereit erkläre oder sich *vorbehaltslos auf die sachliche Prüfung der gerügten* Mängel einlasse.[808]

a) In der Rechtsprechung: BGH, Urteil vom 25.06.1997

Diese Möglichkeit ist durch zwei Entscheidungen des *BGH* in seinen Voraussetzungen konkretisiert worden. In der im Rahmen der Untersuchungsobliegenheit bereits diskutierten Entscheidung des *BGH* vom 25.06.1997[809] hatte die Verkäuferin durch ihr Verhalten nicht nur hinsichtlich der Mängelrügen deren Rechtzeitigkeit anerkannt, sondern auch für spätere Beanstandungen auf den Einwand der

---

804 *Magnus*, in *Staudinger*, Art. 39, Rn. 20.

805 Vgl. *OLG Düsseldorf* 08.01.1993, Az. 17 U 82/92, IPRax 1993, 412, CISG Online Nr. 76, dazu Anm. *Magnus,* IPRax 1993, 390–392.

806 Vgl. *OLG Düsseldorf* 08.01.1993, Az. 17 U 82/92, IPRax 1993, 412, CISG Online Nr. 76, dazu Anm. *Magnus,* IPRax 1993, 390–392.

807 So auch *Ferrari,* ZSR 2006, 533, 534.

808 *Schwenzer, in: Schlechtriem/ Schwenzer*, Art. 39, Rn. 33.

809 *BGH* 25.06.1997, Az. VIII ZR 300/96, CISG-Online 277, NJW 1997, 3311–3313, RIW 1997, 1037–1039, vgl. hierzu auch die Anm. von *Schlechtriem/ Schmidt-Kessel,* EWiR Art. 39 CISG 3/97, 1079–1080.

nicht rechtzeitigen Rügeerhebungen verzichtet.[810] Die Verkäuferin hatte die Materialbeanstandungen der Käuferin entgegengenommen und an ihr Werk in Korea weitergeleitet. Zudem hatte sie ausdrücklich erklärt, dass sie, falls sich in den Vorräten der Käuferin wieder Ausschüsse zeigten und zur Reklamation berechtigen, *„auch dafür geradestehen und ordentlich abwickeln"* werde.[811] In dieser Erklärung der Verkäuferin sah der *BGH* anders als die Vorinstanz keine zeitliche Beschränkung.[812] Die Klägerin, in diesem Fall die Verkäuferin, habe auf den Einwand der nicht rechtzeitigen Rüge ohne zeitliche Beschränkungen verzichtet. Sie habe sich hierbei auch nicht *nur auf gleichartige* Mängel, wie sie behauptet, bezogen. Weiter hat sich der *BGH* auch auf die Frage eingelassen, inwieweit der zeitliche Abstand zwischen der Verzichtserklärung als solche und der erneuten Meldung weiterer Mängel *gleicher Art* liegen darf. Hierbei sind die zuvor zur Untersuchung ergangenen Grundsätze in Bezug auf die Kriterien zu Art und Umfang der Untersuchung heranzuziehen. Der *BGH* hat somit auf den *Umfang der Lieferung* abgestellt und abgewogen, inwieweit welche Interessen betroffen und schützenswert seien. In diesem Zusammenhang sollte in Betracht gezogen werden, dass der Verkäufer seinerseits keinen Blankoverzicht ausgeübt habe[813] und andererseits aber auch *vorgewarnt* und im Vergleich zu einem Verkäufer, der nicht mehr mit der Anzeige rechnet, weniger schützenswert gewesen sei.

b) In der Rechtsprechung: BGH, Urteil vom 25.11.1998

Der *BGH* nahm in seiner zweiten Entscheidung vom 25.11.1998[814] anders als die Vorinstanz[815] einen *stillschweigenden Verzicht* der Mängelrüge seitens der Verkäuferin an. Die Käuferin ist Herstellerin von Edelstahlblechen, welche sie zur Weiterverarbeitung an ihre Abnehmer liefert. Zum Schutz vor Beschädigungen beim Transport beschichtete sie diese mit selbstklebenden Folien. Diese Folien sollten sich nach der Verarbeitung der Bleche rückstandsfrei entfernen lassen. Mit der

---

810 *BGH* 25.06.1997, Az. VIII ZR 300/96, CISG-Online 277, NJW 1997, 3311–3313, RIW 1997, 1037–1039.

811 *BGH* 25.06.1997, Az. VIII ZR 300/96, CISG-Online 277, NJW 1997, 3311–3313, RIW 1997, 1037–1039; vgl. hierzu auch die zustimmende Anm. von *Gaus*, WiB 1997, 1315; *Schlechtriem*, EWiR Art. 39 CISG 3/97, 1079–1080.

812 So auch *Otte*, IPRax 1999, 353.

813 So auch *Otte*, IPRax 1999, 353.

814 *BGH* 25.11.1998, Az. VIII ZR 259/97, CISG-Online 353, NJW 1999, 1259–1261, IPRax 1999, 377–379, RIW 1999, 385–386; vgl. dazu *Escher*, RIW 1999, 495–502.

815 *OLG Karlsruhe* 25.06.1997, Az. 1 U 280/96, RIW 1998, 235–237, vgl. uneingeschränkt der Entscheidung zustimmend *Schlechtriem*, EWiR Art. 39 CISG 2/97, 785–786.

Verkäuferin dieser Folien hatte die Käuferin bereits eine langjährige Vertragsbeziehung. Sie untersuchte die am 28.03.1995 gelieferten Folien auf *Vollständigkeit und äußere Mangelfreiheit*, wobei sie eine *Probeverarbeitung nicht durchführte.* Nach Anzeige der Vertragswidrigkeit der Folien durch ihre Abnehmerin am 20.04.1995 rügte sie ihrerseits am 21.04.1995 diese bei der Verkäuferin. Die Frage der Rechtzeitigkeit der Rüge hat der *BGH* offen gelassen, da sich die Verkäuferin nicht darauf berufen könne. Die Verkäuferin habe *im Verlaufe der Verhandlungen* mit der Käuferin auf diesen Einwand stillschweigend verzichtet.[816]

c) Zwischenergebnis

In der Literatur wurde dieser Entscheidung des *BGHs* lediglich im Ergebnis zugestimmt.[817] Dabei wurde gefordert, dass die Frage, ob der Käufer seine Untersuchungs- und Rügeobliegenheiten eingehalten habe, vor der Frage, ob der Verkäufer stillschweigend verzichtet habe, sich auf die Einwendungen zu berufen, zu beantworten sei.[818] Dieser Ansicht kann nicht gefolgt werden. Der *BGH* hat richtigerweise den Rügeverzicht noch vor der Rügefrist geprüft, da es im Ergebnis auf die Frist, und damit die o. g. Frage nicht ankommt, wenn die Verkäuferin sich *vorbehaltlos* auf die Mängelanzeige einlässt und in der Folge für fast 15 Monate ausschließlich über die Höhe und die Art der Regulierung des Schadens verhandelt.[819] Die Verkäuferin hätte die Möglichkeit gehabt, sich zwischenzeitlich ausdrücklich oder irgendwie anders erkennbar den Verspätungseinwand vorzubehalten. Stattdessen erstattete sie der Käuferin die Kosten für ein Gutachten und bot – sogar anwaltlich beraten – Schadensersatz in verschiedener Form an, der insgesamt fast das 7-fache des Warenwerts ausmachte.

Es ist richtig, dass in der bloßen Aufnahme von Verhandlungen über die vom Käufer gerügte Vertragswidrigkeit im Zweifel noch kein Rügeverzicht zu sehen ist, insbesondere da es durchaus die Bereitschaft des Verkäufers widerspiegeln kann, sich erst einmal aus Gründen einer langjährigen Geschäftsbeziehung „kulanzweise" auf die Rüge einzulassen.[820] Aus der Einigung über eine gemeinsame einvernehmliche Prüfung der Ware ergibt sich ebenso wenig ein Verzicht, da

816 *BGH* 25.11.1998, Az. VIII ZR 259/97, CISG-Online 353, NJW 1999, 1259–1261, IPRax 1999, 377–379, RIW 1999, 385–386.

817 So u. a. *Escher*, RIW 1999, 495, 498, der kritisiert, dass der *BGH* wichtige praxisrelevante Fragen offengelassen hat.

818 *Escher*, RIW 1999, 495, 498.

819 So auch *Schlechtriem/ Schmidt-Kessel*, EWiR Art. 8 CISG 1/99, 257, 258.

820 *Escher*, RIW 1999, 495, 498.

diese ebenso eine bloße Kulanzregelung hätte vorbereiten können.[821] In dieser Sache vor dem *BGH* habe jedoch der Käufer das hier vorliegende Verhalten der Verkäuferin vernünftigerweise *nur als Verzicht* auffassen können.[822]

IV. Das Verhältnis der deutschen Rechtsprechung zu Art. 39 CISG

1. Vorbild § 377 HGB

Betrachtet man die zu Art. 39 CISG ergangene internationale Rechtsprechung, so verwundert es zunächst, dass eine große Anzahl von Entscheidungen zu Art. 39 CISG in deutschen Gerichten ergangen ist. So fällt auch bei der Analyse und der Beurteilung der bisherigen deutschen Rechtsprechung schnell auf, dass sich generell bei der Konkretisierung der Anforderungen an die Substantiierungspflicht stark an den Besonderheiten des Einzelfalls und damit an *bestimmten Tendenzen* orientiert wird. Die deutsche Rechtsprechung hat sich ausführlich mit der zentralen Frage der *ausreichenden inhaltlichen Bestimmtheit* der Rüge nach Art. 39 Abs. 1 CISG befasst.[823] Eine Erklärung hierfür könnte die bereits vorhandene Rechtsprechung zu § 377 HGB sein, dem Art. 39 EKG und später Art. 39 CISG nachempfunden wurden. Bereits zu Beginn der Rechtsprechung zum Art. 39 EKG zeigte sich eine leichte Neigung deutscher Gerichte recht häufig, die bereits zu § 377 HGB getroffenen Rechtssätze und *sehr scharfe Anforderungen* an die Rügepflicht auf den Art. 39 EKG anzuwenden und diesen nicht unbedingt autonom auszulegen.[824] Immer wieder ist in der deutschen Gerichtspraxis eine Anlehnung an den deutschen § 377 HGB zu konstatieren.[825] Auch die zum EKG entwickelte Rechtsprechung wurde eins zu eins auf das CISG angewendet und wird teilweise noch heute so fortgeführt.

---

821 So auch das *OLG München* 11.03.1998, Az. 7 U 4427/97, CISG-Online 310, TranspR-IHR 1999, 20–22, vgl. hierzu auch die Anm. von *Schlechtriem*, EWiR Art. 39 CISG 1/98, 549–550; kritisch zu der Entscheidung des *OLG München*: *Ferrari*, RabelsZ 68 (2004), 437, 487.

822 *BGH* 25.11.1998, Az. VIII ZR 259/97, CISG-Online 353, NJW 1999, 1259–1261, IPRax 1999, 377–379, RIW 1999, 385–386.

823 *Günther*, Liber Amicorum *Richard M. Buxbaum*, (2000), 235, 236.

824 Vgl. hierzu insbesondere die Entscheidung des *OLG Koblenz* 03.03.1989, Az. 2 U 1543/87, RIW 1989, 310–312: „[...] Diese Regelung der Untersuchungs- und Rügepflicht *entspricht* dem deutschen Handelsgesetzbuch [...] und ist daher auch nichts außergewöhnliches."

825 So auch z. B. in dem Fall vor dem *OLG Düsseldorf* 08.01.1993, Az. 17 U 82/92, IPRax 1993, 412, CISG-Online 76; vgl. dazu Anm. *Magnus*, IPRax 1993, 390, 392.

Dass diese Lösung nicht den Anforderungen autonomer einheitlicher Auslegung entsprechen kann, liegt jedoch auf der Hand. So spricht nicht nur der Wortlaut des Art. 39 CISG („angemessene Frist“)[826] – der sich sowohl vom Wortlaut des § 377 HGB („unverzüglich“) als auch vom Art 39 EKG („kurzer“) unterscheidet – gegen eine Übernahme dieser Rechtsprechung. Außerdem ist der im deutschen Recht vorherrschende Maßstab ein anderer. So werden z. B. Privatkäufe vom § 377 HGB nicht erfasst.[827] Nach der Konvention allerdings ist eine Rüge selbst dann notwendig, wenn kein Handelskauf, sondern ausnahmsweise ein Privatkauf nach Art. 2 lit. a CISG[828] vorliegt.[829] Auch wenn für einen Privatkauf nicht so strenge Anforderungen an Form und Frist der Rüge gelten wie bei erfahrenen Kaufleuten.[830]

2. *Neuere deutsche Rechtsprechung*

Zugunsten einer *international offeneren Auslegung* gab es jedoch in den letzten beiden Dekaden eine begrüßenswerte Abkehr von dieser strengen Rechtsprechung.[831] So hat das *LG Bamberg* in seinem Urteil vom 23.10.2006 pointiert unterschieden, dass von der einst so strengen inhaltlichen Anforderung abzukehren sei und richtigerweise festgestellt, dass es bei einer Vielzahl von gleichartigen

---

826 So auch *Schwenzer*, in: *Schlechtriem/ Schwenzer*, Art. 39, Rn. 6; *Magnus*, IPRax 1993, 390, 392; *Gruber*, Mü-KoBGB, Bd. 3, Art. 39, Rn. 8; a. A. dagegen *Reinhart*, Art. 39, Rn. 5, der meint, dass das Fallmaterial zu Art. 39 EKG für die Auslegung der Vorschrift des Art. 39 Abs. 1 UN-Kaufrecht verwertet werden könne.

827 So auch *Magnus*, in: *Staudinger*, Art. 39, Rn. 5.

828 Hierzu der *BGH* 31.10.2001, Az. VIII ZR 60/01, CISG-Online 617: „Zu Recht verweist das Berufungsgericht schließlich darauf, dass es gemäß Art. 1 Abs. 3 CISG für die Anwendung des Übereinkommens unerheblich ist, ob die Parteien “Kaufleute oder Nichtkaufleute” sind, sodass bei einer anderen Auslegung auch Nichtkaufleute den verschärften Erkundigungsobliegenheiten unterworfen würden. Soweit die Revision geltend macht, dass der “Verbraucherkauf” gemäß Art. 2 lit. a CISG von der Anwendung des Übereinkommens ausgenommen ist, kann dies nicht durchgreifen. Der in Art. 2 lit. a CISG genannte Kauf setzt voraus, dass der Verkäufer den Bestimmungszweck vor oder bei Vertragsschluss kannte oder hätte kennen müssen, während die Verbrauchereigenschaft im Sinne des § 13 BGB eine solche Kenntnis des Verkäufers nicht erfordert. Es kann daher zu Überschneidungen kommen, wobei Kaufgeschäfte sowohl zwingendem nationalem Verbraucherschutzrecht und zugleich dem UN-Kaufrecht unterstehen.“

829 Vgl. *Magnus*, in: *Staudinger*, Art. 39, Rn. 13; *Herber/ Czerwenka*, Art. 39, Rn. 2.

830 Vgl. *Magnus*, in: *Staudinger*, Art. 39, Rn. 5 und Rn. 47.

831 *Magnus*, ZEuP 2013, 111, 216.

Gütern ausreichen kann, wenn die Rüge erkennen lasse, dass *alle Exemplare eine Art Mangel* aufweisen. Es müsse nicht *jedes einzelne Exemplar einzeln* gerügt werden.[832] Ferner *geht das LG Bamberg* richtigerweise davon aus, dass es dem Verkäufer zuzumuten sei, *Unklarheiten und Zweifel* grundsätzlich durch Nachfragen zu beseitigen. Obwohl im Zweifel eigentlich keine Rechtspflicht hierzu bestehen mag.

Dennoch existieren immer noch genug deutsche Gerichte, die sich im Gegensatz zur Rechtsprechung anderer Vertragsstaaten mit der zu Recht kritisierten missverständlichen deutschen Übersetzung intensiver befassen. Denn nach der deutschen Übersetzung[833] verlangt der Art. 39 CISG dass die *„Art der Vertragswidrigkeit genau bezeichnet"* wird.[834] Dieses obwohl die englische Originalfassung von *„specifying the nature of lack of conformity"* und eben nicht von *„specifying precisely"* ausgehe und somit einen weniger strengen Maßstab formuliere.[835] Auch die anderen sechs Fassungen des Originaltextes lassen mit Ihrem Wortlaut mehr Spielraum für Interpretationen zu als eben diese strenge deutsche Fassung.[836] In der Literatur wird teilweise die Ansicht vertreten, dass die Rechtsprechung die Rügeanforderungen nicht überspanne, sondern sich signifikant an den Besonderheiten des Einzelfalls orientiere und dabei stets den gerechten Ausgleich widerstreitender Interessen verfolge.[837] Dieses kann bzgl. der hier geprüften Urteile nicht zweifelsohne für jedes Urteil bestätigt werden. Denn aus der Analyse der internationalen Rechtsprechung zu Art. 39 CISG wird das Folgende schnell deutlich. Die Vertragswidrigkeit der Ware selbst spielt vor Gericht fast keine Rolle.[838]

V. Anforderungen an die Mängelanzeige (Abs. 1)

Um es mit den Worten des *OLG Karlsruhe* zu sagen, stelle die genaue *Darstellung der angeblichen Vertragswidrigkeiten anhand der Ware die intensivste Art der Information des Verkäufers dar.* Der Verkäufer kann sich so von der Ware und der

---

832 *LG Bamberg* 23.10.2006, Az. 2 O 51/02, CISG-Online 1400, IHR 2007, 113–117.

833 Nur die Originalfassung in den sechs UN-Sprachen ist maßgeblich, vgl. hierzu *Bell*, FS *Ingeborg Schwenzer* (2011), 143–144.

834 Art. 39 Abs. 1 CISG lautet: „Der Käufer verliert das Recht sich auf die Vertragswidrigkeit der Ware zu berufen, wenn er sie dem Verkäufer nicht innerhalb einer angemessenen Frist nach dem Zeitpunkt, in dem er sie festgestellt hat oder hätte feststellen müssen, anzeigt und dabei die Art. der Vertragswidrigkeit genau bezeichnet."

835 *Schwenzer, in: Schlechtriem/ Schwenzer*, Art. 39, Rn. 6.

836 *Schwenzer, in: Schlechtriem/ Schwenzer*, Art. 39, Rn. 6.

837 *Günther*, Liber Amicorum *Richard M. Buxbaum,* (2000), 235, 240.

838 So bereits *Magnus,* in: *Hoyer/ Posch,* 18.

angeblichen Vertragswidrigkeit ein eigenes genaues Bild machen.[839] In diesem Fall war es so, dass der Verkäufer die Beanstandung der Lieferung in den Geschäftsräumen des Käufers selbst angeschaut und entgegengenommen hatte und sich später im Prozess auf eine Unwirksamkeit dieser mündlichen Rüge berufen hatte.

Nun ist es aber so, dass im internationalen Handel die Kapazitäten der jeweiligen Parteien so effektiv, um nicht zu sagen knapp bemessen sind, dass eine behauptete Vertragswidrigkeit in den seltensten Fällen dem Verkäufer „dargestellt", d. h., erläutert und gezeigt werden kann. Dann muss hier doch nach den inhaltlichen Anforderungen einer klassischen wohl schriftlichen Anzeige gefragt werden.

1. Zu den inhaltlichen Anforderungen der Mängelanzeige

„The notice should include the information available to the buyer."[840] In der Theorie recht einfach, bereiten die inhaltlichen Anforderungen an die Anzeige der Vertragswidrigkeiten in der Praxis den Käufern noch heute Probleme. Doch zunächst zur Theorie: Die Anzeige sollte nichts weiter enthalten als den *Hinweis auf die Vertragswidrigkeit der Ware.*[841] Der Käufer sollte sich insbesondere nicht taktisch auf seine Rechtsbehelfe festlegen noch den Verkäufer auffordern, die Ware zu untersuchen.[842] Allerdings ist es dem Käufer zu empfehlen, zumindest kurze Zeit nach der Rüge dem Verkäufer seine beabsichtigten Rechtsbehelfe bzw. etwaige Ansprüche mitzuteilen. Die Rüge erstreckt sich immer auf den bereits im Rahmen der Untersuchung geltenden Rügetatbestand.

a) Substantiierte Bezeichnung in der (deutschen) Rechtsprechung

aa) Vage Mitteilung

Der am häufigsten diskutierte Themenschwerpunkt in der Rechtsprechung – besonders in der deutschen Rechtsprechung zum Art. 39 Abs. 1 CISG – bildet die substantiierte Bezeichnung der Vertragswidrigkeit.[843] Ein echter greifbarer Maßstab konnte sich zwar in den letzten Jahren in der (Rechtsprechungs-)Praxis nicht formieren, jedoch haben sich einige Anforderungen und Tendenzen herausgebildet, die eine nähere Betrachtung erforderlich machen.[844]

---

839 *OLG Karlsruhe* 06.03.2003, Az. 12 U 179/02, CISG-Online 812, IHR 2003, 226–227, mit Anm. *Heckmann*, IHR 2003, 227–228.

840 CISG-Advisory Council, in: CISG-AC Opinion no. 2, Art. 39, Bem. 4, IHR 2004, 164.

841 *Magnus*, in: *Staudinger*, Art. 39, Rn. 26.

842 So jedoch noch unter dem EKG.

843 Zur „unglücklichen" Ausdruckswahl, s. *Ferrari*, ZSR 2006, 533, 541.

844 Zur Kategorisierung im Rahmen der Untersuchungsobliegenheit siehe oben; zur Kategorisierung für Vertragsaufhebungen vgl. *Magnus*, 25 J.L.Com. (2005), 423, 435:

Die Feststellung, ob eine Anzeige den Anforderungen des Art. 39 Abs. 1 CISG entspricht, steht unter freier Würdigung des Tatrichters.[845] Ziel einer substantiierten Rüge sei es, den Verkäufer über den Mangel, der im Rahmen der Untersuchung hervorgetreten sei, zu unterrichten. Dem Verkäufer müsse also durch die Anzeige der Vertragswidrigkeit der Ware bewusst werden, ob er *nachbessern, nachliefern oder eine eigene Untersuchung* dieser vornehmen solle.[846] Er sollte hierdurch in die Lage versetzt werden, die erforderlichen Schritte zur Abhilfe der gerügten Vertragswidrigkeit zu veranlassen und damit eine schnelle Abwicklung des Geschäfts vorantreiben. Teilweise wird sogar gefordert, dass der Verkäufer u. U. selbst in die Verantwortung einer Substantiierten Rüge einbezogen werde und zumindest von ihm erwartet werden könne, bei „*einfachen*" Mängelanzeigen zunächst nachzufragen, ob eine Substantiierung erfolgen könne.[847]

In der Rechtsprechung empfand das *OLG München* in seinem Urteil vom 09.07.1997 die Rüge „*[...] dieser Artikel wurde nicht gemäß unseren Vorgaben gefertigt und kann nicht dem Kunden übergeben werden [...].*" zurecht als unsubstantiiert, da die Vertragswidrigkeit nicht ansatzweise hinreichend genau bezeichnet werde und die Klägerin insbesondere hieraus nicht ableiten konnte, wie sie reagieren solle.[848]

Das *LG München I* hatte ca. zwei Jahre zuvor hierzu entschieden, dass eine einfache ungezwungene Erklärung, in welcher der Käufer den Verkäufer um *Unterstützung bei der Lösung des Problems* bitte, nicht ausreiche.[849] Auch das *LG Saarbrücken* empfand die Erklärung, *die Rechnung vom 23.9.1999 über 5.620,88 DM nicht ausgleichen zu wollen, weil es eine Reklamation gebe, als* zu vage.[850]

Ferner bereitet in der internationalen Rechtsprechung die vage Bezeichnung der Vertragswidrigkeit Probleme. So hat sich das italienische *Tribunale di Vigevano*[851]

„The sufficient certainty of law which is needed is achieved by establishing groups of cases for which the courts have laid down guiding principles."

845 *BGH* 04.12.1996, Az. VII ZR 306/95, CISG-Online 260, NJW-RR 1997, 690–692.

846 M. w. N. *Magnus*, in: *Staudinger*, Art. 39, Rn. 21; *Schwenzer, in: Schlechtriem/ Schwenzer*, Art. 39, Rn. 7.

847 Vgl. auch *Flechtner*, in: *Ferrari/ Flechtner/ Brand (eds.)*, 377, 381.

848 *OLG München* 09.07.1997, Az. 7 U 2070/97, CISG-Online 282.

849 So entschieden vom *LG München I* 08.02.1995, Az. 8 HKO 24667/93, CISG-Online 203.

850 *LG Saarbrücken* 02.07.2002, Az. 8 O 49/02, CISG-Online 713.

851 Tribunale di *Vigevano* 12.07.2000 – Nr. 405, CISG-Online 493, deutsche Übersetzung IHR 2001, 72–78, m. Anm. *Rosati*, IHR 2001, 78–81; hierzu auch *Ferrari*, IHR 2001, 56–60 und *Ferrari*, Journal of Law and Commerce (Spring 2001), 225–235.

zuletzt im Jahre 2000 mit der Formulierung „the goods caused problems" auseinandergesetzt und diese durchaus als unzureichend erachtet.[852]

Hinsichtlich der Präzisierungstiefe der Rüge geht der *BGH* davon aus, dass der Verkäufer hierdurch *in die Lage versetzt werden solle, sich ein Bild über die Vertragswidrigkeit zu machen*, um die erforderlichen Schritte zu ergreifen. Hierbei kann es durchaus vorkommen, dass der Verkäufer notwendiges Beweismaterial für Auseinandersetzungen über die Vertragswidrigkeit sichern will. Und dass es in Bezug auf Maschinen und technische Güter ausreiche, wenn der Käufer die Symptome und nicht die zugrundeliegenden technischen Ursachen bezeichne.[853] Für eine ordnungsgemäße Substantiierung reiche es aus, wenn nur die Symptome und nicht die Ursache genannt werden.[854]

(1) *OLG Hamburg* Beschluss vom 15.07.2010

Besonders erwähnenswert ist in diesem Zusammenhang die Entscheidung des *OLG Hamburg*,[855] welches in seinem Beschluss vom 15.07.2010 die Berufung der Käuferin gegen das Urteil des *LG Hamburg* vom 03.03.2010 zurückwies[856] und bestätigte, dass die *vage Mitteilung*, dass etwa 250 medizinische Geräte Probleme aufwiesen und ein Treffen der Parteien zur Problemlösung anberaumt werden solle, unsubstantiiert sei. Hier verglich das Gericht richtigerweise die Rechnung der Verkäuferin, welche die Geräte einzeln genau mit Typenbezeichnung und Seriennummer aufgeführt hatte, mit einer recht *pauschalen Aussage* der Käuferin und kam so zur Unsubstantiiertheit dieser. Die Verkäuferin hatte sogar *die Gefahr des Mangels offenbart* und die Käuferin gebeten, die von der Verkäuferin erstellte Liste mit den betroffenen Geräten an sie zurück zu senden. Dieser Bitte ist die Käuferin jedoch ebenfalls nicht nachgekommen. Allerdings geht das Gericht in seiner Entscheidung einen Schritt weiter und legt aus den Grundsätzen von Treu und Glauben dem Käufer die Obliegenheit auf, sich *eindeutig* über ein Nacherfüllungsbegehren zu erklären. Einer solchen weiten Aushöhlung des Grundsatzes von Treu und Glauben bedarf es meiner Ansicht nach nicht. Dieser Grundsatz ist im CISG erstens sehr schwer zu konstruieren. Und zweitens hat der

---

852 *Ferrari*, Journal of Law and Commerce (Spring 2001), 225, 235.

853 *BGH* 03.11.1999, Az. VIII ZR 287/98, CISG-Online 475, RIW 2000, 381–382, NJW-RR 2000, 1361–1362; vgl. hierzu die Anm. von *Taschner*, TranspR-IHR 2000, 3–4.

854 *BGH* 03.11.1999, Az. VIII ZR 287/98, CISG-Online 475, RIW 2000, 381–382, NJW-RR 2000, 1361–1362; unter Verweis auf den *BGH* so auch das *OLG Koblenz* 14.12.2006, Az. 2 U 923/06, CISG-Online 1408, Hamburger Seerechts-Report 2007, 8–10.

855 *OLG Hamburg*, Beschluss vom 15.07.2010, Az. 13 U 54/10, CISG-Online 2448.

856 *LG Hamburg* 03.03.2010, Az. 401 O 99/08, (unveröffentlicht).

Käufer die Obliegenheit bereits aus Art. 39 CISG und seiner Erklärung direkt, die Vertragswidrigkeit der Ware substantiiert zu beschreiben. Dass dies dann mit einem Nacherfüllungsbegehren verbunden ist, ist bereits durch diese Erklärung klar. Dem Käufer kann jedoch empfohlen werden, dem Verkäufer seine beabsichtigten Rechtsbehelfe alsbald mitzuteilen. Des Weiteren sollte Art. 39 CISG stets aus der Perspektive des Käufers und nicht des Verkäufers betrachtet werden. Es sollte also gefragt werden, inwieweit von diesem erwartet werden kann, detaillierte Angaben zu machen und sich auf seine Rechtsbehelfe festlegen zu lassen. Wie bereits einleitend dargestellt, ist es ebenso wichtig bzgl. der Anforderungen an die Substantiierung der Rüge keine übertrieben strengen Maßstäbe anzulegen. Denn durch Lieferung mangelhafter Ware verletze immerhin der Verkäufer und nicht der Käufer seine Vertragspflichten. Die Gefahr, dass das Risiko der mangelhaften Vertragserfüllung dem Käufer *zugewiesen* werde,[857] ohne dass es einer solchen Entlastung des Verkäufers bedürfe, sollte erkannt werden. Besonders wichtig ist es hierbei, einen international einheitlichen Maßstab anzulegen.

(2) *BGH* 04.12.1996

Eine bereits zuvor erwähnte Entscheidung des Bundesgerichtshofes zur genauen Bezeichnung des Mangels und den inhaltlichen Anforderungen einer Rüge nach Art. 39 Abs. 1 CISG sollte hier besondere Erwähnung finden. Hier hat sich der *BGH*[858] in seinem Urteil vom 4.12.1996 intensiv mit dieser Frage auseinander gesetzt und vergleichsweise strenge Maßstäbe angewendet. Bei der Lieferung eines computergestützten Druckersystems hat der *BGH* die *Rüge der fehlenden Dokumentation des Druckers aufgrund der Mehrdeutigkeit des Begriffs „Drucker“* in dieser Lieferung als nicht hinreichend klar erachtet.[859]

Die Vertragswidrigkeit des gelieferten (aus verschiedenen Komponenten bestehenden) Druckersystems inkl. Software hätte in der Mängelrüge (gewählt war die Formulierung: „Dokumentation des Druckers“) genau spezifiziert werden müssen. Aus dieser Formulierung habe sich nicht erkennen lassen, ob sich das Fehlen der Dokumentation nur auf die Einzelkomponenten oder das System insgesamt bezog. Im Interesse der von der Verkäuferin geforderten Klarheit kann jedoch nicht davon ausgegangen werden, dass die gesamte Druckeranlage gemeint war. Eine besondere Sachkenntnis des Käufers für diese eindeutige Bezeichnung sei auch nicht notwendig gewesen, *weil jedermann, der mit derartigen Systemen umgehe,*

857 *BGH* 02.06.1982, Az. VIII ZR 43/81, IPRax 1983, 228–231.
858 *BGH* 04.12.1996, Az. VII ZR 306/95, CISG-Online 260, NJW-RR 1997, 690–692.
859 *BGH* 04.12.1996, Az. VII ZR 306/95, CISG-Online 260, NJW-RR 1997, 690–692.

diese Unterscheidung treffen könne und somit die Mehrdeutigkeit beweisrechtlich zulasten des Käufers gehe.[860] Diese Entscheidung des *BGH* verfolgt (wie bereits vorher schon das *OLG Saarbrücken*,[861] *OLG Frankfurt a. M.*,[862] sowie die *LG Marburg*,[863] *München I*,[864] und *Hannover*[865]) einen doch recht strengen[866] Maßstab bzgl. der Substantiierung der Mängelrüge.[867] Hierbei wird erstmals ein auf den Horizont des Rügeempfängers ausgerichtetes *Kriterium für die Exaktheit der Rüge* aufgestellt: Bestehe die Gefahr, dass der Käufer vom Verkäufer im Rahmen seiner Mängelrüge missverstanden werde, so mache *diese Gefahr die Rüge wertlos*.[868]

Zwar wird diese strenge Auslegung in der Literatur teilweise kritisiert,[869] jedoch muss ebenso bedacht werden, dass ohne eine derartige strenge Anforderung der Rüge der Käufer sonst von der Ungenauigkeit und Missverständlichkeit seiner Rüge profitieren könnte.

Im vorliegenden Fall vor dem *BGH* hatte die Verkäuferin nach der Rüge des Käufers die fehlende Dokumentation für den Drucker als Einzelkomponente geliefert und war somit davon ausgegangen, alles *Erforderliche zur Behebung der gerügten Vertragswidrigkeit* getan zu haben. Dann wäre es kein *gerechter Interessenausgleich*, dass der Käufer, weil er ungenau differenziert hat, ein Mehr erreicht. Der Käufer hatte bereits in früheren Instanzen versucht, sogar durch eine Reihe von Rügen seine Zahlungsverpflichtungen abzuwenden. Als er hierbei keinen Erfolg hatte, versuchte er, auf Grundlage der ungenauen und missverständlichen Rüge, zusätzliche Mängel nachzuschieben. Dieses läuft dem Zweck der Rügeobliegenheit mehr als zuwider.

bb) Art der Vertragswidrigkeit genau bezeichnen

Der Käufer sollte *die Art der Vertragswidrigkeit genau bezeichnen*.[870] Das bedeutet *jede einzelne* Vertragswidrigkeit, auch eine Teil- oder Sukzessivlieferung[871]

---

860 *BGH* 04.12.1996, Az. VII ZR 306/95, CISG-Online 260, NJW-RR 1997, 690–692.

861 *OLG Saarbrücken* 13.01.1993, Az. 1 U 69/92, CISG-Online 83.

862 *OLG Frankfurt a. M.* 18.01.1994, Az. 5 U 15/93, CISG-Online 123, RIW 1994, 240–241.

863 *LG Marburg* 12.12.1995, Az. 2 O 246/95, CISG-Online 148, RIW 1996, 328–329.

864 *LG München I* 03.07.1989, Az. 17 HKO 376/89, IPRax 1990, 316–317.

865 *LG Hannover* 01.12.1993, Az. 22 O 107/93, CISG-Online 244.

866 So auch *Schlechtriem/ Schmidt-Kessel*, EWiR Art. 39 CISG 1/97, 653.

867 Es bleibt noch zu prüfen, ob dies auf die internationale Rechtsprechung auch so zutrifft.

868 *Schlechtriem/ Schmidt-Kessel*, EWiR Art. 39 CISG 1/97, 653, 654.

869 *Schlechtriem/ Schmidt-Kessel*, EWiR Art. 39 CISG 1/97, 653, 654.

870 In der englischen Originalfassung: „[…] specifying the nature of the lack of conformity […].“

871 *Magnus*, in: *Staudinger*, Art. 39, Rn. 22.

betreffende Vertragswidrigkeit, ist *einzeln* zu rügen. Die ausdrückliche und förmliche Rüge des Käufers wahrt ferner nicht zugleich die Förmlichkeiten für eine andere, ebenfalls oder allein vorliegende Vertragswidrigkeit.[872] Jede Vertragswidrigkeit, aus welcher der Käufer (evtl. unterschiedliche) Rechte herleiten will, sollte also jeweils deutlich und rechtzeitig für sich gerügt werden.[873] Hierbei sind möglichst Fehler bzgl. der Rüge zu vermeiden, da sie regelmäßig zulasten des Käufers gehen. Dieser trägt im Verfahren die Beweislast, substantiiert gerügt zu haben.[874]

In der Rechtsprechung hielt das *OLG Frankfurt a. M.* in seiner Entscheidung vom 23.06.1999 die Angaben *„die gelieferten Baumwoll-Obergarne seien sehr schlecht verarbeitet"*, ohne dass ausgeführt wurde, wie sich diese schlechte Verarbeitung genau zeige, für nicht ausreichend, da sich der Umfang der Abweichung von der vertraglich vorausgesetzten Beschaffenheit nicht hinreichend genug ergebe. Allerdings hielt das Gericht die Rüge, dass die *„Farben schlecht zu erkennen seien"*, für eine ausreichende Beschreibung der Qualitätsabweichung.[875]

cc) Chronologische Entwicklung weiterer Beispiele in der Rechtsprechung

(1) Zum EKG

Der *BGH* entschied bereits im Jahre 1982 zum EKG, dass die Vertragswidrigkeit hinreichend genau bezeichnet sei, wenn der Käufer rüge, dass es sich bei der Lieferung *nicht um die bestellte Originalware, sondern um gefälschte Ware* handele.[876] Dabei könne er zunächst auch die gesamte Lieferung als gefälscht rügen, selbst wenn seine Abnehmer ihrerseits nur partiell die Ware beanstanden würden.[877]

Nach einer Entscheidung des *LG München I* zum EKG soll etwa die Rüge *„schlechte Verarbeitung und Passform"* bei Kleidung nicht ausreichen.[878] Hierbei wird darauf verwiesen, dass die Rüge der Klägerin keinerlei Spezifizierung der Mängel enthalte und somit keine kurzfristige Klarheit über die Beanstandungen zu schaffen vermag. Auch das *LG Stuttgart* ließ hinsichtlich einer Lieferung von Schuhen wegen Verspätung der Rüge offen, ob eine Rüge mit dem Inhalt: *„das*

---

872 *OLG Celle* 10.03.2004, Az. 7 U 147/03, CISG-Online 824, IHR 2004, 106–107.
873 *OLG Celle* 10.03.2004, Az. 7 U 147/03, CISG-Online 824, IHR 2004, 106–107.
874 Vgl. zur Beweislast gesondert unten.
875 *OLG Frankfurt a. M.* 23.06.1999, Az. 7 U 92/98, BeckRS 2000, 01480.
876 *BGH* 02.06.1982, Az. VIII ZR 43/81, IPRax 1983, 228–231.
877 *BGH* 02.06.1982, Az. VIII ZR 43/81, IPRax 1983, 228–231.
878 *LG München I* 3.7.1989, Az. 17 HKO 376/89, IPRax 1990, 316–317.

Blatt ist oftmals zu lang. Die Schuhwaren sind teilweise sehr unsauber vernäht" ausreichend substantiiert war.[879]

(2) CISG (1993–1998)

Nach der sehr strengen Ansicht des *LG Hannover* reicht die Mitteilung, die Ware sei mangelhaft, nicht aus. Die Käuferin hatte der Verkäuferin mitgeteilt, dass die Ware minderer Qualität sei und die ungefütterten Schuhe *innen zu rau* seien und *abfärben* würden. Dies hielt das Gericht für unsubstantiiert und argumentierte zu unrecht, dass die Käuferin vielmehr die Abweichung des Ist- vom Sollzustand der Ware hätte darlegen müssen.[880] Hier verkennt das Gericht insbesondere, dass die Abweichung des Istzustandes der Ware vom Sollzustand der Ware Grundsätzen deutschen Rechts entspricht und im internationalen Einheitsrecht deplatziert wäre. Ferner lasse die Anzeige den genauen Mangel und das Ausmaß, in dem die Lieferung betroffen sei, nicht hinreichend erkennen.

Nach einer Entscheidung des *OLG Frankfurt a. M.* vom 18.01.1994 soll die Rüge „*Schuhe sind in sämtlichen Ausführungen mangelhaft […] mal gesteppt, mal umgeschlagen*"[881] nicht die konkreten Fehler der Ware dargelegt haben. Weiter sei die Rüge, die Schuhe seien statt in Metallic-Leder Gold (L. Oro) in dem Material S. Oro gefertigt und dadurch nicht glatt verarbeitet worden, sondern hätten starke Falten gezogen, ebenfalls nicht hinreichend genug. Das Gericht beurteilt sehr streng und teilweise auch nicht mehr vertretbar, dass die Käuferin hätte darstellen müssen, ob ihr *die Verwertung zumutbar gewesen* wäre. Das Gericht formuliert mehr oder minder kleinlich, aus der Rüge des Käufers müsse die Beurteilung, ob die Ware nicht verwertet werden kann, gezogen werden. Fakt ist, dass dieses von einer substantiierten Rüge nicht gefordert wird. Das Gericht hätte vielmehr prüfen müssen, worauf sich die Parteien bzgl. des Materials geeinigt haben und ob die Vertragswidrigkeit zwischen den Parteien durch die Rüge verständlich wird. Haben sich die Vertragsparteien auf ein bestimmtes Material bzgl. der Schuhe geeinigt und liefert der Verkäufer ein anderes Material, so sollte der Käufer lediglich die Abweichung darstellen. Nicht mehr und nicht weniger. Insbesondere sollte er nichts zu seiner Verwertbarkeit der Ware aussagen. Zwar kann man im internationalen Handel zu dem Gedanken gelangen, dass Käufer und Verkäufer aufgrund der hohen Transaktionskosten besser daran getan hätten, die Schuhe

---

879 *LG Stuttgart* 31.08.1989, Az. 3KfH O 97/89, CISG-Online 11, IPRax 1990, 317–318.
880 *LG Hannover* 01.12.1993, Az. 22 O 107/93, CISG-Online 244.
881 *OLG Frankfurt a. M.* 18.01.1994, Az. 5 U 15/93, CISG-Online 123, RIW 1994, 240–241.

anderweitig zu verwerten. Jedoch ist das nicht im Rahmen des Art. 39 CISG zu diskutieren. Hier haben diese Einwendungen nichts zu suchen.

In seiner Entscheidung vom 25.06.1997 hielt der *BGH* bei Lieferung von rostfreiem Walzdraht, der sich teilweise nicht weiterverarbeiten ließ, die Hinweise *„das Material hat Splitter"* bzw. *„das Material ist gespalten und hat Splitter"* die Vertragswidrigkeit für hinreichend substantiiert umschrieben.[882]

(3) CISG (1998-heute)

Die Mitteilung über die *„Miserabilität"* einer Blumenlieferung ließ das *OLG Saarbrücken* nicht genügen und vertrat die Ansicht, der Käufer sei seiner Rügeobliegenheit zur genauen Bezeichnung der Vertragswidrigkeit nicht gerecht geworden.[883]

Das *LG Erfurt* kritisierte an dem Schreiben des Käufers, welches die Mitteilungen enthielt: *„[…]Sohlen, die wegen Qualitätsmängeln nicht verarbeitet werden können […]."* und *„anbei erhalten Sie 15 Paar Sohlen mit verschiedenen Qualitätsmängeln"*,[884] dass nicht zu entnehmen war, welche Qualitätsabweichungen an den Sohlen bestanden.

Nach Auffassung des *OLG Oldenburg* ist die Vertragswidrigkeit der Ware durch *„es handele sich nicht um Restposten, sondern um zweite Wahl"* und die Ware sei *„nicht oder schwer verwertbar"* nicht substantiiert genug bezeichnet.[885] Insbesondere könne aus der Bezeichnung *„zweite Wahl"* richtigerweise nicht – wie etwa die Beklagte meint – abgeleitet werden, dass die Ware *Schäden aufweise und unpräzise bearbeitet* worden sei.

Das *LG München I* hat in seiner Entscheidung vom 29.11.2005 richtigerweise festgestellt, dass die E-Mail der Käuferin den Anforderungen des Art. 39 I CISG genüge, wenn der Verkäufer sich verlässlich darüber klar werden könne, wie er auf die Rüge reagieren solle. Die Käuferin hatte in ihrer Rüge darauf verwiesen, dass *die Farbe der Paprikastreifen „gelb und glasig" sei, dass die Streifen bis zu 36 % Bruch aufwiesen, ihre Größe unter 3 cm liege und dass Vereisung und Verblockung* eingetreten sei. Diese *erkennbaren Fachbegriffe* zeigten die Vertragswidrigkeit an den Hersteller von Tiefkühlware *deutlich* an und müssten diesem auch *zweifelsohne*

882 *BGH* 25.06.1997, Az. VIII ZR 300/96, CISG-Online 277, NJW 1997, 3311–3313, RIW 1997, 1037–1039.

883 *OLG Saarbrücken* 03.06.1998, Az. 1 U 703/97, CISG-Online 354, NJW-RR 1999, 780.

884 *LG Erfurt* 29.07.1998, Az. 3 HKO 43/98, CISG-Online 561, IHR 2001, 200.

885 *OLG Oldenburg* 28.04.2000, Az. 13 U 5/00, CISG-Online 683, IHR 2001, 159–160.

bekannt sein. Somit könne hier nicht von einem allgemeinen Hinweis, wie die Verkäuferin argumentiert hatte, gesprochen werden.[886]

Das Gericht geht interessanterweise noch einen Schritt weiter und nimmt aus dem Umstand, dass der Verkäufer die Ware aufgrund dieses Hinweises untersuchen lässt, eine hinreichende Substantiierung an. Denn der Verkäufer habe aus mehreren *denkbaren* Reaktionen, die ihm nach einer ordnungsgemäßen Rüge zur Verfügung stünden, eine mögliche gewählt.

So *hat das OLG Koblenz* den Hinweis, *die Paletten seien falsch geladen worden und die Folien seien „auseinander"* für ausreichend gehalten, um die Art der Vertragswidrigkeit der schlechten Verpackung der Flaschen zu rügen.[887]

Die Bezeichnung der Vertragswidrigkeit von Damenlederstiefeln als *„rechter Schuh an der Seite aufgelöst, Leder zu knapp"*, *„linker Schuh vorne Leder gewölbt, stört beim Laufen"*, *„Stiefel löst sich an der Seite auf, Material zu knapp, kann nicht repariert werden"* oder *„rechter Stiefel oben in der Mitte, Naht löst sich"* hielt das *OLG Koblenz* in seiner Entscheidung vom 21.11.2007 als inhaltlich hinreichend bestimmt.[888]

Die Bezeichnung *„vertragsgetreue betriebsbereite Aufstellung der Maschinen für die Eisproduktion und den Eiscafébetrieb"* lässt das *OLG Hamburg* in seiner Entscheidung vom 25.01.2008 richtigerweise nicht als hinreichend substantiierte Mängelanzeige von vertragswidrigem Inventar für eine Eisdiele genügen.[889] Das Gericht argumentiert, dass hieraus lediglich eine *Mahnung zur Aufstellung des Inventars* gesehen werden könne und sich der Verkäufer dadurch gerade *kein Bild von der Sachbeschaffenheit* machen konnte.

Die Mitteilung in einem Anwaltsschreiben, es bestünden *„erhebliche Mängel am Fahrzeug"* und der Motor sei *„nicht fachmännisch repariert worden"* lässt das *OLG Hamm* in seiner Entscheidung vom 02.04.2009 nicht ausreichen, um dem Verkäufer ein Bild über die Vertragswidrigkeit zu machen und evtl. *einen Vertreter zur Untersuchung der Ware zum Käufer* zu schicken.[890] Es können also auch aus einer denkbaren Reaktion des Verkäufers, aus den Umständen des Einzelfalles, hier aus

---

886 *LG München I* 29.11.2005, Az. 5HK O 10734/02, CISG-Online 1567, RIW 2007, 146–147.

887 *OLG Koblenz* 14.12.2006, Az. 2 U 923/06, CISG-Online 1408, Hamburger Seerechts-Report 2007, 8–10.

888 *OLG Koblenz* 21.11.2007, Az. 1 U 486/07, CISG-Online 1733, OLGR Koblenz 2008, 493–494.

889 *OLG Hamburg* 25.01.2008, Az. 12 U 39/00, CISG-Online 1681, IHR 2008, 98–102.

890 *OLG Hamm* 02.04.2009, Az. 28 U 107/08, CISG-Online 1978, IHR 2010, 59–63.

der Untersuchung des Verkäufers, ein hinreichendes Substantiierungsindiz und somit die ordnungsgemäße Rüge abgeleitet werden.

(4) Zwischenergebnis

Durch diese vorgenannten Entscheidungen wird bereits kenntlich, dass die Gerichte nicht immer denselben strengen Maßstab anlegen, sondern je nach differenten Parametern gezielt nach Art der Ware einzelfallbezogen abwiegen. Im Ergebnis wurde jedoch aus den vorgenannten Anforderungen deutlich, dass die Substantiierung im Zweifel je konkreter, desto eher den Anforderungen der Gerichte entsprach. Das Ergebnis der Untersuchung sollte an den Verkäufer so konkret wie möglich überliefert werden, ohne hierbei großen Ausschweifungen und übertriebenen Formalien zu unterfallen.[891] Das schützt nicht nur den Verkäufer, der auf die Art der Vertragswidrigkeit angemessen reagieren kann, sondern auch den Käufer, der hierdurch im Rahmen des internationalen Handels keine unnötigen Zeitverluste hinnehmen muss.

b) Substantiierte Bezeichnung über den Umfang der Vertragswidrigkeit

Der Käufer sollte insbesondere *genau* bezeichnen, ob er z. B. die in zwei Teillieferungen gelieferte Ware insgesamt oder nur zum Teil rügen will,[892] mit anderen Worten in welchem Umfang die Ware vertragswidrig ist. Die Angabe zum Umfang der Vertragswidrigkeit schützt den Verkäufer und *beugt Missbräuchen durch den Käufer vor.*[893] Dieser kann später keine weitere Ware als vertragswidrig nachschieben.[894] Der Verkäufer soll durch die genau bezeichnete Rüge über die Vertragswidrigkeit der Ware *Klarheit* darüber erlangen, welche *Reaktion* seinerseits angebracht sei, z. B. ob er die Rüge zurückweist, dem Käufer eine Nachlieferung oder Nachbesserung anbietet oder aber eine eigenständige Untersuchung an der Ware vornehmen lässt.[895] Auch im Rahmen von Mengenabweichungen sollte dem Verkäufer die Chance einer entsprechenden Nachlieferung gegeben werden.

---

891 So auch u. a. das *OGH Wien* 14.01.2002, Az. 7 Ob 301/01t, CISG-Online 643, IHR 2002, 76–81.

892 Vgl. *LG München* I 20.03.1995, Az. HKO 23750/94, CISG-Online 164, RIW 1996, 688–690; hierzu auch *Kindler,* IPRax 1996, 16, 17.

893 So auch *Kindler,* IPRax 1996, 16, 17.

894 *Magnus*, in: *Staudinger,* Art. 39, Rn. 23; *OLG Koblenz* 28.3.1991, Az. 2 U 849/89, RIW 1991, 592 ff.; zum EKG bereits der *BGH* 02.06.1982, Az. VIII ZR 43/81, IPRax 1983, 228, 229.

895 So auch *Kindler,* IPRax 1996, 16, 17.

In der Rechtsprechung entschied das *OLG Koblenz*,[896] dass wenn größere Mengen geliefert werden und nur ein Teil der Lieferung vertragswidrig sei zur genauen Bezeichnung der Vertragswidrigkeit ebenfalls die Angabe der Teilmenge gehöre, die vertragswidrig sei.[897] Der Käufer müsse bei der Lieferung partiell vertragswidriger Ware ferner einen *ungefähren quantitativen* Umfang der bemängelten Ware angeben.[898]

In der Entscheidung des *LG Marburg*[899] wird die Anzeige als unsubstantiiert zurückgewiesen, weil sich aus ihr nicht erkennen lasse, auf welches Gerät sie sich beziehe. Das Gericht empfand die Mängelrüge als nicht bestimmt genug und hätte es gern gesehen, wenn in der Anzeige neben der Gerätebezeichnung bzw. dem Modelltyp auch das Lieferdatum des bemängelten Gerätes deutlich identifiziert wäre. Nach Ansicht der Kammer müsse eine Mängelrüge so bestimmt sein, dass der Verkäufer *ohne Durchsicht aller Geschäftsunterlagen und weitere Nachforschungen* erkennen könne, auf welches gelieferte Gerät sich diese beziehe.[900] Diese Ansicht wurde in der Literatur als *überzogene Formalität* gewertet, da zumal in dem laufenden Geschäftsjahr nur die eine gerügte Maschine vom Verkäufer bezogen worden war.[901]

aa) Unnötige Förmelei

Diese Kritik ist teilweise äußerst berechtigt. Die Vertragsparteien sind in den meisten Fällen sehr gut informiert und wissen sehr genau, wer warum welche Ware rügt. Ein unnötig strenger Maßstab ist hier dann fehl am Platz. Anders stellt sich die Situation, wenn eine von mehreren gelieferten Maschinen vertragswidrig ist, dann kann vom Käufer durchaus verlangt werden, dass er bei mehreren Lieferungen die mangelhafte genau mit Modelltyp oder Nr. bezeichnet.[902] Die Gerichte versuchen, durch die Einhaltung einer einheitlichen (teilweise) strengen Linie

896 *OLG Koblenz* 28.03.1991, Az. 2 U 849/89, RIW 1991, 592 ff.

897 *OLG Koblenz* 28.03.1991, Az. 2 U 849/89, RIW 1991, 593; konkret ging es um Stoffballen, die selbst nach dem Vortrag des Beklagten (Käufers) nicht alle vertragswidrig waren, sondern auch innerhalb der einzelnen Stoffballen waren einwandfreie Stoffe gegeben.

898 *LG Köln* 30.11.1999, Az. 89 O 20/99, CISG-Online 1313, IHR 2001, 69–72, mit Anm. dazu *Taschner*, IHR 2001, 61–63.

899 *LG Marburg* 12.12.1995, Az. 2 O 246/95, CISG-Online 148, RIW 1996, 328–329; dazu auch *Günther*, Liber Amicorum *Richard M. Buxbaum*, (2000), 235, 238.

900 *LG Marburg* 12.12.1995, Az. 2 O 246/95, CISG-Online 148, RIW 1996, 328–329.

901 *Magnus*, in: *Staudinger*, Art. 39, Rn. 24.

902 *LG Marburg* 12.12.1995, Az. 2 O 246/95, CISG-Online 148, RIW 1996, 328–329.

hinsichtlich der Rüge Rechtssicherheit zu schaffen. Doch das gelingt in den meisten Fällen nur bedingt.

So hat das *LG Köln* für eine sog. *Kennzeichnungsrüge* sehr strenge Maßstäbe angelegt und vom Käufer verlangt, dass es bei der Lieferung von 22 Paletten Fassadensteinen nicht ausreiche, wenn der Käufer lediglich rüge *„many of the plates"* seien unklar gekennzeichnet. Aus dieser Rüge werde nicht deutlich, welche Teile in welchem Maße unklar gekennzeichnet waren.[903] Die Entscheidung des *LG Köln* macht schnell deutlich, dass das Gericht sehr strenge, übertriebene Genauigkeit bei der Mängelanzeige fordert. Aus der genau bezeichneten Menge der Vertragswidrigkeit der Ware sollte zwar für den Verkäufer deutlich werden, welcher Umfang der Ware betroffen ist, jedoch dürfen hierbei keine unnötigen bzw. dem Käufer nicht zumutbaren Untersuchungen auferlegt werden. Ein authentischer Interessenausgleich ist in diesem Zusammenhang stets vorrangig.

Unnötige Förmelei ist im internationalen Einheitskaufrecht deplaziert. Begrüßenswerter erscheint es, den Einzelfall fokussiert durch eine Abkehr von Pauschalitäten zu betrachten. Weg vom strengen Ton hin zu vernünftigen und effizienten Entscheidungen.

bb) Rückschluss aus Rechtsbegehren des Käufers

Das OLG Koblenz stellt in seinem Urteil vom 31.01.1997[904] für die Substantiierung der Anzeige darauf ab, wie genau der Verkäufer die Ware auf seiner Rechnung aufgeführt hat. In diesem Zusammenhang ging es um Acryl Decken, welche die Käuferin in ihrer Rüge durch Nennung der unterschiedlichen Designs der Rollen hätte näher substantiieren müssen.[905] Denn lediglich die Nennung der Fehlmenge, ohne aufzuschlüsseln, wie viele Rollen welchen Designs genau fehlen, versetze die Verkäuferin nicht in die Lage, eine Ersatz- oder Nachlieferung in die Wege zu leiten. Dieser Gedanken kann in einigen Fällen zu sehr effizienten Ergebnissen zwischen den Vertragsparteien führen und sollte für die Bezeichnung der Mängelrüge vordergründig herangezogen werden.

---

903 *LG Köln* 30.11.1999, Az. 89 O 20/99, CISG-Online 1313, IHR 2001, 69–72, mit Anm. dazu *Taschner*, IHR 2001, 61–63.

904 *OLG Koblenz* 31.01.1997, Az. 2 U 31/96, CISG-Online 256, OLGR Koblenz 1997, 37–39.

905 *Magnus*, in: Staudinger, Art. 39, Rn. 24, hält diese Anforderung für problematisch, da sie nur relevant werden können, wenn es dem Käufer auf die Lieferung bestimmter Rollen ankommen würde, er ansonsten damit ausdrücken wolle, dass ihm die Nachlieferung jeglichen Designs genehm ist.

c) *Weitere Besonderheiten der Substantiierung*

aa) Beanstandungswillen

Aus der Substantiierung der Vertragswidrigkeit für den Käufer folgt nach dem *OLG Karlsruhe*, dass der Käufer in *seiner Mängelanzeige einen Beanstandungswillen erkennbar mach*en müsse und es nicht reiche, dass die Vertragswidrigkeit beiläufig im Zusammenhang mit anderen Rügen genannt werde.[906] So entschied das *OLG Saarbrücken*, dass die Schadensmeldung im Zusammenhang mit einer dadurch bedingten Neubestellung vom Verkäufer nicht als Rüge zu verstehen sei.[907]

bb) bei Teillieferungen

In einem Urteil des *LG München I*[908] zeigte sich die Notwendigkeit der Spezifizierung des *Umfangs* insbesondere bei Teilleistungen. Das Gericht entschied, dass die Käuferin die geltend gemachte Vertragswidrigkeit nicht ordnungsgemäß nach Art. 39 CISG gerügt habe und somit zur Kaufpreiszahlung verpflichtet sei, da sie auch keine rechtzeitige Vertragsaufhebung gem. Art. 49 Abs. 2 CISG erklärt habe. Dabei zog das Gericht ebenso in Betracht, dass dieses selbst dann gelte, wenn man von der Darstellung der Käuferin ausgehe, dass die beanstandete Ranzigkeit des Specks einen versteckten Mangel darstelle, da gerade im gefrorenen Zustand die Vertragswidrigkeit nicht feststellbar gewesen sei.

Das *LG München I* forderte, dass die Käuferin insbesondere hätte rügen müssen, *ob beide Lieferungen insgesamt oder nur zum Teil beanstandet werden.*[909] Denn hier konnte nur aus einem Rückschluss anhand der Gewichtsangaben aus den *erst mit der Klageerwiderung vorgelegten Kühlhausrechnungen* entnommen werden, dass die Käuferin *beide Lieferungen* rügte. Interessanterweise machte das Gericht der Käuferin sogar den Vorwurf, dass sie nicht nur im Hinblick *auf die erheblichen Kühlhauskosten* eine besondere Pflicht zum raschen Handeln gehabt hätte, sondern auch *unter Berücksichtigung der kommenden* Weihnachtsfeiertage.

---

906 In der Rechtsprechung so das *OLG Karlsruhe* 08.02.2006, Az. 7 U 101/04, CISG-Online 1328, IHR 2006, 106–108; *OLG Saarbrücken* 17.01.2007, Az. 5 U 426/06, CISG-Online 1642, IHR 2008, 55–60; in der Literatur so *Gruber*, in: MüKo, Art. 39, Rn. 7.

907 *OLG Saarbrücken* 17.01.2007, Az. 5 U 426/06, CISG-Online 1642, IHR 2008, 55–60.

908 *LG München I* 20.03.1995, Az. 10 HKO 23750/94, CISG-Online 164, RIW 1996, 688–690.

909 *LG München I* 20.03.1995, Az. 10 HKO 23750/94, CISG-Online 164, RIW 1996, 688–690.

Anders hingegen hielt das *OLG Celle*[910] in seinem Urteil vom 02.09.1986 zum EKG die Bezeichnungen *„Löcher im Leder"*, *„völlig faltige Absatzpartien"* und *„gravierende Farbunterschiede"* für die Bezeichnung der Vertragswidrigkeiten einer großen Lieferung von Schuhen als hinreichend bestimmt und verlangte vom Käufer überdies nicht weiter, diese darüber hinaus zu quantifizieren oder eine konkrete Zuordnung der jeweiligen Vertragswidrigkeiten zu den jeweiligen Paaren von Schuhen vorzunehmen.

cc) Fachkenntnisse und Erfahrungen des Rügenden

Ferner wird in der Rechtsprechung bei den Käufern spezieller Branchen, die über entsprechende Fachkenntnisse verfügen, insbesondere ein noch strengerer Maßstab angesetzt und erwartet, dass sie die Vertragswidrigkeit substantiierter als unerfahrene Käufer bezeichnen.[911]

2. *Zwischenergebnis*

Zur genauen Bezeichnung der Art der Vertragswidrigkeit gehört nicht nur die substantiierte Bezeichnung von Qualitäts-, sondern auch Quantitätsabweichungen. Diese müssen im Zweifel einzeln bezeichnet werden.[912] Für die Praxis empfiehlt es sich, die Anforderungen des Art. 39 CISG ernst zunehmen und pauschale Angaben zu vermeiden. Mit höchster Sorgfalt sollte die Vertragswidrigkeit der gelieferten Ware möglichst detailliert beschrieben werden.[913] Verlangt der Verkäufer *weitere Informationen* im Rahmen der Substantiierung, so sollte er sich bei dem Käufer erkundigen.[914] Allerdings darf der Käufer jedoch nicht in diesem Zusammenhang neue Vertragswidrigkeiten nachschieben oder nach Fristablauf nunmehr genauer bezeichnen.[915] Es kann in der Praxis schwierig sein, zwischen der noch legitimen leichten Nachbesserung der Rüge und der Nachbesserung einer zu unsubstantiierten Rüge nach Ablauf der Frist des Art. 39 CISG zu unterscheiden. Es wird in der Literatur vertreten, dass eine vernünftige Entschuldigung im Sinne des Art. 44 CISG *für Rügefehler, die zulasten des Käufers gehen, denkbar sei*, wenn ein international unerfahrener Käufer aus dem eigenen Rechtssystem

---

910 *OLG Celle* 02.09.1986, Az. 11 U 146/83, IPRax 1987, 313–314.

911 So z. B. das *LG Hannover* 16.04.2003, Az. 22 O 169/02, BeckRS 2003, 17330.

912 *Schwenzer, in: Schlechtriem/ Schwenzer*, Art. 39, Rn. 10.

913 So auch *Zoberbier*, WiB 1997, 603.

914 So auch das *LG Bad Kreuznach* 26.05.2006, Az. 5 O 42/05, BeckRs 2011, 08708.

915 *Magnus*, in: *Staudinger,* Art. 39, Rn. 23.

Rügeförmlichkeiten nicht kenne oder er die Vertragswidrigkeit aufgrund fehlender eigener Sachkunde zunächst falsch bezeichne.[916]

VI. Fristen des Art. 39 CISG

Art. 39 CISG unterscheidet zwei Fristen: die *relative Frist* des Art. 39 Abs. 1 CISG und die *absolute Frist* des Art. 39 Abs. 2 CISG.

1. Frist des Art. 39 Abs. 1 CISG

Lange Zeit war in der deutschen Rechtsprechung neben den zuvor genannten inhaltlichen Anforderungen an die Rüge insbesondere die zeitliche Komponente für die Rüge nicht in den Griff zu kriegen. Dieses obwohl der Art. 39 Abs. 1 CISG nach seinem Wortlaut[917] relativ deutliche Vorgaben hinsichtlich der Länge bzw. Kürze der Frist (*angemessene*) sowie zum Beginn der Frist (*nach dem Zeitpunkt*) macht.

a) Verhältnis zur Untersuchungsfrist

Zur Klarstellung muss hinsichtlich der Rügefrist im Vorfeld geklärt werden, dass die Fristen der Untersuchung und der Anzeige weder zur Pauschalfrist[918] zusammengezogen werden dürfen noch sonst in ihrer Länge pauschalisiert werden dürfen.[919] Es entspricht der Systematik der Art. 38 und Art. 39 CISG, die dort genannten Fristen voneinander zu trennen und nicht zu einer Gesamtfrist zu addieren.[920]

In der Rechtsprechung hat der *BGH* lange Zeit in seiner international diskutierten[921] Entscheidung vom 08.03.1995 vertreten, dass die Rügefrist des Art. 39 Abs. 1 CISG für unsachgemäße Verpackung, die aufgrund einer äußerlichen Besichtigung ohne Weiteres hätte festgestellt werden können, *im Interesse einer baldigen Klärung der Rechtsbeziehungen* nicht zu lang bemessen werden dürfe und

---

916 *Magnus*, in: *Staudinger*, Art. 39, Rn. 23 und Art. 44, Rn. 13–14.

917 Art. 39 Abs. 1 CISG lautet: „Der Käufer verliert das Recht, sich auf die Vertragswidrigkeit der Ware zu berufen, wenn er sie dem Verkäufer nicht innerhalb einer angemessenen Frist nach dem Zeitpunkt, in dem er sie festgestellt hat oder hätte feststellen müssen, anzeigt und dabei die Art. der Vertragswidrigkeit genau bezeichnet."

918 *Schwenzer*, in: *Schlechtriem/ Schwenzer*, Art. 39, Rn. 15.

919 Vgl. hierzu bereits oben Kapitel 3, Abschnitt A.

920 So auch *Schlechtriem*, EWiR Art. 39 CISG 1/2000, 125.

921 Vgl. hierzu die Aufsätze von *Schlechtriem* IPRax 1996, 12–16 und *Hohloch*, JuS 1996, 175–176.

somit spätestens nach einem „groben Mittelwert“ von etwa *einem Monat* jedenfalls verstrichen sei.[922]

Nachfolgend an diese Entscheidung des *Bundesgerichtshofs* stellte das *OLG München*[923] in seinem Urteil dem *BGH* folgend auch auf eine Gesamtfrist, d. h. Rügefrist *unter Einschluss der Untersuchungsfrist* ab, die in diesem Fall *spätestens nach einem Monat abgelaufen* sei. Hierbei stellte das Gericht auf den Parteivortrag des Käufers ab. Dieser berief sich bzgl. der Mangelhaftigkeit der Bekleidungsartikel auf seine Kunden, denen ebenso der „gröbere Griff“ der Qualität aufgefallen war. Abgeleitet hiervon hätte diese Vertragswidrigkeit umso mehr einem Kaufmann auffallen müssen. So hätte der Verdacht den Käufer nach einer einfachen Griffprobe zur rechtzeitigen Untersuchung veranlassen müssen.[924]

b) Fristbeginn

Es scheint fast so, als ob über die Frage, wann die Frist des Art. 39 Abs. 1 CISG beginnt, ebenso Uneinigkeit in der (insbesondere deutschen) Rechtsprechung herrscht wie über die Länge der Frist selbst. So sind in den analysierten Entscheidungen der Gerichte zwischen der Übergabe der Ware[925] bis hin zur hypothetischen Kenntniserlangung des Käufers über die Vertragswidrigkeit der Ware[926] für den Beginn der Rügefrist nahezu sämtliche möglichen Zeiträume vertreten.

In der Literatur wird sogar teilweise entgegen dem klaren Wortlaut vertreten, dass die Rügefrist unabhängig davon laufe, ob die Untersuchungsfrist verstrichen sei oder nicht. Gefordert wird hierfür jedoch *„aktuelle Kenntnis des Käufers über die Vertragswidrigkeit“*.[927] In der Praxis würde dieses die Konsequenz mit sich bringen, dass der Käufer bei einer einzigen Lieferung zweimal rügen müsste. Stellt der Käufer z. B. bei Lieferung der Ware fest, dass der Verkäufer nicht die

---

922 *BGH* 08.03.1995, Az. VIII ZR 159/94, CISG-Online 144, BGHZ 129, 75, 85–86, RIW 1995, 595–597, IPRax 1996, 29–31.

923 *OLG München* 11.03.1998, Az. 7 U CISG-Online 310, TranspR-IHR 1999, 20–22.

924 Vgl. hierzu auch die Anm. von *Schlechtriem*, EWiR Art. 39 CISG 1/98, 549, 550.

925 So z. B. das *LG Frankfurt a. M.* 09.12.1992, Az. 3/3 O 37/92, CISG-Online 184: „[…] Im Hinblick darauf, dass hier die Lieferung erst am 19.10.1991 erfolgt war und die telefonische Verständigung des Vertreters Mayer nach dem insoweit unbestrittenen gebliebenen Beklagtenvorbringen zwischen diesem Zeitpunkt und dessen nächster Vorsprache bei der Beklagten am 07.11.1991 erfolgte, bestehen keine Zweifel an der Wahrung der Rügefrist. […]“.

926 *BGH* 03.11.1999, Az. VIII ZR 287/98, CISG-Online 475, RIW 2000, 381–382, NJW-RR 2000, 1361–1362; vgl. hierzu die Anm. von *Taschner*, TranspR-IHR 2000, 3–4.

927 *Schwenzer, in: Schlechtriem/ Schwenzer*, Art. 39, Rn. 19.

vereinbarte Menge geliefert hat, muss er seine Qualitätsprüfungen nicht abwarten, sondern kann die Fehlmenge bereits zu diesem Zeitpunkt schon anzeigen. Die Frist zur Anzeige der Fehlmenge beginne also zu laufen.[928] Ob dieses mit Effektivitätsgrundsätzen des internationalen Einheitsrechtes vereinbar ist, wird noch zu prüfen sein.

aa) Ab Lieferung der Ware pauschal

Grundsätzlich beginnt die Frist des Art. 39 Abs. 1 CISG, sobald der Käufer die Vertragswidrigkeit der Ware festgestellt hat oder sie bei der nach Art 38 CISG gebotenen Untersuchung hätte feststellen müssen. Daraus folgt, dass es sich hierbei um keinen starren *einheitlichen Fristbeginn* handele.[929] Dieser kann sogar je nach Vertragswidrigkeit und der danach erforderlichen Untersuchung variieren.

In der Rechtsprechung hat der *BGH* in der zuvor bereits dargestellten Entscheidung vom 4.12.1996[930] die spätere *erneute Rüge nach Erlass* des landgerichtlichen Urteils *entgegen der Ansicht der Vorinstanz* als eindeutig verspätet angesehen. Der *BGH* stellte hierbei fest, dass es im Rahmen des Art. 39 Abs. 1 CISG *anders als bei § 377 HGB* nämlich für den Fristbeginn nicht auf den Zeitpunkt der *„Ablieferung"* ankomme, *welche die vollständige Verbringung der Waren in den Machtbereich des Käufers voraussetzte*, sondern vielmehr auf die *Feststellung der Vertragswidrigkeit.* In dem vorliegenden Fall hätte diese bereits kurz nach der Lieferung *festgestellt werden können und müssen.* Die spätere Berufung auf *diese angebliche Vertragswidrigkeit* nach dem Urteil des Landgerichtes war demnach verspätet.[931]

Bereits anhand dieser Entscheidung und der Prozessgeschichte hierzu wird deutlich, welche praktische Relevanz die einheitliche Auslegung des Art. 39 CISG aufweist.

Auch das *AG Kehl*[932] sah eine Rüge ca. *einen Monat* nach der betriebsinternen Qualitätskontrolle beim Käufer als verspätet an. Hierbei wurde das *Einlaufen von Kleidungsstücken* als Mangel qualifiziert, welcher aufgrund einer sachgemäßen Untersuchung hätte aufgedeckt werden müssen. Das Gericht geht bei dieser Entscheidung für den Fristbeginn nicht nach der erfolgten Untersuchung der Ware beim Käufer, sondern direkt vom *Zeitpunkt der Lieferung*, welche 10 Tage vor der internen Kontrolle lag, aus. Hierbei unterschätzt das Gericht, dass es für die

---

928 Vgl. hierzu *Schwenzer, in: Schlechtriem/ Schwenzer*, Art. 39, Rn. 19.

929 *Magnus*, in *Staudinger*, Art. 39, Rn. 42.

930 *BGH* 04.12.1996, Az. VII ZR 306/95, CISG-Online 260, NJW-RR 1997, 690–692.

931 *BGH* 04.12.1996, Az. VII ZR 306/95, CISG-Online 260, NJW-RR 1997, 690–692.

932 *AG Kehl* 06.10.1995, Az. 3 C 925/93, CISG-Online 162.

Anzeige der Mängel auf den Zeitpunkt ankommt, an welchem der Käufer die Vertragswidrigkeit der Ware festgestellt hat oder hätte feststellen müssen – in diesem Fall also der *Zeitpunkt der Untersuchung* und nicht der Lieferung. Die angebliche Vertragswidrigkeit der Ware hätte bereits kurz nach der Lieferung festgestellt werden können und müssen. Im Ergebnis verneint es aber richtigerweise die rechtzeitige Mängelrüge, da die Rüge in jedem Fall verspätet sei, weil die Käuferin den Beweis der rechtzeitigen Anzeige nicht erbringen konnte. Auch geht das Gericht richtigerweise von einer relativ kurzen Frist hinsichtlich der Art der Ware, hier modebedingter Saisonware aus, selbst wenn Weihnachtsfeiertage dazwischen liegen.[933]

bb) In Abhängigkeit der Erkennbarkeit der Vertragswidrigkeit für den Käufer

Ist die Vertragswidrigkeit der Ware bei der Untersuchung für den Käufer erkennbar, so beginnt seine Rügefrist aus Art. 39 Abs. 1 CISG im Anschluss an die Untersuchungsfrist des Art. 38 CISG. Es wird in diesem Zusammenhang häufig sogar soweit argumentiert, dass eine etwaige unterbliebene Untersuchung hieran nichts ausrichten könne und hierfür, wenn notwendig eine *hypothetische Untersuchungsfrist* angenommen werde.[934] Noch weitgehender wird in der Literatur teilweise angenommen, dass erst nach Ablauf *der aus Untersuchungs- und Anzeigefrist zusammengesetzten Gesamtfrist* der Käufer seine Rechte verliere. Hierbei komme es nicht darauf an, dass der Käufer die Untersuchung *auch tatsächlich und rechtzeitig durchgeführt* habe. Daher genüge es, selbst wenn er im Rahmen der Untersuchung eine Vertragswidrigkeit übersehen habe, wenn er diese *noch innerhalb der Gesamtfrist anzeige.* Dann könne der Käufer evtl. *Verspätungen bei der Untersuchung durch schnellere Reaktion bei der Anzeige noch ausgleichen.* Dieses gelte ebenfalls dann, wenn die Vertragswidrigkeit nur durch Zufall entdeckt werde.[935]

cc) In Abhängigkeit der Nicht-Erkennbarkeit der Vertragswidrigkeit für den Käufer

Selbst durch eine ordnungsgemäße Untersuchung kann der Käufer nicht immer die Vertragswidrigkeit erkennen. Wichtig für den Käufer wird jedoch in diesem Zusammenhang, ob von ihm verlangt werden kann, ein bestimmtes Verhalten im Hinblick auf eine Untersuchung zu statuieren, um seiner Rechte nicht verlustig

---

933 *AG Kehl* 06.10.1995, Az. 3 C 925/93, CISG-Online 162.

934 So z. B. *Magnus*, in: *Staudinger*, Art. 39, Rn. 30.

935 *Magnus*, in *Staudinger*, Art. 39, Rn. 30.

zu werden. Es stellt sich hierbei die Frage, ob es dann auf den Zeitpunkt der objektiven Erkennbarkeit der Vertragswidrigkeit oder der tatsächlichen Entdeckung ankomme.[936]

(1) Objektive Erkennbarkeit

Der *BGH* weist in seiner Entscheidung vom 3.11.1999,[937] bei der es um eine sog. Mahlgarnitur ging, darauf hin, dass es sich bei der vom Käufer geltend gemachten Vertragswidrigkeit um einen *versteckten Mangel* handele, der weder bei einer ordnungsgemäßen Überprüfung bei Anlieferung noch während des Einsatzes hätte entdeckt werden können. Der *BGH* lässt die Frage, auf welchen Zeitpunkt es bei versteckten Mängeln für den Beginn der Rügefrist des Art. 39 CISG ankommt, in dieser Entscheidung jedoch offen. Anders hatte hier die Berufungsinstanz entschieden. Sie – wie auch ein großer Teil der Literatur[938] – lassen es zum Schutze des Verkäufers auf den Zeitpunkt der *objektiven Erkennbarkeit* und *nicht positiver Kenntnisnahme* ankommen. Dem Käufer soll nicht die Möglichkeit eröffnet werden, sich auf seine subjektiv womöglich spätere Erkennbarkeit berufen zu können.

Für den *BGH* kam es im vorliegenden Fall auf diese Frage gar nicht an, sodass er von der Rechtzeitigkeit der Rüge *ca. sieben Wochen* nach einem *Störfall der Mehlanlage* ausging und dem Käufer zunächst *eine* Woche für die Einleitung erforderlicher Maßnahmen für die technische Untersuchung, *weitere zwei Wochen* für die Durchführung der gutachterlichen Untersuchung sowie die *regelmäßige einmonatige Rügefrist* nach Art. 39 Abs. 1 CISG zubilligte.[939] Diesem Ergebnis kann nur teilweise zugestimmt werden. Es ist unverständlich, warum der *BGH* zwar richtigerweise die Untersuchungs- und Rügefristen anscheinend getrennt betrachtet und berechnet, aber im Ergebnis der Rügefrist nach Art. 39 CISG *regelmäßig einen Monat* zuspricht.[940] Wie bereits zuvor dargelegt, erlaubt es bereits der Wortlaut des Art. 39 CISG nicht, von einer starren oder sog. regelmäßigen

---

936 Vgl. hierzu auch *Freiburg*, IHR 2005, 56, 58.

937 *BGH* 03.11.1999, Az. VIII ZR 287/98, CISG-Online 475, RIW 2000, 381–382, NJW-RR 2000, 1361–1362; vgl. hierzu die Anm. von *Taschner*, TranspR-IHR 2000, 3–4.

938 Vgl. u. a. *Schwenzer*, in: *Schlechtriem/ Schwenzer*, Art. 39, Rn. 20.

939 *BGH* 03.11.1999, Az. VIII ZR 287/98, CISG-Online 475, BGHZ 129, 75, 85–86, RIW 2000, 381–382, NJW-RR 2000, 1361–1362; vgl. hierzu die Anm. von *Taschner*, TranspR-IHR 2000, 3–4; *BGH* 08.03.1995, Az. VIII ZR 159/94, CISG-Online 144, RIW 1995, 595–597, IPRax 1996, 29–31, vgl. hierzu auch die Anm. von *Piltz*, EuZW 1995, 450–451.

940 So auch *Simons*, EuLF 2000/01, 12, 15.

Frist auszugehen. Es ist und bleibt eine „angemessene“ Frist, welche zwar aus der bisherigen Rechtsprechung für bestimmte Kategorien von Waren je nach Einzelfall gewisse „*Tendenzen*“ intendieren kann, jedoch nicht zwingend immer muss. In diesem Fall war es nicht notwendig, dem Käufer in Bezug auf die Frist zur Untersuchung eine enge Berechnung vorzugeben, um sie dann in Bezug auf die Mängelanzeige aufzuweichen. Es ist ebenfalls nicht verständlich, warum der Käufer eine doch recht lange Mängelfrist im Sinne des Art. 39 CISG zustehen solle, wenn er im vorliegenden Fall bereits wenige Tage nach Erhalt des Untersuchungsergebnisses die Vertragswidrigkeit beim Verkäufer gerügt habe.

(2) Tatsächliche Feststellung der Vertragswidrigkeit

In der Literatur wird argumentiert, dass grundsätzlich in derartigen Fällen *die Anzeigefrist ohne jede weitere Untersuchungsfrist zu laufen beginne*, sobald der Käufer die Vertragswidrigkeit auch tatsächlich feststelle.[941] Dafür müssen, falls Kundenreklamationen die Vertragswidrigkeit, *die vorher nicht zu entdecken waren*, ans Licht bringen, *ernstzunehmende und glaubhafte Reklamationen* beim Käufer eingegangen sein.[942]

Die Vertragswidrigkeit wird der Käufer in der Regel dann feststellen, wenn er sich ihrer *sicher* sein kann.[943] So stellte der *BGH* bereits in seiner Entscheidung zum EKG fest, dass der Käufer für die erforderliche Einleitung rechtlicher Schritte eine *sichere Kenntnis* über die Vertragswidrigkeit erst dann erlangen könne, wenn er von seinen Abnehmern vernünftigerweise hierüber nicht nur mündlich, sondern auch schriftlich unterrichtet wurde.[944] Einigkeit besteht darüber, dass der Käufer zu *fortlaufender Untersuchung* der Ware nach Lieferung jedoch nicht verpflichtet sei.[945]

Hinsichtlich erster Verdachtsmomente bei verborgenen Vertragswidrigkeiten wird vertreten, dass die Anzeigefrist nicht schon dann zu laufen beginne, wenn sich diese erstmals andeute, z. B. durch Störungen in einer Maschine, welche auf einen – erst festzustellenden – Material- oder aber Bedienungsfehler hindeuten. Hier werde die Vertragswidrigkeit erst festgestellt, wenn und sobald dem Käufer durch ein Sachverständigengutachten der Fehler bestätigt werde.[946] Dann sei der Käufer aus dem Gebot von Treu und Glauben verpflichtet, einem ernsthaften

941 *Magnus*, in *Staudinger*, Art. 39, Rn. 30.
942 Vgl. statt vieler *Magnus*, in *Staudinger*, Art. 39, Rn. 31.
943 Vgl. auch *Magnus*, in: *Staudinger*, Art. 39, Rn. 32.
944 *BGH* 02.06.1982, Az. VIII ZR 43/81, IPRax 1983, 228–231.
945 *Schwenzer*, in: *Schlechtriem/ Schwenzer*, Art. 39, Rn. 20.
946 *BGH* 02.06.1982, Az. VIII ZR 43/81, IPRax 1983, 228–231.

Verdacht auf Fehler auch – durch entsprechende Untersuchung – nachzugehen. Tut er dies nicht und steht im Nachhinein fest, dass eine Untersuchung den Fehler bestätigt hätte, so beginne die angemessene Anzeigefrist ab dem Zeitpunkt zu laufen, zu dem der Käufer den Fehler hätte feststellen können.[947] Auch hier ist die Kostenfrage nicht geklärt. Wer übernimmt die Kosten, wenn zwischen den Parteien strittig ist, ob die Ware eine Vertragswidrigkeit aufweist.

(3) Abwarten auf Reaktion des Endkunden

So urteilte das *LG Berlin* in seinem Urteil vom 13.09.2006, dass einem Weiterverkäufer gegenüber dem Erstverkäufer *ein Abwarten auf die Reaktion des Endkunden* im Rahmen des Art. 39 Abs. 1 CISG einzuräumen sei.[948] Dabei spielten nach Ansicht des Gerichts zwei Aspekte eine wichtige Rolle: erstens die Hochwertigkeit des Fahrzeugs, es handelte sich hierbei um einen Sportwagen der Marke Aston Martin. Zweitens dürfe dem Weiterverkäufer nicht zugemutet werden, sich mit einem guten Kunden auf einen Rechtsstreit einzulassen.

(4) Besonderheiten des verdeckten Mangels in der Rechtsprechung

Das *LG Landshut*[949] hat für das Einlaufen von Bekleidungsstücken angenommen, dass es einen verdeckten Mangel darstelle und bei einer Massenlieferung vom Käufer nicht erwartet werden dürfe, diese neben stichprobenartigen Prüfungen zu waschen. Wobei sich das Gericht in diesem Fall auch auf Art. 40 CISG bezieht, da die Mängel dem Lieferanten im Vorfeld bekannt waren und dieser nicht den Beweis erbringen konnte, dass er der Käuferin den Mangel mitgeteilt habe und diese dennoch auf die Lieferung bestanden habe.[950]

In einem Urteil des *LG Trier*[951] entschied das Gericht, dass der Weinkäufer ohne besondere Anhaltspunkte nicht zu einer über die herkömmliche chemische Analyse hinausgehende Untersuchung des Weins auf einen Wasserzusatz verpflichtet war. Ein Verdacht zu einer umfangreicheren Untersuchung habe darüber hinaus nicht bestanden, da bereits am Tag nach der Anlieferung der Ware Proben von der Weinkontrolle entnommen worden waren. Der Wasserzusatz im Wein wurde somit als verdeckter Mangel qualifiziert. Der Käufer rügte somit innerhalb angemessener Zeit, als er die Verkäuferin sofort nach Erhalt des behördlichen

947 *Magnus*, in: *Staudinger*, Art. 39, Rn. 32.
948 *LG Berlin* 13.09.2006, Az. 94 O 50/06, CISG-Online 1620, IHR 2008, 168–169.
949 *LG Landshut* 05.04.1995, Az. 54 O 644/94, CISG-Online 193.
950 *LG Landshut* 05.04.1995, Az. 54 O 644/94, CISG-Online 193.
951 *LG Trier* 12.10.1995, Az. 7 HO 78/95, CISG-Online 160.

Untersuchungsergebnisses über dieses informierte. Im Übrigen kann sich die Verkäuferin vorliegend gemäß Art. 40 CISG nicht auf die Art. 38 CISG und 39 CISG berufen, da die Vertragswidrigkeit auf Tatsachen beruht, die sie kannte oder über die sie nicht in Unkenntnis sein konnte.[952]

Das *LG Aschaffenburg* hat in seiner Entscheidung vom 20.04.2006 ausgeführt, dass wenn durch einen Sachverständigen belegt werde, dass ein einfacher nicht mit allzu großem Aufwand durchgeführter Handversuch den Mangel hätte aufdecken können, nicht von einem verdeckten Mangel ausgegangen werden kann. Die deutlich wahrnehmbaren Ergebnisse hätten dann bei gegebenem Anlass im Wege weiterer Untersuchungen evtl. von unabhängigen Prüfunternehmen bestätigt werden können. Der Käufer hätte sich zwar auf eine stichprobenartige Untersuchung, welche konkret nicht zu einem Hinweis auf einen Qualitätsmangel geführt hätte, berufen können, jedoch lag der Fall hier nicht so.[953]

dd) Erste Besonderheit: Fristbeginn bei Lieferung vor Fälligkeit

Prinzipiell richtet sich der Lieferzeitpunkt nach den Parteivereinbarungen. Im internationalen Handel müssen jedoch auch die zwischen den Vertragsparteien geltenden Gebräuche und Gepflogenheiten beachtet werden. Art. 33 CISG wird nur – soweit notwendig – ergänzend herangezogen. Im konkreten Fall einer verfrühten Lieferung verletzt der Verkäufer den Vertrag.[954] Damit kann die Rügefrist bei einer Lieferung der Ware vor dem vereinbarten Lieferzeitpunkt – bei mehreren Teillieferungen vor dem Beginn eines Lieferzeitraumes – nicht vor Ablauf des Fälligkeitszeitpunktes[955] bzw. erst mit dem Fälligkeitstag beginnen. Es wird damit argumentiert, dass der Käufer nicht auf die vorzeitige Lieferung eingestellt sein solle und ihm somit keine Rechte hierdurch genommen werden dürfen. Ferner darf die Verwendbarkeit der Ware nicht beeinträchtigt werden, wenn dem Verkäufer noch das Recht eingeräumt ist, gem. Art. 37 CISG freiwillig nach zu erfüllen.[956] Im Gesamtkonzept des internationalen Warenkaufs kann es durchaus ökonomischer sein, wenn dem Käufer im konkreten Einzelfall freistünde, bei Abnahme der Ware zu erklären oder erklären zu lassen, dass er die Ware erst ab dem Zeitpunkt des vereinbarten Lieferzeitpunktes untersuchen werde, statt die

952 *LG Trier* 12.10.1995, Az. 7 HO 78/95, CISG-Online 160.

953 *LG Aschaffenburg* 20.04.2006, Az. 1 HK O 89/03, CISG-Online 1446, IHR 2007, 109–113.

954 *Herber/ Czerwenka*, Art. 52, Rn. 3; *Piltz*, § 5, Rn. 68.

955 So *Schwenzer*, in: *Schlechtriem/ Schwenzer*, Art. 39, Rn. 21; *Welser*, in: *Doralt*, 105, 112; *Tannó*, 277.

956 *Magnus*, in: *Staudinger*, Art. 39, Rn. 33; *Piltz*, § 5, Rn. 68.

Ware bei Lieferung abzulehnen oder dem Käufer zuzumuten, etwaige (berechtigte) Rechte zu verlieren.[957] In diesem Falle ist es ratsam, auf die Umstände des Einzelfalles genauestens einzugehen und die wirtschaftlich vorteilhafteste Lösung vorzuziehen. Im internationalen Handel kann zwar vom Käufer nicht pauschalisiert erwartet werden, sich nach dem Zeitplan des Verkäufers zu richten und evtl. eigene Abläufe einer verfrühten Lieferung anzupassen. Kann er jedoch mit einer verfrühten Lieferung rechnen, weist er die Ware nicht ab, und erlauben es die Umstände, die Ware zu diesem verfrühten Zeitpunkt zu untersuchen, so sollte die Untersuchungsobliegenheit dann ggfs. auch verfrüht greifen.

ee) Zweite Besonderheit: Beginn der Rügefrist bei Übernahme der Montage durch den Verkäufer

Mit der Frage, wann der Käufer im Rahmen von Kaufverträgen, in denen der Verkäufer *als Nebenpflicht die Montage der Ware*[958] auf dem Betriebsgelände des Käufers übernommen hat, zu rügen habe, hat sich der *BGH* in seiner Entscheidung vom 25.03.1992 zum EKG beschäftigt.[959] Hiernach soll die Rügefrist durch bereits sich bei der Montage abzeichnende Mängel beginnen. Der *BGH* argumentiert hierbei mit der Abgrenzung zu § 377 HGB und meint, dass der Käufer im Rahmen des Art. 39 EKG eben nicht bis zum Abschluss der Montage und deren Bekanntgabe warten könne, *da Art. 39 EKG* nicht auf die Ablieferung *der Kaufsache abstelle.*[960] Der *BGH* vermutet, hierdurch einen gerechten Interessensausgleich in derart gelagerten Fällen geschaffen zu haben, jedoch kann dem nicht gefolgt werden.[961] Die Gewährleistungsrechte des Käufers werden grundsätzlich an das Fehlen von vertraglich vereinbarten Zusicherungen geknüpft. *Losgelöst von national vorgeprägten Vorstellungen*[962] ist der maßgebliche Beurteilungszeitraum gem. Art. 36 Abs. 1 CISG der Zeitpunkt des Gefahrübergangs. Auch bei Maschinen, welche in den Betriebsräumen des Käufers montiert werden, kann nichts anderes gelten und die Gefahr geht erst mit Abnahme der Ware über.[963] Es kann dem Käufer nicht zum Nachteil gereichen, dass es nicht seinem Interesse

957 So auch *Resch*, ÖJZ 1992, 470, 477.

958 Zu Lieferverträgen mit Montageverpflichtungen siehe unbedingt m. w. N. *Magnus*, in: *Staudinger*, Art. 3, Rn. 26.

959 *BGH* 25.3.1992, Az. VIII ZR 64/91, NJW-RR 1992, 886–887.

960 So *BGH* 25.3.1992, Az. VIII ZR 64/91, NJW-RR 1992, 886–887.

961 So auch *Magnus,* in *Staudinger*, Art. 39, Rn. 34.

962 Vgl. *Piltz*, § 5, Rn. 28.

963 *Magnus*, in: *Staudinger*, Art. 69, Rn. 18 und 22.

entsprechen könne, entdeckte Vertragswidrigkeiten nicht sofort anzuzeigen.[964] Es ist vielmehr darauf abzustellen, wann der Verkäufer die Maschine endgültig fertig montiert. Denn während der Montage auftretende Mängel kann er bereits ohne Kenntnis oder Mitwirkung des Käufers ebenfalls beseitigen. So wird ihm nicht im Vorfeld die Bemühung einer ordentlichen Vertragserfüllung bis zum Zeitpunkt der Abnahme gewährt. Etwas anderes gilt, wenn der Käufer tatsächlich bösgläubig auf vorzeitig erkannte Mängel nicht hinweist und sich rechtsmissbräuchlich verhält.

Im Endergebnis darf auch hier bei einem vermeintlichen Interessensausgleich das Interesse des Käufers an ordnungsgemäßer Vertragserfüllung nicht hinter das durchaus berechtigte Interesse des Verkäufers, schnellstens zu erfahren, ob die gelieferte Ware beanstandet werde, zurückgedrängt werden.[965]

ff) Dritte Besonderheit: Ablauf der eigenen Untersuchungen des Käufers

Das *OLG Düsseldorf*[966] setzte für den Fristbeginn der Rüge den maßgeblichen Zeitpunkt auf *den Ablauf der eigenen Untersuchungen* der Käuferin. Sie hatte vorliegend differente eigene Überprüfungen vorgenommen, ohne eine Fehlerquelle gefunden zu haben und daraufhin die Ware zur Begutachtung einem Sachverständigen geschickt. Ab diesem Zeitpunkt war die Käuferin gehalten, die Vertragspartei hierüber zu informieren. Es wird in der Entscheidung des *OLG Düsseldorf* nicht ganz deutlich, ob bereits zu diesem Zeitpunkt der Mangel bereits entdeckt wurde und die Begutachtung nur einer ordnungsgemäßen Substantiierung gedient oder die Käuferin auf Verdacht[967] die Maschinen dem Sachverständigen geschickt hatte. Im Ergebnis kann diese Frage in diesem Fall offen bleiben, da das Gericht eine viermonatige Frist selbst für Elektromotoren und technisch komplizierte Gütern für nicht angemessen[968] hielt.[969]

gg) Zwischenergebnis

Zusammenfassend kann konstatiert werden, das Ende der Untersuchungsfrist stellt den Beginn der Rügefrist im Falle der Erkennbarkeit der Vertragswidrigkeit

---

964 So aber der *BGH* 25.3.1992, Az. VIII ZR 64/91, NJW-RR 1992, 886–887.
965 M. w. N. bei *Magnus*, in: *Staudinger*, Art. 39, Rn. 34.
966 *LG Düsseldorf*, 10.02.1994 23.06.1994, Az. 31 O 231/94, CISG-Online 179.
967 Zum Mangelverdacht vgl. *Magnus*, FS *Claus-Wilhelm Canaris* (2007), Bd. 2, 257–269.
968 *LG Düsseldorf*, 23.06.1994, Az. 31 O 231/94, CISG-Online 179.
969 So auch hinsichtlich technisch komplexer Güter entschieden vom *U.S. District Court, W.D. of Michigan (Shuttle Packaging Systems v. Tsonakis et al.)*, 17.12.2001, CISG-Online 773.

der Ware für den Käufer. Es kommt also auf die Erkennbarkeit der Vertragswidrigkeit für den Käufer an. Nach dem Wortlaut des Art. 39 CISG: „*[…] Zeitpunkt, in dem er sie festgestellt hat oder hätte feststellen müssen […].*“, bleibt jedoch insbesondere die Frage offen, wann die Vertragswidrigkeit hätte festgestellt werden müssen. Hierbei kann wieder nach der Art der Vertragswidrigkeit differenziert werden. Könne eine sachgemäße Untersuchung[970] die Vertragswidrigkeit aufdecken, so beginne die Rügefrist mit dem Ende der Untersuchungsfrist, die Fristen werden hintereinander geschaltet.[971] Bei verdeckten Vertragswidrigkeiten, d. h. bei Vertragswidrigkeiten, welche bei einer ordnungsgemäßen Untersuchung für den Käufer nicht erkennbar sind, sollte die Rüge innerhalb einer angemessenen Frist nach tatsächlicher Kenntnisnahme oder nachdem diese hätte festgestellt werden müssen, erfolgen.[972] Es müssen in diesem Rahmen jedoch die o. g. Besonderheiten, welche aus der Art der Ware herrühren, ebenfalls Berücksichtigung finden. Es ist in der Vorfrage also sehr schwierig zu bestimmen, wann eine verdeckte oder offene Vertragswidrigkeit vorliegt.

c) Fristdauer

Augenscheinlich entspricht die Frist des Art. 39 Abs. 1 CISG weder der *kurzen* Frist des Art. 39 Abs. 1 EKG[973] noch der *unverzüglichen* Frist des § 377 HGB. Bevor der *BGH* eine Tendenz zur „ein-Monatsfrist“ etablierte existierten signifikante Unterschiede in der Rechtsprechung zu Art. 39 CISG. So entschied bspw. das *OLG Köln* in seinem Urteil vom 22.04.1994 eine *etwa acht Tage lange Frist* sei angemessen.[974] Wohingegen das *Internationale Schiedsgericht der österreichischen Bundeskammer der gewerblichen Wirtschaft* in seinem Schiedsspruch vom 15.06.1994 für eine *etwa zwei Monate lange Frist* plädierte.[975]

---

970 Vgl. dazu auch *Schwenzer, in: Schlechtriem/ Schwenzer*, Art. 38, Rn. 13 ff.

971 *Schwenzer, in: Schlechtriem/ Schwenzer,* Art. 39, Rn. 20.

972 *Schwenzer, in: Schlechtriem/ Schwenzer,* Art. 39, Rn. 20.

973 Zusammenstellung und Auswertung der Rechtsprechung zur Frist des Art. 39 Abs. 1 EKG bei *Klaedtke*, 16 ff.

974 *OLG Köln* 22.02.1994, Az. 22 U 202/93, CISG-Online 127, RIW 1994, 972–973; vgl. hierzu die sehr interessante Anm. zur nachträglichen Änderung des Vertragsstatuts von *Reinhart*, IPrax 1995, 365–371.

975 *Int. Schiedsgericht der öst. Bundeskammer der gewerblichen Wirtschaft*, Schiedsspruch vom 15.6.1994, CISG-Online 120, RIW 1995, 590–592, m. Anm. *Schlechtriem*, RIW 1995, 592–594.

aa) Die Entstehung der Monatsfrist

Die Monatsfrist[976] entstand, weil insbesondere die deutsche Rechtsprechung[977] die zu den Fristen der § 377 HGB und des Art. 39 Abs. EKG entwickelte Rechtsprechung auf den Art. 39 CISG ungezwungen anwendete und auf ihre anfängliche Rechtsprechung zu Art. 38 und Art. 39 CISG leichtsinnig übertrug. So empfand z. B. das *OLG Düsseldorf*[978] die Frist von *zwei Monaten* für die Mängelrüge bei der *Lieferung von Textilien* (in diesem Fall ging es um eine Lieferung von Hemden) im Rahmen von langjährigen Geschäftsbeziehungen als *zu lang*. Es wäre dem Käufer möglich gewesen, die Ware innerhalb *weniger Tage* stichprobenartig zu (untersuchen und zu) rügen. Dieser Ansicht folgend empfand das *OLG Thüringen* die *Mängelanzeige 4 Wochen nach Lieferung* für die Rüge von lebenden Fischen ebenfalls als zu lang.[979]

Schwenzer sah sich gezwungen durch eine Intervention einer Monatsfrist,[980] die deutschen Gerichte zu einer *internationalen Interpretation der Frist zu bewegen.*[981] Auch wenn der *BGH* in seiner Entscheidung vom 08.03.1995 die Frist „*von einem groben Mittelwert von etwa einem Monat*" für sehr großzügig hält, so übernimmt er diese dennoch unter Verweis auf *Schwenzer*.[982] Seit dieser Entscheidung des *BGHs* und seiner Entscheidung vom 03.11.1999[983] wurde diese Monatsfrist von den Gerichten in Deutschland durchgängig übernommen.[984]

---

976 Zur Entstehung dieser Monatsfrist, sog. „noble month" vgl. unbedingt *Schwenzer*, Eu. J. L. Ref. 2006, 358–360; *Schwenzer*, 19 P.I.L.R. (2007), 103, 110–111; vgl. auch *Andersen*, FS *Ingeborg Schwenzer* (2011), 33.

977 So z. B. das *OLG Thüringen* 26.05.1998, Az. 8 U 1667/97, CISG-Online 513, TranspR-IHR 2000, 25–29, mit Verweis auf die bis dahin vorliegende Rechtsprechung (wohl auch zum EKG), insbesondere der Verweis auf *OLG Düsseldorf*, 10.02.1994, Az. 6 U 32/93, CISG-Online 116; vgl. auch zur deutschen Rechtsprechung zwischen 1988–1994 den Überblick bei *Karollus*, in: Cornell Review, 51, 53.

978 *OLG Düsseldorf*, 10.02.1994 10.02.1994, Az. 6 U 32/93, CISG-Online 116.

979 *OLG Thüringen* 26.05.1998, Az. 8 U 1667/97, CISG-Online 513, TranspR-IHR 2000, 25–29; vgl. auch hierzu die Anm. von *Herber*, TranspR-IHR 2000, 29–30.

980 *Schwenzer*, in: *Schlechtriem/ Schwenzer*, Art. 39, Rn. 17.

981 Vgl. *Schwenzer*, IHR 2010, 45, 50.

982 *BGH* 08.03.1995, Az. VIII ZR 159/94, CISG-Online 144, BGHZ 129, 75, 85–86, RIW 1995, 595–597, IPRax 1996, 29–31.

983 *BGH* 03.11.1999, Az. VIII ZR 287/98, CISG-Online 475, RIW 2000, 381–382, NJW-RR 2000, 1361–1362.

984 Vgl. zur Übernahme der Monatsfrist in den Jahren 1995 bis 2004: *Andersen*, FS *Ingeborg Schwenzer* (2011), 33, 34–38.

(1) Die Etablierung der Monatsfrist

Als eines der ersten *OLGs* übernimmt das *OLG Köln* in seinem Urteil vom 21.08.1997 unter Verweis auf *Schwenzer*[985] diesen groben *Mittelwert* von etwa einem Monat[986] – nach und nach verweisen auch andere *OLGs* großzügig hierauf. Das schweizerische *Bundesgericht* übernimmt in seiner Entscheidung vom 13.11.2003[987] diese Monatsfrist und geht von einer Untersuchungsfrist von nur einer Woche aus. Bald darauf nennen ebenso die Landgerichte[988] unter Verweis auf den *BGH*[989] und die *Oberlandesgerichte Stuttgart*[990] und *Oldenburg*[991] diesen Mittelwert.[992] So kam das *OLG Stuttgart,* angelehnt an den *BGH*[993], zu einer generellen Frist von einem Monat.[994] Zu nennen sind in diesem Zusammenhang bspw. auch das *LG Hamburg* in seinem Urteil vom 06.09.2004[995] und das *LG Bamberg* in seinem zuvor bereits besprochenen Urteil vom 23.10.2006, in welchem es fälschlicherweise unter Verweis auf den *BGH*[996] bzgl. der Rügefrist von einer maximalen Frist von einem Monat ab Lieferung ausgeht.[997] Das *LG Münster* geht in seiner Entscheidung vom 29.08.2008 sogar weiter und wendet nach der Rechtsprechung in Deutschland diese Frist von ca. einem Monat für dauerhafte Güter im Normalfall[998] gegen eine einheitliche Auslegung an.

In der zuvor bereits erwähnten Entscheidung des *OLG Hamm* vom 02.04.2009 sieht das Gericht eine Frist sechs Wochen nach Feststellung des Mangels unter

---

985 *Schwenzer,* in: *Schlechtriem/ Schwenzer*, Art. 38, Rn. 16 und Art. 39, Rn. 17.

986 *OLG Köln* 21.08.1997, Az. 18 U 121/96, CISG-Online 290, VersR 1998, 1513–1515.

987 *Bundesgericht* 13.11.2003, Az. 4C.198/2003, CISG-Online 840.

988 So z. B. das *LG Hannover* 16.04.2003, Az. 22 O 169/02, BeckRS 2003, 17330; *LG Stuttgart* 15.10.2009, Az. 39 O 31/09 KfH, CISG-Online 2019, IHR 2010, 207–208.

989 *BGH,* Urteil v. 3.11.1999, Az. VIII ZR 287/98, CISG-Online 475, RIW 2000, 381–382, NJW-RR 2000, 1361–1362; vgl. hierzu die Anm. von *Taschner*, TranspR-IHR 2000, 3–4.

990 *OLG Stuttgart* 21.08.1995, Az. 5 U 195/94, CISG-Online 150, IPrax 1996, 139–140.

991 *OLG Oldenburg* 05.12.2000, Az. 12 U 40/00, CISG-Online 618, IHR 2001, 112–114.

992 So das *LG Gießen* 18.03.2003, Az. 8 O 57/01, CISG-Online 951.

993 *BGH* 08.03.1995, Az. VIII ZR 159/94, CISG-Online 144, BGHZ 129, 75, 85–86, RIW 1995, 595–597, IPRax 1996, 29–31; vgl. hierzu auch die Aufsätze von *Schlechtriem* IPRax 1996, 12–16 m. Anm. *Hohloch*, JuS 1996, 175–176.

994 *OLG Stuttgart* 21.08.1995, Az. 5 U 195/94, CISG-Online 150, IPrax 1996, 139–140.

995 *LG Hamburg* 06.09.2004, Az. 419 O 218/03, CISG-Online 1085.

996 *BGH* 08.03.1995, Az. VIII ZR 159/94, CISG-Online 144, BGHZ 129, 75, 85–86, RIW 1995, 595–597, IPRax 1996, 29–31.

997 *LG Bamberg* 23.10.2006, Az. 2 O 51/02, CISG-Online 1400, IHR 2007, 113–117.

998 *LG Münster* 29.08.2008, Az. 23 O 72/08, CISG-Online 2167, BeckRS 2011, 00068.

Verweis auf den *BGH*[999] als verspätet an.[1000] Auch das *LG Stuttgart* empfindet in seinem Urteil vom 15.10.2009 eine dreimonatige Frist zwischen der Feststellung der Vertragswidrigkeit und dessen Rüge für *nicht angemessen* im Sinne des Art. 39 CISG.[1001] Ebenfalls mit Verweis auf *Schwenzer*[1002] geht auch das *OLG Dresden* in seiner Entscheidung vom 27.05.2010 im Rahmen des Art. 39 CISG von einer Frist von längstens einem Monat aus.[1003] Wieder anders verweist das *OLG Hamm*[1004] in seinem Urteil vom 30.11.2010 hinsichtlich der Rügefrist auf die in der Literatur[1005] und Rechtsprechung[1006] vertretenen Meinungen und hält hiernach die Rüge der Käuferin *2½ Monate*[1007], nachdem ihr die Vertragswidrigkeit (hier: Reinerbigkeit von Zuchtsauen) durch eine staatliche Station der Schweinezüchterei bekannt geworden war, für verspätet. Im vorliegenden Fall war es durchaus unverständlich, warum die Käuferin sich soviel Zeit bei der Anzeige gelassen hat, zumal ihr sogar ein Gutachten zur Vertragswidrigkeit der Ware lange Zeit zuvor zur Verfügung stand. Auch von dieser Rechtsprechung hat es in den letzten Dekaden eine Abkehr hin zur von den Umständen des Einzelfalls geleiteten Frist gegeben.[1008]

(2) Kritik an der Monatsfrist

Obwohl die *„noble month"* aus Gründen der Rechtssicherheit entwickelt wurde und hierzu ebenfalls sicherlich beiträgt, spricht sie als recht starre Zeitspanne dem Art. 39 CISG seinen flexiblen Charakter ab, welcher aber für das internationale Einheitsrecht unentbehrlich ist. Auch in der Rechtsprechung gerät diese relativ lange Anzeigefrist, nachdem sie in hinreichender Zeit ohne Zweifel übernommen

---

999 *BGH*, Urteil v. 3.11.1999, Az. VIII ZR 287/98, CISG-Online 475, BGHZ 129, 75, 85–86, RIW 2000, 381–382, NJW-RR 2000, 1361–1362, vgl. hierzu die Anm. von *Taschner*, TranspR-IHR 2000, 3–4; *BGH* 08.03.1995, Az. VIII ZR 159/94, CISG-Online 144, RIW 1995, 595–597, IPRax 1996, 29–31.

1000 *OLG Hamm* 02.04.2009, Az. 28 U 107/08, CISG-Online 1978, IHR 2010, 59–63.

1001 *LG Stuttgart* 15.10.2009, Az. 39 O 31/09 KfH, CISG-Online 2019, IHR 2010, 207–208.

1002 *Schwenzer*, in: *Schlechtriem/ Schwenzer*, Art. 39, Rn. 17.

1003 *OLG Dresden* 27.05.2010, Az. 10 U 450/09, CISG-Online 2182, IHR 2011, 185–190.

1004 *OLG Hamm* 30.11.2010, Az. I-19 U 147/09, CISG-Online 2217.

1005 Mit Verweis auf die *Monatsfrist* von *Schwenzer*, in: *Schlechtriem/ Schwenzer*, Art. 39, Rn. 17.

1006 Mit Verweis auf *Lurger*, IHR 2005, 177, 185, geht das Gericht von 2 bis 7 Wochen aus.

1007 Die fehlende Reinerbigkeit ist *erstmals im laufenden gerichtlichen Verfahren* mit Schriftsatz vom 11.10.2007 geltend gemacht worden, jedoch der Klägerin spätestens seit dem 23.07.2007 bekannt gewesen.

1008 So u. a. auch *Schwenzer*, in: *Schlechtriem/ Schwenzer*, Art. 39, Rn. 16.

wurde, nunmehr in die Kritik. So empfand das *OLG Düsseldorf* in seinem Urteil vom 23.01.2004 die Rügefrist von *4 Wochen, nachdem die Ware hätte untersucht werden müssen,* als zu lang. Das Gericht erkennt hierbei den Zeitpunkt für den Beginn der Untersuchung der Ware auf die Freigabe der Ware am Bestimmungsort und stellt richtigerweise fest, dass es *für diesen langen Zeitraum keinen besonderen Grund* gebe. Eine zügigere Rüge für Käufer sei durchaus zumutbar.[1009] Wie bereits mehrfach erwähnt, ist eine solche starre Frist (weder Fristbeginn: mit Lieferung der Ware, noch Fristdauer: ein Monat) mit dem Grundgedanken des UN-Kaufrechts und der autonomen Auslegung nicht vereinbar. Die Fristen der Art. 38 und Art. 39 CISG sollten im Interesse der internationalen Einheitlichkeit großzügig bemessen werden.[1010]

bb) Zwischenergebnis

Während sich die deutsche Literatur[1011] auf der einen Seite hinsichtlich der Länge der *angemessenen* Frist des Art. 39 Abs. 1 CISG einig dahingehend war, dass dies weder eine *kurze* noch eine *lange* Frist war,[1012] war sich die deutsche Rechtsprechung auf der anderen Seite ebenso über den *Mittelwert eines Monats* einig. Rügen nach mehr als einem Monat nach Lieferung wurde ausnahmslos als verspätet angesehen.[1013] Anders hatte sich der *OGH* Wien positioniert, der die Auffassung vertritt, dass wegen der *unterschiedlichen nationalen Rechtstraditionen in den Vertragsstaaten* eine Untersuchungs- und Rügefrist von insgesamt 14 Tagen als angemessen anzusehen sei, *wenn keine besonderen Umstände für eine Verkürzung oder Verlängerung sprechen.*[1014]

Es sind jedoch Stimmen in der Literatur existent, die für die Dauer der Rügefrist zwischen verderblichen und dauerhaften Waren unterscheiden und die Rügefrist

---

1009 *OLG Düsseldorf* 23.01.2004, Az. I 17 U 110/02, CISG-Online 918.

1010 *Magnus*, in: *Staudinger,* Art. 39, Rn. 41, der seinerseits z. B. auf *BGH* 08.03.1995, Az. VIII ZR 159/94, CISG-Online 144, BGHZ 129, 75, 85–86, RIW 1995, 595–597, IPRax 1996, 29–31; *OLG Stuttgart* 21.08.1995, Az. 5 U 195/94, CISG-Online 150; *OLG Köln* 21.08.1997, Az. 18 U 121/96, CISG-Online 290, VersR 1998, 1513–1515 verweist. Anders sind die Gerichte mit den Fristen noch in den ersten Entscheidungen zum CISG umgegangen, die zum Teil sehr strengen Fristen zum EKG wurden unverändert fortgesetzt, z. B.: *LG Stuttgart* 31.08.1989, Az. 3KfH O 97/89, CISG-Online 11, IPRax 1990, 317–318, waren die Lieferung am 25. 5. und die Rüge am 10. 6. verspätet.

1011 So auch *Schlechtriem*, EWiR Art. 39 CISG 1/2000, 125, 126.

1012 *Magnus*, in *Staudinger,* Art. 39, Rn. 35.

1013 Vgl. ausführlich zu der Rechtsprechung zum EKG und m. w. N. *Magnus*, in *Staudinger,* Art. 39, Rn. 37 ff.

1014 *OGH Wien* 15.10.1998, Az. 2Ob191/98x, CISG-Online 380, JBl 1999, 318–321.

für erstere auf wenige Stunden oder *jedenfalls wenige Tage* beschränken[1015] und bei letzteren *großzügiger bemessen.*[1016]

cc) Unterscheidung nach Warenart

So plädiert *Magnus* im Interesse international einheitlicher Handhabung für die Einhaltung einer Daumenregel und meint, dass Waren binnen zwei Wochen zu untersuchen und zu rügen seien, sofern nicht Besonderheiten des konkreten Falles für eine Verkürzung oder Verlängerung der Frist sprechen.[1017] Als Besonderheit des konkreten Falles sollen aus Gründen der Rechtsicherheit nur ganz bestimmte typische Umstände hiervon erfasst werden.[1018] Als solche Umstände werden genannt: die Eigenarten der Ware, insbesondere ihre Verderblichkeit oder auch Haltbarkeit, die Eigenart der Vertragswidrigkeit, die betrieblichen Umstände beim Käufer, weitere äußere Umstände oder Bräuche zwischen den Parteien oder z. B. Feiertage sowie die persönlichen Umstände des Käufers und die Art des gewählten Rechtsbehelfs.[1019]

(1) Art der Ware

In der Rechtsprechung wurde dieser Ansatz aufgenommen und so wurde für Blumen, insbesondere Schnittblumen entschieden, dass sie binnen einer Tagesfrist nach Wareneingang zu rügen seien.[1020] Hier sei es eben nicht auszuschließen, dass die Vertragswidrigkeit (z. B. Vertrocknung) auf unsachgemäße Behandlung beim Käufer und nicht Verkäufer beruhen. Ebenfalls eine relativ kurze Frist müsse bei Schlachtvieh gelten.[1021]

1015 So auch in der Rechtsprechung entschieden vom *OLG Saarbrücken* 03.06.1998, Az. 1 U 703/97, CISG-Online 354, NJW-RR 1999, 780; *OLG Düsseldorf* 08.01.1993, Az. 17 U 82/92, CISG-Online 76, IPRax 1993, 412–414.

1016 *Magnus,* in: *Staudinger*, Art. 39, Rn. 37 und 43.

1017 So noch in der Vorauflage *Magnus,* in: *Staudinger,* Art. 39, Rn. 42.

1018 *Magnus*, in: *Staudinger,* Art. 39, Rn. 42.

1019 Vgl. auch der CISG-Advisory Council, in: CISG-AC Opinion no. 2, Art. 39, Bem. 3, IHR 2004, 164.

1020 *OLG Saarbrücken* 03.06.1998, Az. 1 U 703/97, CISG-Online 354, NJW-RR 1999, 780.

1021 *LG Flensburg*. 19.01.2001, Az. 4 O 369/99, CISG-Online 619, IHR 2001, 67–69: Rüge vier Tage nach Lieferung verspätet, wenn Schafe am Tag nach der Lieferung geschlachtet werden.

So geht das *OLG Köln*[1022] in seiner Entscheidung vom 14.08.2006 für verderbliche Ware davon aus, dass die Frage zur Rügefrist zwar nicht abschließend zu klären sei, jedoch bei verderblicher Ware von 24 Stunden auszugehen sei.[1023]

Die Rügefrist für frisches Obst oder Gemüse wird in der Rechtsprechung als etwas (freilich) nicht wesentlich länger gehandhabt. Dazu hat das *OLG Düsseldorf*[1024] in seiner Entscheidung vom 08.01.1993, *welche das* erste oberlandesgerichtliche Urteil bildet, in dem das CISG angewendet wird,[1025] entschieden, dass es die *sieben Tage* nach der Verladung (und Untersuchung) der Ware erfolgte Rüge als verspätet ansehe.[1026] Die Ware, in diesem Fall *erntefrische Einlegegurken,* hätten am Verladeort in der Türkei auf ihre Menge und Qualität hin untersucht und Mängel hätten rasch gerügt werden müssen. Die Parteien hatten in diesem Fall den Art. 38 Abs. 2 CISG abbedungen und als Erfüllungsort den Verladeort in der Türkei gewählt, dies obwohl der Käufer seinen Sitz in Deutschland gehabt hat. Warum in einem solchen Fall, in dem die Untersuchung der Ware bereits erfolgt ist, die Frist zur Rüge so überdehnt werden sollte, bleibt unverständlich. Das Gericht hat richtigerweise die Rüge als verspätet erachtet, auch wenn *sieben* Tage im ersten Augenblick als sehr kurz erscheinen. Bei *verderblicher Ware* kann eine kürzere Frist als *sieben* Tage für die Rügefrist durchaus angemessen sein. Im Ergebnis kann es keinen Unterschied machen, ob es sich um verderbliche Ware handelt oder nicht, wenn die Ware von dem Käufer ausdrücklich abgenommen worden ist und eine erneute Untersuchung am Ankunftsort zu einem anderen Ergebnis führt.[1027] Ist die Ware einmal untersucht und abgenommen, so können keine weiteren Vertragswidrigkeiten geltend gemacht werden, es sei denn es handelt sich um versteckte Mängel.[1028]

Ferner hat man diese Besonderheit für Textilien angenommen, sodass eine Frist 23 Tagen nach Lieferung nicht als angemessen angesehen wurde. Das italienische Gericht argumentierte, dass die Frist des Art. 39 CISG strikt mit der

---

1022 *OLG Köln* 14.08.2006, Az. 16 U 57/05, CISG-Online 1405, IHR 2007, 68–71.

1023 So auch das *LG München I* 18.05.2009, Az. 28 O 20906/06, CISG-Online 1998, IHR 2010, 150–151, in einer aktuellen Entscheidung für die Vertragswidrigkeit bei Blumenlieferungen.

1024 *OLG Düsseldorf* 08.01.1993, Az. 17 U 82/92, CISG-Online 76, IPRax 1993, 412–414.

1025 *Magnus* IPRax 1993, 390.

1026 *OLG Düsseldorf* 08.01.1993, Az. 17 U 82/92, 412, CISG-Online 76, IPRax 1993; vgl. dazu den Aufsatz von *Magnus,* IPRax 1993, 390: Rüge sieben Tage nach Warenabnahme bei frischen Einlegegurken verspätet.

1027 *Magnus* IPRax 1993, 390, 392.

1028 Weiteres dazu zuvor.

Frist des Art. 38 CISG konnektiert sei und sobald also nach Warenart für die Untersuchung der Ware eine kurze Frist ausreiche, diese kurze Frist auch für die Anzeigefrist des Art. 39 CISG gelten müsse.[1029]

Als Besonderheit wurde neben dem Umfang der Warenlieferung für eine lange Rügefrist ebenfalls eine rasche Reaktion des Käufers bzgl. der Saisonware gefordert.[1030] So müsse für diese genannten Situationen selbst aus der Natur der Sache eine längere oder kürzere Untersuchungsfrist und somit eine längere bzw. kürzere Gesamtfrist gelten.

Aus ökonomischen Gründen ist diese Argumentation anders als die Sonderbehandlung von Massenlieferung hinsichtlich der Rügefrist partiell nachvollziehbar. Denn Waren, wie z. B. Weihnachtbäume,[1031] die über eine zeitlich begrenzte Werthaltigkeit der Ware selbst nach einer bestimmten Zeitspanne oder Saison erheblich oder gänzlich an Wert verlieren, müssen gesondert in die Rügefrist mit einbezogen werden. So hält das dänische Gericht *Vestre Landsret* eine Frist von zwei Tagen für die Rüge als angemessen, hat jedoch die sieben Tage später erklärte Vertragsaufhebung als zu lang empfunden.[1032] Ferner für Waren mit stark schwankenden Preisen wird dieses teilweise angenommen.[1033]

(2) Kritik an der Unterscheidung nach Warenart

Geht man für die Mängelrüge von einer eigenständigen Frist aus, so kann es auf die besonderen Umstände nicht immer oder nicht so stark wie im Rahmen der Untersuchung ankommen. Für die Rügefrist sollte es keine Rolle spielen, ob die Ware leicht verderblicher Natur ist oder nicht. Der Verkäufer sollte über den Umstand der Vertragswidrigkeit der Ware, ist sie erst festgestellt, umgehend informiert werden. Es ist zwar richtig, dass die Schadensursache in Abhängigkeit der Warenart bei einigen Produkten schon nach kurzer Zeit nur noch schwer aufzuklären ist und bei anderen Produkten nicht dringend ist – wie auch die Wahrscheinlichkeit wächst, dass die Ursache für die Vertragswidrigkeit aus der Risikosphäre des Käufers stammt.[1034] Allerdings dürfte all dieses für die Dauer der Anzeigefrist nebensächlich sein. Diese Fragen sind im Rahmen der Untersuchung zu beantworten

1029 *Tribunale Civile di Cuneo, Sez. I,* Az. 45/96, CISG-Online 268.

1030 *AG Kehl* 06.10.1995, Az. 3 C 925/93, CISG-Online 162.

1031 So entschieden vom *Amtsgericht Randers und Vestre Landsret (Dänemark)* 10.11.1999, Az. B 2919–98, CISG-Online, ZEuP 2002, 580–596.

1032 Vgl. auch *Amtsgericht Randers und Vestre Landsret (Dänemark)* 10.11.1999, Az. B 2919–98, CISG-Online, ZEuP 2002, 580–596.

1033 *Magnus*, in: *Staudinger*, Art. 39, Rn. 43.

1034 *Magnus*, in: *Staudinger,* Art. 39, Rn. 43 für leicht verderbliche Ware.

bzw. für die substantiierte Darstellung und die Beweissicherung der Rüge relevant. Weiß der Käufer um die Vertragswidrigkeit, so darf er nicht mit der Rüge warten, nur weil die Ware nicht verderblich ist. Vielmehr ist es im internationalen Handel gefordert, diese dem Verkäufer schnell anzuzeigen, damit dieser erforderliche Vorkehrungen treffen kann.[1035] Früher spielte für die Dauer der Anzeigefrist der lange Kommunikationsweg eine wichtige Rolle. So konnte man den Verkäufer aufgrund der Zeitverschiebung telefonisch nicht erreichen oder die Post brauchte für die Übertragung zu lange. Im Zeitalter moderner Technologie und E-Mailverkehr gehören diese Probleme auch im internationalen Handel der Vergangenheit an.

(3) Weitere Umstände

Die Fristberechnung kann neben der Art der Ware auch durch andere weitere Umstände beeinflusst werden. So können Feiertage, wenn notwendig, mit einzuberechnen sein.[1036] Gerade im internationalen Handel ist jedoch zu berücksichtigen, dass in differenten Regionen unterschiedliche Regelungen bzgl. Werk- und Feiertage gelten können.[1037] Wird *im Betrieb des Käufers* an einem Sonntag z. B. gearbeitet,[1038] dann ist auch dieser Tag für die Fristberechnung zu berücksichtigen.

Warum allerdings für die Dauer der Anzeigefrist *persönliche Umstände* des Käufers Berücksichtigung finden sollen, bleibt hier jedoch fraglich. Hinsichtlich der Untersuchung können zwar strengere Maßstäbe und die persönlichen Umstände des Käufers eine Rolle spielen. Nicht jedoch für die Anzeige. Denn hier kann davon ausgegangen werden, dass jeder, ob Kaufmann oder Nichtkaufmann, es grundsätzlich nach Entdeckung der Vertragswidrigkeit beurteilen kann, *unverzüglich* zu rügen. Insbesondere kann sich z. B. der Käufer nicht darauf berufen, er habe mit der Untersuchung der Ware aufgrund einer langjährigen Geschäftsbeziehung noch acht Monate später rügen können.[1039]

1035 Vgl. hierzu oben.

1036 *Magnus*, in: *Staudinger*, Art. 39, Rn. 46.

1037 So entschied das *U. S. Bankruptcy Court for the District of Oregon* (In re: Siskiyou Evergreen, Inc., Debtor) 29.03.2004, Bankruptcy Case No. 02-66975-fra11, CISG-Online 1174, dass es jedenfalls nicht ausgereicht hätte im Falle von Weihnachtsbäumen die Vertragswidrigkeit früher anzuzeigen.

1038 Zum EKG: *OLG Hamburg* 03.03.1982, Az. 5 U 169/81, RiW 1982, 435–447, hier betraf es die Öffnung der Betriebsstätte des Käufers in Israel, bei der es keine Rolle spielte, ob der Käufer an diesem Tag arbeitete, da der Sonntags in Israel keinen Feiertag, sondern einen Werktag darstellt.

1039 So richtigerweise zum EKG das *LG Konstanz* 10.05.1984, Az. 3 HO 2/84 (unveröffentlicht) abgedruckt in: *Schlechtriem/ Magnus*, Art. 38, Nr. 10.

dd) Fristdauer für die Gesamtfrist

Selbst hinsichtlich der Dauer einer aus Untersuchungs- und Anzeigefrist bestehenden Gesamtfrist existieren sowohl in Rechtsprechung[1040] als auch in der Literatur[1041] Vorstellungen aller Art. So wird beiderseits vertreten, dass eine Gesamtfrist für die Untersuchung der Ware und die Mängelanzeige *im Normalfall*[1042] regelmäßig mit etwa vierzehn Tagen bis zu einem Monat zu bemessen sei.[1043] Für eine sechswöchige Gesamtfrist plädiert hingegen *Brunner*.[1044] Dann sind aber *offenbare Mängel* binnen verkürztem Untersuchungszeitraum und sich der entsprechend verkürzenden Gesamtfrist zu rügen.[1045]

In einem Urteil des *LG Tübingen* vom 18.06.2003 sollte die angemessene Rügefrist unter Einschluss der Untersuchungsfrist für Zuwenig-Lieferungen nicht länger als *wenige Tage betragen*.[1046] Das Gericht berechnete die Rügefrist *ab der Empfangnahme* der Warenlieferung am 7.2.2002 und sah das bestrittene Datum der Rüge entweder um den 15.2.2002 oder um den 19.2.2002 für verspätet an. Der Käuferin war es subjektiv und objektiv möglich, nach der Rüge ihrer Endabnehmerin, die sie umgehend über die angebliche Fehlmenge informiert hatte, innerhalb weniger Tage fristgerecht zu rügen. Da sie jedoch frühestens am 15.2.2002 gerügt habe, sei dies nicht mehr in der angemessenen Frist gem. Art. 39

1040 *OLG Koblenz* 18.11.1999, Az. 2 U 1556/98, CISG-Online 570, IHR 2001, 109–111, m. Anm. *Thiele*, IHR 2001, 111–112; *OLG Thüringen* 26.05.1998, Az. 8 U 1667/97, CISG-Online 513, TranspR-IHR 2000, 25–29, Anm. hierzu *Herber*, TranspR-IHR 2000, 29–30; so teilweise auch das *OLG Karlsruhe* 06.03.2003, Az. 12 U 179/02, CISG-Online 812, IHR 2003, 226–227: „*Grundsätzlich wird teilweise eine Frist von einem Monat noch als angemessen angesehen, teilweise auch nur eine Frist von 14 Tagen.*“; *OLG Saarbrücken* 14.02.2001, Az. 1 U 324/99, CISG-Online 610, IHR 2001, 64–65: „*nach allgemeiner Auffassung beträgt die Rügefrist zwischen zwei Wochen und einem Monat*“; *Escher*, RIW 1999, 495, 499.

1041 *Magnus*, in: *Staudinger*, Art. 39, Rn. 49.

1042 *Kramer*, FS *Hans-Georg Koppensteiner* (2002), 617, 627–628: „[…] so scheint eine Rügegesamtfrist von etwa vierzehn Tagen (je ca. eine Woche für Untersuchung und Mängelanzeige) für den „Normalfall“ zweifellos adäquater.“

1043 Etwas zu großzügig geht das *int. Schiedsgericht der öst. Bundeskammer der gewerblichen Wirtschaft*, Schiedsspruch vom 15.6.1994, CISG-Online 120, RIW 1995, 590–592, m. Anm. *Schlechtriem*, RIW 1995, 592, 594, von einer *recht großzügig bemessenen* „Regelfrist von etwa zwei Monaten“ aus.

1044 *Brunner*, Art. 39 Rn. 13.

1045 *Magnus*, in: *Staudinger*, Art. 39, Rn. 30.

1046 *LG Tübingen* 18.06.2003, Az. 21 O 11/03, CISG-Online 784, IHR 2003, 236–237.

Abs. 1 CISG geschehen. Für die von der Käuferin behauptete telefonische Rüge habe sie keinen Beweis angetreten.[1047]

ee) Weitere Faktoren

Auf die Dauer der Frist können weitere Faktoren, wie z. B. der Rechtsbehelf, auf den sich der Käufer beruft, eine Rolle spielen. Im Vergleich zum Schadensersatz oder zur Minderung kann die Frist im Falle der Zurückweisung der Ware evtl. länger bemessen werden.[1048]

Auch bei dem Vorwurf einer vorsätzlichen Vertragsverletzung durch den Verkäufer kann die Frist länger sein.[1049] Es sollte bei einer *beabsichtigten Zurückweisung der Ware* dem redlichen Verkäufer im internationalen Handel auch die Organisation des Rücktransportes zugestanden werden, jedoch ist er bei einer möglichen oder wahrscheinlichen vorsätzlichen Vertragswidrigkeit dann nicht mehr schutzwürdig.[1050]

Magnus verlangt weiter, dass wenn der Käufer Nachlieferung, Nachbesserung oder Vertragsaufhebung verlange, er schneller reagieren müsse, als wenn er Minderung und/ oder Schadensersatz verlange.[1051] Auch hier wird argumentiert, dass Art. 44 CISG für eine solche Annahme spreche. Verständlich ist es jedoch nicht. Zweck der Anzeige ist die Information des Verkäufers und Geltendmachung der eigenen Rechte. Dabei sollte er sich in diesem ersten Stadium der Information keineswegs auf seine Rechtsbehelfe festlegen. Damit kann ihm auch keine Verlängerung oder Verkürzung der Frist angeboten werden.

1047 Die Käuferin hatte erklärt, dass die telefonische Rüge gleichzeitig mit dem Fax erfolgt sein solle. Das Gericht erklärte, dass es dann ebenfalls nicht vor dem 15.2.2002 ausgeführt worden sein kann.

1048 *Schlechtriem, in: Schlechtriem/ Schwenzer*, Art. 39, Rn. 16.

1049 So auch *Günther*, Liber Amicorum *Richard M. Buxbaum*, (2000), 235, 244.

1050 Vgl. auch *Günther*, Liber Amicorum *Richard M. Buxbaum*, (2000), 235, 244.

1051 *Sono*, in: *Bianca/ Bonell*, Art. 39, Bem. 1. 5: „The term «promptly» in ULIS Article 39(1) was thought to set too rigorous a standard and to be inflexible. These were the same reasons that caused the omission of the word «promptly» in Article 38(1) of the Vienna Convention. The requirement of promptness might result in depriving the buyer of all remedies if he does not notify the seller within the shortest possible time. In this regard, a distinction was drawn between two cases: (1) where the buyer is seeking to avoid the contract and to reject the non-conforming goods, and (2) where he decides to keep the same goods and to claim damages or reduction in the price. While the short notification period established by the word «promptly» might be suitable in the first case, it is not appropriate in the second."; auch Art. 44 CISG spricht dafür.

d) *Fristende und Zwischenergebnis*

Die Frist des Art. 39 Abs. 1 CISG endet, wenn die Rüge abgesendet wurde.[1052] Aus der Angemessenheit der Frist wird eine Anpassung dieser an die jeweiligen Umstände des Einzelfalles abgeleitet.[1053] Starre Fristen, ob nun aus der Rechtsprechung zum EKG abgeleitet[1054] oder einer *Noble Month*-Doktrin[1055] geschuldet, sind nicht im Sinne des Art. 39 Abs. 1CISG. Zwar bestand der Sinn der Textänderung in einer Gewährung längerer Frist(en), doch dieses weniger für die Rüge als mehr für die Untersuchung. Offenbar benötigen die internationale Rechtsprechung und die Praxis noch eine gute Weile, um zwischen der Untersuchungs- und der Rügefrist möglichst zu unterscheiden und sich auf diesen Balanceakt zwischen diesen beiden Fristen einzustellen. Allerdings lassen sich etwa seit dem Jahre 2004 zumindest in der Rechtsprechung die kurzen Fristen und das *Heimwärts streben* immer seltener finden.[1056] Als Beispiel lassen sich in diesem Rahmen die Entscheidungen des *Bundesgerichtshofs* vom 30.06.2004,[1057] die Entscheidung des *LG Frankfurt* vom 11.04.2005[1058] und des *LG Bamberg* vom 23.06.2006[1059] anführen.

2. *Ausschlussfrist des Art. 39 Abs. 2 CISG*

Die absolute Zweijahresfrist des Art. 39 Abs. 2 CISG[1060] ist keine Verjährungs-,[1061] sondern eine Ausschlussfrist,[1062] die von Amts wegen zu prüfen ist.[1063] Ihr Zweck

---

1052 *Andersen,* Abschnitt: 1.3.2.

1053 Vgl. u. a. *Honnold/ Flechtner,* Rn. 257.

1054 Für die Anwendung dieser Rechtsprechung auf das CISG siehe Rudolph, Art. 38, Rn. 5.

1055 *Schwenzer*, Eu. J. L. Ref. 2006, 353–366.

1056 Vgl. hierzu *Andersen*, FS *Ingeborg Schwenzer* (2011), 33, 44: „[…] it seems we can now eradicate Germany from this list of homeward trend sinners."

1057 *BGH* 30.06.2004, Az. VIII ZR 321/03, CISG-Online 847, RIW 2004, 788–790; vgl. hierzu auch die Anm. von *Müller,* IHR 2005, 16–20.

1058 *LG Frankfurt am Main* 11.04.2005, Az. 2/26 O 264/04, CISG-Online 1014, IHR 2005, 163–165.

1059 *LG Bamberg* 23.10.2006, Az. 2 O 51/02, CISG-Online 1400, IHR 2007, 113–117.

1060 Vgl. zu dieser Frist des Art. 39 Abs. 2 CISG insbesondere: *Leisinger,* IHR 2006, 76–81; *Janssen*, IPRax 2003, 369–372.

1061 So jedoch fälschlicherweise das *U.S. District Court, Eastern District of Kentucky,* in seinem 18.03.2008, CISG-Online 1652, IHR 2009, 24–27; vgl. hierzu auch *Schwenzer,* IHR 2010, 45, 50.

1062 So bereits zum EKG: *Bess*, RIW 1975, 130, 132.

1063 *Schwenzer*, in: *Schlechtriem/ Schwenzer*, Art. 39, Rn. 23; In der Rechtsprechung: *OLG Linz* 24.09.2007, Az. 1 R 77/07k, CISG-Online 1583, IHR 2008, 28–31.

ist es, den Verkäufer davor zu schützen, nach einer kalendermäßig bestimmten Frist nicht mehr mit der Geltendmachung etwaiger Ansprüche des Käufers zu rechnen. Den Käufer soll sie insbesondere davor schützen, berechtigte Ansprüche aufgrund einer verdeckten Vertragswidrigkeit, die er im Rahmen der Untersuchungsfrist des Art. 38 CISG nicht hätte feststellen können oder wenn ihm eine vernünftige Entschuldigung nach Art. 44 CISG zusteht, nach Ablauf einer relativ langen Frist noch geltend machen zu dürfen.[1064] Die Vorschrift ist *Teil des Gesamtkompromisses*, greift allerdings nicht bei Bösgläubigkeit des Verkäufers nach Art. 40 CISG ein.[1065] Die Parteien können die Frist des Art. 39 Abs. 2 CISG ebenfalls individuell vereinbaren.[1066] Dann müsste im Rahmen der Formulierung beachtet werden, ob sie auch für im Rahmen der Untersuchung nicht erkennbare Vertragswidrigkeiten gelten soll. Dieses und etwaige Formerfordernisse müssten gegebenfalls ausdrücklich zwischen den Parteien konstituiert werden.[1067]

a) Garantiefrist

Haben die Parteien eine besondere, die zwei Jahre übersteigende[1068] Garantiefrist gesetzt, sollte zunächst ausgelegt werden, welchen Einfluss diese auf die Ausschlussfrist des Art. 39 Abs. 2 CISG haben solle.[1069] Wenn diese wirksam zustande gekommen ist, bleibt es jedoch für die Anforderungen an die frist- und formgerechte Rüge bei den Anforderungen des Art. 39 Abs. 1 CISG.[1070] Wollen die Parteien dieses nicht, so müssen sie auch hierüber *hinreichend eindeutige* Festlegungen treffen.[1071]

So findet sich in der Literatur das schöne Beispiel mit der Maschine, für die der Verkäufer die Garantie ausspreche, dass sie für drei Jahre 100 Einheiten pro Tag herstellen werde. Die Ansprüche des Käufers scheitern jedoch nicht an Art. 39 Abs. 2 CISG, wenn die Maschine nach zweieinhalb Jahren nur noch 90 Einheiten herstellt und der Käufer nun rügt.[1072]

1064 Ebenso *Bianca, in: Bianca/ Bonell*, Art. 38 Bem. 2. 4.

1065 *Günther*, Liber Amicorum *Richard M. Buxbaum*, (2000), 235, 246; *Schwenzer*, in: *Schlechtriem/ Schwenzer*, Art. 39, Rn. 22.

1066 Vgl. *Magnus*, in: *Staudinger*, Art. 39, Rn. 68.

1067 Vgl. *Magnus*, in: *Staudinger*, Art. 39, Rn. 67.

1068 Eine kürzere Garantiefrist verdrängt als Parteivereinbarung hingegen die Frist aus Art. 39 Abs. 2 CISG.

1069 *Magnus*, in: *Staudinger*, Art. 39, Rn. 69.

1070 *Herber/ Czerwenka* Art. 39, Rn. 19.

1071 *Magnus*, in: *Staudinger*, Art. 39, Rn. 70.

1072 *Honnold/ Flechtner*, Rn. 258.

b) Verjährung

Ein entstandener Anspruch, auch wenn durch ordnungsgemäße Rüge gesichert, bringt den Käufer in den meisten Fällen nicht weit. Will er diesen durchsetzen, so sollte er sie innerhalb der Verjährungsfrist gerichtlich geltend machen.[1073] Explizite Verjährungsregelungen, auch in den „allgemeinen Grundsätzen" sucht man im UN-Kaufrecht vergeblich.[1074] Insbesondere enthält Art. 39 CISG keine Verjährungsregel, sondern äußert sich nur zur Rechtzeitigkeit der Mängelanzeige.[1075] Das anwendbare Verjährungsrecht ist somit über das internationale Privatrecht zu bestimmen.[1076] Gilt deutsches Verjährungsrecht,[1077] so ist die Zweijahresfrist des § 438 Abs. 1 Nr. 3 BGB maßgeblich.[1078] Gilt jedoch das Übereinkommen der Vereinten Nationen über die Verjährung beim internationalen Warenkauf vom 14. Juni 1974 in der Fassung des Protokolls vom 11. April 1980[1079], dann greife die dortige Verjährungsfrist von vier Jahren.[1080]

In der deutschen Rechtsprechung spielte die Verjährung bislang eine eher gemäßigte Rolle. So hat das *OLG Köln* in seiner Entscheidung vom 13.02.2006 richtigerweise die Verjährungsregeln nach dem Art. 1495 Abs. 3 des italienischen codice civile angewendet[1081] und auch richtigerweise anwenden müssen, wonach für Gewährleistungsansprüche eine Verjährungsfrist von dann nur noch einem Jahr ab Übergabe der Ware gilt.[1082]

1073 Näheres vgl. unbedingt den sehr guten Aufsatz von *Boele-Woelki,* U.L.R. 1999, issue 3, 621–650; sowie zum EKG: *Bess*, RIW 1975, 130–134.

1074 Vgl. *Will*, FS *Werner Lorenz* (2001), 623, 628.

1075 *Magnus*, in: *Staudinger*, Art. 39, Rn. 71.

1076 Zum deutschen Sachrecht vgl. Art. 3 VertragsG vom 05.07.1989, BGBl 1989 II, 586.

1077 Näheres zum Verjährungsrecht, wenn deutsches Sachrecht anwendbar ist: siehe auch *Will*, FS *Werner Lorenz* (2001), 623, 628–630.

1078 Weitere Besonderheiten vgl. *Magnus*, in: *Staudinger*, Art. 39, Rn. 71.

1079 Convention on the Limitation Period in the International Sale of Goods (New York, 1974).

1080 Deutschland ist nicht Vertragsstaat; zu den anderen Vertragsstaaten und dem Ratifizierungsstand des Abkommens siehe: http://www.uncitral.org/uncitral/en/uncitral_texts/sale_goods/1974Convention_status.html.

1081 Zu einer italienischen Entscheidung zur Verjährungsfirst vgl. *Tribunale di Bolzano* 27.01.2009, abgedruckt in IHR 2012, 42–44.

1082 *OLG Köln* 13.02.2006, Az. 16 U 17/05, CISG-Online 1219, IHR 2006, 145–147.

VII. Form, Adressat und Empfänger

Für die Anzeige genüge die *rechtzeitige Absendung dieser.*[1083] Die Rüge reist auf Risiko des Empfängers. Nach Art. 27 CISG trägt der Verkäufer auch die Verlustgefahr. Wichtig ist allerdings, dass die Mängelanzeige zugangsfähig sein sollte. Das bedeutet, *„mit den nach den Umständen geeigneten Mitteln"* gemacht worden sein. In welcher Sprache die Rüge abgefasst sein sollte, kann sich mangels Parteivereinbarungen nach der vereinbarten Vertragssprache oder nach der vom Verkäufer beherrschten Sprache richten.[1084]

1. Form

Für die Form der Anzeige bestehen grundsätzlich keine Vorgaben, es sei denn der Formvorbehalt des Art. 96 i. V. m. Art. 12 CISG greift ein.[1085] Dann ist die Rüge in der Form abzugeben, in der es das *anwendbare Formstatut vorschreibe oder die Parteien für die Rüge vereinbart* haben.[1086] Der Käufer kann dem Verkäufer in jeder Form, also auch mündlich, die Vertragswidrigkeit der Ware anzeigen.[1087] Sie muss nur für den Vertragspartner verständlich sein.[1088]

In der Rechtsprechung reisten in einem Fall vor dem *OLG Karlsruhe* auf Telefonate des Käufers hin ein *Geschäftsführer und ein Mitarbeiter der Verkäuferin nach Deutschland zur Abnehmerin des Käufers,* bei der sich die gelieferte Ware befand und schauten sich *die bemängelten Pullover* vor Ort an.[1089] Dem Verkäufer wurde vor Ort die Vertragswidrigkeit, in Form von Strickfehlern und Maßabweichungen *„dargestellt"*, d. h., *erläutert und gezeigt.*[1090]

a) Telefonische Rüge

Bei der telefonischen[1091] Rüge ist es zu beachten, dass der Käufer später im Verfahren aufgrund seiner *Darlegungs- und Beweispflicht* das stattgefundene Telefonat

---

1083 *Schwenzer,* in: *Schlechtriem/ Schwenzer*, Art. 39, Rn. 18.

1084 *Ferrari*, ZSR 2006, 533, 541.

1085 Näheres hierzu: siehe *Magnus*, in: *Staudinger*, Art. 39, Rn. 52.

1086 Hierzu *Schwenzer in: Schlechtriem/ Schwenzer*, Art. 39, Rn. 12.

1087 *OLG Karlsruhe* 06.03.2003, Az. 12 U 179/02, CISG-Online 812, IHR 2003, 226–227; *U. S. Bankruptcy Court for the District of Oregon* (In re: Siskiyou Evergreen, Inc., Debtor) 29.03.2004, Bankruptcy Case No. 02-66975-fra11, CISG-Online 1174.

1088 *OGH Wien* 05.07.2001, Az. 6 Ob 1117/01a, CISG-Online 652, IHR 2002, 73–74.

1089 *OLG Karlsruhe* 06.03.2003, Az. 12 U 179/02, CISG-Online 812, IHR 2003, 226–227.

1090 *OLG Karlsruhe* 06.03.2003, Az. 12 U 179/02, CISG-Online 812, IHR 2003, 226–227.

1091 *LG Frankfurt a. M.* 13.07.1994, Az. 3/13 O 3/94, NJW-RR 1994, 1264–1265, CISG-Online 118: problematisch an diesem Fall war, dass bereits nach dem Parteivortrag

auch beweisen können sollte.[1092] Die *bloße Behauptung* der telefonischen Rüge reiche für Art. 39 CISG nicht aus.[1093] Daher sollte er das *Datum des Anrufs, den Namen des Gesprächspartners und den Inhalt der Rüge*[1094] angeben können.[1095]

In der Rechtsprechung führte das *AG Kehl*[1096] eine Beweisaufnahme über ein angeblich geführtes Telefonat bzgl. der Mängelanzeige durch, sah es aber als nicht erwiesen an, dass die Art der Vertragswidrigkeit genau bezeichnet worden sei. Auch hier war nicht klar geworden, *mit wem* die Käuferin gesprochen hatte und inwieweit die Vertragswidrigkeit genau bezeichnet habe.[1097] Das *LG Kassel*[1098] macht es komplett anders und führt hierzu aus, dass eine telefonische Rüge regelmäßig *kein geeignetes Mittel* darstelle, um zu einer wirksamen Anzeige zu gelangen. Insbesondere sei auf eventuelle Sprachschwierigkeiten hinzuweisen, welche für die Rüge im internationalen Handel eine relevante entscheidungserhebliche Grundlage bilden können.[1099] Mit Blick auf diese Darlegungs- und Beweisprobleme ist dem

---

nicht klar geworden sei, wann die Ware überhaupt zugegangen sein und wer mit wem wann genau telefoniert haben solle. Der Fall wurde in der nächsten Instanz noch interessanter, weil dann das *OLG Frankfurt a. M.*, (Urteil vom 23.05.1995, 5 U 209/94, CISG-Online 185) zwar Beweis über die Behauptung der telefonischen Rüge des Käufers erhob, jedoch der Zeuge nicht mehr aussagen konnte, weil prozessual die Voraussetzungen der §§ 445–448 ZPO nicht vorlagen, da der Zeuge inzwischen zum Geschäftsführer der Beklagten bestellt war.

1092 Vgl. insgesamt zur Beweislast *Hepting*, in: *Baumgärtel/ Laumen/* Art. 39, Rn. 1 ff.; in der deutschen Rechtsprechung: *OLG Koblenz* 18.11.1999, Az. 2 U 1556/98, CISG-Online 570, IHR 2001, 109–111, m. Anm. *Thiele*, IHR 2001, 111–112; *LG Frankfurt a. M.* 13.07.1994, Az. 3/13 O 3/94, NJW-RR 1994, 1264–1265, CISG-Online 118 (vgl. insbesondere hierzu: *Mankowski*, EWiR, Art. 39 CISG 1/95, 249–250); *LG Stuttgart* 31.8.1989, Az. 3 KfH O 97/89, IPRax 1990, 317–318; *LG Hannover* 16.04.2003, Az. 22 O 169/02, BeckRS 2003, 17330.

1093 *LG Frankfurt a. M.* 13.07.1994, Az. 3/13 O 3/94, NJW-RR 1994, 1264–1265, CISG-Online 118 (vgl. insbesondere hierzu: *Mankowski*, EWiR, Art. 39 CISG 1/95, 249–250); *Gaus*, WiB 1995, 82, 83–84.

1094 Zum EKG bereits das *OLG Hamm* 16.02.1981, Az. 2 U 200/80, in: *Schlechtriem/ Magnus*, Art. 11 EKG Nr. 4.

1095 Kritisch zu den Anforderung *Karollus*, in: Cornell Review, 51, 69–70.

1096 *AG Kehl* 06.10.1995, Az. 3 C 925/93, CISG-Online 162.

1097 *AG Kehl* 06.10.1995, Az. 3 C 925/93, CISG-Online 162.

1098 *LG Kassel* 15.02.1996, Az. 11 O 4185/95, CISG-Online 191, NJW-RR 1996, 1146–1147.

1099 Vgl. hierzu insbesondere *Magnus*, in *Staudinger*, Art. 39, Rn. 51, der u. a. auf die Entscheidungen des *OLG Koblenz* 18.11.1999, Az. 2 U 1556/98, CISG-Online 570, IHR 2001, 109–111, des *LG Köln* 30.11.1999, Az. 89 O 20/99, CISG-Online 1313,

Käufer grundsätzlich zu empfehlen, unbedingt sicherzustellen, dass seine Rüge alle darzulegenden und zu beweisenden Voraussetzungen enthält.

b) E-Mail und Postweg

Grundsätzlich sollte die Rüge schriftlich insbesondere per E-Mail, durch Telefax oder Expressboten vorgenommen werden oder bei telefonischer Mängelrüge zumindest schriftlich bestätigt werden.

In der Rechtsprechung sieht das *OLG Koblenz* in seinem Urteil vom 19.10.2006 die Frist zur Mängelrüge per Fax[1100] am 10. Juli 2003 bei einer Lieferung am 4. Juli 2003 für T-Shirts mehr als gewahrt an.[1101] Wobei das Gericht davon ausgeht, dass für die Bestimmung der angemessenen Frist die Umstände des Einzelfalls zu berücksichtigen seien und es auf die Warenart – also verderbliche Ware oder Saisonware – ankomme. Ansonsten verweist das Gericht auf die Entscheidung des *BGH*[1102] und einen *„groben Mittelwert"* von etwa einem Monat.

Das *LG München I* entschied, dass die Mängelrüge ferner per E-Mail und in englischer Sprache erfolgen könne.[1103] Der Postweg dürfte im modernen Zeitalter der Kommunikation via E-Mail,[1104] vorausgesetzt der Verkäufer hat dieser Kommunikationsform ausdrücklich oder konkludent zugestimmt, größtenteils abgelöst worden sein und damit nur noch bei *kurzen, postalisch gut erschlossenen Regionen* zu empfehlen sein.[1105]

2. Adressat und Empfänger der Rüge

Art. 39 CISG sieht ausdrücklich vor, dass *der Käufer* die Vertragswidrigkeit *dem Verkäufer* anzeigen sollte.

IHR 2001, 69–72, mit Anm. dazu *Taschner*, IHR 2001, 61–63 und des *LG Stuttgart* 31.8.1989, Az. 3 KfH O 97/89, IPRax 1990, 317–318, verweist.

1100 Im Streitfall hatte der Verkäufer behauptet, das Fax des Käufers nicht erhalten zu haben, was für die Anzeige gem. Art. 27 CISG keine Rolle spielt; vgl. gesondert unten.

1101 *OLG Koblenz* 19.10.2006, Az. 6 U 113/06, CISG-Online 1407.

1102 *BGH* 08.03.1995, Az. VIII ZR 159/94, CISG-Online 144, BGHZ 129, 75, 85–86, NJW 1995, 2099–2101, RIW 1995, 595–597, IPRax 1996, 29–31; vgl. hierzu unbedingt *Schlechtriem* IPRax 1996, 13 und *Piltz*, EuZW 1995, 450–451.

1103 So auch das *LG München I* 29.11.2005, Az. 5HK O 10734/02, CISG-Online 1567, RIW 2007, 146–147.

1104 Vgl. hierzu auch CISG-Advisory Council, in: CISG-AC Opinion no. 1, Art. 39, IHR 2003, 243.

1105 *Schwenzer, in: Schlechtriem/ Schwenzer*, Art. 39, Rn. 11.

a) Durch Käufer oder Abnehmer des Käufers

Es wird vertreten, dass auch der Abnehmer des Käufers die Vertragswidrigkeit beim Verkäufer direkt rügen kann und nicht über den Käufer gehen sollte.[1106]

b) Empfangsberechtigung in Stellvertretung

Fraglich ist jedoch, wer noch berechtigt sein könnte, die Rüge des Käufers entgegenzunehmen. Das UN-Kaufrecht enthält keine eigenständigen Regelungen zur Stellvertretung oder zu Boten.[1107] Die Frage, wie die Empfangsbestätigung zu bestimmen ist, ist umstritten. Teilweise wird vertreten, dass auf das jeweils über das IPR *anwendbare nationale Recht* zurückzugreifen sei.[1108] Andere Stimmen in der Literatur sind der Ansicht, dass ein Rückgriff auf das nationale Recht gänzlich unnötig sei.[1109]

c) In der Rechtsprechung zum CISG

Der Adressat der Rüge wird erstmals vom *LG Kassel*[1110] problematisiert. Das Gericht entschied, dass eine *mündliche Beanstandung gegenüber einem nicht im Lager des Verkäufers stehenden Dritten* nur dann den Anforderungen des Art. 39 CISG entsprechen könne, wenn dieser *Dritte* die Rüge innerhalb einer angemessenen Frist *an einen empfangsberechtigten Mitarbeiter des Verkäufers weiterleite oder wenn er selbst ausnahmsweise zu ihrer Entgegennahme gesondert ermächtigt* sei.[1111] Das Gericht stellt weiter fest, dass ein *selbstständiger Handelsmakler* nicht zum Kreis der im Lager des Verkäufers stehenden empfangsberechtigten Adressaten gehöre. Hierbei wendet das Gericht die ihm bereits bekannten Regelungen des § 377 HGB an.[1112] An dieser Entscheidung sieht man zwei sehr interessante Aspekte der ersten deutschen Rechtsprechung zum CISG: zum einen, dass wenn den Gerichten etwas Unbekanntes begegnet, sie doch den Rückgriff zum HGB nutzen und die dort vorhandenen Maßstäbe auf das CISG übertragen und zum anderen, dass sich diese Vorgehensweise im Rahmen der Beurteilung des Adressaten als durchaus richtig herausgestellt hat.

1106 *Magnus*, in: *Staudinger*, Art. 39, Rn. 55.

1107 Zur Frage der Botenschaft vgl. *LG Bochum* 24.01.1996, Az. 13 O 142/95, CISG-Online 175.

1108 *Schwenzer*, in: *Schlechtriem/ Schwenzer*, Art. 39, Rn. 14.

1109 Vgl. u. a. *Magnus*, in: *Staudinger*, Art. 39, Rn. 53.

1110 *LG Kassel* 15.02.1996, Az. 11 O 4185/95, CISG-Online 191, NJW-RR 1996, 1146–1147.

1111 *LG Kassel* 15.02.1996, Az. 11 O 4185/95, CISG-Online 191, NJW-RR 1996, 1146–1147.

1112 *LG Kassel* 15.02.1996, Az. 11 O 4185/95, CISG-Online 191, NJW-RR 1996, 1146–1147.

So hat auch das *LG Köln*[1113] in seinem Urteil vom 30.11.1999 die Frage über Art. 7 Abs. 2 CISG gelöst, deutsches Recht angewendet[1114] und festgestellt, dass wenn der Käufer *über einen Dritten verhandelt habe*, der bereits die Bestellung der Ware entgegengenommen habe, der Käufer auch bei diesem Dritten rügen könne.

Es dürfte in diesem Zusammenhang eindeutig sein, dass die Mängelanzeige an irgendeine mit der Vertragsabwicklung befasste Person nicht genügen kann. Dies gelte selbst dann, wenn der Dritte das grenzüberschreitende Geschäft angebahnt habe und folge aus dem mit der Rügeobliegenheit bezweckten Schutz der Verkäuferinteressen auch und gerade im grenzüberschreitenden Warenverkehr, da die gebotene Anzeige in gewährleistungsrechtlicher Hinsicht schwerwiegende Auswirkungen auf das Vertragsverhältnis habe.

Der Käufer sollte seine Mängelrüge deshalb an den richtigen Adressaten, den Verkäufer selbst oder dessen Personal richten, das als empfangszuständig gelten kann. So genügt es nicht, dass der Käufer die Rüge einem Handelsvertreter oder -makler übermittelt, es sei denn, dieser sei in der Vergangenheit als empfangszuständige Person des Verkäufers aufgetreten oder er leite die Rüge fristgemäß an den Verkäufer weiter.[1115] Der Dritte sollte *„im Lager des Verkäufers"* stehen.[1116] Eine gegenüber einem Fahrer der Transportfirma geäußerte oder schriftlich mitgegebene Rüge entfalte dem Verkäufer gegenüber keine Rechtswirkung.[1117]

In einer interessanten und bereits zuvor besprochenen Entscheidung des *BGHs*[1118] hat dieser die Rüge gegenüber einem Monteur der Verkäuferin, der zur Entgegennahme der Rügeanzeige von der Verkäuferin nicht ermächtigt war, richtigerweise nicht ausreichen lassen. Entsandte Monteure, welche die verkaufte Ware aufzubauen haben, zählen nicht zu dem Personenkreis, an denen mit Wirkung in gewährleistungsrechtlicher Hinsicht gegen den Verkäufer *die Rüge gerichtet werden könne.* Hiervon lässt der *BGH* die Ausnahme in dem Falle zu, in welchem der Monteur die Beanstandungen innerhalb kurzer Frist

---

1113 *LG Köln* 30.11.1999, Az. 89 O 20/99, CISG-Online 1313, IHR 2001, 69–72, mit Anm. dazu *Taschner*, IHR 2001, 61–63.

1114 Kritisch hierzu *Taschner*, IHR 2001, 63.

1115 *AG Alsfeld*, NJW-RR 1996, 120; *LG Kassel* 15.02.1996, Az. 11 O 4185/95, CISG-Online 191, NJW-RR 1996, 1146–1147; unter Rückgriff auf den § 377 HGB: *LG Köln* 30.11.1999, Az. 89 O 20/99, CISG-Online 1313, IHR 2001, 71.

1116 *LG Kassel* 15.02.1996, Az. 11 O 4185/95, CISG-Online 191, NJW-RR 1996, 1146–1147.

1117 So zum EKG bereits das *OLG Bamberg* 23.02.1979, Az. 2 U 127/77, RIW 1979, 566.

1118 *BGH* 25.3.1992, Az. VIII ZR 64/91, NJW-RR 1992, 886–887.

spezifiziert und mit der erforderlichen Untersuchungsaufforderung *an einen zuständigen Mitarbeiter des Verkäufers weitergeleitet habe.*[1119]

d) Verlustrisiko

Haben die Parteien nichts anderes vereinbart, so folgt aus der *Absendetheorie* des Art. 27 CISG,[1120] dass für nach Art. 25 bis Art. 88 CISG[1121] abgegebene Erklärungen der Adressat der Erklärung das Risiko ihrer Verzögerung, ihres Verlustes oder eines Übermittlungsfehlers trägt.[1122] Der Erklärende hat lediglich für die Übersendung auf einem geeigneten Weg zu sorgen[1123] bzw. sich für die Übermittlung *„der nach den Umständen geeigneten Mittel"* zu bedienen.[1124] D. h., der Verkäufer trägt hiernach das sog. Übermittlungsrisiko.[1125] Nach Art. 27 CISG nimmt also das Nichteintreffen der Anzeige beim Empfänger dem Versender nicht das Recht, sich hierauf zu berufen.[1126]

Die Anzeige sollte dem Verkäufer nicht zwingend zugehen, sondern behält ihre Wirkung selbst dann, wenn sie beim Verkäufer nicht oder verspätet eintrifft.[1127] Hintergrund hierfür ist, dass die Mängelrüge, durch Vertragsverletzungen des Verkäufers veranlasst ist und deshalb auf sein Risiko reisen soll.[1128] Dann ist der Verkäufer auch gehalten, dem Käufer im Rahmen laufender Geschäftsbeziehungen die Verlegung seines Firmensitzes anzuzeigen.[1129]

VIII. Neue Lieferung – erneute Vertragswidrigkeit

Es wird vertreten, dass die Anforderungen an eine erneute Mängelrüge nach einer Nachbesserung oder Ersatzlieferung sich ermäßige. Hier müsse eine *etwas großzügigere Frist* einzuräumen sein.[1130] Auch hinsichtlich der Substantiierung seien

1119 *BGH* 25.3.1992, Az. VIII ZR 64/91, NJW-RR 1992, 886–887.

1120 Vgl. hierzu auch *Schlechtriem*, Uniform Sales Law, 1, 69.

1121 Anders für den Vertragsschlussteil gem. der Art. 14–24 CISG: hier kommt es maßgeblich auf den Zugang der Erklärung an.

1122 So u. a. auch das *OLG München* 17.11.2006, Az. 24 U 501/06, CISG-Online 1395 und das *OLG Koblenz* 19.10.2006, Az. 6 U 113/06, CISG-Online 1407.

1123 *Magnus*, in: *Staudinger*, Art. 27, Rn. 1; 7 ff.

1124 Art. 27 CISG.

1125 *OGH Wien* 24.05.2005, Az. 4 Ob 80/05a, CISG-Online 1093, IHR 2006, 249.

1126 *OGH Wien* 24.05.2005, Az. 4 Ob 80/05a, CISG-Online 1093, IHR 2006, 249.

1127 Vgl. *Schwenzer*, in: *Schlechtriem/ Schwenzer*, Art. 39, Rn. 11.

1128 Vgl. *Magnus*, in: *Staudinger*, Art. 27, Rn. 3.

1129 *OLG München* 17.11.2006, Az. 24 U 501/06, CISG-Online 1395.

1130 *Magnus*, in: *Staudinger*, Art. 39, Rn. 56.

nicht so strenge Anforderungen zu stellen, da dann sowohl Käufer wie Verkäufer vorgewarnt sind. Diese Vorwarnung dürfe jedoch nicht zu einem strengeren Maßstab führen.[1131] Denn in keiner Weise dürfe hierdurch der Verkäufer wegen seiner erneut mangelhaften Lieferung bevorzugt werden.[1132] Anders ist es, wenn andere Vertragswidrigkeiten, über die sich die Vertragsparteien nicht bewusst waren, auftauchen, dann gelten die allgemeinen Anforderungen an die Rüge.[1133]

IX. Rechtsfolgen der Rügeversäumung

Durch die Untersuchungs- und Rügeobliegenheiten werden der Vertragsschutz und der Grundsatz pacta sunt servanda geschützt.[1134] Als Rechtsfolge einer unterlassenen oder nicht ordnungsgemäßen Rüge nach Art. 39 CISG verliert der Käufer daher - vorbehaltlich der Art. 40 und 44 - grundsätzlich alle ihm wegen der betreffenden Vertragswidrigkeit sonst zustehenden Rechte.[1135] Dieses kann für den Käufer insbesondere im internationalen Warenhandel mit einschneidenden Folgen verbunden sein. Denn im Ergebnis kann er infolgedessen für diese Vertragswidrigkeit keine der in Art. 45 CISG genannten Ansprüche - also Nachlieferung, Nachbesserung, Vertragsaufhebung, Minderung oder Schadensersatz - mehr geltend machen.[1136] Anders ist es hingegen mit dem Vertragsaufhebungsrecht aus Art. 49 Abs. 1 lit. b CISG. Dieses kann nicht ausgeschlossen werden, da es sich hierbei um eine Nichtlieferung handelt und von Art. 39 CISG nicht erfasst wird.[1137]

Ferner gilt dieser Rechtsverlust natürlich nur für die Vertragswidrigkeiten, welche der Käufer nicht ordnungsgemäß angezeigt hat.[1138] Läuft die Rügefrist für andere erst später entdeckte Vertragswidrigkeiten noch, so kann der Käufer innerhalb dieser neuen Frist noch rügen.

1131 So aber teilweise die Rechtsprechung: *LG Stuttgart* 31.8.1989, Az. 3 KfH O 97/89, IPRax 1990, 317–318; zum EKG: *OLG Hamburg* 03.03.1982, Az. 5 U 169/81, RiW 1982, 435–447.

1132 *Magnus*, in: *Staudinger*, Art. 39, Rn. 56.

1133 So auch *Magnus*, in: *Staudinger*, Art. 39, Rn. 56.

1134 *Kiene*, 245.

1135 *Karollus*, 127.

1136 *Schwenzer*, in: *Schlechtriem/ Schwenzer*, Art. 39, Rn. 30; *Honnold/ Flechtner*, Rn. 259.

1137 Vgl. *Kiene*, 235–236.

1138 Vgl. auch *OLG Celle* 10.03.2004, Az. 7 U 147/03, CISG-Online 824, IHR 2004, 106–107.

1. *Lieferung höherwertiger Ware*

Wenn der Käufer eine Mehrlieferung oder eine Zuweniglieferung rügelos entgegen nimmt, so zahlt er für die Mehrlieferung im Sinne des Art. 52 Abs. 2 CISG den Mehrwert und für die Zuweniglieferung den vereinbarten Preis für die vollständige Lieferung.[1139] Umstritten ist allerdings, ob Art. 52 Abs. 2 CISG auf die Lieferung höherwertiger Ware entsprechend anwendbar ist.[1140] Ausdrücklich erfasst der Wortlaut des Art. 52 Abs. 2 CISG nur die Zuviel- und nicht die *höherwertige* Lieferung. Daher wird die Analogie in der Lehre teilweise mit dem Argument verneint,[1141] dass der Wert der Sache auch nach Einheitsrecht keine Eigenschaft der Ware darstelle und somit *nicht in gleicher Weise evident feststellbar* und berechenbar sei wie die Menge.[1142] Das würde in der Konsequenz bedeuten, dass der Käufer die Ware auch nicht zu rügen braucht.[1143] Geht man für die Rüge von festen Güteklassen, nach denen der marktübliche Preis feststehe,[1144] aus, so dürfte dieses ebenfalls anders zu bewerten sein. Dass der Käufer die Ware jedoch untersuchen sollte, dürfte klar sein. Denn wie sonst stellt er fest, dass es sich um höherwertigere Ware handelt.

Grundsätzlich kann man davon ausgehen, dass wenn dem Käufer eine hinreichend angemessene Frist zur Rüge, in welcher er die Finanzierungsmöglichkeit und ggf. Absatzmöglichkeiten prüfen kann, gewährt werde, nichts gegen eine Zahlungspflicht des Käufers spreche.[1145] Dies gelte selbst dann, wenn die Rüge unterbleibe. Man sollte bedenken, dass die Lieferung höherwertiger Ware noch von dem zwischen den Parteien geltenden Vertrag erfasst sein kann. So ist es üblich, dass die Ware nicht automatisch höherwertig werde, soweit technologisch notwendige Verbesserungen durch den Verkäufer vorgenommen werden. Auch hier ist im Zweifel die einzelne Ausformulierung im Vertrag zwingend ausschlaggebend.

1139 *Magnus*, in: *Staudinger*, Art. 39, Rn. 61.

1140 Bejahend *Magnus*, in: *Staudinger*; Art. 39, Rn. 60; ablehnend: *Soergel/ Lüderitz/ Schüßler-Langeheine*, Art. 52, Rn. 9.

1141 *Piltz*, § 5, Rn. 97.

1142 *Soergel/ Lüderitz/ Schüßler-Langeheine*, Art. 52, Rn. 9.

1143 Vgl. hierzu oben Rügetatbestand.

1144 *Soergel/ Lüderitz/ Schüßler-Langeheine*, Art. 52, Rn. 9.

1145 *Magnus*, in: *Staudinger*, Art. 39, Rn. 60.

2. *Deliktsrechtliche Ansprüche*

Es ist umstritten,[1146] *ob* dem Käufer konkurrierende deliktsrechtliche Ansprüche nach anwendbarem nationalen Recht zustehen können.[1147] Teilweise wird vertreten, dass sie durch eine unterlassene Rüge unberührt bleiben.[1148] Anders sieht es allerdings das *Thüringer OLG*, welches auch deliktische Ansprüche aufgrund einer Rügeversäumung ausscheiden lässt.[1149]

X. Im Prozess: Beweisfragen

Im Prozess können zwischen den Parteien Tatsachenbehauptungen zu differenten Tatbestandselementen umstritten sein. Die Beweislast gibt an, welche Partei bestimmte Tatsachen im Prozess zu beweisen hat.[1150] Es ist umstritten, wer in international gelagerten Fällen das Beweisrisiko trägt. Zwar trifft die Konvention außer in Art. 79 CISG keine weiteren Aussagen zur Beweislast,[1151] die h. L. und teilweise auch die Rechtsprechung[1152] nehmen dennoch an, dass sie von dieser mitgeregelt wird.[1153] Es lässt sich in der vorliegend analysierten Rechtsprechung annehmen, dass der Grundsatz, jede Partei beweise die für sie günstigeren Voraussetzungen, auch hier größtenteils übernommen wurde.[1154]

1146 Im Rahmen dieser Arbeit wird der Streit nicht weiter ausgeführt, da es den Rahmen dieser Arbeit sprengen würde.

1147 Siehe zum deutschen Recht *Klein*, 14, 112–119.

1148 *Magnus*, in: *Staudinger*, Art. 39, Rn. 62.

1149 *OLG Thüringen* 26.05.1998, Az. 8 U 1667/97, CISG-Online 513, TranspR-IHR 2000, 25–29, Anm. hierzu *Herber*, TranspR-IHR 2000, 29–30; so auch *Herber/ Czerwenka*, Art. 39, Rn. 14.

1150 Vgl. *Koller/ Mauerhofer*, FS *Ingeborg Schwenzer* (2011), 963–980.

1151 Zum Streit über die Beweislast vgl. *Benicke*, FS Gründungsjubiläum der Justus-Liebig-Universität Gießen, (2007), 373, 387.

1152 *BGH* 30.06.2004, Az. VIII ZR 321/03, CISG-Online 847, RIW 2004, 788–790; vgl. hierzu auch die Anm. von *Müller*, IHR 2005, 16–20; vgl. auch *Appellationshof des Kantons Bern* 11.02.2004, Az. 304/11/2003/wuda/scch 11, CISG-Online 1191, IHR 2004, 149–154; vgl. hierzu auch die Anm. von *Piltz*, IHR 2006, S. 154–155; *Obergericht des Kantons Luzern* 13.05.2003, Az. 11 01 73, CISG-Online 846, ZBJV 2004, 704–708.

1153 Vgl. insbesondere hierzu: *Mankowski*, EWiR, Art. 39 CISG 1/95, 249–250; *Ferrari*, in: *Schlechtriem/ Schwenzer*, Art. 4, Rn. 48.

1154 Vgl. *BG Schweiz* 19.02.2004, Az. 4C.307/2003, CISG-Online 839: In der englischen Übersetzung der Entscheidung heißt es: „The Court examined the matter of the burden of proof on the alleged non-performance of the seller as regards the contract of sale. The Court held that the burden of proof is a matter governed but not expressly settled by CISG, which has to be settled in conformity with CISG and not

1. *Beweisverteilung beim Streit um Vertragswidrigkeiten*

Zweck der zügigen Anzeige sei es, dem Verkäufer die Möglichkeit einer schnellen Beweissicherung zu gewährleisten. Diese kann jedoch nur dann tatsächlich gelten, wenn der Verkäufer die Beweislast für die Vertragswidrigkeit der Ware auch trüge. Trägt der Käufer die Beweislast, so kann von ihm keine schnelle Reaktion hinsichtlich der Anzeige gefordert werden, da hierdurch die Stellung des Verkäufers nicht weiter tangiert werde.[1155]

In der Rechtsprechung haben u. a. das *U.S. District Court, N.D. of Illinois,*[1156] das *Kantongericht Schaffhausen,*[1157] das *Obergericht des Kantons Luzern,*[1158] das *Oberlandesgericht Innsbruck*[1159] sowie das *OGH Wien*[1160] entschieden, dass die Beweislast für die Mängelrüge beim Käufer liege.

2. *Beweislast für die Anzeige*

Bezüglich der Anzeige der geltend gemachten Vertragswidrigkeit ist somit der *Käufer* sowohl *darlegungspflichtig*[1161] als auch *beweispflichtig.*[1162] Aus Gründen der Beweisnähe sollte er also nicht nur darlegen, dass er die Vertragswidrigkeit substantiiert angezeigt, sondern auch die Anzeige rechtzeitig an den richtigen

---

with domestic law. The Court upheld a general principle which states that it is up to the plaintiff to prove the fact of the failure to perform as such. Therefore, it was up to the buyer to prove the seller's non-performance, which it did not prove."

1155 Vgl. hierzu unbedingt *Benicke,* FS Gründungsjubiläum der Justus-Liebig-Universität Gießen, (2007), 373, 387.

1156 So entschieden auch vom *U.S. District Court, N.D. of Illinois* 21.05.2004, Az. No. 0I C 4447, CISG-Online 851, IHR 2004, 156, 161: „[…] The court held that the buyer did not sustain its burden of proving the product was nonconforming). The evidence is evaluated in light of that burden […]."

1157 *Kantongericht Schaffhausen* 25.02.2002, Az. 12/1997/322, CISG-Online 723.

1158 *Obergericht des Kantons Luzern* 13.05.2003, Az. 11 01 73, CISG-Online 846, ZBJV 2004, 704–708.

1159 *OLG Innsbruck*, 26.04.2002, Az. 4 R 58/02i, CISG-Online 1196.

1160 So auch das *OGH Wien* 27.08.1999, Az. 1Ob223/99x, CISG-Online 485, IHR 2001, 81–84.

1161 Zur Darlegungslast: vgl. *Mankowski*, EWiR, Art. 39 CISG 1/95, 249–250.

1162 So auch das *OLG Rostock* 25.09.2002, Az. 6 U 126/00, CISG-Online 672, IHR 2003, 19–20; *OLG Bamberg* 13.01.1999, Az. 3 U 83/98, CISG-Online 516, TranpR-IHR 2000, 17–18; *Herber/ Czerwenka,* Art. 39, Rn. 20*; a. A. Müller*, 104–105, der die Anzeige als Einwendung des Verkäufers sieht, die den Käufer daran hindere, sich auf die Vertragswidrigkeit zu berufen. Da in der Rechtsfolge diese den Verkäufer begünstige, müsse ihr Fehlen dieser auch konsequenterweise beweisen.

Adressaten abgeschickt habe.[1163] Denn dem Käufer dürfte es leichter fallen, die Existenz einer Mängelrüge zu beweisen, als dem Verkäufer der Beweis der Nicht-Existenz gelingen dürfte.[1164] Der Käufer ist allerdings nicht an eine bestimmte Form gebunden.[1165] Er sollte jedoch beweisen, dass die Rüge von ihm erklärt wurde.[1166] Will der Käufer z. B. beweisen, dass er die Mängel telefonisch gerügt habe, so müsse er zumindest das Datum und den Namen seines Gesprächspartners angeben können.[1167] Auch der Beweis über die Existenz der behaupteten telefonischen Rüge obliegt ihm.[1168] Im Rahmen der Form der Rüge ist ebenfalls an die Absendung von E-Mails zu denken. Im Zweifel enthält aber die E-Mail bereits die wichtigsten Angaben zu Absendedatum und den Empfänger.

Für *verborgene Mängel gilt, dass der Käufer in der Anzeige den Zeitpunkt der Entdeckung darlegen muss.*[1169] Das gilt auch, wenn bei der Veräußerung von ungeöffneter Ware die Vertragswidrigkeit erst bei den Abnehmern des Käufers zum ersten Mal in Erscheinung tritt. Dann wird verlangt, dass der Käufer angibt, wann sein Abnehmer die Vertragswidrigkeit erkannt und bei ihm gerügt habe.[1170] Für die Beweisführung im Prozess heißt es, dass der Käufer dieses nicht nur darlegen, sondern auch beweisen sollte.[1171]

1163 So auch das *AG Freiburg i. Br.*, 06.07.2007, Az. 4 C 4003/06, CISG-Online 1596; LG Bayreuth, Az. 32 O 508/04, CISG-Online 1131.

1164 *Benicke*, in: Mü-KoHGB, Bd. 6, Art. 39, Rn. 19.

1165 Vgl. auch *OLG Karlsruhe* 06.03.2003, Az. 12 U 179/02, CISG-Online 812, IHR 2003, 226–227, mit Anm. *Heckmann*, IHR 2003, 227–228.

1166 *LG München I* 18.05.2009, Az. 28 O 20906/06, CISG-Online 1998, IHR 2010, 150–151; OLG Dresden 27.05.2010, Az. 10 U 450/09, CISG-Online 2182, IHR 2011, 185–190.

1167 Vgl. auch *Herber/ Czerwenka*, Art. 39, *Rn. 20.*

1168 Vgl. hierzu das *LG Tübingen* 18.06.2003, Az. 21 O 11/03, CISG-Online 784, IHR 2003, 236–237: „Für die von der Beklagten behauptete telefonische Rüge hat sie keinen Beweis angetreten, abgesehen davon, dass diese Rüge gleichzeitig mit dem Fax erfolgt sein soll, also ebenfalls nicht vor dem 15.2.2002 ausgeführt worden sein kann."

1169 So auch *Magnus*, in *Staudinger*, Art. 39, Rn. 72, der auf das *LG Marburg* 12.12.1995, Az. 2 O 246/95, CISG-Online 148, RIW 1996, 328–329, verweist.

1170 *LG Marburg* 12.12.1995, Az. 2 O 246/95, CISG-Online 148, RIW 1996, 328–329.

1171 *LG Marburg* 12.12.1995, Az. 2 O 246/95, CISG-Online 148, RIW 1996, 328–329.

3. In der Rechtsprechung

a) OGH Wien 02.04.2009

In dem vor dem *OGH Wien*[1172] verhandelten Fall ging es um die Frage, ob der Verkäufer auf den Einwand der mangelnden Mängelrüge verzichtet habe und ob dieser konkludent nach *„Treu und Glauben im geschäftlichen Verkehr"* in der Bereitwilligkeit des Verkäufers gesehen werden kann, die Mängel gegenüber den Endkunden des Käufers zu beseitigen. Von den Mängeln an der Ware erfährt der Verkäufer erstmals von den Endkunden des Käufers. In der Revisionsinstanz hatte der Verkäufer gerügt, dass das Berufungsgericht seiner Erörterungspflicht nicht nachgekommen sei und es offenstünde, auf welches konkrete Vorbringen des Käufers es hier ankäme, denn der Kläger habe erstmals in der Berufung den Verzicht der Verkäuferin erklärt.[1173]

Das *OGH Wien* entschied, dass nach Treu und Glauben eindeutig von einem Verzicht auf die Einrede der verspäteten Mängelrüge auszugehen sei, wenn der Verkäufer zur gelieferten Ware anreise, um die Mängel zu beheben, ohne auf die Verspätung der Mängelanzeige einzugehen.[1174]

Im erstinstanzlichen Verfahren wurde ein Vorbringen zum Verzicht auf den Einwand der verspäteten Mängelrüge gar nicht erklärt, sodass der *OGH Wien* über die Frage der Revision die weitere Frage klären musste, ob ein Verzicht auf den Einwand der verspäteten Rüge von behaupteten Mängeln von Amts wegen wahrgenommen werden kann, oder ob es eines ausdrücklichen Einwands bedarf. Hierbei verfällt der *OGH Wien* erneut in alte Muster und erklärt aus der Rechtsprechung zum früheren § 377 HGB, dass in der Verbesserungszusage oder dem Verbesserungsversuch regelmäßig ein schlüssiger Verzicht des Verkäufers auf die Geltendmachung der Verspätung der Mängelrüge zu sehen sei.[1175] Allerdings müsse die Geltendmachung eines solchen schlüssigen Verzichts jedoch zumindest durch ein entsprechendes Tatsachenvorbringen erfolgen. Einen solchen Tatsachenvortrag hat der Käufer vorliegend nur im Hinblick auf die Mangelhaftigkeit und nicht auf den Einwand der verspäteten Rüge hervorgebracht.

1172 *OGH Wien* 02.04.2009, Az. 8 Ob 125/08b, CISG-Online 1889, IHR 2009, 246–250, 248, 250.

1173 *OGH Wien* 02.04.2009, Az. 8 Ob 125/08b, CISG-Online 1889, IHR 2009, 246–250, 248.

1174 *OGH Wien* 02.04.2009, Az. 8 Ob 125/08b, CISG-Online 1889, IHR 2009, 246–250, 248.

1175 *OGH Wien* 02.04.2009, Az. 8 Ob 125/08b, CISG-Online 1889, IHR 2009, 246–250, 250.

In diesem Vorbringen kann kein (ausreichender) Einwand des Verzichts auf die Geltendmachung der Verspätung der Rüge gesehen werden.[1176]

b) Obergericht des Kantons Luzern 13.05.2003

Mit der Frage, welche Partei die Beweislast für den Tatbestand der Nichterfüllung des Kaufvertrages trage, hat sich auch das *Obergericht des Kantons Luzern* in seinem Urteil vom 13.05.2003 beschäftigt.[1177] Nachdem das Gericht feststellt, dass das Abkommen keine allgemeinen Grundsätze hinsichtlich der Beweislast enthalte, geht es den Weg, die Beweislastregeln in ergänzender Auslegung des Übereinkommens aus dem jeweiligen gesetzlichen Tatbestand selbst zu entwickeln.[1178] Dabei wendet das Gericht zur Verteilung der Beweislast das im Wortlaut einer Norm zutage tretende Verhältnis von Regel und Ausnahme an. So trage der Anspruchsteller die Beweislast für die tatsächlichen Voraussetzungen der Tatbestandsmerkmale, welche im Regelfall die begehrte Rechtsfolge auslösen. Der Anspruchsgegner hingegen die Beweislast für die tatsächlichen Voraussetzungen von Ausnahmetatbestandsmerkmalen.[1179]

Es kann in Einzelfällen dann eine Korrektur des so gefunden Ergebnisses erforderlich sein, wenn die insofern beweisbelastete Partei typischerweise vor erheblichen Beweisschwierigkeiten stehe. Hier trifft nach dem Regel-Ausnahme-Verhältnis die indizierte Beweislastverteilung diejenige Partei, welche den Beweis im Allgemeinen leichter erbringen kann. Den wichtigsten Fall stellt die Situation dar, in der sich das wichtigste Beweismittel im räumlichen Herrschaftsbereich einer Partei befinde.

Auch der *BGH* hat in seinem Urteil vom 30.06.2004 zu Art. 40 CISG entschieden, dass die Beweislastverteilung implizit im CISG mitgeregelt sei und dabei dem *Regel-Ausnahme-Prinzip* folge.[1180]

1176 *OGH Wien* 02.04.2009, Az. 8 Ob 125/08b, CISG-Online 1889, IHR 2009, 246–250, 250.

1177 *Obergericht des Kantons Luzern* 13.05.2003, Az. 11 01 73, CISG-Online 846, ZBJV 2004, 704–708.

1178 *Obergericht des Kantons Luzern* 13.05.2003, Az. 11 01 73, CISG-Online 846, ZBJV 2004, 704–708.

1179 *Obergericht des Kantons Luzern* 13.05.2003, Az. 11 01 73, CISG-Online 846, ZBJV 2004, 704–708.

1180 *BGH* 30.06.2004, Az. VIII ZR 321/03, CISG-Online 847, RIW 2004, 788–790; vgl. hierzu auch die Anm. von *Müller,* IHR 2005, 16–20.

XI. Zwischenergebnis

Während sich also auf der einen Seite die deutsche Literatur[1181] hinsichtlich der Länge der *angemessenen* Frist des Art. 39 Abs. 1 CISG einig war, dass diese weder eine *kurze* noch eine *lange* Frist war,[1182] war sich auf der anderen Seite die deutsche Rechtsprechung ebenso über den *Mittelwert eines Monats* einig. Rügen nach mehr als einem Monat nach Lieferung wurden ausnahmslos als verspätet angesehen.[1183] Es können jedoch auf der anderen Seite auch Stimmen in der Literatur vernommen werden, die für die Dauer der Rügefrist zwischen verderblichen und dauerhaften Waren unterscheiden und die Rügefrist für erstere auf wenige Stunden oder *jedenfalls wenige Tage* beschränken[1184] und bei letzteren *großzügiger bemessen.*[1185]

Auch im Rahmen des Art. 39 CISG wird schnell deutlich, dass die Methoden, mit denen die Gerichte die Fristen berechnen oder die Substanziiertheit der Rüge bestimmen, je nach Vertragsstaat bzw. manchmal sogar innerhalb eines Vertragsstaates divergieren. Zum Teil werden bereits bekannte Fristen übernommen, welche als plausibel angesehen werden, weil sie höchstrichterlich schon für relevante Vorgängerregelungen so entschieden wurden. Dass dieses nicht immer im Sinne einer einheitlichen Interpretation ist, wurde bereits ausführlich untersucht.

Es führt aber – und das sollte man ebenso an dieser Stelle konstatieren – auch zu keiner Einheitlichkeit, wenn die Rechtsprechungen anderer Vertragsstaaten zurate gezogen werden. Diese Rolle der Rechtsvereinheitlichung nur den Gerichten zu überlassen, erscheint unvorteilhaft. Dies stiftet nur Verwirrung. Eine echte Vereinheitlichung bleibt wohl in den Händen wissenschaftlicher Literatur, welche nur durch enge Verzahnung vorhandener Rechtsprechung und stetigen Problembewusstseins, aktueller Beiträge und Harmonisierungsambitionen vorangetrieben werden kann.

1181 So auch *Schlechtriem*, EWiR Art. 39 CISG 1/2000, 125, 126.

1182 *Magnus*, in *Staudinger*, Art. 39, Rn. 35.

1183 Vgl. ausführlich zu der Rechtsprechung zum EKG und m. w. N. *Magnus*, in *Staudinger*, Art. 39, Rn. 37 ff.

1184 So auch in der Rechtsprechung entschieden vom *OLG Saarbrücken* 03.06.1998, Az. 1 U 703/97, CISG-Online 354, NJW-RR 1999, 780; *OLG Düsseldorf* 08.01.1993, Az. 17 U 82/92, CISG-Online 76, IPRax 1993, 412–414.

1185 *Magnus*, in: *Staudinger*, Art. 39, Rn. 37 und 43.

B. Auswertung internationaler Rechtsprechung

Für die Auswertung von ausgewählter internationaler Rechtsprechung wurden nahezu alle relevanten Entscheidungen der letzten zehn Jahre[1186] aus einigen ausgewählten Vertragsstaaten des CISG analysiert.[1187] Es wird in Bezug auf die Analyse der internationalen Rechtsprechung[1188] dargelegt werden, wie einzelne Gerichte bestimmte Frist- und Formerfordernisse bzgl. der Untersuchung anwenden. Hierbei wird festzustellen sein, welche konkreten Maßstäbe jeweils angelegt werden und ob ein Unterschied zwischen dem angloamerikanischen und dem kontinentaleuropäischen Rechtsraum besteht.

I. Schweiz

Das Schweizer *Bundesgericht* entschied bei der Umschreibung für die Lieferung von Ahorn-Holz, dass es genügen kann, die Lieferung als *„qualitativ weit unter früheren Lieferungen. Viele Stämme weisen lediglich Emballage-Qualität auf und können auch von uns nicht mehr verarbeitet werden"* zu bezeichnen, wenn die Vereinbarung zwischen den Parteien bestand, dass Lieferung in gleicher Qualität wie bisher geliefert werde.[1189] Hier bewertete das Gericht anders als die Vorinstanz die Aussage des Käufers als ausreichend,[1190] obwohl die Vorinstanz eine detaillierte Aufstellung gefordert hatte. In der Entscheidung geht das Gericht sehr detailliert auf die Rechtsprechung nicht nur in der Schweiz, sondern Deutschland, Österreich, Italien und Frankreich ein.[1191] Die Schweizer Gerichte sind sehr konsequent mit einer groben Faustregel von einer Untersuchungsfrist bei verderblichen

1186 Für eine Übersicht zur Gesamtfrist bis zum Jahre 2001 wird auf die Arbeit von *Janssen,* 171–176 und gesonderte Schriften je Land verwiesen.

1187 Dargestellt werden jedoch nur entscheidungserhebliche besonders relevante Entscheidungen. Der restliche Teil der Überprüfungen hatte für die zu behandelnde Thematik keine Relevanz und wurde im Rahmen der vorliegenden Arbeit nicht berücksichtigt.

1188 Im Vergleich zum deutschsprachigen Rechtsraum gibt es recht wenig Entscheidungen zu den Art. 38 und Art. 39 CISG, sodass zunächst nur einige wenige Entscheidungen der letzten zehn Jahre aus dem deutschsprachigen Raum dargestellt werden, bevor auf einige ausgewählte Entscheidungen in anderen Vertragsstaaten eingegangen werden wird.

1189 *Bundesgericht* 28.05.2002, Az. 4C.395/2001, IHR 2003, 72–76.

1190 Das Bundesgericht erachtet eine Mängelanzeige, welche die *Natur bzw. die Wesensart der Vertragswidrigkeit* angebe, als genügend; so z. B. auch zuletzt das *Kantonsgericht des Kanton Glarus* 06.11.2008, Az. ZG 2008.00116, IHR 2010, 152–154.

1191 *Bundesgericht* 28.05.2002, Az. 4C.395/2001, IHR 2003, 72–76.

Gütern von zwei Wochen und einer sich daran anschließenden Rügefrist von einem Monat ausgegangen.[1192] Dieses wurde sogar in den Fällen angenommen, in denen der Käufer die Ware direkt an seine Kunden weiterversendet und diese die Vertragswidrigkeiten dann feststellen.[1193]

II. Frankreich

Das französische Gewährleistungsrecht[1194] kennt grundsätzlich längere Fristen. Eine interessante Entscheidung zu Art. 39 Abs. 2 CISG ist hinsichtlich Saatkartoffeln getroffen worden. Diese enthielten ein Bakterium, welches erst bei den Früchten zu Schäden (sog. Schleimkrankheit) führte.[1195] Das Gericht sah die Ausschlussfrist von 2 Jahren abgelaufen und auch keinen Raum für die Anwendung des Art. 40 CISG, da ein Test hinsichtlich des Bakteriums im Vorfeld negativ ausgefallen war.

III. USA

In den Vereinigten Staaten von Amerika wurde der Art. 39 CISG analog[1196] auf Fälle verspäteter Lieferung angewendet.[1197] Hiernach könne der Käufer

---

1192 Vgl. hierfür zuletzt z.B. *Obergericht des Kantons Zug* 19.12.2006, Az. OG 2006/19, CISG-Online 1427 und 1565, IHR 2007, 129–130.

1193 So zuletzt das *Obergericht von Appenzell Außerhoden* 18.08.2008, Az. O1Z 08 1, CISG-Online 1838, IHR 2009, 251–252.

1194 Zu den Untersuchungs- und Rügeobliegenheiten nach dem französischen Code Civil vgl. unbedingt *Gerny*, 68–118 und die ersten Entscheidungen des *Cour de cassion* zum UN-Kaufrecht vgl. *Witz/ Wolter*, RIW 1995, 810–813.

1195 *Cour de cassion* 16.09.2008, Az. 07-11803/07-12160, CISG-Online 1851; zu dem neuesten Beitrag der französischen *Cour de cassation* (2007–2010) vgl. *Witz/ Hlawon*, IHR 2011, 93–108.

1196 *U.S. District Court, Eastern District of Kentucky* 18.03.2008, Az. 07-161-JBT, CISG-Online 1652, IHR 2009, 24, 26–27: „Although Global has not asserted as a defense that the goods were non-conforming, per se, Global impliedly asserts that the goods were non-conforming because they were not shipped within the time-frame customarily followed by the parties on contracts for similar construction projects, and that it sustained damages by the delay in shipments. Thus, Article 39 of the CISG is applicable by analogy. Assuming the light poles were non-conforming because of the delay in shipments, under Article 39, it appears that Global had two years from the date of delivery of the light poles to the construction project within which to give Sky Cast notice that the goods were non-conforming."

1197 *U.S. District Court, Eastern District of Kentucky*, 18.03.2008, Az. 07-161-JBT, CISG-Online 1652, IHR 2009, 24–27.

Vertragswidrigkeiten aufgrund der Verspätung innerhalb von zwei Jahren anzeigen. Sehr deutlich wird aus der Entscheidung nicht, warum es dem Käufer zustehen solle, so lange Zeit nach Lieferung rügen zu dürfen, wobei hier die Vertragswidrigkeit der Ware in der Verspätung der Ware bestehen solle.[1198] Auch auf die Frage, wann die Vertragswidrigkeit entdeckt worden ist, kann das Gericht demnach schwer eingehen. Denn dann stünde hiernach dem Käufer als Maximalfrist zwei Jahre nach Entdeckung der Vertragswidrigkeit zur Verfügung. Dieses ist von Art. 39 CISG nicht gewollt. Auch eine analoge Übertragung auf Verspätungen – beachtet man den Rügetatbestand des Art. 35 CISG – ist schwer zu vertreten.[1199]

IV. Österreich

Das österreichische *OLG Linz* hat in seiner Entscheidung vom 24.09.2007 festgestellt, dass die Ausschlussfrist des Art. 39 Abs. 2 CISG auch dann eingreife, wenn eine Vertragswidrigkeit aufgrund sachgemäßer Untersuchung nicht erkennbar war und der Käufer sie auch zu einem späteren Zeitpunkt nicht festgestellt habe oder hätte feststellen müssen. Die Zweijahresfrist beginne mit der tatsächlichen Übergabe, also der physischen Aushändigung der Ware an den Käufer.[1200]

Auch der *OGH Wien*[1201] hat zur Absolutheit der Frist des Art. 39 Abs. 2 CISG mehrfach Stellung genommen und festgestellt, dass diese Frist nur dann ausgeschöpft werden könne, wenn der Käufer die Ware nicht früher untersuchen oder wenn er trotz Untersuchung die Vertragswidrigkeit nicht früher feststellen oder wenn er trotz Feststellung der Vertragswidrigkeit diese nicht früher anzeigen konnte. Diese absolute Frist gelte sowohl für offene als auch für verborgene Mängel. Als Sicherheitskomponente des Verkäufers kann dieser nach einer bestimmten Zeitperiode das Geschäft endgültig zur Seite legen.[1202]

1198 *U.S. District Court, Eastern District of Kentucky*, 18.03.2008, Az. 07-161-JBT, CISG-Online 1652, IHR 2009, 24–27.

1199 Vgl. zur verspäteten Lieferung zuvor.

1200 *OLG Linz* 24.09.2007, Az. 1 R 77/07k, CISG-Online 1583, IHR 2008, 28–31.

1201 *OGH Wien* 19.05.1999, Az. 9 Ob 13/99y, CISG-Online 484, ZfRV 2000, 30; zuletzt *OGH Wien* 19.12.2007, Az. 9 Ob 75/07f, CISG-Online 1628, IHR 2008, 106–108; vgl. hierzu auch die Anm. *Huber*, IPRax 2009, 89–90.

1202 Insbesondere weist das Gericht aber auf die Ausschlussfähigkeit dieser Frist hin: *OGH Wien* 19.12.2007, Az. 9 Ob 75/07f, CISG-Online 1628, IHR 2008, 106–108.

C. Ökonomische Analyse des Art. 39 CISG

Aus modelltheorethischer Sicht führt die Analyse der Mängelrüge nach Art. 39 CISG zu der Erkenntnis, dass Verkäufer und Käufer als ökonomische Akteure zu betrachten sind, deren einziges Ziel die Nutzen- bzw. Gewinnmaximierung darstellt. Dann können unter Berücksichtigung differenter Handlungsbeschränkungen, wie z. B. Marktstruktur, Warentyp, Preisrestriktionen und Umsatzbeschränkungen, die Handlungsweisen eines so modellierten Verkäufers unter wohlfahrtsökonomischer Sicht beurteilt werden. Wobei Käufer ihren Nutzen unter Beachtung von Faktoren, wie Budgetbeschränkungen, und verschiedenen Risikoeinstellungen, maximieren. Dann stellt sich die Frage, welche Ergebnisse in einem solchen „Markt" zu erwarten sind und ob diese gesamtwirtschaftlich effizient sind.

Grundsätzlich wird zwischen der positiven und der normativen ökonomischen Theorie des Rechts unterschieden. Mit der *positiven ökonomischen Theorie des Rechts* wird das Recht analytisch oder empirisch betrachtet, wobei sie sich stets positiv *mit der Beschreibung, Erklärung und Prognose menschlichen Verhaltens* im Hinblick auf das Recht befasst.[1203]

Die normative Ökonomie würde daraus die Schlussfolgerung ziehen, dass die effizienteste Regelung auch immer die beste Regelung ist, da sie den kumulierten Präferenzen der Betroffenen am ehesten entspricht. Die ökonomischen Argumentationsfiguren können als „wertvolle Hilfe" bei der Analyse zu Art. 39 CISG verwendet werden.[1204] Auch in der Literatur wird die Analyse zu einem bestimmten Einzelthema *bzw. zu bestimmten Rechtsproblemen für erforderlich gehalten.*[1205]

I. Untersuchungsgegenstand: Mängelrüge nach Art. 39 CISG

Der Ausfüllung der „angemessenen Frist" sind an dieser Stelle unterschiedliche Erwägungen zugrunde zu legen – zum einen „ökonomische Effizienz" und zum anderen Erwägungen der Verteilungsgerechtigkeit. Allerdings müssen beide Prinzipien nicht unbedingt Hand in Hand gehen.

Wenn es allerdings möglich ist, ist die ökonomisch effizienteste Regelung mit Gesichtspunkten der Verteilungsgerechtigkeit in Einklang zu bringen.[1206]

1203 *Towfigh/ Petersen*, 4.

1204 Sogar zur Analyse einiger beispielhafter Gerichtsentscheidungen verwendet werden. In diesem Zusammenhang wird auch das Modell des vollständigen Vertrages auf die einzelnen Entscheidungen dann angewandt werden.

1205 *Eidenmüller*, 1995, 471.

1206 *Towfigh/ Petersen*, 13.

Konkret stellt sich auch hier im Rahmen der Mängelrüge des Art. 39 CISG ebenso wie bereits zuvor im Rahmen des Art. 38 CISG die Frage, ob sich durch die Auferlegung einer Rügeobliegenheit an den internationalen Käufer die Transaktionskosten von internationalen *Güteraustauschverträgen* senken lassen und wenn ja, ob der Käufer *hierfür am Besten* geeignet ist.[1207] Oder anders gefragt: Wären die Parteien eines typischen internationalen Kaufvertrages, soweit sie in einer Welt ohne Transaktionskosten hätten verhandeln können,[1208] zu der Vereinbarung gelangt, dem Käufer eine *angemessene Frist*[1209] für die Mängelrüge aufzuerlegen?[1210] Begründet werde diese Frist mit der Notwendigkeit, um der Schnelllebigkeit des Handelsverkehrs nach zukommen, den schon erwähnten *Schwebezustand* zu beenden, um so dem Verkäufer ein schnelles und zügiges Handeln gewährleisten zu können.[1211] Es sollte an dieser Stelle überprüft werden, ob aus ökonomischer Sicht die *Transaktionskosten steigen* würden, je länger die verkaufte Ware des Verkäufers *im Schwebezustand,* also der Verkäufer ohne Kenntnis infolge unterlassener Rüge sein würde.[1212] D. h., je länger einer der Transaktionspartner mit etwaigen Ansprüchen zu rechnen hat, desto eher sollte er dafür Rücklagen bilden. Dies verursacht Kosten und erhöht folglich – soweit dies der Markt zulässt – den Kaufpreis. Kürzt eine möglichst frühzeitig eingereichte Rüge die Dauer dieses Schwebezustandes ab, können Kosten sogar gespart werden. Die Parteien wissen woran sie sind. Ökonomisch von Vorteil ist somit auch für den internationalen Handel, die Rügeobliegenheit dem Käufer aufzuerlegen.[1213] Eine frühzeitige Mitteilung der Mängel kann zur raschen Reaktion hinsichtlich einer Fehlleistung führen, was wiederum zu Preisvorteilen führen kann.[1214] Im Falle einer Garantiehaftung stellt sich das auch wieder anders dar. Denn dann beschränkt sich die Untersuchung nur auf Transport- und Verpackungsschäden. Anders als bei der Untersuchung der Ware ist eine Obliegenheit des Käufers zur Rüge die offensichtlich

1207 Näheres siehe oben; vgl. auch *Lehmann*, 257, der diese Frage und die Prüfung für den § 377 HGB vorgenommen hat; *ders.*, WM 1980, 1162, 1168.

1208 Trotz des erneuten Blickwinkelwechsels ist es im Rahmen der vorliegenden Arbeit von enormer Wichtigkeit, stets im rechtswissenschaftlichen Diskurs zu bleiben und den Dreh zum normativen Recht zu vollbringen. Dabei ist es wichtig, die Anbindung an die klassische juristische Dogmatik nicht zu verlieren.

1209 Sie würden diejenige Frist ermitteln, die den beiderseitigen Nutzen maximiert.

1210 Näheres siehe oben Kapitel 4, Abschnitt A.

1211 Näheres siehe zuvor Kapitel 4, Abschnitt A.

1212 So auch *Lehmann*, 257; *ders.*, WM 1980, 1162, 1168.

1213 So auch *Lehmann*, 257–258 für den § 377 HGB.

1214 Dies trifft auch auf die Kosten der Nachbesserung zu, die dann gering gehalten werden können, *Lehmann*, 259.

günstigere bzw. ökonomisch wertvollere Entscheidung. Durch diese Obliegenheit wird der Austauschvorgang nicht erschwert oder unnötig verteuert. Ferner braucht der Käufer – anders als bei der Untersuchung der Ware – kein spezielles Fachwissen.[1215]

Einzig im Rahmen der Substantiierung der Mängelanzeige stellt sich die Frage, ob die Transaktionskosten durch oben festgestellte zu strenge Anforderung der Gerichte an die Substantiierung nicht doch erhöht werden. Denn hier wird von den Gerichten in bestimmten Produktkategorien teilweise Fachwissen vom Käufer vorausgesetzt und somit das Transaktionskostenargument des Art. 39 CISG ausgehöhlt. Es kann also auch hier von der charakteristischen Eigenschaft der Ware abhängen, ob die Transaktionskosten erhöht werden.

II. Zwischenergebnis und Vergleich der Ergebnisse zwischen Art. 38 und Art. 39 CISG

Ist die Vertragswidrigkeit der Ware erst einmal aufgedeckt, so können hier die Ergebnisse zur Art. 38 CISG im Folgenden nicht übertragen werden, da die Interessenlage eine andere ist. Die Parteien eines vollständigen Vertrages würden, abweichend als bei Art. 38 CISG, die Risikoverteilung nicht anders wählen. Auch kommt es auf eine Differenzierung zwischen unterschiedlichen Warenarten und der Quantität oder Qualität nicht an. Der Käufer sollte die Vertragswidrigkeit der Ware dem Verkäufer anzeigen. Anderes kann für die Substantiierung der Vertragswidrigkeit gelten.

D. Ergebnis zu Art. 39 CISG

Durch die Untersuchungs- und Rügeobliegenheit wird auf der einen Seite insbesondere das Haftungsrisiko des Verkäufers für die Lieferung vertragswidriger Ware und auf der anderen Seite seine Planungssicherheit für die Durchführung des Vertrages beeinflusst.[1216]

Es erschließt sich nicht, warum die deutsche Rechtsprechung von einer so langen Rügefrist des Art. 39 CISG ausgeht im Vergleich zur recht kurzen Untersuchungsfrist. Eine mögliche Erklärung hierfür könnte sein, dass aufgrund der langwierigen Vergangenheit die Anzeigefrist aufgrund der Handelswege länger sein müsste als die Untersuchungsfrist. Hierzu besteht aber heute keinerlei

1215 So auch *Lehmann*, 257; *ders.*, WM 1980, 1162, 1168 für die Mängelanzeige des § 377 HGB.

1216 Vgl. *Verweyen*, 116.

Bewandtnis. Der internationale Handel ist schnelllebiger und damit die Anzeigefrist kürzer geworden. Im Ergebnis ist das Argument lange Wege, lange Kommunikationswege heute nicht mehr aktuell.

Für die Untersuchungsobliegenheit gilt das Gegenteil. Durch den schnellen Handel und die Schnelligkeit moderner technischer Innovationen (Produktionsketten werden länger, kleinteiliger und komplexer) wird eine gründlichere Untersuchung erforderlich. Bzgl. der Untersuchungsfrist ist es sinnvoller, diese zu verlängern und die Anzeigefrist dann kürzer zu fassen. Bzgl. der Anzeige kann erwartet werden, dass moderne Kommunikationsmittel wie via E-Mail bzw. telefonisch gerügt werden.

Es gibt keinen verständigen Grund, die Frist für die teilweise aufwendige Untersuchung kürzer zu fassen als die schlichte Mängelrügefrist.

5. Kapitel: Art. 40 und Art. 44 CISG

Art. 40 und Art. 44 CISG bilden – um es mit den Worten von *Andersen* zu sagen die sog. „safety-valves“ für den Käufer.[1217]

A. Art. 40 CISG: Bösgläubigkeit des Verkäufers

Kannte der Verkäufer die Tatsachen, auf denen die Vertragswidrigkeit der Ware beruht oder *konnte er über diese nicht in Unkenntnis sein* und hat er diese dem *Käufer nicht offenbart,* so verliert er das Recht, sich auf die Art. 38 und Art. 39 CISG zu berufen. D. h., die nicht erfolgte oder verspätete Rüge des Käufers bleibt *ohne Konsequenz.*[1218] Der Ausdruck „Nicht-in-Unkenntnis-sein-können“ kann zwischen *etwas mehr als* grober Fahrlässigkeit und *etwas weniger als* Arglist verortet werden.[1219] Mit anderen Worten: Steht ohne Zweifel fest,[1220] dass der Verkäufer von der Vertragswidrigkeit wusste oder hätte hiervon wissen müssen, so ist er bösgläubig.[1221] Insbesondere könne er hiernach über *ins Auge springende Vertragswidrigkeiten* nicht in Unkenntnis sein.[1222]

1217 *Andersen*, in: V. J. o. I. C. L. & A. 2005, 17–42; so auch *Arbitration Institute of the Stockholm Chamber of Commerce* 05.06.1998, CISG-Online 379, TranspR-IHR 1999, 26.

1218 *Schwenzer*, in: *Schlechtriem/ Schwenzer*, Art. 40, Rn. 2.

1219 Vgl. *Huber*, RabelsZ 43 (1979), 413, 482.

1220 So wurde in einem Fall vor dem *OGH Wien* 27.02.2003, Az. 2 Ob 48/02a, CISG-Online 794, IHR 2004, 25–28, die Frage zur konkreten Feststellungen über das Wissen des Geschäftsführers des Verkäufers um das Produktionsdatum der zu liefernden Fische an die Berufungsinstanz zur Entscheidung zurückverwiesen. Es sei von der Vertragswidrigkeit der Ware auszugehen, wenn tatsächlich ein internationaler Handelsbrauch bestünde, *wonach im Fischhandel stets von einem aus der aktuellen Fangquote stammenden Fisch ausgegangen werde,* der Verkäufer aber Fische aus der letzten Fangquote geliefert habe. Sollte also der Geschäftsführer des Verkäufers gewusst haben, dass die gegenständliche Lieferung nicht aus der aktuellen Fangquote stamme, könnte sich der Verkäufer nicht nach Art. 40 UN-K auf die verspätete Rüge der Käuferin berufen.

1221 Vgl. hierzu insbesondere hierzu *Garro*, 25 J. L. & Com. (2005–06), 253, 254.

1222 *Schwenzer* in: *Schlechtriem/ Schwenzer*, Art. 40, Rn. 4; *Arbitration Institute of the Stockholm Chamber of Commerce*, 05.06.1998, CISG-Online 379, TranspR-IHR 1999, 26: *„The requisite state of awareness that is the threshold criterion for the application of Article 40 must in the Tribunal's opinion amount to at least a conscious disregard of facts that meet the eyes and are of evident relevance to the non-conformity.“*

Diese Vorschrift entlastet den Käufer, da es sonst unbillig wäre und darüber hinaus überflüssiger Formalismus, vom Käufer zu verlangen, den Verkäufer über die Vertragswidrigkeiten aufzuklären, die diesem schon bekannt sind oder sein müssen. Die Offenbarung des Verkäufers muss nach einhelliger Ansicht *vor oder spätestens bei Übergabe* der Ware erfolgen.[1223] Denn dann besteht für den Käufer noch die Möglichkeit einer Zurückweisung der Sache als solche.

I. In der Rechtsprechung: BGH 30.06.2004

Anders als das die Vorinstanz entscheidet der *BGH*[1224] hinsichtlich der Beweislast[1225] für die Bösgläubigkeit des Art. 40 CISG. Die Beweislast ist ausdrücklich, etwa in Art. 79 Abs. 1 CISG oder konkludent in Art. 2 Buchst. a) CISG geregelt, sodass ein Rückgriff auf *das nationale Recht* verwehrt sei. Diese treffe nach der hierzu ergangenen Rechtsprechung[1226] als auch den Meinungen im Schrifttum[1227] den Käufer, der sich ja darauf berufe.[1228] Das Gericht entschied hier anders als die Rechtsprechung vorher, dass sogar die Anwendung des Art. 40 CISG hieran nichts ändern konnte, weil der Käufer über Beweiserleichterungen zu Art. 40 CISG profitiere und diese sich praktisch ebenfalls auf eine Rüge nach Art. 39 CISG auswirke.[1229] Teilweise wird dieses in der Literatur leicht bemängelt, weil hierdurch die

1223 In der Rechtsprechung: *OGH Wien* 30.11.2006, Az. 6 Ob 257/06x, CISG-Online 1417, IHR 2007, 74–75.

1224 *BGH* 30.06.2004, Az. VIII ZR 321/03, CISG-Online 847, RIW 2004, 788–790; vgl. hierzu auch die Anm. von *Müller,* IHR 2005, 16–20.

1225 Vgl. hierzu auch die Ausführungen zu den Beweislastregeln oben Kapitel 3 und 4.

1226 Der *BGH* verweist auf das Senatsurteil vom 09.01.2002, Az. VIII ZR 304/00, CISG-Online 651, IHR 2002, 16–21; sowie u. a. *OLG Karlsruhe* 25.06.1997, Az. 1 U 280/96, CISG-Online 263, RIW 1998, 235–237; bemerkenswert ist allerdings, dass der *BGH* zum ersten Mal auch auf die internationale Rechtsprechung verweist, die zu Art. 40 CISG ergangen ist: *Arbitration Institute of the Stockholm Chamber of Commerce* 05.06.1998, CISG-Online 379, TranspR-IHR 1999, 26; *Arrondissementsrechtbank Roermond/ Niederlande*, Az. 900336 19.12.1991, CISG-Online 29; *ICC International Court of Arbitration*, Entscheidung vom 01.06.1999, CISG-Online 705; *Ontario Superior Court of Justice* (Kanada) 31.08.1999, IHR 2001, 46 (gleichzeitig ist es das erste Urteil eines kanadischen Gerichtes, bei dem seit dem Inkrafttreten des CISG in Kanada im Jahre 1992 ebendieses angewendet wurde).

1227 Vgl. u. a. *Hepting,* in: *Baumgärtel/ Laumen/ Hepting*, Art. 40, Rn. 1.

1228 Kritisch hierzu *Saenger/ Sauthoff*, LMK 2004, 201–202.

1229 Vgl. auch *Schmidt-Kessel,* EWiR Art. 40 CISG 1/05, 345, 346.

Verkäuferpflichten ausgedehnt und die Beschleunigungswirkung des Art. 39 CISG torpediert werde.[1230]

II. In der Rechtsprechung: OGH Wien 14.02.2012

Mit den Voraussetzungen einer Beweislastumkehr im Rahmen von Art. 40 CISG hat sich auch der *OGH Wien* in seiner Entscheidung vom 14.02.2012 beschäftigt und bestätigte nicht nur die vorinstanzliche Ansicht, dass zunächst grundsätzlich der Kläger[1231] die Last trage, die *Voraussetzungen des Art. 40 CISG zu behaupten und zu beweisen.*[1232] Führe der Beweis der Bösgläubigkeit des Verkäufers für den Käufer zu unzumutbaren Beweisschwierigkeiten, kehre sich die Beweislast um, sobald ein grober Sachmangel erwiesen sei.[1233] Der *OGH Wien* bestätigte ebenfalls den *BGH*[1234] im *Hinblick auf die Herausbildung einer gemeinsamen weltweiten Anwendungspraxis*. In dem vorliegenden Fall waren keine Anhaltspunkte dafür gegeben, dass das Paprikapulver erst nach Übergabe bestrahlt worden war und eine etwaige Bestrahlung auch nicht substantiiert genug bestritten wurde, sodass die Ursache der Vertragswidrigkeit im Verantwortungsbereich der beklagten Partei[1235] liege, denn sie habe vereinbarungswidrig verstrahltes Paprikapulver geliefert. Dann müsse sie ebenfalls die Beweislast für ihre Gutgläubigkeit tragen, indem sie nachweisen müsse, dass sie die Umstände, welche die Vertragswidrigkeit begründen, weder kannte noch grob fahrlässig nicht kannte.[1236]

1. Beweislastumkehr

Grundsätzlich sollte also der Käufer, will er sich auf Art. 40 CISG berufen, die Bösgläubigkeit des Verkäufers darlegen und beweisen. Davon ist nur dann eine Ausnahme zuzulassen, wenn es Gründe gebe, welche für eine Beweislastumkehr sprechen, die unter dem *Gesichtspunkt der Beweisnähe* oder sonst mit einer

---

1230 Vgl. auch *Schmidt-Kessel*, EWiR Art. 40 CISG 1/05, 345, 346.

1231 Gemeint ist wohl der Käufer.

1232 Vgl. hierzu auch *OGH Wien* 19.12.2007, Az. 9 Ob 75/07f, CISG-Online 1628, IHR 2008, 106–108 und die Anmerkung hierzu *Huber*, IPRax 2009, 89–90.

1233 *OGH Wien* Beschluss vom 14.02.2012, Az. 10 Ob 4/12d, CISG-Online 2308, IHR 2012, 193–197.

1234 *BGH* 30.06.2004, Az. VIII ZR 321/03, CISG-Online 847, RIW 2004, 788–790; vgl. hierzu auch die Anm. von *Müller*, IHR 2005, 16–20.

1235 Hier des Verkäufers.

1236 *OGH Wien* Beschluss vom 14.02.2012, Az. 10 Ob 4/12d, CISG-Online 2308, IHR 2012, 193–197.

erschwerten unzumutbaren Beweisführung für den Käufer verbunden wären.[1237] Das CISG verlangt somit nicht ausnahmslos den Nachweis einer Kenntnis des Verkäufers von den der Vertragswidrigkeit zugrundeliegenden Tatsachen, sondern es lässt durchaus genügen, dass der Verkäufer über jene Tatsachen *„nicht in Unkenntnis sein konnte"*. Dadurch wären auch Fälle grob fahrlässiger Unkenntnis durch Art. 40 CISG miterfasst.[1238] Dann kann sich der erforderliche Beweis u. U. schon aus der Art des Mangels selbst ergeben, insbesondere, wenn sich die Vertragswidrigkeit im Risikobereich des Verkäufers ereignet habe.[1239]

Denn das Wesen des Art 40 CISG liege gerade darin, dass sie den Käufer von seiner Untersuchungs- und Rügepflicht nach Art 38 und Art. 39 CISG entlaste.[1240] Es sei unbillig und überflüssiger Formalismus, vom Käufer zu verlangen, den Verkäufer über die Vertragswidrigkeiten aufzuklären, die ihm schon bekannt sind oder sein müssten, er sei daher nicht schutzwürdig.[1241]

2. *Haftungsverschärfung*

Die Bösgläubigkeit des Verkäufers wirkt sich jedoch haftungsverschärfend aus: Dieser kann sich nicht auf eine unterlassene Rüge oder auf die zweijährige Verwirkungsfrist berufen (Art. 40 CISG).[1242] Die Haftung wegen Vertragswidrigkeit der Ware ist unabhängig von der tatsächlichen oder geforderten Kenntnis des Verkäufers von der Vertragswidrigkeit. Regelungen, z. B. nach dem Grundsatz der Verwirkung, die neben Art. 40 CISG dem Verkäufer verwehren sollen, sich auf die Rügeversäumung zu berufen, sollten nicht zusätzlich herangezogen werden.[1243]

1237 So auch der *BGH* 30.06.2004, Az. VIII ZR 321/03, CISG-Online 847, RIW 2004, 788–790; vgl. hierzu auch die Anm. von *Müller*, IHR 2005, 16–20.

1238 *Achilles*, Art. 40 Rn. 1.

1239 *BGH* 30.06.2004, Az. VIII ZR 321/03, CISG-Online 847, RIW 2004, 788–790.

1240 *OGH Wien* 14.02.2012, Az. 10 Ob 4/12d, CISG-Online 2308, IHR 2012, 193–197, mit Verweis auf Rechtsprechung und Literatur.

1241 *OGH Wien* 14.02.2012, Az. 10 Ob 4/12d, CISG-Online 2308, IHR 2012, 193–197, mit Verweis auf Rechtsprechung und Literatur.

1242 *OGH Wien* 14.02.2012, Az. 10 Ob 4/12d, CISG-Online 2308, IHR 2012, 193–197.

1243 *Schlechtriem*, Int. UN-Kaufrecht, 121.

III. In der Rechtsprechung: int. Schiedsgericht der öst. Bundeskammer der gewerblichen Wirtschaft 15.6.1994

So hatte das *int. Schiedsgericht der öst. Bundeskammer der gewerblichen Wirtschaft* in seinem Schiedsspruch vom 15.6.1994[1244] die Berufung des Verkäufers auf Rügeversäumung als verwirkt behandelt und dadurch eine eigentlich verspätete Rüge der Käuferin zugelassen sowie dem Schadensersatzanspruch stattgegeben.[1245] Eine solche Berücksichtigung des Verwirkungseinwands mit der Intention, dem Käufer (evtl. unberechtigte) Ansprüche zuzusprechen, führe zu *richterlicher Vertragsgestaltung*, die mit einer erheblichen Rechtsunsicherheit einhergehe.[1246]

Bei einer vorsätzlichen Falschlieferung und unter pflichtwidriger Unterlassung einer Offenbarung seitens des Verkäufers kann dieser sich auf den Ablauf der Rügefrist nicht berufen.[1247] In diesem Fall sollte sich der Verkäufer entgegenhalten lassen, dass er sich über eine ins Auge springende Vertragswidrigkeit hinwegsetze.[1248]

IV. In der Rechtsprechung: OLG Koblenz 24.02.2011

Die Relevanz des Art. 40 CISG wird in einer Entscheidung des *OLG Koblenz*[1249] vom 24.02.2011 deutlich, mit der sich zuletzt auch der *BGH* in der Revision der Klägerin[1250] beschäftigte. Das *OLG Koblenz* leitet nämlich aus dem im CISG verankerten Grundsatzes des *„good faith"* die Verpflichtung des Verkäufers ab, den Käufer darüber in Kenntnis zu setzen, dass die Ware (in dem Fall ging es um Tonerde, welche dioxinbelastet war) womöglich für den ihr zugedachten Zweck (dort ging es um die Sortierung von Kartoffeln) nicht geeignet sei.[1251]

Denn der Verkäufer begeht selbst dann eine Vertragsverletzung, wenn er sein vertragliches Verhalten pflichtwidrig nicht so einrichtet, dass Schäden für den Käufer vermieden werden. Erkennt der Verkäufer aufgrund der eigenen überlegenen

---

1244 So das *int. Schiedsgericht der öst. Bundeskammer der gewerblichen Wirtschaft*, Schiedsspruch vom 15.6.1994, CISG-Online 120, RIW 1995, 590–592, m. Anm. *Schlechtriem*, RIW 1995, 592–594.

1245 Dieses stützte das Schiedsgericht auf einen lückenfüllenden Grundsatz nach Art. 7 Abs. 2 CISG und wurde zurecht hierfür insbesondere von *Schlechtriem*, RIW 1995, 592, 594, kritisiert.

1246 *Schlechtriem*, Int. UN-Kaufrecht, 121.

1247 So *OLG Zweibrücken* 02.02.2004, Az. 7 U 4/03, CISG-Online 877.

1248 So auch *Schwenzer*, in: *Schlechtriem/ Schwenzer*, Art. 40, Rn. 4.

1249 *OLG Koblenz* 24.2.2011, Az. 6 U 555/07, CISG-online 2301, IHR 2012, 148–159.

1250 *BGH* 26.09.2012, Az. VIII ZR 100/11, CISG-Online 2348, RIW 2012, 877–881; vgl. hierzu auch die Anm. von *Koch*, IHR 2013, 13–15.

1251 *OLG Koblenz* 24.2.2011, Az. 6 U 555/07, CISG-online 2301, IHR 2012, 148–159.

Sachkunde, dass die Ware für den ihr zugedachten Zweck nicht geeignet ist, ist er aus Treu und Glauben verpflichtet, den Käufer hierüber aufzuklären.

Es sei nicht die Pflicht des Käufers beim Verkäufer nachzufragen, ob die Tonerde möglicherweise Dioxin enthalte. Ferner müsse der Käufer den Verkäufer nicht darauf hinweisen, dass in seinem Betrieb die Produktionsreste insbesondere als Futtermittel ungewaschen weiterverkauft werden.[1252]

V. In der Rechtsprechung: BGH 26.09.2012

Zu Recht weist der *BGH* in der Revision der Klägerin in dieser Sache darauf hin, dass die Klägerin ihr Recht nicht dadurch verloren habe, dass sie der Beklagten die Vertragswidrigkeit nicht innerhalb einer angemessenen Frist nach dem Zeitpunkt angezeigt habe, indem sie – wie von der Beklagten geltend gemacht – die Vertragswidrigkeit hätte feststellen müssen.[1253]

Der *BGH* nimmt weiter an, dass es zwar richtig sei, dass das Berufungsgericht in einem anderen Zusammenhang angenommen habe, dass die Käuferin sich über die Ungefährlichkeit des gelieferten Tons durch eine Untersuchung dieser hätte vergewissern können, jedoch betraf diese Frage nicht die Untersuchungsobliegenheit des Art. 38 CISG. Der *BGH* unterscheidet also je nach Zweck zwischen dieser Kontrolle und der Untersuchungsobliegenheit des Art. 38 CISG. Diese stehe lediglich *im Interesse der Vertragsparteien untereinander zur alsbaldigen Klärung einer Tauglichkeit der gelieferten Ware und der daraus zu ziehenden Forderung.*[1254] Wobei hier im Ergebnis offenbleiben kann, ob die Käuferin dieser Untersuchungsobliegenheit nachgekommen sei, da die Verkäuferin sich jedenfalls gem. Art. 40 CISG darauf nicht berufen durfte, insofern sie über die Dioxinverunreinigung des gelieferten Tons nicht in Unkenntnis sein konnte und diesen Umstand der Käuferin auch nicht offenbart habe.[1255]

B. Entschuldigung für unterlassene Anzeige

Die Bestimmung des Art. 44 CISG war eine im ursprünglichen Entwurf nicht vorhandene und den Entwicklungsländern unterbreitete Konzession[1256] – für den

---

1252 *OLG Koblenz* 24.2.2011, Az. 6 U 555/07, CISG-online 2301, IHR 2012, 148–159.

1253 *BGH* 26.09.2012, Az. VIII ZR 100/11, CISG-Online 2348, RIW 2012, 877–881; vgl. hierzu auch die Anm. von *Koch*, IHR 2013, 13–15.

1254 *BGH* 26.09.2012, Az. VIII ZR 100/11, CISG-Online 2348, RIW 2012, 877–881; vgl. hierzu auch die Anm. von *Koch*, IHR 2013, 13–15.

1255 *BGH* 26.09.2012, Az. VIII ZR 100/11, CISG-Online 2348, RIW 2012, 877–881.

1256 *Schlechtriem*, IPRax 1990, 277, 283.

Erhalt des Art. 39 Abs. 2 CISG.[1257] Der Käufer kann auch im Falle einer unterlassenen Rüge der Vertragswidrigkeit der Ware im Sinne des Art. 39 Abs. 1 CISG oder für Rechtsmängel des Art. 43. Abs. 1 CISG *Minderung* oder *Schadensersatz*[1258] verlangen, wenn er eine vernünftige Entschuldigung hierfür hat. Die Ausschlussfrist des Art. 39 Abs. 2 CISG[1259] gilt auch hier, wenn die Parteien nicht im Vorfeld *längere Garantien* abgeschlossen haben.[1260] Der Art. 44 CISG „weiche" zwar die Art. 38 und Art. 39 CISG ein wenig auf, allerdings müsse der Käufer darlegen und beweisen, dass er entschuldigt war.[1261]

Entschuldigt im Sinne des Art. 44 CISG ist ein Verhalten des Käufers, welches nach den Umständen des Einzelfalls *billigerweise* ein bestimmtes Verständnis und eine gewisse Nachsicht verdient. Das ist namentlich dann der Fall, wenn der *Verstoß gegen die Rügepflicht* – insbesondere auch im Hinblick auf *persönliche Umstände* des Käufers – im Ergebnis so leicht wiege, dass er einem Käufer im *redlichen Geschäftsverkehr* üblicherweise nachgesehen werden könne und deshalb billigerweise nicht die schwerwiegendste aller Folgen, einen vollständigen Gewährleistungsausschluss, rechtfertige.[1262]

I. In der Rechtsprechung: BGH 11.01.2006

Der *BGH* hat diesbezüglich in seiner oben bereits erwähnten Entscheidung vom 11.01.2006 zum Erfordernis einer Rüge von Rechtsmängeln im Sinne der Art. 41 und Art. 43 Abs. 1 CISG ebenfalls Zurückhaltung gefordert. Aufgrund des Charakters der Vorschrift als *Ausnahmevorschrift* verbiete sich eine weite Auslegung des Art. 44 CISG.[1263] Der Art. 44 CISG komme auch für den Verstoß aus Art. 43 CISG in Betracht, wenn ein vollständiger Rechteverlust unangemessene Härte bedeuten würde.

1257 Vgl. hierzu *Flechtner*, in: *Ferrari/ Flechtner/ Brand (eds.)*, 377, 378.

1258 Er kann jedoch nicht Nichterfüllung, Vertragsaufhebung oder den entgangenen Gewinn verlangen.

1259 Vgl. Näheres hierzu oben.

1260 *Schlechtriem*, in: *Bucher* (Hrsg.), Die Pflichten des Verkäufers und die Folgen ihrer Verletzung, insbesondere bzgl. der Beschaffenheit der Ware, 103, 126.

1261 *Niggemann*, in: *Hoyer/ Posch*, 91.

1262 *Magnus*, in: *Staudinger*, Art. 44, Rn. 10.

1263 *BGH* 11.01.2006, Az. VIII ZR 268/04, CISG-Online 1200, IHR 2006, 82, 83.

II. In der Rechtsprechung: OLG Saarbrücken 17.01.2007

Auch das *OLG Saarbrücken*[1264] entschied ebenso und forderte, dass es für das Merkmal *„vernünftige Entschuldigung"* nicht auf ein Verschulden im technischen Sinne ankomme, sondern eine allgemeine *Abwägung* nach *Billigkeitsgesichtspunkten* vorzunehmen sei. In dieser Abwägung seien folgende Gesichtspunkte zu berücksichtigen: der Schweregrad des Pflichtverstoßes, die Folgen eines kompletten Gewährleistungsausschlusses, die durch das Fehlen der Anzeige eingetretenen Nachteile für den Verkäufer sowie die Bemühungen des Käufers um ein Erreichen der Rügeanforderungen.[1265] Das *OLG* entschied, dass die Voraussetzungen dieser Ausnahmevorschrift das Landgericht zutreffend bejaht habe. In diesem Fall war das Mitverschulden des Verkäufers an der Entstehung des Schadens *durch die mangelhafte Verpackung* erst durch ein Gutachten ca. zwei Monate nach Lieferung der Ware festgestellt worden. Die Käuferin hatte dann *drei Tage* nach Erhalt dieses Gutachtens ebendieses an die Verkäuferin übermittelt und Ansprüche geltend gemacht. Damit habe sie unverzüglich, nachdem sie Kenntnis hatte, der Verkäuferin den Verpackungsmangel angezeigt. Auch eine frühere Inanspruchnahme *„ins Blaue hinein"* mit dem Risiko, einem Rechtsstreit ausgesetzt zu werden, sei der Käuferin nicht zumutbar gewesen.

Des Weiteren sei der Verkäuferin durch die Bestellung von Ersatzmaterial bereits kurz nach Lieferung der beschädigten Ware die Vertragswidrigkeit bekannt gewesen, auch wenn sie dafür zu diesem Zeitpunkt noch nicht verantwortlich gemacht worden war. Ferner seien der Verkäuferin durch die erst über zwei Monate später erfolgte Inanspruchnahme keine unzumutbaren Nachteile entstanden, da der Schaden unmittelbar nach dem Unfall ordnungsgemäß dokumentiert und begutachtet worden war. Es entspreche damit der Billigkeit, hier von einer hinreichenden Entschuldigung der verspäteten Inanspruchnahme auszugehen.[1266]

C. Ergebnis zu Art. 40 und Art. 44 CISG

Die Beweislast für die Bösgläubigkeit des Verkäufers trifft nach dem Regel-Ausnahme-Prinzip den Käufer. Ist der Verkäufer bösgläubig, so kann er dem Käufer weder eine unterlassene noch eine verspätete Rügeanzeige vorhalten. Der Haftungsmaßstab kann zwischen *etwas mehr als* grober Fahrlässigkeit und *etwas weniger als* Arglist verortet werden.

1264 *OLG Saarbrücken* 17.01.2007, Az. 5 U 426/06, CISG-Online 1642, IHR 2008, 55–60.
1265 *OLG Saarbrücken* 17.01.2007, Az. 5 U 426/06, CISG-Online 1642, IHR 2008, 55–60.
1266 *OLG Saarbrücken* 17.01.2007, Az. 5 U 426/06, CISG-Online 1642, IHR 2008, 55–60.

Darüber hinaus besteht für den Käufer die Möglichkeit, sich gem. Art. 44 CISG für eine nicht ordnungsgemäße Rügeanzeige zu entschuldigen. Hierbei ist zu beachten, dass anders als bei Bösgläubigkeit des Verkäufers ihm hier nur die Möglichkeit eines beschränkten Schadensersatzes bleibt. Den entgangenen Gewinn kann der entschuldigte Käufer nämlich nicht geltend machen.

6. Kapitel: Schlussbetrachtung und Ausblick

Gegenstand moderner internationaler Kaufverträge bilden Waren – Industrie- wie Konsumgüter – welche angesichts des technologischen Fortschritts einiges an Komplexität in die Materie Kaufrecht einbringen. Oft sind Mängel an der Ware für den Käufer nicht direkt bei Gefahrübergang erkennbar. Industriell gefertigte Produkte, welche zumeist in großer Stückzahl produziert werden und die in einem rasanten Tempo verwertet werden, machen es dem Käufer nicht immer leicht im Kreislauf täglicher Rotation, die Ware genauestens auf die Vertragswidrigkeit zu überprüfen und diese ad hoc zu erkennen.

Im Mittelpunkt der juristischen Analyse des Art. 38 CISG stand die Frage, welche Anforderungen an die Untersuchung des Art. 38 CISG und Anzeige des Art. 39 CISG zu stellen sind. Um den Interessen des Käufers und Verkäufers Rechnung zu tragen, wurde zwar konkret nach dem Inhalt der bestehenden rechtlichen Normen gefragt und hierbei eine Analyse des Ist-Zustandes in der Literatur und Rechtsprechung durchgeführt.

Aus der ökonomischen Analyse, was vernünftigerweise unter dem Gesichtspunkt ökonomischer Effektivitätsgründe von einem Käufer noch an Prüfung verlangt werden kann, wurde deutlich, dass es durchaus gute Argumente für eine Bewertung der Materie unter den Aspekten der ökonomischen Theorie des Rechts geben kann. Hier stand im Rahmen des Art. 38 die Frage im Vordergrund, ob sich durch die Auferlegung einer Untersuchungsobliegenheit an den internationalen Käufer die Transaktionskosten von internationalen wirtschaftlichen Austauschverträgen senken lassen und wenn dies der Fall sei, ob dann der Käufer für die Erfüllung dieser Aufgabe ökonomisch der am besten geeignete Akteur am Markt sei.

Es konnte dargelegt werden, dass es durchaus gute ökonomische Argumente für eine derartige Aufteilung geben kann. Aus juristischer wie ökonomischer Analyse ist eine starre Frist aufgrund der Heterogenität der Waren äußerst problematisch. Denn hierdurch müssten die Vertragsparteien im schlimmsten Fall bei einigen Waren hohe Produktpreise verlangen, bei denen die Parteien selbst die Produktsteigerung als solche nicht so hoch bewertet hätten. Für die Käufer, welche nicht bereit sind, solche Preise zu zahlen, wird die Teilnahme am Markt im schlimmsten Falle sehr teuer. Der Markt würde verfälscht werden und durch eine derartig starre Frist für die Untersuchungs- und Rügeobliegenheiten keine Transaktionsmöglichkeiten mehr anbieten. Aus ökonomischer Sicht würde man der Vielfalt der Waren und der Käuferinteressen dann gerecht werden, wenn man keine starre Fristen, sondern an die Warengruppen angepasste Untersuchungsfristen annehmen würde.

7. Kapitel: Zusammenfassung der Ergebnisse

1. Kapitel

Im ersten Kapitel wurde dargestellt, welcher konkreten Systematik die Art. 38 und Art. 39 CISG im Gesamtkontext des UN-Kaufrechts folgen. Für die Bestimmung der autonom auszulegenden Begrifflichkeit Obliegenheit sollte zwischen den Pflichten des Verkäufers und den Pflichten des Käufers differenziert werden. Art. 38 und Art. 39 CISG stellen wohl Obliegenheiten des Käufers dar. Um eine mögliche Auslegungsdivergenz zu verhindern und zur Fortbildung des Einheitsrechts und Sicherung einheitlicher Rechtsprechung sollte die an internationalen Maßstäben orientierte autonome Auslegungsmethode vorgezogen werden.

2. Kapitel

Im zweiten Kapitel wurde die Reichweite des Rügetatbestandes der Art. 38 und Art. 39 CISG erläutert. Der Rügetatbestand besteht neben dem ausdrücklich erwähnten Maßstab und der Differenzierung des Art. 35 CISG auch für die *sonstigen* Rügen. Bereits hier wird deutlich, dass eine Kategorisierung der Waren, wie sie im Verlauf der Arbeit vorgenommen wurde, sinnvoll ist. Hierdurch wird nicht nur die Rechtssicherheit allgemein gestärkt, sondern die Einzelfallgerechtigkeit durch differenzierende Regelung für die jeweilige Kategorie gefördert.

3. Kapitel und 4. Kapitel

Im Rahmen des dritten und vierten Teiles der Arbeit wurde deutlich, dass die Auslegung der Art. 38 und 39 CISG eine besondere systematische Bedeutung im CISG hat. Die Funktion der Auslegung dieser unbestimmten Rechtsbegriffe ist die wissenschaftliche Vorbereitung einer Gerichtsentscheidung sowie deren Kritik und Einordnung in das bestehende dogmatische System.

Rechtssicherheit soll durch Kategorisierung z. B. der Warengruppen in der Rechtsprechung oder Förderung der Einzelfallgerechtigkeit durch differenzierende Regeln geschaffen werden. Es ist hierbei nicht zu befürchten, dass es zu einer Zunahme der unbestimmten Rechtsbegriffe kommen könnte.

Um seine Gewährleistungsrechte zu erhalten, sollte die Rüge des Käufers den im dritten und vierten Kapitel zusammengefassten zeitlichen und inhaltlichen Anforderungen gerecht werden. Die analysierte deutschsprachige Rechtsprechung zeigt eine Tendenz zu der einzelfallorientierten Auslegung der unbestimmten Rechtsbegriffe der Art. 38 und Art. 39 CISG an.

Im Einklang mit der internationalen Rechtsprechung sollten jedoch sowohl die Untersuchung als solche als auch die Frist für die Untersuchung an bereits bekannte Kriterien, wie z. B. *der charakteristischen Art der Ware* –insbesondere orientiert an ihrer Verderblichkeit, der Komplexität ihrer Zusammensetzung, ihrem Charakter als Saisonware – den *Kriterien zum Umfang der Ware*, sowie den *Kriterien zur Person des Käufers* – orientiert an der *Größe des Unternehmens des Käufers* – sowie den Kriterien zu Gegebenheiten am Ort der Untersuchung, angeknüpft werden.

Dabei sind sowohl objektive wie subjektive Umstände des konkreten Falles zu berücksichtigen. Anders bedarf es für die Frist des Art. 39 CISG nicht einer solchen Anknüpfung. Es wurde aus den o. g. Ausführungen deutlich, dass es durchaus gute ökonomische Argumente für eine solche Aufteilung geben kann. So kann als ein Ergebnis der ökonomischen Analyse des Art. 38 CISG festgehalten werden, dass zwar durch die ökonomische Wirkungsweise des CISG den Parteien in erheblichem Maß Transaktionskosten in Form von tatsächlich anfallenden Verhandlungskosten erspart bleiben können. Dieses jedoch nicht auf sämtliche Fälle spezifischer Verträge zutrifft.

Konkret heißt das: Es werden zwar Transaktionskosten gespart, da die Regelungen zwischen den Vertragsparteien nicht erneut ausformuliert werden müssen, d. h. also, dass der finanzielle Aufwand für die Parteien, sich in mehrere unterschiedliche Rechtsordnungen einzuarbeiten, erspart bleibt. Jedoch sind sie für bestimmte Einzelfälle nicht effizient genug, der alternative Einsatz der Ressourcen würde also zu einem anderen Ergebnis führen. So sind die Argumentationsfiguren *cheapest cost avoider* und *cheapest insurer* für die Risikozuordnung im vollständigen Vertrag eine hilfreiche Stütze, um infrage kommende *Untersuchungsrisiken* im Einzelfall effizienter unter den Vertragsparteien zu verteilen und es so bereits im Vorfeld nicht zu einer Verschwendung knapper Ressourcen kommen zu lassen. Es sprechen gute Gründe dafür, unter bestimmten Voraussetzungen dem Verkäufer das Risiko zuteilwerden zu lassen (im Sinne einer effizienten Risikominimierung). Der Aufwand, der dem Verkäufer in diesen Fällen durch die Übernahme des Risikos entsteht und vom Käufer als Teil des Kaufpreises bezahlt werden würde, kann geringer ausfallen als der Aufwand des Käufers. Auch die Zielsetzung der Norm gibt eine Untersuchungsweise vor, die vom Käufer nur solche Maßnahmen verlangt, die für ihn weniger Aufwand begründen als für den Verkäufer. So lässt sich in der Tat im Hinblick auf die quantitativen Minderlieferung darstellen, dass der Verkäufer auf jeden Fall der *cheapest cost avoider* ist, indem er z. B. durch effiziente Organisationsstrukturen seiner Lager viel kostengünstiger in der Lage ist, die richtige Menge zu liefern, als der Käufer hierfür Sorge tragen könnte.

5. Kapitel
Im Rahmen des fünften Teils wurden die sog. „safety-valves“ des Käufers untersucht. Hierbei ergab sich, dass der Art. 44 CISG die Art. 38 und Art. 39 CISG zwar *aufweiche*, allerdings den Käufer auch vor schwierige beweisrechtliche Fragen stellen kann. Denn dieser trägt die Beweislast dafür, dass er entschuldigt war. Verwiesen wird auf die Rechtsprechung in diesem Zusammenhang.

6. Kapitel
Im letzten Teil der Arbeit wurden die Ergebnisse zusammenfassend dargestellt. Ein Ausblick auf die Zukunft der Untersuchungs- und Rügeobliegenheiten deutet auf eine flexible Fristenregelung hin, um so den heutigen Produktionsmechanismen und Produktkategorien gerecht zu werden und eine effiziente Handhabe für Käufer und Verkäufer gewährleisten zu können.

Literaturverzeichnis

I. Abhandlungen und Monografien

United Nations Conference on Contracts for the International Sale of Goods, Vienna, 10. March–11. April 1980, Official Records (O. R.), Documents of the Conference and Summary Records of the Plenary Meetings and of the Meetings of the Main Committees, zitiert: O. R., S. Nr.

2012 UNCITRAL Digest of Case Law on the United Nations Convention on Contracts for the International Sale of Goods, 2012 Edition im Internet abrufbar unter: http://www.uncitral.org/pdf/english/clout/CISG-digest-2012-e.pdf (zuletzt abgerufen am 02.09.2013), zitiert: UNCITRAL Digest of Case Law (2012), Art., Bem.

2008 UNCITRAL Digest of case law on the United Nations Convention on the International Sale of Goods im Internet abrufbar unter: http://www.uncitral.org/pdf/english/clout/08-51939_Ebook.pdf (zuletzt abgerufen am 02.9.2013, zitiert: UNCITRAL Digest of Case Law (2008), Art., Bem.

Commentary on the Draft Convention on Contracts for the International Sale of Goods prepared by the Secretariat („Secretariat Commentary") / UN DOC. A/CONF. 97/5, Official Records im Internet abrufbar unter: http://www.globalsaleslaw.org/index.cfm?pageID=644 (zuletzt abgerufen am 26.10.2013), zitiert: *Secr. Comm.*, Art., No.

CISG-Advisory Council Opinion No. 1, Electronic Communication under CISG, 15 August 2003, Rapporteur: Prof. *Christina Ramberg*, Gothenburg, Schweden, zitiert: CISG-Advisory Council, in: CISG-AC Opinion No. 1, Art. 39

CISG-Advisory Council Opinion No. 2, Examination of the Goods and Notice of Non-Conformity: Articles 38 and 39, 7 June 2004, Rapporteur: Prof. *Eric E. Bergsten*, Emeritus, Pace University School of Law, New York, IHR 2004, 163–164, zitiert: CISG-Advisory Council, in: CISG-AC Opinion No. 2, Art. 39, Bem. 2, IHR 2004, S.

CISG-Advisory Council Declaration No. 1, The CISG and Regional Harmonization, Rapporteur: Professor Michael Bridge, London School of Economics, London, United Kingdom. Adopted by the CISG-AC following its 16th meeting, in Wellington, New Zealand, on Friday, 3 August 2012, IHR 2013, 12–13, zitiert: CISG-Advisory Council Declaration No. 1, IHR 2013, S.

van Aaken, Anne Sophia-Marie Vom Nutzen der ökonomischen Theorie des Rechts für die Rechtsvergleichung, in: Jahrbuch Junger Zivilrechtswissenschaftler, (2000), 127–149, zitiert: *v. Aaken*, S.

Akerlof, George Arthur The Market for „Lemons“: Quality Uncertainty and the Market Mechanism, in: The Quarterly Journal of Economics, Vol. 84, Issue 3 (Aug. 1970), 488–500, zitiert: *Akerlof*, The Quarterly Journal of Economics Vol. 84, Issue 3 (1970), S.

Andersen, Camilla Baasch Noblesse Oblige …? Revisiting the „Noble Month“ and the Expectations and Accomplishments it has prompted, in: FS *Ingeborg Schwenzer*, 2011, 33–49, zitiert: *Andersen*, FS *Ingeborg Schwenzer* (2011), S.

Andersen, Camilla Baasch Exceptions to the Notification Rule – Are They Uniformly Interpreted?, 9 Vindobona Journal of International Commercial Law & Arbitration (2005), 17–42, zitiert: *Andersen*, in: V. J. o. I. C. L. & A. 2005, S.

Andersen, Camilla Baasch Reasonable Time in Article 39 (1) of the CISG – Is Article 39 (1) Truly a Uniform Provision?, Pace Int. L. Rev. 1999, 63–170 im Internet abrufbar unter: http://www.cisg.law.pace.edu/cisg/biblio/andersen.html (zuletzt abgerufen am 26.11.2013), zitiert: *Andersen*, Abschnitt:

Andersen, Camilla Baasch Comparative analysis between the provisions of the CISG regarding notice requirements (Arts. 39 & 26) and the counterpart provisions of the UNIDROIT Principles and PELC, in: *Felemegas, John* (ed.), An International Approach to the Interpretation of the United Nations Convention on Contracts for the International Sale of Goods (1980) as Uniform Sales Law (2007), 133–138., zitiert: *Andersen,* in: *Felemegas* (ed.), S.

Andersen, Camilla Baasch From Resource of Law to Source of Law: The Internet as a Source of Law in Unifying the Jurisprudence of the CISG, 2004 (3) The Journal of Information, Law and Technology (J.I.L.T.), im Internet abrufbar unter: http://www2.warwick.ac.uk/fac/soc/law/elj/jilt/2004_3/andersen/ (zuletzt abgerufen am 22.11.2013), zitiert: *Andersen*, J.I.L.T. 2004 (3)

Assmann, Heinz-Dieter; Kirchner, Christian; Schanze, Erich (Hrsg.) Ökonomische Analyse des Rechts, 1993, zitiert: *Autor,* in: *Assmann/ Kirchner/ Schanze,* S.

Aue, Joachim Mängelgewährleistung im UN-Kaufrecht unter besonderer Berücksichtigung stillschweigender Zusicherungen, 1989, zitiert: *Aue,* S.

Bach, Ivo Neuere Rechtsprechung zum UN-Kaufrecht, in: Praxis des Internationalen Privat- und Verfahrensrechts (IPRax), 2009, 299–306, zitiert: *Bach*, in: IPRax, 2009, S.

Bälz, Moritz Japans später Beitritt zum UN-Kaufrecht, RabelsZ 73 (2009), 683–702, zitiert: *Bälz,* RabelsZ 73 (2009), S.

Bell, Gary F. Taking the Languages of the CISG Seriously, in: FS *Ingeborg Schwenzer,* 2011, 143–157, zitiert: *Bell*, FS *Ingeborg Schwenzer* (2011), S.

Benedick, Gilles Die Informationspflichten im UN-Kaufrecht (CISG) und ihre Verletzung, Unter Berücksichtigung des Zusammenspiels mit dem nationalen schweizerischen Recht, zitiert: *Benedick*, S.

Benicke, Christoph Rügeobliegenheit und Beweislast für Vertragswidrigkeit im UN-Kaufrecht, in: *Gropp, Walter; Lipp, Martin; Steiger, Heinhard* (Hrsg.): Rechtswissenschaft im Wandel – Festschrift des Fachbereichs Rechtswissenschaft zum 400jährigen Gründungsjubiläum der Justus-Liebig-Universität Gießen, 2007, 373–394, zitiert: *Benicke,* FS Gründungsjubiläum der Justus-Liebig-Universität Gießen, (2007), S.

Boele-Woelki, Katharina The Limitation of Actions in the International Sales of Goods, Uniform Law Review (U.L.R.) 1999, issue 3, 621–650, zitiert: *Boele-Woelki,* U.L.R. 1999, issue 3, S.

Bonell, Michael Joachim International Uniform Law in Practice - Or Where the Real Trouble Begins, 38 American Journal of Comparative Law (1990), 865–888, im Internet abrufbar unter: http://www.cisg.law.pace.edu/cisg/biblio/bonell2.html (zuletzt abgerufen am 27.11.2013), zitiert: *Bonell,* 38 Am. J. Com. L. (1990), S.

Bonell, Michael Joachim The UNIDROIT Principles of International Commercial Contracts and the Principles of European Contract Law: Similar Rules for the Same Purposes? 26 Uniform Law Review (1996), 229–246 im Internet abrufbar unter: http://www.cisg.law.pace.edu/cisg/biblio/bonell96.html#ii (zuletzt abgerufen am 30.11.2013), zitiert: *Bonell,* 26 Uniform Law Review (1996), S.

Bess, J. Das Übereinkommen über die Verjährungsfrist beim internationalen Kauf und die Ausschlussfrist des Art. 39 und 49 EKG, RIW 1975, 130–134, zitiert: *Bess,* RIW 1975, S.

Brödermann, Eckart The practice of excluding the CISG: time for change? Comment on the limited use of the CISG in private practice (and why this will increasingly change); nur online abrufbar unter: http://www.uncitral.org/pdf/english/congress/Broedermann-rev.pdf (zuletzt abgerufen am 22.10.2013), zitiert: *Brödermann*, The practice of excluding the CISG: time for change?

Bucher, Eugen (Hrsg.) Wiener Kaufrecht, Der schweizerische Außenhandel unter dem UN-Übereinkommen über den internationalen Warenkauf, Berner Tage für die juristische Praxis 1990, Bern 1991, zitiert: *Autor*, in: *Bucher*, Titel des Aufsatzes, S. (*Schlechtriem,* in: *Bucher* (Hrsg.), Die Pflichten des Verkäufers und die Folgen ihrer Verletzung, insbesondere bzgl. der Beschaffenheit der Ware, 103–142).

Bydlinski, Franz Juristische Methodenlehre und Rechtsbegriff, Aufl. 2, 1982, zitiert: *Bydlinski*, Juristische Methodenlehre und Rechtsbegriff, S.

Calabresi, Guido Some thoughts on the risk distribution and the law of tort, The Yale Law Journal Vol. 70 (March 1961), 499–553, im Internet abrufbar unter: http://digitalcommons.law.yale.edu/cgi/viewcontent.cgi?article=3035&context=fss_papers (zuletzt abgerufen am: 28.08.2013), zitiert: *Calabresi*, in: Yale L. J. 70 (1961), S.

Calabresi, Guido The Cost of Accidents, a Legal and Economic Analysis, 1970, zitiert: *Calabresi*, the Costs of Accidents, S.

Coase, Ronald Harry The Nature of the Firm, Economica, New Series, Vol. 4, No. 16. (1937), 386–405, *zitiert: Coase*, The Nature of the Firm, in: Economica, New Series, Vol. 4, No. 16. (1937), S.

Coase, Ronald Harry The problem of Social Cost, J. of. Law and Economics 3 (1960), 1–44 (übersetzte Fassung, in: *Assmann/ Kirchner/ Schanze*, 129–183), *zitiert: Coase*, The problem of Social Cost, in: J. of. Law and Economics 3 (1960), S. (übersetzte Fassung, in: *Assmann/ Kirchner/ Schanze*, S.)

Coase, Ronald Harry The Firm, The Market and The Law, (1988), zitiert: *Coase*, The Firm, The Market and The Law, S.

Cuniberti, Gilles Ist the CISG Benefiting Anybody?, 39 Vanderbilt Journal of Transnational Law (2006), 1511–1550, zitiert: *Cuniberti*, 39 Vand. J. Transnat'l L. (2006), S.

Cooter, Robert; Ulen, Thomas Law and Economics, 5. Aufl., 2008, zitiert: *Cooter/ Ulen*, S.

De Lukowicz, Daniela Divergenzen in der Rechtsprechung zum CISG: Auf dem Weg zu einer einheitlichen Auslegung und Anwendung?, 2001, zitiert: *De Lukowicz*, S.

Diedrich, Frank Lückenfüllung im Internationalen Einheitsrecht, Möglichkeiten und Grenzen richterlicher Rechtsfortbildung im Wiener Kaufrecht, RIW 1995, 354–364, zitiert: *Diedrich*, RIW 1995, S.

Diedrich, Frank Autonome Auslegung von Internationalem Einheitsrecht, Computersoftware im Wiener Kaufrecht, 1994, zitiert: *Diedrich*, S.

DiMatteo, Larry A.; Dhooge, Lucien J.; Greene, Stephanie; Maurer, Virginia G.; Pagnattaro, Marisa Anne International Sales Law: A Critical Analysis of CISG Jurisprudence, 2005, zitiert: *DiMatteo/ Dhooge/ Greene/ Pagnattaro*, S.

DiMatteo, Larry A.; Dhooge, Lucien J.; Greene, Stephanie; Maurer, Virginia G.; Pagnattaro, Marisa Anne The Interpretive Turn in International Sales Law: An Analysis of Fifteen Years of CISG Jurisprudence, Northwestern Journal of International Law and Business (Winter 2004), 299–440, zitiert: *DiMatteo/ Dhooge/ Greene/ Pagnattaro*, Northwestern Journal of International Law and Business (Winter 2004), S.

Drobnig, Ulrich Rechtsvergleichung in der deutschen Rechtsprechung, RabelsZ 50 (1986), 611–630, zitiert: *Drobnig*, RabelsZ 50 (1986), S.

Eidenmüller, Horst Effizienz als Rechtsprinzip: Möglichkeiten und Grenzen der ökonomischen Analyse des Rechts, 1995, zitiert: *Eidenmüller*, 1995, S.

Eger, Thomas; Schäfer, Hans-Bernd (Hrsg.) Ökonomische Analyse der europäischen Zivilrechtsentwicklung, 2006, zitiert: *Bearbeiter*, in: *Eger/ Schäfer*, Titel des Aufsatzes, S.

Eger, Thomas Einige ökonomische Aspekte der Europäischen Verbrauchsgüterkaufrichtlinie und ihrer Umsetzung in deutsches Recht, in: *Hans-Bernd Schäfer, Hans-Jürgen Lwowski* (Hrsg.): Konsequenzen wirtschaftsrechtlicher Normen, Festschrift für *Claus Ott* zum 65. Geburtstag, 2002, 183–212, zitiert: *Eger*, FS *Claus Ott* (2002), S.

Escher, Alfred UN-Kaufrecht: Stillschweigender Verzicht auf Einwand einer verspäteten Mängelrüge? Zugleich eine Anm. zu *BGH* 25.11.1998, Az. VIII ZR 259/97, CISG-Online 353, NJW 1999, 1259–1261, RIW 1999, 495–502, zitiert: *Escher*, RIW 1999, S.

Feldmann, Allan M./ Kim, Jeonghyun The Hand Rule and United States v. Carroll Towing Co. Reconsidered, Brown University Department of Economics, Working Paper No. 2002-27, nur online abrufbar unter: http://papers.ssrn.com/sol3/papers.cfm?abstract_id=364102 (zuletzt abgerufen am 23.08.2013), zitiert: *Feldmann/ Kim*, the Hand Rule, nur online abrufbar.

Ferrari, Franco Die Rügeobliegenheit bei Vertragswidrigkeit nach Art. 39 CISG, ZSR 2006, 533–562, zitiert: *Ferrari*, ZSR 2006, S.

Ferrari, Franco Internationales Kaufrecht einheitlich ausgelegt, Anm. anlässlich eines italienischen Urteils (Trib. Vigevano, 12.7.2000, IHR 2001, 72–78), IHR 2001, 56–60, zitiert: *Ferrari*, IHR 2001, S.

Ferrari, Franco Italienische CISG-Rechtsprechung – Eine Übersicht, IHR 2001, 179–186, zitiert: *Ferrari*, IHR 2001, S.

Ferrari, Franco *Tribunale di Vigevano*: Specific Aspects of the CISG, Uniformly Dealt With, Journal of Law and Commerce (Spring 2001), 225–239, zitiert: *Ferrari*, Journal of Law and Commerce (Spring 2001), S.

Ferrari, Franco The CISG's Interpretative Goals, Is Interpretative Method and Is General Principles in Case Law (Part I), IHR 2013, 137–155, zitiert: *Ferrari*, IHR 2013, S.

Ferrari, Franco The Relationship between the UCC and the CISG and the Construction of Uniform Law, 29 Loyola of Los Angeles Law Review (Loy.L.A.Rev.) (1996), 1021–1034, im Internet abrufbar unter: http://digitalcommons.lmu.edu/llr/vol29/iss3/4/ (zuletzt abgerufen am 28.10.2013), zitiert: *Ferrari*, Loy. L.A. Rev. (1996), S.

Ferrari, Franco Divergences in the application of the CISG's rules on non-conformity of Goods, RabelsZ 68 (2004), 437–494, zitiert: *Ferrari*, RabelsZ 68 (2004), S.

Ferrari, Franco; Flechtner, Harry M.; Brand, Ronald A. (eds.) The Draft UNCITRAL Digest and Beyond: Cases, Analysis and Unresolved Issues in the U.N. Sales Convention, 2006, zitiert: *Bearbeiter*, in: *Ferrari/ Flechtner/ Brand (eds.)*, S. *(Flechtner, Harry M.*, Buyer's obligation to give notice of lack of conformity, Articles 38, 39, 40 and 44, 377–391, zitiert: *Flechtner*, in: *Ferrari/ Flechtner/ Brand*, S.) *(Walter, Mark S.*, Revisiting the north-south debate in light of the draft, 408–423, zitiert: *Walter*, in: *Ferrari/ Flechtner/ Brand*, S.)

Ferrari, Franco Specific Topics of the CISG in the Light of Judicial Application and Scholarly Writing, 15 Journal of Law and Commerce (1995), 1–126, im Internet abrufbar unter: http://www.cisg.law.pace.edu/cisg/biblio/2ferrari.html, zitiert: *Ferrari*, 15 J.L.Com. (1995), S.

Fezer, Karl-Heinz Aspekte einer Rechtskritik an der economic analysis of Law und am property rights approach, JZ 1986, 817–824, zitiert: *Fezer*, JZ 1986, S.

Fezer, Karl-Heinz Nochmals: Kritik an der ökonomischen Analyse des Rechts, JZ 1988, 223–228, zitiert: *Fezer*, JZ 1988, S.

Fišer-Šobot, Sandra Duty to Examine the Goods in International Law of Sales, Belgrade Law Review (2011), no. 3, 196–210 im Internet abrufbar unter: http://www.cisg.law.pace.edu/cisg/biblio/fiser-sobot.html (zuletzt abgerufen am 1.11.2013), zitiert: *Fišer-Šobot*, Belgrade L. Rev. 2011, no. 3, S.

Flechtner, Harry M. The U.S. Experience with the UCC and the CISG: Some Insights for the Proposed CESL, in: *Magnus* (ed.), CISG vs. Regional Sales Law Unification, With Focus on the New Common European Sales Law, 2012, 5–24, zitiert: *Flechtner*, in: *Magnus* (ed.), S.

Flechtner, Harry M. Moving Through Tradition Towards Universalism under the U.N. Sales Convention (CISG): Notice of Lack of Conformity (Article 39) and Burden of Proof in the Bundesgerichtshof Opinion of 30 June 2004, in: Liber Memorialis *Petar Šarčević*, Universalism, Tradition and the Individiual, 2006, 457–470., zitiert: *Flechtner*, in: Liber Memorialis *Petar Šarčević*, (2006), S.

Flechtner, Harry M. Funky Sollteels, a Stolen Car, and Decrepit Used Schoes: Non-Conforming Goods and Notice Thereof under the United Nations Sales Convention, Boston University International Law Journal 2008, (Vol. 26), 1–28, zitiert: *Flechtner*, 28 B.U.I.L.J. (2008), S.

Flessner, Axel; Kader, Thomas CISG? Zur Suche nach einer Abkürzung für das Wiener Übereinkommen über Verträge über den internationalen Warenkauf, in: Zeitschrift für europäisches Privatrecht 1995, 347–350, zitiert: *Flessner/ Kader*, ZeuP 1995, S.

Fogt, Morten M. Rechtzeitige Rüge und Vertragsaufhebung bei Waren mit raschem Wertverlust nach UN-Kaufrecht, Anm. zu *Dänischen Vestre Lansret* 10.11.1999, Az. B 2919-98, unveröffentlicht, ZEuP 2002, 580–596, zitiert: *Fogt*, ZEuP 2002, S.

Freiburg, Nina Die Rügeobliegenheit des Käufers bei grenzüberschreitendem Warenverkehr, IHR 2005, 56–64, zitiert: *Freiburg*, IHR 2005, S.

Gaus, Werner Anm. und Entscheidungsbesprechung zu *LG Frankfurt a. M.* 13.7.1994, Az. 3/13 O 3/94: Anforderung an Mängelrüge nach UN-Kaufrecht, WiB 2/ 1995, 82–84, zitiert: *Gaus*, WiB 1995, S.

Gaus, Werner Anm. zu *BGH* 25.06.1997, Az. VIII ZR 300/96, (CISG-Online 277, NJW 1997, 3311–3313, RIW 1997, 1037–1039.), WiB 24/1997, 1315, zitiert: *Gaus*, WiB 1997, S.

Garro, Alejandro M. The Buyer's „Safety Velve" under Article 40: What is the Seller Supposed to know and when?, 25 Journal of Law and Commerce (2005–06), 253–260, zitiert: *Garro*, 25 J. L. & Com. (2005–06), S.

Gerny, Michael Georg Untersuchungs- und Rügepflichten beim Kauf nach schweizerischem, französischem und US-amerikanischem Recht sowie nach CISG, 1999, zitiert: *Gerny*, S.

Girsberger, Daniel The Time Limits of Article 39 CISG, 25 Journal of Law and Commerce (2005–06), 241–251, im Internet abrufbar unter: http://www.cisg.law.pace.edu/cisg/biblio/girsberger.html (zuletzt abgerufen am 28.10.2013), zitiert: *Girsberger*, 25 J. L. & Com. (2005/06), S.

Grundmann, Stefan Methodenpluralismus als Aufgabe, Zur Legalität von ökonomischen und rechtlichen Argumenten in Auslegung und Rechtsprechung, RabelsZ 61 (1997), 423–453, zitiert: *Grundmann*, RabelsZ 61 (1997), S.

Günther, Klaus Rügeerfordernisse im internationalen Handelsverkehr gemäß Art. 39 CISG, in: *Theodor Baums*, *Klaus J. Hopt* und *Norbert Horn* (Hrsg.), Corporations, Capital Markets and Business in the Law: Liber Amicorum *Richard M. Buxbaum*, 2000, 235–251, zitiert: *Günther*, Liber Amicorum *Richard M. Buxbaum*, (2000), S.

Heckmann, Horst Anm. zu *OLG Karlsruhe* 06.03.2003, Az. 12 U 179/02, (CISG-Online 812, IHR 2003, 226–227), IHR 2003, 227–228, zitiert: *Heckmann*, Anm. zu *OLG Karlsruhe* 06.03.2003, Az. 12 U 179/02, (CISG-Online 812, IHR 2003, 226–227), IHR 2003, S.

Heilmann, Jan Mängelgewährleistung im UN-Kaufrecht: Voraussetzungen und Rechtsfolgen im Vergleich zum deutschen internen Kaufrecht und zu den Haager Einheitlichen Kaufgesetzen, 1994, zitiert: *Heilmann*, S.

Herber, Rolf Internationales Handelsrecht – ein für die Praxis wichtiges, doch für sie bisher wenig erschlossenes Rechtsgebiet, TranspR-IHR 1999, 1–6, zitiert: *Herber*, TranspR-IHR 1999, S.

Herber, Rolf Anm. zu *OLG Thüringen* 26.05.1998, Az. 8 U 1667/97, (CISG-Online 513, TranspR-IHR 2000, 25–29), TranspR-IHR 2000, 29–30, zitiert: *Herber*, TranspR-IHR 2000, S.

Hohloch, Gerhard „Bio"-Konformität unter UN-Kaufrecht – Ökologischer Landbau, Anm. zu *OLG München* 13.11.2002, Az. 27 U 346/02, CISG-Online 786, NJW-RR 2003, 849–850, in: JuS 2003, 1134–1135, zitiert: *Hohloch*, JuS 2003, S.

Hohloch, Gerhard Entscheidungsbesprechung *BGH* 08.03.1995, Az. VIII ZR 159/94, CISG-Online 144, BGHZ 129, 75–86, RIW 1995, 595–597, IPRax 1996, 29–31, in: JuS 1996, 175–176, *zitiert: Hohloch*, JuS 1996, S.

Horn, Norbert Zur ökonomischen Rationalität des Privatrechts – Die privatrechtstheoretische Verwertbarkeit der „Economic Analysis of Law", in: Archiv für die civilistische Praxis (AcP), Zeitschriftenband 176 (1976), 307–333, zitiert: *Horn,* AcP, 1976, S.

Hoyer, Hans; Posch, Willibald Das Einheitliche Wiener Kaufrecht, Neues Recht für den internationalen Warenkauf, 1992, zitiert: *Autor*, in: *Hoyer/ Posch*, S.

Huber, Ulrich Der UNCITRAL-Entwurf eines Übereinkommens über Internationale Warenkaufverträge, RabelsZ 43 (1979), 413–526, zitiert: *Huber*, RabelsZ 43 (1979), S.

Huber, Ulrich Anmerkung zu *OGH Wien*, 19.12.2007, (Az. 9 Ob 75/07f, CISG-Online 1628, IHR 2008, 106–108), IPRax 2009, 89–90, zitiert: *Huber,* IPRax 2009, S.

Huber, Ulrich Anmerkung zu *OGH Wien,* 27.02.2003, (Az. 2 Ob 48/02a, CISG-Online 794, IHR 2004, 25–28), IPRax 2004, 358–367, zitiert: *Huber,* IPRax 2004, S.

Janson, Gunnar Ökonomische Theorie im Recht, Anwendbarkeit und Erkenntniswert im allgemeinen und am Beispiel des Arbeitsrechts, 2007, zitiert: *Janson,* S.

Janssen, André Die Untersuchungs- und Rügepflichten im deutschen, niederländischen und internationalen Kaufrecht - Eine rechtsvergleichende Darstellung der Gemeinsamkeiten und Unterschiede, 2001, zitiert: *Janssen,* S.

Janssen, André Das Verhältnis rationaler Verjährungsvorschriften zur Ausschlussfrist des Art. 39 Abs. 2 CISG in der Schweiz, IPRax 2003, 369–372, zitiert: *Janssen,* IPRax 2003, S.

Janssen, André; Meyer, Olaf (eds.) CISG Methodology, 2009, zitiert: *Autor*, in: *Janssen/ Meyer*, S.

Karollus, Martin UN-Kaufrecht, Eine Systematische Darstellung für Studium und Praxis, 1991, zitiert: *Karollus,* S.

Karollus, Martin Judicial Interpretation and Application of the CISG in Germany 1988–1994, Cornell Review of the Convention on Contracts for the International Sale of Goods (1995), 51–94, im Internet abrufbar unter: http://www.cisg.law.pace.edu/cisg/biblio/karollus.html#i (zuletzt abgerufen am 22.11.2013), zitiert: *Karollus*, in: Cornell Review, S.

Kiene, Sörren Claas Vertragsaufhebung und Rücktritt des Käufers im UN-Kaufrecht und BGB, 2010, zitiert: *Kiene,* S.

Kindler, Peter Sachmängelhaftung, Aufrechnung und Zinssatzbemessung: Typische Fragen des UN-Kaufrechts in der gerichtlichen Praxis (Anm. zu *LG München* I 20.03.1995, Az. HKO 23750/94, IPRax 1996, S. 16–22), zitiert: *Kindler,* IPRax 1996, S.

Kirchgässner, Gerhard Führt der homo oeconomicus das Recht in die Irre?, JZ 1991, 104–111, zitiert: *Kirchgässner,* JZ 1991, S.

Kirchner, Christian Gemeinwohl aus institutionenökonomischer Perspektive, in: *Schuppert, Gunnar Folke; Neidhardt, Friedhelm,* (Hrsg.), Gemeinwohl – Auf der Suche nach Substanz, 2002, 157–177, zitiert: *Kirchner,* in: *Schuppert/ Neidhardt,* S.

Kirchner, Christian The Difficult Reception of Law and Economics in Germany, International Review of Law and Economics (1991), 11, 277–292, zitiert: *Kirchner,* Internat. Rev. of L. & Econ. (1991), S.

Kirchner, Christian Zur Konsequentialistischen Interpretationsmethode, Der Beitrag der Rechtswissenschaft zur Reziproken Methodischen Annährung von Ökonomik und Rechtswissenschaft, in: *Thomas Eger, Jochen Bigus, Claus Ott, Georg von Wangenheim* (Eds.), Internationalisierung des Rechts und seine ökonomische Analyse, Internationalization of the Law and it's Economic Analysis, Festschrift für *Hans-Bernd Schäfer* zum 65. Geburtstag, 2008, 37–50, zitiert: *Kirchner,* FS *Hans-Bernd Schäfer* (2008), S.

Kirchner, Christian Ökonomische Theorie des Rechts, Vortrag gehalten vor der Juristischen Gesellschaft zu Berlin am 16. Oktober 1996, 1997, zitiert: *Kirchner,* Ökonomische Theorie des Rechts, S.

Klein, Andreas Konkurrenz und Auslegung, Der deliktsrechtliche Gehalt vertragsrechtlicher Normen, 1997, zitiert: *Klein,* S.

Klene, Sörren Claas Vertragsaufhebung und Rücktritt des Käufers im UN-Kaufrecht und BGB, Eine rechtsvergleichende Untersuchung, 2009, zitiert: *Klene,* S.

Klose, Michael M. Risikoallokation beim Lieferantenregress nach den §§ 478, 479 BGB – Eine rechtsdogmatische und rechtsökonomische Analyse, 2007, zitiert: *Klose,* S.

Knight, Frank Hyneman The Economic Organization (1951), Transaction Publishers 2012, zitiert: *Knight,* The Economic Organization (1951), S.

Koch, Raphael Der Vorrang des Speziellen: Ein Beispiel für die Systematik des UN-Kaufrechts – zugleich Anm. zum *BGH*-Urteil vom 26.09.2012 – VIII ZR 100/11, (CISG-Online 2348, RIW 2012, S. 877–881), IHR 2013, 13–15, zitiert: *Koch,* IHR 2013, S.

Köhler, Martin F. Survey regarding the relevance of the United Nations Convention for the International Sale of Goods (CISG) in legal practice and the exclusion of its application, nur online verfügbar unter: http://www.cisg.law.pace.edu/cisg/biblio/koehler.html#iii Zuletzt abgerufen am 30.11.2013, zitiert: *Köhler,* Survey regarding the relevance of the United Nations Convention for the International Sale of Goods (CISG) in legal practice and the exclusion of its application, nur online abrufbar

Koller, Thomas; Mauerhofer, Marc André Das Beweismaß BGH im UN-Kaufrecht (CISG), in: Festschrift für *Ingeborg Schwenzer,* 2011, 963–980, zitiert: *Koller/Mauerhofer,* FS *Ingeborg Schwenzer* (2011), S.

Kramer, Ernst Rechtzeitige Untersuchung und Mängelanzeige bei Sachmängeln nach Art. 38 und Art. 39 UN-Kaufrecht – Eine Zwischenbilanz, in: Beiträge zum Unternehmensrecht, Festschrift für *Hans-Georg Koppensteiner* zum 65. Geburtstag, 2002, 617–628, zitiert: *Kramer*, FS *Hans-Georg Koppensteiner* (2002), S.

Kramer, Ernst Abschied von der aliud-Lieferung?, in: Festschrift für *Heinrich Honsell* zum 60. Geburtstag, 2002, 247–260, zitiert: *Kramer*, FS *Heinrich Honsell* (2002), S.

Kranz, Norbert Die Schadensersatzpflicht nach den Haager Einheitlichen Kaufgesetzen und dem Wiener UN-Kaufrecht, 1989, zitiert: *Kranz,* S.

Krejci, Heinz Zur Mängelrüge, in: Besonderes Vertragsrecht – aktuelle Probleme, Festschrift für *Heinrich Honsell* zum 60. Geburtstag, 2002, 287–303, zitiert: *Krejci*, FS *Heinrich Honsell* (2002), S.

Kropholler, Jan Internationales Einheitsrecht, allgemeine Lehren, 1975, zitiert: *Kropholler,* Internationales Einheitsrecht, S.

Kuoppala, Sanna Examination of the Goods under the CISG and the Finnish Sale of Goods Act, online abrufbar unter: http://cisgw3.law.pace.edu/cisg/biblio/kuoppala.html (zuletzt abgerufen am 29.02.2012), zitiert: *Kuoppala,* Examination, Abschnitt

Kübler, Friedrich Effizienz als Rechtsprinzip? - Überlegungen zum rechtspraktischen Gebrauch ökonomischer Argumente, in: Festschrift für *Ernst Steindorff* zum 70. Geburtstag am 13. März 1990, (Berlin/ New York 1990), 687–705, zitiert: *Kübler*, FS *Ernst Steindorff* (1990), S.

Lando, Henrik Why Cut Off Buyers' Claims by Limitation Period?, in: *Thomas Eger, Jochen Bigus, Claus Ott, Georg von Wangenheim* (eds.), Internationalisierung des rechts und seine ökonomische Analyse, Internationalization of the Law and ist Economic Analysis, Festschrift für *Hans-Bernd Schäfer* zum 65. Geburtstag, 2008, 307–313, zitiert: *Lando,* FS *Hans-Bernd Schäfer* (2008), S.

Lehmann, Michael Bürgerliches Recht und Handelsrecht – eine juristische und ökonomische Analyse, 1983, zitiert: *Lehmann*, S.

Lehmann, Michael Untersuchungs- und Rügepflicht des Käufers in BGB und HGB, Rechtsvergleichender Überblick - Ökonomische Analyse, WM 1980, 1162–1170, zitiert: *Lehmann*, WM 1980, S.

Leisinger, Benjamin K. Some thoughts about Art. 39 (2) CISG, IHR 2006, 76–81, zitiert: *Leisinger*, IHR 2006, S.

Liebster, Pascal Leumann Reputationsschaden im UN-Kaufrecht (CISG), FS *Ingeborg Schwenzer* (2011), 1031–1048, zitiert: *Liebster*, FS *Ingeborg Schwenzer* (2011), S.

Lieth, Oliver Die ökonomische Analyse des Rechts im Spiegelbild klassischer Argumentationsrestriktionen des Rechts und seiner Methodenlehre, 2007, zitiert: *Lieth*, S.

Lohmann, Arnd Parteiautonomie und UN-Kaufrecht, Zugleich ein Beitrag zum Anwendungsbereich des Wiener Kaufrechtsübereinkommens der Vereinten Nationen vom 11. April 1980, 2005, zitiert: *Lohman*, S.

Lurger, Brigitta Überblick über die Judikatur zu ausgewählten Fragen des CISG – Teil 1, IHR 2005, 177–188, zitiert: *Lurger*, IHR 2005, S.

Lookofsky, Joseph Not running wild with the CISG, 29 Journal of Law and Commerce (2011), 141–169, zitiert: *Lookofsky*, 29 J. L. & Com.(2011), S.

Lookofsky, Joseph In Dubio Pro Conventione? Some Thoughts About Opt-Outs, Computer Programs and Preëmption Under the 1980 Viena Sales Convention (CISG), Duke Journal of Comparative & International Law (Vol. 13:258), 263–289, zitiert: *Lookofsky*, D.J.C.I.L. (Vol. 13:258), S.

Magaud, Nadine Die Vorteile der Anwendung schweizerischen Rechts bei verborgenen Mängeln im Recht der internationalen Warenkaufverträge, RIW 1996, 387–389, zitiert: *Magaud*, RIW 1996, S.

Magnus, Ulrich Zum räumlich internationalen Anwendungsbereich des UN-Kaufrechts und zur Mängelrüge, Anm. zu *OLG Düsseldorf* 08.01.1993, Az. 17 U 82/92, IPRax 1993, 390–392, zitiert: *Magnus*, IPRax 1993, S.

Magnus, Ulrich Das UN-Kaufrecht – aktuelle Entwicklungen, in: Zeitschrift für Europäisches Privatrecht (ZEuP) 1/2013, 111–131, zitiert: *Magnus*, ZEuP 2013, S.

Magnus, Ulrich Das UN-Kaufrecht – bereit für die nächste Dekade, in: Zeitschrift für Europäisches Privatrecht (ZEuP) 2010, 881–903, zitiert: *Magnus*, ZEuP 2010, S.

Magnus, Ulrich Die Rügeobliegenheit des Käufers im UN-Kaufrecht, TranspR-IHR 1999, 29–34, zitiert: *Magnus*, TranspR-IHR 1999, S.

Magnus, Ulrich The Remedy of avoidance of contract under CISG - General Remarks and Special Cases, 25 Journal of Law and Commerce (2005), 423–436, online abrufbar unter: http://www.cisg.law.pace.edu/cisg/biblio/magnus2.html (zuletzt abgerufen am 21.11.2013), zitiert: *Magnus,* 25 J.L.Com. (2005), S.

Magnus, Ulrich Mangelverdacht als Mangel im CISG?, Festschrift für *Claus-Wilhelm Canaris* zum 70. Geburtstag, 2007, Bd. 2, 257–269, zitiert: *Magnus,* FS *Claus-Wilhelm Canaris* (2007), Bd. 2, S.

Magnus, Ulrich Fremdsprachige Verträge unter deutschem Vertragsstatut - Auslegungsregeln für internationale Verträge, Festschrift für *Ingeborg Schwenzer,* 2011, 1153–1174, zitiert: *Magnus,* FS *Ingeborg Schwenzer* (2011), S.

Mankowski, Peter Anm. zu *LG Frankfurt a. M.* 13.7.1994, Az. 3/13 O 3/94, NJW-RR 1994, S. 1264 f., EWiR, Art. 39 CISG 1/95, 249–250, zitiert: *Mankowski,* EWiR, Art. 39 CISG 1/95, S.

Mankowski, Peter Anm. zu *OLG Oldenburg* 05.12.2000, Az. 12 U 40/00, IHR 2001, S. 112–114, EWiR, Art. 39 CISG 1/01, 623–624, zitiert: *Mankowski,* EWiR, Art. 39 CISG 1/01, S.

Mankowski, Peter Rechtswahl und Gerichtsstandsvereinbarung im Lichte der Spieltheorie, in: *Thomas Eger, Jochen Bigus, Claus Ott, Georg von Wangenheim* (Eds.), Internationalisierung des Rechts und seine ökonomische Analyse, Internationalization of the Law and it's Economic Analysis, Festschrift für *Hans-Bernd Schäfer* zum 65. Geburtstag, 2008, 369–383, zitiert: *Mankowski,* FS *Hans-Bernd Schäfer* (2008), S.

Mankowski, Peter Der Vorschlag für ein Gemeinsames Europäisches Kaufrecht (CESL), IHR 2012, 1–3, zitiert: *Mankowski,* IHR 2012, S.

Mankowski, Peter CESL – who needs it?, IHR 2012, 45–53, zitiert: *Mankowski,* IHR 2012, S.

Martiny, Dieter Autonome und einheitliche Auslegung im Europäischen Internationalen Zivilprozessrecht, RabelsZ 45 (1981), 427–447, zitiert: *Martiny,* RabelsZ 45 (1981), S.

Maultzsch, Felix Die Grenzen des Erfüllungsanspruchs aus dogmatischer und ökonomischer Sicht, AcP 207 (2007), 530–563, zitiert: *Maultzsch,* AcP 207 (2007), S.

Meeske, Helmut Die Mängelrüge, 1965, zitiert: *Meeske,* Die Mängelrüge, S.

Müller, Tobias Malte Die Beweislastverteilung für die Bösgläubigkeit des Verkäufers im Rahmen des Art. 40 CISG – zugleich Anm. zum Urteil des BGH vom 30. Juni 2004, IHR 2005, 16–20, zitiert: *Müller,* IHR 2005, S.

Müller, Tobias Malte Ausgewählte Fragen der Beweislastverteilung im UN-Kaufrecht im Lichte der aktuellen Rechtsprechung, 2006, zitiert: *Müller,* S.

Müller, Tobias Malte; Togo, Federica Die Berücksichtigung der Überzeugungskraft ausländischer Präzedenzfälle bei der Auslegung des CISG, Die neuere italienische Rechtsprechung als Vorreiter und Vorbild, IHR 2005, 102–107, zitiert: *Müller/ Togo*, IHR 2005, S.

Neumayer, Karl H. Offene Fragen zur Anwendung des Abkommens der Vereinten Nationen über den internationalen Warenkauf, RIW 1994, 99–109, zitiert: *Neumayer*, RIW 1994, S.

Ostendorf, Patrick Die Ermittlung der gesetzlichen und die abweichende vertragliche Gestaltung von zeitlichen Haftungsgrenzen in internationalen Wirtschaftsverträgen, ZVglrWiss 110 (2011), 109–148, zitiert: *Ostendorf*, ZVglrWiss 110 (2011), S.

Ott, Claus; Schäfer, Hans-Bernd Die ökonomische Analyse des Rechts - Irrweg oder Chance wissenschaftlicher Rechtserkenntnis?, JZ 1988, 213–223, zitiert: *Ott/ Schäfer*, JZ 1988, S.

Ott, Claus; Schäfer, Hans-Bernd (Hrsg.) Ökonomische Probleme des Zivilrechts Beiträge zur ökonomische Analyse des Rechts, 1991, zitiert: *Bearbeiter*, in: *Ott/ Schäfer (Hrsg.)*, Ökonomische Probleme des Zivilrechts, S.

Otte, Karsten UN-Kaufrecht: Käuferrechte bei Weiterverarbeitung der Kaufsache bzw. unterlassener Untersuchung und Mängelanzeige, (zu *BGH*, 25.06.1997 - VIII ZR 300/96 und zu *BGH*, 25.11.1998 - VIII ZR 259/97), IPRax 1999, 352–356, zitiert: *Otte*, IPRax 1999, S.

Piltz, Burghard Anm. zu *BGH* 08.03.1995, Az. VIII ZR 159/94, CISG-Online 144, BGHZ 129, 75–86, RIW 1995, S. 595–597, IPRax 1996, S. 29–31, in: EuZW 1995, 450–451, zitiert: *Piltz*, EuZW 1995, S.

Piltz, Burghard Entscheidungen des *BGH* zum CISG, TranspR-IHR 1999, 13–18, zitiert: *Piltz*, TranspR-IHR 1999, S.

Piltz, Burghard Anm. zu *LG Darmstadt* 29.05.2001, Az. 4 O 101/00, CISG-Online 686, IHR 2001, 162–163, zitiert: *Piltz*, IHR 2001, S.

Piltz, Burghard Internationales Kaufrecht, Das UN-Kaufrecht in praxisorientierter Darstellung, 2008, zitiert: *Piltz*, §, Rn.

Piltz, Burghard Neue Entwicklungen im UN-Kaufrecht, NJW 2011, 2261–2266, zitiert: *Piltz*, NJW 2011, S.

Piltz, Burghard Anm. zu *AG Geldern* 17.08.2011, Az. 4 C 27/09, CISG-Online 2302, IHR 2012, 192–193, zitiert: *Piltz*, IHR 2012, S.

Hermalin, Benjamin; Katz, Avery W.; Craswell, Richard Contract Law, in: *Polinsky, A. Mitchell; Shavell, Steve (eds.)*, Handbook of Law and Economics, Vol. 1, 2007, zitiert: *Hermalin/ Avery/ Craswell*, in: *Polinsky/ Shavell*, S.

Pamboukis, Ch. The Concept and Function of Usages in the United Nations Convention on the International Sale of Goods, Journal of Law and Commerce, Vol. 25, 107–131., zitiert: *Pamboukis*, S.

Parisi, Francesco The Harmonization of Legal Warranties in European Law: An Economic Analysis, American Journal of Comparative Law, Vol. 52, No. 2, Spring 2004, 403–431, zitiert: *Parisi,* American Journal of Comparative Law, Vol. 52, No. 2, Spring 2004, S.

Polinsky, A. Mitchell Economic Analysis as a Potentially Defective Product: A Buyer's Guide to Posner's „Economic Analysis of Law", Harvard Law Review, Vol. 87, no. 8, 1655–1681 (übersetzte Fassung in: *Assmann/ Kirchner/ Schanze,* 99–128), zitiert: *Polinsky,* Harvard Law Review, Vol. 87, no. 8, 1655–1681 (übersetzte Fassung in: *Assmann/ Kirchner/ Schanze,* S.)

Posner, Richard A. Economic Analysis of Law, 1973 (7. Aufl., 2007) (übersetzte Fassung des 4. Kapitels, in: *Assmann/ Kirchner/ Schanze,* 184–221 und die übersetzte Fassung des 1. und 2. Kapitels, in *Assmann/ Kirchner/ Schanze,* 79–99), *zitiert: Posner,* Economic Analysis of Law, 1973 (übersetzte Fassung des 4. Kapitels, in: *Assmann/ Kirchner/ Schanze,* S. und die übersetzte Fassung des 1. und 2. Kapitels, in *Assmann/ Kirchner/ Schanze,* S.)

Posch, Willibald; Terlitza, Ulfried Entscheidungen des österreichischen Obersten Gerichtshofs zur UN-Kaufrechtskonvention (CISG), IHR 2001, 47–56, zitiert: *Posch/ Terlitza,* IHR 2001, S.

Rabel, Ernst Recht des Warenkaufs, Band II, 1958, zitiert: *Rabel,* Recht des Warenkaufs, Band II, S.

Reinhart, Gert Zur nachträglichen Änderung des Vertragsstatuts nach Art. 27 Abs. 2 EGBGB durch Parteivereinbarung im Prozess, (Anm. zu *OLG Köln* 22.02.1994, Az. 22 U 202/93, CISG-Online 127, RIW 1994, 972–973), IPrax 1995, 365–371., zitiert: *Reinhart,* IPrax 1995, S.

Resch, Reinhard Zur Rüge bei Sachmängeln nach UN-Kaufrecht, ÖJZ 1992, 470–479, zitiert: *Resch,* ÖJZ 1992, S.

Richter, Rudolf; Furubotn, Eirik G. Neue Institutionsökonomik, Eine Einführung und kritische Würdigung, 4. Aufl., 2011, zitiert: *Richter/ Furubotn,* S.

Riesenhuber, Karl Europäische Methodenlehre, Handbuch für Ausbildung und Praxis, 2. Aufl., 2010, zitiert: *Bearbeiter,* in: *Riesenhuber* (Hrsg.), §, Rn.

Rudolf, Claudia Befreiung von der Untersuchungsobliegenheit nach Art. 38 CISG, ZfRV 2012, 218–222, zitiert: *Rudolf,* ZfRV 2012, S.

Saenger, Ingo; Sauthoff, Elisabeth Beweislast für die Bösgläubigkeit des Verkäufers in Bezug auf die Vertragswidrigkeit der gelieferten Ware nach Art. 40 CISG, LMK 2004, 201–202, zitiert: *Saenger/ Sauthoff,* LmK 2004, S.

Saalfrank, Jan Die Harmonisierung des internationalen Handelsrechts: eine Untersuchung der Behandlung des UN-Kaufrechts (CISG) durch deutsche und englische Institutionen vor dem Hintergrund des jeweiligen nationalen Handelsrechts, 2012, zitiert: *Saalfrank,* S.

Savigny, Friedrich Carl von System des heutigen römischen Rechts Band I, 1840, zitiert: *Savigny*, System des heutigen römischen Rechts I, S.

Schäfer, Hans-Bernd/ Ott, Claus Lehrbuch der ökonomischen Analyse des Zivilrechts, 5. Auflage, 2013, zitiert: *Schäfer/ Ott,* S.

Schlechtriem, Peter (Hrsg.) Einheitliches Kaufrecht und nationales Obligationenrecht: Referate u. Diskussionen d. Fachtagung Einheitliches Kaufrecht am 16./17.2.1987, Veranst. v. d. Ges. für Rechtsvergleichung, Fachgruppe für Vgl. Handels- u. Wirtschaftsrecht, zitiert: *Schlechtriem*, Einheitliches Kaufrecht und nationales Obligationenrecht, S.

Schlechtriem, Peter; Schroeter, Ulrich G. Internationales UN-Kaufrecht, Ein Studien- und Erläuterungsbuch zum Übereinkommen der Vereinten Nationen über Verträge über den internationalen Warenkauf (CISG), 5., neubearbeitete Aufl., 2013, zitiert: *Schlechtriem/ Schroeter,* Int. UN-Kaufrecht, S.

Schlechtriem, Peter Das Wiener Kaufrechtsübereinkommen von 1980 (Convention on the International Sale of Goods), in: IPRax 1990, 277–283, zitiert: *Schlechtriem*, IPRax 1990, S.

Schlechtriem, Peter Anm. zu. *Int. Schiedsgericht der öst. Bundeskammer der gewerblichen Wirtschaft*, Schiedsspruch vom 15.6.1994, (CISG-Online 120, RIW 1995, 590–592), RIW 1995, 592–594, zitiert: *Schlechtriem,* RIW 1995, S.

Schlechtriem, Peter Vertragsmäßigkeit der Ware als Frage der Beschaffenheitsvereinbarung (zu *BGH* 08.03.1995, Az. VIII ZR 159/94, IPrax 1996, S. 29–31), in: IPRax 1996, 12–16, zitiert: *Schlechtriem,* IPRax 1996, S.

Schlechtriem, Peter Kurzkommentar zu *OLG Karlsruhe* 25.06.1997, Az. 1 U 280/96, EwiR Art. 39 CISG 2/97, 785–786, zitiert: *Schlechtriem*, EWiR Art. 39 CISG 2/97, 785–786.

Schlechtriem, Peter; Magnus, Ulrich Internationale Rechtsprechung zu EKG und EAG Eine Sammlung belgischer, deutscher, italienischer, israelischer und niederländischer Entscheidungen zu den Haager Einheitlichen Kaufgesetzen, 1987, zitiert: *Gericht*, in: *Schlechtriem/ Magnus,* Art., Nr.

Schlechtriem, Peter; Schmidt-Kessel, Martin Anm. zu *BGH* 04.12.1996, Az. VIII ZR 306/95, CISG-Online 260, EWiR Art. 39 CISG 1/97, 653–654, zitiert: *Schlechtriem/ Schmidt-Kessel,* EWiR Art. 39 CISG 1/97, S.

Schlechtriem, Peter; Schmidt-Kessel, Martin Anm. zu *BGH*. 25.06.1997, Az. VIII ZR 300/96, CISG-Online 277, EWiR Art. 39 CISG 3/97, 1079–1080, zitiert: *Schlechtriem/ Schmidt-Kessel,* EWiR Art. 39 CISG 3/97, S.

Schlechtriem, Peter Anm. zu *OLG München* 11.03.1998, Az. 7 U 4427/97, CISG-Online 310, TranspR-IHR 1999, 20–22, in: EWiR Art. 39 CISG 1/98, 549–550, zitiert: Anm. von *Schlechtriem*, EWiR Art. 39 CISG 1/98, S.

Schlechtriem, Peter; Schmidt-Kessel, Martin Anm. zu *BGH*. 25.11.1998, Az. VIII ZR 259/97, CISG-Online 353, in: EWiR Art. 8 CISG 1/99, 257–258, zitiert: *Schlechtriem/ Schmidt-Kessel,* EWiR Art. 8 CISG 1/99, S.

Schlechtriem, Peter Kurzkommentar zu *BGH,* Urteil v. 03.11.1999, Az. VIII ZR 287/98, CISG-Online 475, in: EWiR Art. 39 CISG 1/2000, 125–126, zitiert: *Schlechtriem,* EWiR Art. 39 CISG 1/2000, S.

Schlechtriem, Peter Internationales UN-Kaufrecht: ein Studien- und Erläuterungsbuch zum Übereinkommen der Vereinten Nationen über Verträge über den internationalen Warenkauf (CISG), 4. Aufl., 2007, zitiert: *Schlechtriem,* Int. UN-Kaufrecht, S.

Schlechtriem, Peter Uniform Sales Law - The UN-Convention on Contracts for the International Sale of Goods, im Internet abrufbar unter: http://www.cisg.law.pace.edu/cisg/biblio/schlechtriem.pdf (zuletzt abgerufen am 17.11.2013), zitiert: *Schlechtriem,* Uniform Sales Law, S.

Schlechtriem, Peter Uniform Sales Law in the Decisions of the Bundesgerichtshof, im Internet abrufbar unter: http://www.cisg.law.pace.edu/cisg/biblio/schlechtriem3.html (zuletzt abgerufen am: 19.11.2013), zitiert: *Schlechtriem,* Decisions of the *BGH,* S. (im Dokument)

Schmidt-Kessel, Martin Anm. zu BGH 30.06.2004, Az. VIII ZR 321/03, CISG-Online 847 in: EWiR Art. 40 CISG, 345–346, zitiert: *Schmidt-Kessel, Martin,* EWiR Art. 40 CISG 1/05, S.

Schwalbe, Ulrich Das Effizienzkonzept der Wirtschaftstheorie, in: *Fleischer, Holger; Zimmer, Daniel* (Hrsg.), Effizienz als Regelungsziel, 2009, 43–68, zitiert: *Schwalbe*, in: *Fleischer/ Zimmer (Hrsg.),* S.

Schwenzer, Ingeborg The Noble Month (Articles 38, 39 CISG), The Story Behind the Scenery, European Journal of Law Reform, Vol. VII, no. 3/4, 353–366, im Internet abrufbar unter: http://www.globalsaleslaw.org/__temp/Schwenzer.pdf (zuletzt abgerufen am 28.10.2013), zitiert: *Schwenzer*, Eu. J. L. Ref. 2006, S.

Schwenzer, Ingeborg National Preconceptions that Endanger Uniformity, 19 Pace International Law Review (2007-1), 103–124, zitiert: *Schwenzer,* 19 P.I.L.R. (2007), S.

Schwenzer, Ingeborg The Application of the CISG in the Light of National Law, IHR 2010, 45–56, zitiert: *Schwenzer*, IHR 2010, S.

Simons, Thomas Anm. zu *BGH,* Urteil v. 3.11.1999, Az. VIII ZR 287/98, CISG-Online 475, in: EuLF 2000/01, 12–15., zitiert: *Simons,* EuLF 2000/01, S.

Steinmetzler, Ulrich Recht und Ökonomie der Grundstrukturen des Leistungsstörungsrechts im UN-Kaufrecht, 2001, zitiert: *Steinmetzler,* S.

Stürtz, Britta Der Einfluss qualitätssichernder Maßnahmen auf die Untersuchungs- und Rügeobliegenheit nach dem UN-Kaufrecht, 2002, zitiert: *Stürtz,* S.

Taschner, Martin Die Darlegung von Mängeln und der richtige Mängeladressat, (zugleich Anm. zu der Entscheidung des *LG Köln* vom 30.11.1999 - 89 O 20/99, IHR 2001, 69–73), IHR 2001, 61–63, zitiert: *Taschner,* IHR 2001, S.

Taschner, Martin Anm. zu *BGH* 03.11.1999, Az. VIII ZR 287/98, (CISG-Online 475, RIW 2000, 381–382, NJW-RR 2000, 1361–1362), TranspR-IHR 2000, 3–4, zitiert: *Taschner*, TranspR-IHR 2000, S.

Tannò, Patrick Die Berechnung der Rügefrist im schweizerischen, deutschen und UN-Kaufrecht, 1993, zitiert: *Tannò,* S.

Thamm, Manfred Die Mängelrüge nach Gesetz, Rechtsprechung und AGB-Praxis, BB 1994, 2224–2227, zitiert: *Thamm*, BB 1994, S.

Thiele, Christian Das UN-Kaufrecht vor US-amerikanischen Gerichten, zugleich Anm. zu Viva Vino Import Corp. V. Farnese Vini S.r.l. (E.D.Pa. 2000), (IHR 2002, 28), IHR 2002, 8–14, zitiert: *Thiele*, IHR 2002, S.

Thiele, Christian Anm. zu *OLG Koblenz* 18.11.1999, Az. 2 U 1556/98, CISG-Online 570, (IHR 2001, 109–111), IHR 2001, 111–112, zitiert: *Thiele*, IHR 2001, S.

Towfigh, Emanuel V.; Petersen, Niels Ökonomische Methoden im Recht, Eine Einführung für Juristen, (2010), zitiert: *Towfigh/ Petersen*, S.

Verweyen, Urs Die Käuferrechtsbehelfe des UN-Kaufrechts im Vergleich zu denen des neuen internen deutschen Handelskaufrechts aus Sicht eines deutschen Warenexporteurs, zitiert: *Verweyen*, S.

Vogel, Hans-Josef Untersuchungs- und Rügepflicht im UN-Kaufrecht, 2000, zitiert: *Vogel,* S.

Wagner, Gerhard (Hrsg.), The common frame of reference: a view from law & economics, 2009 *(Hannes Unberath*, Long-Term Contracts and the DCFR - Interpretation and Adjustment, 87–162), zitiert: *Bearbeiter*, in: *Wagner* (Hrsg.), S.

Welser, Rudolf Die Vertragsverletzung des Verkäufers und ihre Sanktionen, in: *Doralt, Peter* (Hrsg.), Das UNCITRAL-Kaufrecht im Vergleich zum österreichischen Recht, 1985, 105–132, zitiert: *Welser*, in: *Doralt (Hrsg.)*, S.

Wienhaus, Uta Haftungsfreizeichnungsklauseln, Eine Analyse aus juristischer und ökonomischer Perspektive, 2002, zitiert: *Wienhaus*, S.

Will, Michael R. „Meine Großmutter in der Schweiz…“: Zum Konflikt von Verjährung und Rügefrist nach UN-Kaufrecht, Festschrift für *Werner Lorenz* zum 80. Geburtstag, 2001, 623–642, zitiert: *Will*, FS *Werner Lorenz* (2001), S.

Williamson, Oliver E. Transaktionskostenökonomik, aus dem Amerikanischen übersetzt von *Christina Erlei,* 2. Auflage, 1996, zitiert: *Williamson,* S.

Winkler, Viktor Review Essay - Some Realism about Rationalism: Economic Analysis of Law in Germany, German Law Journal Vol. 06 No. 06, 1033–1044, im Internet abrufbar unter: http://www.germanlawjournal.com/index.php?pageID=11&artID=611 (zuletzt abgerufen am 12.12.2013), zitiert: *Winkler*, German Law Journal Vol. 06 No. 06, S.

Witz, Claude; Wolter, Gerhard Die ersten Entscheidungen französischer Gerichte zum Einheitlichen UN-Kaufrecht, RIW 1995, 810–813, zitiert: *Witz/ Wolter*, RIW 1995, S.

Witz, Claude/ Hlawon, Martin Der neueste Beitrag der französischen Cour de cassation zur Auslegung des CISG (2007–2010), IHR 2011, 93–108, zitiert: *Witz/ Hlawon*, IHR 2011, S.

Zamir, Eyal Toward a General Concept of Conformity in the Performance of Contracts, 52 Louisiana Law Review (September 1991), 4–90, im Internet abrufbar unter: http://www.cisg.law.pace.edu/cisg/biblio/zamir.html (zuletzt abgerufen am 27.08.2013), zitiert: *Zamir*, General Concept of Conformity, 52 Lou. L. Rev. 1, (1991), S.

Zimmermann, Reinhard Symposium: CISG – The 25th Anniversary: It's Impact in the Past and It's Role in the Future RabelsZ 71 (2007), 9–12, zitiert: *Zimmermann*, RabelsZ 71 (2007), S.

Zoberbier, Manuela Anm. zu *BGH*: Unvollständige Dokumentation als Mangel nach UN-Kaufrecht bei geliefertem Computersystem 4.12.1996, Az. VIII ZR 306/95, CISG-Online 260, WiB 1997, 603, zitiert: *Zoberbier*, WiB 1997, S.

II. Kommentarliteratur

Achilles, Wilhelm-Albrecht Kommentar zum UN-Kaufrechtsübereinkommen (CISG) (2000), zitiert: *Achilles*, Art. Rn.

Baumgärtel, Gottfried; Laumen, Hans-Willi Handbuch der Beweislast im Privatrecht, Band 2, BGB Sachen-, Familien- und Erbrecht, Recht der EG, UN-Kaufrecht, 3. Aufl., 2009, zitiert: *Bearbeiter*, in: *Baumgärtel/ Laumen*, Art. Rn.

Bianca, Cesare Massimo; Bonell, Michael Joachim Commentary on the International Sales Law, the 1980 Vienna Sales Convention, 1987, zitiert: *Bearbeiter*, in: *Bianca/ Bonell*, Art., Bem.

Brunner, Christoph UN-Kaufrecht - CISG, Kommentar zum Übereinkommen der Vereinten Nationen über Verträge über den internationalen Warenkauf von 1980, 2004, zitiert: *Brunner*, UN-Kaufrecht, Art., Rn.

Enderlein, Fritz; Maskow, Dietrich; Strohbach, Heinz International Sales Law, United Nations Convention on Contracts for the International Sale of Goods, Commentary. 1992, zitiert: *Enderlein/ Maskow/ Strohbach* Art., Anm.

Ferrari, Franco; Kieninger, Eva-Maria; Mankowski, Peter; Otte, Karsten; Saenger, Ingo Internationales Vertragsrecht: ROM I-VO, CISG, CMR, FactÜ, Kommentar, 2007, zitiert: *Bearbeiter, in: Ferrari/ Kieninger/ Mankowski/ Otte/ Saenger*, Art. Rn.

Gabriel, Henry Practioner's Guide to The Convention on Contracts for the International Sale of Goods (CISG) and the Uniform Code (UCC), 1994, zitiert: *Gabriel*, S.

Herber, Rolf; Czerwenka, Beate Internationales Kaufrecht, Kommentar zu dem Übereinkommen der Vereinten Nationen vom 11. April 1980 über Verträge über den internationalen Warenkauf, 1991, zitiert: *Herber/ Czerwenka*, Art., Rn.

Honnold, John O.; Flechtner, Harry M. Uniform Law for International Sales Under the 1980 United Nations Convention, 4th ed., 2009, zitiert: *Honnold/ Flechtner*, Rn.

Honsell, Heinrich Kommentar zum UN-Kaufrecht, Übereinkommen der Vereinten Nationen über Verträge über den Internationalen Warenkauf (CISG), 2. Aufl., 2010, zitiert: *Bearbeiter*, in: *Honsell*, Art., Rn.

Kröll, Stefan; Mistelis, Loukas; Viscasillas, Pilar Perales UN Convention on Contracts for the International Sale of Goods (CISG), zitiert: *Bearbeiter*, in: *Kröll/ Mistelis/ Viscasillas*, Art., Rn.

Loewe, Roland Internationales Kaufrecht, Wiener UN-Kaufrechtsübereinkommen vom 11. April 1980 und New Yorker UN-Verjährungsübereinkommen vom 14. Juni 1974 samt Protokoll vom 11. April 1980, nach dem Stand vom 15. Mai 1989, zitiert: *Loewe*, S.

Mertens, Hans-Joachim; Rehbinder, Eckard Internationales Kaufrecht: Kommentar zu den einheitlichen Kaufgesetzen, 1975, zitiert: *Mertens/ Rehbinder*, Art., Rn.

Reinhart, Gert UN-Kaufrecht, Kommentar zum Übereinkommen der Vereinten Nationen vom 11. April 1980 über Verträge über den internationalen Warenkauf, 1991, zitiert: *Reinhart*, Art., Rn.

Rudolph, Helga Kaufrecht der Export- und Importverträge – Kommentierung des UN-Übereinkommens über internationale Warenkaufverträge mit Hinweis für die Vertragspraxis, 1996, zitiert: *Rudolph*, Art., Rn.

Säcker, Franz Jürgen; Rixecker, Roland (Hrsg.) Münchener Kommentar zum Bürgerlichen Gesetzbuch, Band 3, 6. Auflage, 2012, zitiert: *Bearbeiter*, in: Mü-KoBGB, Bd. 3, Art., Rn.

Schlechtriem, Peter; Schwenzer, Ingeborg Kommentar zum Einheitlichen UN-Kaufrecht, Das Übereinkommen der Vereinten Nationen über Verträge über den internationalen Warenkauf – CISG – 5. Aufl., 2008, zitiert: *Bearbeiter*, in: *Schlechtriem/ Schwenzer*, Art., Rn.

Schmidt, Karsten (Hrsg.) Münchener Kommentar zum Handelsgesetzbuch, Band 5, 2013, zitiert: *Bearbeiter*, in: Mü-KoHGB, Bd. 5, Art., Rn.

Schwimann, Michael (Hrsg.) Praxiskommentar zum Allgemeinen Bürgerlichen Gesetzbuch, samt Nebengesetzen, Band 4, 1988, zitiert: *Schwimann*, Art., Rn.

Soergel, Hs. Th. Bürgerliches Gesetzbuch mit Einführungsgesetz und Nebengesetzen, Band 13, Schuldrechtliche Nebengesetze 2, Übereinkommen der Vereinten Nationen über Verträge über den internationalen Warenkauf (CISG), 13. Aufl., 2000, zitiert: *Soergel/ Bearbeiter*, Art., Rn.

von Staudinger, Julius Kommentar zum Bürgerlichen Gesetzbuch mit Einführungsgesetz und Nebengesetzen, Wiener (UN-) Kaufrecht, 2013, zitiert: *Bearbeiter*, in: *Staudinger*, Art., Rn.

Witz, Wolfgang; Salger, Hanns-Christian; Lorenz, Manuel International Einheitliches Kaufrecht, Praktiker-Kommentar und Vertragsgestaltung zum CISG, 2000, zitiert: *Bearbeiter*, in: *Witz/ Salger/ Lorenz*, Art., Rn.

„I am always drawn back to places where I have lived, the houses and their neighborhoods. For instance, there is a brownstone in the East Seventies where, during the early years of the war, I had my first New York apartment. It was one room crowded with attic furniture, a sofa and fat chairs upholstered in that itchy, particular red velvet that one associates with hot days on a train. The walls were stucco, and a color rather like tobacco-spit. Everywhere, in the bathroom too, there were prints of Roman ruins freckled brown with age. The single window looked out on a fire escape.
Even so, my spirits heightened whenever I felt in my pocket the key to this apartment; with all its gloom, it still was a place of my own, the first, and my books were there, and jars of pencils to sharpen, everything I needed, so I felt, to become the writer I wanted to be.“
Truman Capote[1267]

1267 *Capote*, Breakfast at Tiffany's, 1.

Beiträge zum UN-Kaufrecht

Herausgegeben von Ulrich Magnus, Peter Mankowski und Ingo Saenger

Band 1 Alexander Mittmann: Einheitliches UN-Kaufrecht und europäische Verbrauchsgüterkauf-Richtlinie. Konkurrenz- und Auslegungsprobleme. 2004.

Band 2 Nicolas Hagge: Das einheitliche Kaufrecht der OHADA (Organisation pour l'Harmonisation en Afrique du Droit des Affaires). 2004

Band 3 Urs Verweyen: Die Käuferrechtsbehelfe des UN-Kaufrechts im Vergleich zu denen des neuen internen deutschen Handelskaufrechts aus Sicht eines deutschen Warenexporteurs. 2005.

Band 4 Christopher Niemann: Einheitliche Anwendung des UN-Kaufrechts in italienischer und deutscher Rechtsprechung und Lehre. Eine Untersuchung zur einheitlichen Auslegung unbestimmter Rechtsbegriffe und interner Lückenfüllung im CISG. 2006.

Band 5 Martin W. Brölsch: Schadensersatz und CISG. 2007.

Band 6 Martin F. Köhler: Das UN-Kaufrecht (CISG) und sein Anwendungsausschluss – unter besonderer Berücksichtigung der Benutzung Allgemeiner Geschäftsbedingungen und der internationalen Rechtsprechung zum stillschweigenden Ausschluss. 2007.

Band 7 Martin P. Lögering: CISG und internationale Handelsklauseln. 2008.

Band 8 Fariba Sabbagh-Farshi: Die vorvertragliche Haftung im UN-Kaufrecht und in den Unidroit- und Lando-Prinzipien unter Einbeziehung des deutschen und englischen Rechts. 2008.

Band 9 Torben Hesse: Internationale Standardverträge im Zusammenspiel mit dem CISG. Unter besonderer Betrachtung des ICC – International Sales Contract (ICC-Publikation Nr.556). 2011.

Band 10 Sebastian Knetsch: Das UN-Kaufrecht in der Praxis der Schiedsgerichtsbarkeit. 2011.

Band 11 Christina Kottke: Das UN-Kaufrecht im Spiegel der spanischsprachigen Länder. Der Anwendungsbereich des Wiener Übereinkommens vom 11. April 1980 über den internationalen Warenkauf (Artt. 1-6, 100 CISG) in der spanischen und lateinamerikanischen Literatur und Rechtsprechung. 2011.

Band 12 Wajma Mangal: Untersuchungs- und Rügeobliegenheiten im UN-Kaufrecht. 2015.

www.peterlang.com